上級者・中級者向け

英文法徹底詳述集

①冠詞編

一宅 仁 著
HIYAKE Hitoshi

英文研出版

はじめに

1. 不定冠詞について考えるときには特に、名詞の意味や性質についても詳しく見ていく必要がしばしばあります。

よく挙げられる例ですが、可算名詞の a chicken 「一羽のニワトリ」と無冠詞の chicken 「鶏肉」では、冠詞ひとつで意味が全く異なります。また、mediate *a peace* between ...「～間の講和の調停をする」では抽象名詞の peace よりは個別・具体的な意味での「講和」ですし、もし多国間での複数の講和条約の調停なら mediate peaces と複数形にするはずですから、「講和」の意では peace は可算名詞として扱われます。

とは言え、このような使い分けが可能なのは、抽象もしくは物質をベースにしつつも具象（もしくは具体的内容）までをも包摂する重層的な名詞に限られます。つまり、その解釈の巾の広さは名詞の側に起因するわけであって、冠詞の側に、全ての名詞に対して有効であるようなそういった機能が備わっているというわけでもありません。したがってそのような例については本来、冠詞の側からではなく名詞の側からアプローチすべきだと考えます。

実際に、冠詞についての解説本の多くは、まずそのような名詞についての解説にかなりのページを割いています。しかし本書では、冠詞の比較的汎用的な働きに焦点を絞るために、抽象名詞・物質名詞については、この『はじめに』のすぐ後で『序説』として触れるにとどめました。

また不定冠詞についても、特徴的な内容を比較的簡単にまとめるだけにしました。他方、定冠詞についてはかなりのページを使って解説をしています。したがって不定冠詞をなおざりにしているかのような印象を持たれる方もおられるかとは思いますが、実際には定冠詞について解説する過程で不定冠詞の例も必然的に頻繁に登場しますし、特に『特集』では両者を分け隔てなく扱っています。「不定冠詞はここまでで、ここからは定冠詞」といったように分けて学ぶのは無意味ですし、理解の妨げになるだけですから、不定冠詞よりも守備範囲がはるかに広い定冠詞に含めて論ずることにした次第です。

2. 本書では「話し手」と「書き手」をまとめて「発信者」としました。堅い表現ではありますが、典型的な話し言葉や書き言葉を除いては、この方が正確だからです。

簡単な凡例ですが、[ ] は書き換え可能を、（ ）は省略可能を表します。また、『*cf.*』は compare 「比較せよ」を表し、『⇨』のマークは参照ページを指しています。

本文中では、簡略化のために論文調で記述しました。偉そうな感じを与えてしまうかもしれませんが、どうかご容赦ください。

また、同じくスペースの都合から、例文の出典は巻末にまとめて載せています。

3. 冠詞について述べるに際して、本書では「名詞に冠詞をつける」という表現は避けて、「冠詞を置く」「名詞に冠詞が先行する」などと表現します。その理由は、冠詞はそれ自体が文の重要な要素であって文意を大きく左右することが多いことから、決して脇役的な存在ではないからです。

この考え方は、マーク ピーターセン氏が『日本人の英語』（岩波新書）の中で示唆しているものです。冠詞の働きの本質を見誤らぬためにも、氏の教示に従って「冠詞をつける」という言い方は慎みたいと思います。以下は同書からの抄録です。

▷ 日本の英文法書では"a(an)"の「用法と不使用」を論じるとき「名詞に a がつくかつかないか」あるいは「名詞に a をつけるかつけないか」の問題として取り上げるのが普通である。ところが、これは非現実的で、とても誤解を招く言い方である。ネイティブスピーカーにとって、「名詞に a をつける」という表現は無意味である。

英語で話すとき ― ものを書くときも、考えるときも ― 先行して意味的カテゴリーを決めるのは名詞ではなく、a の有無である。そのカテゴリーに適切な名詞が選ばれるのはその次である。もし「つける」で表現すれば、「a に名詞をつける」としかいいようがない。「名詞に a をつける」という考え方は、実際には英語の世界には存在しないからである。

▷ …前略… もし食べた物として伝えたいものが、一つの形の決まった、単位性をもつ物ならば、"I ate a...a...a hot dog !"（あるいは a sandwich, a rice ball など）と、a を繰り返しつつ、思い出しながら名詞を探していくことになる。もし食べた物として伝えたいものが単位性もない、何の決まった形もない、材料的な物ならば、おそらく "I ate...uh...uh...meat !"（あるいは French bread, rice など）と思い出していうであろう。…中略… つまり、a というのは、その有無が一つの論理的プロセスの根幹となるものであって、**名詞につくアクセサリーのようなものではない**のである。まるでファッションのルールのように、また誰かが恣意的に「正しいつけ方」を決めたかのように「この類の名詞には冠詞をつけない」または「……つける」というふうに解説されている「冠詞用法」をみると、実に不思議な感じがする。

▷ …前略… the は a と同じく、名詞につく単なるアクセサリーのようなものではなく、意味的カテゴリーを決め、その有無が英語の論理の根幹をなすものである。

▷ …前略… 一度名詞が a のカテゴリーに入れられたなら、あるグループの中の一つにすぎない存在となる。一度 **the** のカテゴリーに入れられたら、ある唯一の、特定のアイデンティティーをもっている存在となる。

4. 定冠詞を用いるのは、大まかに言えば、（相手が知っているか否かにかかわらず）相手に同定を求めるからです。しかし、簡単そうに聞こえるこの基本原理は英語の感覚世界に属するものですから、その環境下で育ったものでなければ実際には容易に習得できるものではありません。注1

そこで本書では、多くの文法書・辞書類や碩学の著書を参考にさせていただき、冠詞などの限定詞（あるいは無冠詞）の働きをわかりやすく具体的に分類することによって、理屈によって理解し応用できるように工夫しました。

　ここで分類の仕方についてお断りしておきますが、一つの例が一つの分類項目にしか該当しないということではありません。複数の分類項目に該当することなどむしろ普通であって、文脈が異なれば冠詞の意味するところも異なることは多々あります。

　例を挙げれば、*the* Olympics [*the* Olympic Games] の *the* が入る範疇は、他の競技大会との区別・対比という意味では『3．ⅰ．a』ですが、同時に複数形名詞の前に置かれて「全体をひとまとめ」にしているので『3．ⅳ』にも入ります。*the* Tokyo Olympics となればさらに、（もう一度開催されない限りは）東京で開かれた唯一のオリンピックなので『3．ⅲ』にも入ることになります。

　また例えば、同格の that–節によって修飾される名詞に先行する *the* が、単に後方照応によるものか、「唯一性」も含意するのか、あるいはもっと積極的に「強調」しようとする意図が込められているのかなどを判断することは、前後の文脈が無い単独の文では不可能なこともあります。例文は本来、可能な限りその文脈ごと載せるべきですが、例文を引用した辞書類にそれがないことも多く、実際、洋書から抜粋しようとしても、文脈ごと全部載せるとなるとページがいくらあっても足りません。

　もともと冠詞に多義性がある文は多いので、そのような例は無理に一つの分類項目だけにあてはめるべきものではなく、複数の範疇に入るものと柔軟に考えていただきと思います。

　また、ネイティブスピーカーの間では、冠詞の使用がほぼ完全に合致するケースもあれば、任意に使い分けられているケースもあります。後者の例では、発信者が「強調」したいのか否かによる *the* の有無の例が特に多いように思われます。（本書では『5．意図的に強調するためのもの』にそのような例は多く載せています。）　しかし、それよりも<u>我々日本人がまず先に知っておくべきは、前者のような言わば「決まりごと」の例であるのは言うまでもありません。</u>それについては『3．定冠詞と名詞が一体として用いられる傾向が強いもの』で多く扱っています。

5．定冠詞は基本的に、目視できるものを「その」と直接的に指すものではありません。それに該当するのは多く場合 that （ときに this）です。したがって、日本語の「その」に該当するのもまた、多くの場合は that です。同様に、it, he, she, they といった代名詞にもそのような指示機能はありません。（『the 1－2』の『注1』を参照。）　そのような働きができるのは、指示形容詞・指示代名詞（this, that, these, those）です。

　余談ですが、この「その」のように、日本語に変換して英単語を理解することは、そのこと自体はやむを得ないとしても、誤解の原因となる可能性を常に孕んでいます。言語が異なれば、単語・熟語などの意味範囲・ニュアンス・用法が完全に合致するものなど極めて少ないということを、心しておくべきです。

6．送り仮名についてですが、辞書によって次のように表記が異なります。

　広辞苑・明鏡国語辞典　　変わる・替わる・換わる・代わる　／　終わる　／　起こる　／　合わせる　／　落とす
　　　　　　　　　　　　表す・表れる
　大辞泉・大辞林　　　　　変(わ)る・替(わ)る・換(わ)る・代(わ)る　／　終(わ)る　／　起(こ)る　／　合(わ)せる　／　落(と)す
　　　　　　　　　　　　表す（表わす）・表れる（表われる）

　語尾変化する部分を仮名で送るというのが一般的規則です。「<u>あらわ</u>さない」「<u>あらわ</u>します」なので、「表」は「あらわ」までです。したがって、「表れる」であって「表われる」とする必要はありませんが、そうするのも自由です。（「表る」でも意味は通じますが、読みは「あらわる」です。）また、「興る」を「興こる」とする辞書はありませんが、「起こる」では「おきる」との区別のために余分に送るのでしょう。「おこる」でも「おきる」でも意味は同じですから、読み方は読み手の勝手と割り切れば「起る」でも構わないでしょう。このような裁量も許されていますが、「下る（くだる）」と「下がる（さがる）」のような有益な使い分けについては、全ての辞書でこの表記に統一されています。さて問題なのは、「表す」を「表わす」とはしていない『広辞苑』と『明鏡国語辞典』が、なぜ「変わる／終わる／合わせる」では「わ」を入れているのでしょうか。その一貫性のなさに疑問を感じます。『大辞泉』と『大辞林』の方が丁寧で親切なのは一目瞭然です。

　本書では余分な送り仮名はなるべく省いて、大方は「代る」や「終る」のように送っています。しかし、「変る」は見た目で何となく違和感があって落ち着かないので、「変わる」にすることが多いと思います。これは全くの個人的な好みの問題ですが、意味が正確に伝わればそれでいいと考えます。（だからこそ、『広辞苑』と『明鏡国語辞典』のように一方に決めつけた表記は迷惑と言わざるを得ません。何しろ、「代る」「終る」と書いたら誤表記と思われるのですから。ちなみに、「かわり」は、『広辞苑』は「代り」「変り」、『明鏡国語辞典』では「代わり」「変わり」となっています。このように、送り仮名の表記は必ずしも統一されてはいません。）

　また、「ら抜き言葉」を『特集10－1』で取り上げました。これも日本語に対するこだわりからではありますが、言葉の使用に「敏感になること」、また「こだわること」こそが、語学上達には必須の条件であり、これはいかなる言語に関しても言えることです。

注1　同様に、英語の類義語や前置詞の使い分けも日本人には難しいものですが、その理由も、これらが観念・感覚世界に関わるものなので、その語感自体を（日本語に逐一変換することなく）感覚として身に付けない限りは、本当の理解は極めて困難（ときに不可能）だからです。異なる言語間では、語義・語感が完全に一致する語など（oxygen ＝「酸素」などの科学的用語は別として）まれですが、英語の語感を日本語で正確に表現するという作業自体も、本来は極めて困難、もしくは不可能なものです。
　一つ例を挙げれば、identity が表す概念は日本語にはないので、英和辞書にある訳語を見てもピンとこないし汎用性もありません。動詞の identify は比較的訳しやすいのですが、identity はそのまま「アイデンティティー」で訳さざるを得ないことも多いという事実があります。

本書の構成は次のようになっています。

序説編
　　物質名詞について（序説１～４）　　p 8 ～
　　抽象名詞について（序説５～８）　　p 12 ～

本編
　　不定冠詞（a / an）について（不定冠詞１～３）　　p 16 ～
　　定冠詞（the）　⇨ 目次は次頁から　　p 19 ～

特集編　⇨ 目次は『目次５』　　p 102 ～

出典　　p 184 ～

英語索引　　p 206

日本語索引（文法用語以外のもの）　　p 207

文法用語の索引　　p 208

引用文献　　p 209

定冠詞 (the) の分類

1. その場の状況などによるもの

    その場の状況（＝外界照応）やお互いの関係などから、相手にもすぐにそれと特定できるもの
    （その場から見えるものとは限らない）

    Did *the children* behave today? （今日は子供たちは行儀がよかったでしょうか。）
    Can you draw me a map showing the way to *the post office*? （最寄りの郵便局）

2. 前後の文脈によるもの

    i. 前出した内容と呼応するもの（＝前方照応）

    More than 1,500 cases have been reported nationwide, and 25 persons are known to have died from ***the condition***. （全国で1,500件を上回る症例が報告され、25人がすでにこの病気で死亡したことが分かっている。）

    "I beg your pardon, could you say that again more slowly." "Sure. I will also write ***the information*** for you."
    「もう少しゆっくりと繰り返してもらえませんか。」「いいですよ。話の内容も書いておきましょう。」

    以下のように分類した上で解説する。

    a. 前出の「名詞」と呼応するもの。
        次の4パターンの名詞に the を先行させる例がこれに該当する。

        a-1. 前出の名詞をそのまま繰り返して用いる名詞
        a-2. 前出の名詞の代りとして用いられる名詞（＝言い換えられた同義・類義の名詞）

        a-3-1. 前出の名詞によって特定・限定される名詞
           3-2. 前出の名詞によって連想的に理解・推測などをすることができる名詞

    b. 前出の「文脈」と呼応するもの
        前の「文脈」から自ずと（あるいは連想的に）理解・推測などをすることができる名詞に the を先行させるもの

    ii. 後出する内容によって特定・限定されるもの（＝後方照応）

    She didn't have *the time* to do it herself. （彼女にはそれを自分でやるだけの時間がなかった。）
    I didn't like *the way* he spoke to us. （我々に対する彼の口のきき方）

3. 定冠詞と名詞が一体として用いられる傾向が強いもの（を中心とした例）

　　（この傾向が強いものほど、定型的・画一的・紋切型的な用例となる。共通認識が容易に得られるか、お互いが具体的な知識を有するので、名詞と、それについての同定を求めるための定冠詞との「結びつき・親和性・一体性」が極めて強いと言える。）

　　この範疇における定冠詞の働きには次のようなものがある。

　ⅰ．類似のものから区別し、ときに強く対比させる。

　　　a．類似のものが三つ以上ある中で、一つだけを抽出し区別する。
　　　　　a-1．「定型例」（例： I took her by *the* hand.）
　　　　　 -2．「個別事例」

　　　b．対照的な二つのもののうちの一方であることを表す。

　ⅱ．標準モデルを想起させる、あるいは典型的イメージを喚起する。

　　　a．主語以外に「the ＋普通名詞の単数形」を用いて、標準モデルを想起させる、あるいは典型的イメージを喚起する。（製品・楽器・道具名など）

　　　b．一般的な総称表現

　　　c．抽象的な概念や隠喩を表す。
　　　　　c-1．「the ＋普通名詞（の主に単数形）」を用いて
　　　　　 -2．「the ＋形容詞」を用いて（ある特質を有する人々を指す例もここに含める。）

　ⅲ．唯一性を示す、強調する。（固有名詞的な性格のものを中心とした例）

　ⅳ．全体をひとまとめにする。（複数の構成要素をひとまとめにすることが特に多い。）

　ⅴ．地理的名称に関して ──
　　「長大なものや広域にまたがるもの」には the が先行する。
　　あるいはまた、感覚的にはその境界を認識しにくいものに対して、実際には境界があってその範囲は有限であることを示す意味で the を先行させる。

　ⅵ．限られた場所や空間などの一部であることを表す。（in front of と in the front of の違いなど）
　　あるいは、看護・監督・支配などを受けている状態にあることを表す。（in charge of と in the charge of の違いなど）

　なお、全体について言える基本ルールとして、A of B の形をした固有名詞（普通名詞から派生した固有名詞）には the を先行させるのが普通である。

　この範疇の用法は「類似のものから区別し、ときに強く対比させる」だけでもほぼ説明はつく。つまり、より単純化すれば ⅱ～ⅵ も ⅰ に収斂できるわけだが、やはりこれらは別に覚えていた方が便利である。
　ⅱ は ⅰ が総称的あるいは抽象的な意味を帯びるように深化したもので、ⅲ は唯一性・固有性を強調するように深化したものである。ⅳ もよく使う用法である。ⅴ は視覚的なイメージを描きやすく有益と思われるので、ひとつの覚え方として入れた。ⅵ は特におもしろい使い分けである。

4. 「唯一性」を明示するためのもの（文脈やその場の状況で the が選択されるもの）

　　（3．で述べたような the と名詞の間の「結びつき・親和性・一体性」がもとからあるわけではなく、文意を根拠に the が置かれる点が 3．ⅲ とは大きく異なる。4．ⅱ では不定冠詞を置くこともあるが、定冠詞か不定冠詞かの選択が文意を大きく左右する。）

　ⅰ．他に代る存在が無いために、絶対的に唯一の存在となるもの（<u>不定冠詞には置き換えられない。</u>）

　　　　He is **(the)** *principal* of our school.（我々の学校の校長先生）
　　　　He is **a** *principal* of our school. は通常はありえない文である。

　　　※ 『5．意図的に強調するためのもの』の一部も、「他に代るものがないもの」と考えればここに含めることもできよう。
　　　　　He's **the** *man* for the job.（彼はその仕事に適任だ。）
　　　　　This is **the** *drink* for hot weather.（これこそ暑い時の格好の飲み物だ。）

　ⅱ．同等のものが複数存在する可能性も通常はあるが、「この場合には唯一のものとなる」ことを明示するためのもの（<u>不定冠詞を用いれば意味が異なる。</u>）

　　　　He is **the** *victim* of that crime.（唯一の犠牲者）　　He is **a** *victim* of.... なら「犠牲者のひとり」
　　　　He opened **the** *door* to success. なら、成功する方法は一つしかないが、**a** *door* to.... なら複数ある方法のうちの一つ。

　　　ⅱ で「この場合には唯一のものとなる」と判断するには文脈が必要なことが多いため、これを次の3項目に分けて記述する。
　　　　　a－1．「唯一のもの」と言える例（共通認識がある場合）
　　　　　　－2．「唯一のもの」と言える例（共通認識がない場合）
　　　　　b．　文脈によっては「唯一のもの」とは言えない例

5．意図的に強調するためのもの

　　比較的弱い強調

　　　　He was **the** *son* of a doctor.（彼は医者の息子だった。）
　　　　He hid himself in **the** *corner* of his shop.（彼は店の片隅に身を隠した。）

　　比較的強い強調

　　　　The arrogant bastard！（あの高慢ちきめ。）
　　　　The impudence of the fellow！（奴のあつかましさと言ったら。）

『特集編』の目次

特集 １　関係詞節と冠詞

特集 ２　「数」とは無関係の、話題や情報を新たに提示するための不定冠詞

特集 ３　前方照応の the と「強調」のための the、あるいは「唯一のもの」を表す the

特集 ４　「発信者がそれをはじめて知ったか否か」や「それが世間に知られているか否か」を判断基準とする例、あるいは「『既存のもの・これまでに実際にあったことか』か、それとも『存在しないもの・これからのことか』」を判断基準とする例

特集 ５　動名詞と冠詞
　　　　　その１　動名詞と冠詞　５－１～
　　　　　その２　動名詞と名詞の使い分け　５－５
　　　　　その３　動名詞と名詞、そのニュアンスが異なる場合　５－６

特集 ６　所有格と冠詞の違い

特集 ７　序数詞と冠詞

特集 ８　最上級と the

特集 ９　相対最上級・絶対最上級と冠詞

特集 １０　複数形の名詞と the

特集 １１　名詞の単複の選択例
　　　　　その１　英単語の単複　１１－１～
　　　　　その２　英語と日本語の違い　１１－１４～

特集 １２　冠詞等を反復させるか否か
　　　　　その１　冠詞等を反復させない例　１２－１～
　　　　　その２　冠詞等を反復させる例　１２－５～
　　　　　その３　その他の注意点（繰り返すか否かで意味が異なる例など）　１２－７
　　　　　その４　and 以下の冠詞等の有無による修飾・被修飾関係の判断　１２－８～
　　　　　その５　*the* first and *the* second *chapter* = *the* first and second *chapters*
　　　　　　　　　のような、and が形容詞をつなぐパターンについて　１２－１０～

特集 １３　冠詞を省略する例としない例
　　　　　① 主に成句的な表現において、通常の文脈では定冠詞を省略しても差し支えはない例　１３－１
　　　　　② 主に成句的な表現において、定冠詞もしくは不定冠詞を通常は省略する例　１３－２～
　　　　　③ 冠詞を省略しない例　１３－５～
　　　　　④ 定冠詞・不定冠詞・無冠詞の違いで意味が大きく変わる例　１３－７～

特集 １４　人名・肩書き等と冠詞
　　　　　その１　補語の例など　１４－１～
　　　　　その２　固有名詞との併記例など　１４－４～

特集 １５　「The 比較級 ...，the 比較級....」の構文に関する注意点

特集 １６　病名・症状名と冠詞

序説－1 （物質名詞－1）

注1・2 ⇒ 序説－3

物質名詞について

最初にこれについての一般的な定義を挙げると、
　　常に単数扱いで a / an はつかないし、複数形にはできない。
　　the やその他の限定詞（所有格や this, that など）を置くことはあるが、それは「特定のものをいうとき」である。

実は「物質名詞」という呼称はよく誤解を生むのだが、そのことについてまず述べたい。
　物質名詞は実際には不定冠詞と共に用いられることも多いし、複数形で用いられることも多い。例えば wine だが、a French wine はフランス産のワインのことで、two wines 「2種類のワイン」、have a good acquaintance with French wines 「フランスのワインに詳しい」といった複数形の用例も多い。ところで、このような例では意味の上からは「物質」の域を出ないはずだが、上記の定義にはあてはまらないわけだから、「物質名詞ではない」ということになってしまう。
　物質名詞（material noun）は、無形の自然物、材料・材質、飲食物などを表す名詞である。しかし例えば、日本人にとっては、1個の石ころも「物質」だし、石ころのようには全体像を認識できなくても、また材質として考える場合にも、石はやはり「物質」である。（1個の石ころを「物体」として区別することもできるが、「物体」と「物質」が日常的に峻別されているとは言い難い。）
　他方、英語での a stone / stones は、はっきりとした輪郭・物理的形状があって数えられるので普通名詞（common noun）だが、tools made out of stone のような例では物質名詞である。
　このように、日本語の「物質」とは「もの。品物。生命や精神に対立する存在としての物」（『大辞泉』より）全般を表すので、「物質名詞」が「常に単数扱いで a / an はつかないし複数形にはできない」というのでは混乱を生むことになる。 注1

　結局のところ、「物質名詞」という呼称が表すところは「輪郭・物理的形状を有しない物質を表す名詞」ということなので、日本語での呼称には「無形」を入れて「無形物質名詞」で理解する方がよい。
　そして「無形」であれば、「a / an はつかないし、複数形にはできない」ことも理解しやすいだろう。つまり「無形物質名詞」自体は数えられないのだから、不定冠詞が置かれたり複数形になっている場合には、その「種類」もしくは有形の塊・単体が「ひとつ」あるいは「複数」あるということである。a French wine や two wines ではその「種類」が数えられる。 注2
　　We stock *wines* and *beers* of all descriptions.（ワインもビールも各種取り揃えてございます。）
　　The waitress reeled off the names of all *their beers*.（ウェートレスは店にあるビールの名称をよどみなく並べ立てた。）
（ところで、可算名詞には、姿・形は無くとも、区切り・境界・限界などがあるものも含まれる。mile や pound などの単位を表す語もそうである。また、固体では a stone / stones のようにその塊が数えられる場合と、a heavy metal 「重金属」のように種類を表す場合とがある。）

　これにあてはまらない慣用的な例としては、a coffee や two beers などの例を挙げることができる。 注3
　　"Do you want *a coffee* ?" "No, I've already got *one* thanks."
　　"*Two beers*, please."（ビールを2本［2杯］ください。）
　　　cf. eat *two loaves* [*rolls*, *slices*, *pieces*] (*of bread*) for lunch

a coffee は「1杯のコーヒー」（ちなみに、不可算名詞なら one で受けることはできない）、two coffees は「2杯のコーヒー」である。日常的な使用頻度が高いために a cup of coffee は a coffee に簡略化され、two cups of coffee は two coffees に言い換えられたわけである。pour *a water* over somebody's head でも、バケツかコップ一杯の水を頭からかけるわけだが、これも a bucket of ... や a glass of ... などの省略形か、少なくともそのイメージを伴うものと理解してよい。このように、慣用が理屈を凌駕することもある。（sugar についても同様に簡略化されるが、必ずしも「角砂糖」でなくてもよい。I want two sugars in my coffee. 「コーヒーに砂糖を2つ［2杯］入れてください。」）
　しかし同じ食卓に上る bread ではそれがないために two breads とは言えず、上記の cf. のように言う。He soften *the bread* with milk. の例のように the を置くことはあるが、それは食べようとしている特定のパンだからである。これを He soften *a bread*.... とするのは誤りだが、種類を表すなら次のような表現も可能である。
　　a pareve bread（精進料理用のパン）　　What breads have you got today ?（今日はどんな種類のパンがありますか。）
次の例でも同じく種類を表す。
　　Starches and *sugars* are present in grains, fruits and vegetables.（澱粉と糖は、穀物・果物・野菜に含まれている。）

「特定のもの」をいうときには the を置く。
　　The diners discommended *the wine*.（会食者たちはそのワインにけちをつけた。）

ここまでのまとめとして、wood および food の例を挙げておく。
　　Wood is used for building.　　The chair is made of *wood*.
　　a chip of wood（木切れ、木っ端）　　a large block of wood（大型角材）　　a stack of wood（薪の山）
　　various *woods*（様々な種類の木材）＝ various kinds of wood　　cf. a cut through the woods（森の通り抜け道）
　　Pine is *a soft wood*.（松は柔らかい木材だ。）
　　Dry wood burns easily. 「乾いた木材」程度なら「種類」とまでは言えないので、通常は無冠詞。
　　He chiseled *the wood* into a statue.（彼はその木を削って像を作った。）

There is no love sincerer than the love for *food*. (G. B. Shaw) （食べ物に対する愛ほど偽りのないものはない。）
an article [an item, a piece] of food （食品一点）　また容器を用いて　a plate of food　など。
natural [organic] *foods* （自然食品）
Tofu is *a nutritious food*. （豆腐は栄養のある食べ物だ。）
Good and healthy food is available; however, our children prefer *junk food*.　この程度なら「種類」とまでは言えないので無冠詞でよいが、Good and healthy foods および junk foods と複数形にしてもよい。
The food did not agree with me. （その食べ物は私には合わなかった。）

　ところで、「パン」を日本人は単体・塊として意識しがちだが、既述したように bread はそのようには扱えない。このことから言えるのは、日本語の「パン」と英語の bread の語義・語感は異なるものであるということだ。「石けん」と soap の違いも同じである。これらの英単語では、その全体としての「無形性」、つまりは同質性・均質性・連続性・不可分性などが重んじられていて、単体・塊や固体としての認識は（a cake of soap などの形をとらない限りは）なされない。

　他方、stone や timber のように、単体・塊としても（＝普通名詞としても）日常的によく用いられるものもある。このように両義性があるものについては、どちらでの使用頻度が高いか、つまり「無形性」と「有形性」のどちらに偏っているかは単語により異なる。

　そして以上のようなことは名詞の有する言わば個性なので、それについては「知る」より他はないということになる。

　以下も「個性」の例である。
　よく指摘されることだが、 a chicken「一羽のニワトリ」と無冠詞の chicken「鶏肉」の区別を知らない日本人は多い。日本で生活している限りは、「鶏肉」を英語で言うべき状況はほとんど無いので、仮に知っていたとしても、ついうっかり間違ってしまうことだってある。日常生活における「慣れ」で習得するのが難しいのなら、知っているつもりの単語であってもこまめに辞書を引かなければならない。注4
　例えば cake だが、初学者はすぐに「可算で普通名詞」と考えるのではないだろうか。しかし、 She kindly gave me some cake [cakes] she'd made herself. のように、無形の物質名詞としても扱われる。これはひとえに、発信者がそのことをどのように伝えたいかにかかっている。ショートケーキのようなものを「いくつか」というのであれば可算で、漠然と量的に「いくらか」というのであれば不可算である。
　以下は pizza の例。

　　Pizza is usually a success with children. （ピザはたいてい子供たちに人気がある。）
　　He shared *a pizza* with his son Laurence. （一枚のピザを……）
　　At the restaurant I ordered *three pizzas* to go. （持ち帰り用のピザを3枚……）
　　Two slices of pizza barely satisfied his hunger. （2切れのピザで彼はかろうじて空腹を満たした。）

　集合名詞に分類される fish だが、一匹なら a fish、3匹でも three fish で、fish を複数形にはしない。（しかし複数扱いにはする。）また、食材（＝魚肉）としてみるのなら無冠詞である。注5・6

　　If you doubt the freshness of *a fish*, place it in cold water, if it floats, it was recently caught.
　　He caught *three fish*.
　　These fish <u>are</u> fresh from the sea. （これらの魚は海で獲れたばかりです。）
　　We're having *fish* for dinner tonight.

ただし、複数種であることを言うのなら複数形にする。

　　In addition, *some fishes* are quite good at identifying other species; ....
　　Tiny *fishes* are darting about in the water. （小さな魚が水の中にちょろちょろしている。）

序説－3　（物質名詞－3）

注1　material noun の類義語に　mass noun　というのもあって、これは「質量名詞」とも訳されている。mass noun は　material noun　よりは広範な概念を表して、抽象名詞（abstract noun）を含めて、すなわち不可算名詞と同義に扱うこともあるのかも知れない。以下はそのことを示唆する例文である。
（『Oxford Sentence Dictionary』より）
　　Advice is an uncountable noun, it's a so-called mass noun just like the word *information*.
　　Mass or uncountable nouns are often abstract and cannot be counted.　この or は「すなわち」の意であろう。

　しかし、『Collins COBUILD English Grammar』（p10）の　list of mass nouns　に抽象名詞は入っていない。また、『謎解きの英文法　単数か複数か』（久野暲・高見健一：くろしお出版 p79）では、「物質名詞」を　mass noun　の訳語としていることから、abstract noun は除外されていることが伺える。いずれにせよ abstract noun　の不可算性はその名称から明らかなので、他の範疇（mass noun）に無理に含める必要性はさほど無いものと思われる。

　『現代英文法講義』（安藤貞雄：開拓社）によると名詞は次のようにも分類されるが、abstract word をこれに加えて理解してもよいものと思われる。
　（thing-word「事物語」／ mass-word「質量語」）または（unit-word「単位語」／ continuate-word「連続語」）

　それはさておき、「質量名詞」という呼称であれば不可算性を強く感じさせはするので、その点では好ましい訳語である。しかし、何やら物理学の用語のような響きもあり、飲食物などを指すのにはこれもふさわしくない。
　（A sponge absorbs *water*.「海綿は水を吸い込む」の例のようにただ漠然と「量的」にとらえる場合と、 tools made out of *stone*　のように「質的」にとらえる場合があることを考えれば、「質量名詞」ではなく「質・量名詞」と「なかテン」を入れて表記すればまだいいのだが……。）

注2　赤ワイン・白ワインなら、種類というよりはより大きな分類なので、red wine, white wine　と無冠詞で用いることの方が多い。

注3　「濃いコーヒー」なら、種類というよりは入れ方の問題なので、strong coffee　と無冠詞の用例が多い。ただし次の例では、やはり種類を表している。
　　A strong-tasting coffee doesn't always contain more caffeine.
「濃いコーヒーを一杯」なら a cup of strong coffee　もしくは　a strong cup of coffee　が普通。
　また、次のような冠詞の省略も珍しくない。
　　"Coffee or tea ?" "Coffee, please." "Cream or sugar ?" "No, thank you."

注4　I ate *a chicken*. では鶏を1羽まるごと食べたことになってしまう。これが I ate *a lobster*. なら鶏ほどではないものの、やはり触覚から尻尾までを食い尽くしたような感じで違和感があるので、ロブスターも食べ物・食材として扱うときは普通は無冠詞である。
　　I have never eaten *chicken* so juicy.
　　I never would've dreamed I would eat *lobster* morning, noon, and night, for free.
　　Denise likes *lobster* a lot, but it is expensive, so she seldom eats it.
　　She stabbed a piece of *chicken* with her fork.
　　They ate all *their chicken* and nearly all the stewed apple. のように所有格を置くことはある。この例ではまた、文末の apple も原形をとどめない無形の食材として不可算。
　　フライドチキンも同様に、 I brought *fried chicken*, macaroni and cheese, ...
Try our *fried chicken*.「～をご試食ください」を chickens と複数形にすれば、味付けなどが異なるバージョンが複数種あることになる。

　ただし調理の過程としては、丸ごとというのも十分にありえる。　 boil [barbecue, roast] a chicken

The types of seafood they eat include mussels, scallops, clams, crabs, lobsters, abalone, and sea urchins. では、総称的に単数形で表される abalone「アワビ」を除いて、他は複数形になっている。これはそれぞれが複数種あるからとも、食材となる以前の、生きている個体が意識されているとも考えられよう。

　では、 Well, whatever you do, don't eat *escargots* or *lobster* there. の例はどうだろう。 lobster の単数に対してエスカルゴは複数になっている。かと言ってエスカルゴを「殻ごと」食べるわけではないだろう。では種類を表すのだろうか。しかし、「そこではエスカルゴもロブスターも食べるな」と言うときに、エスカルゴだけを複数種にして言うのも無意味なことである。結論を言えば、調理をしても形が崩れないものは、1個1個の個体やその有形性を意識して複数形にすることも多い。
　　Escargots are baked in Pernod, butter, fennel, and duxelles of *mushrooms*. ではマッシュルームも複数形である。
　　The *potatoes* browned in the pan. 「じゃが芋が鍋の中できつね色になった」でも、じゃが芋はほぼ原形をとどめているのだろう。

要は姿や形を意識するか否かの問題であり、それを意識しないということは無形の材料として扱うということである。
　　Add *tomatoes* and *peppers*; cook 5 minutes, stirring frequently. では「複数個のトマトと複数種の薬味を加えよ」ということだが、
　　I prefer it grilled or baked, preferably with something to cut the oiliness, such as cucumber and *tomato* or lemon. では無形の材料である。

（roast *a chicken* in an oven　のように、「丸ごと」なので a が置かれるとされる例もまた、「原形のままだから」と言うこともできる。）

なお、食材にも特定のものを指すのなら the を置くので、次のように鶏肉なのか丸焼きなのかが不明になることもある。
　　Place a whole onion inside *the chicken*.
この場合、玉葱1個を詰めるのだから、丸焼きかそれに近いものとの常識的な判断はつくが。

　余談ながら、「臆病者」の意の chicken なら形容詞として用いる（つまり無冠詞にする）ことが多い。

注5　動物名と、食材としてのその肉の名称は、chicken のように同一のものもあれば、違う名称が用意されているものもある。

　　（動物：肉）の名称が同じもの
　　　　鳥類　（a chicken：chicken）　（a turkey：turkey）　（a goose / geese：goose）　（a duck：duck）
　　　　魚類　（a fish / fish：fish）　（a catfish / catfish：catfish）　※ 鯰（なまず）は米国他多くの国で食用にされている。
　　　　　　　（a salmon / salmon [まれ salmons]：salmon）　（a trout / trout：trout）　※ 魚類は一般に単複同形である。
　　　　その他　（a rabbit：rabbit）　（a whale：whale (meat)）

　　（動物：肉）の名称が異なるもの
　　　　家畜　（a cow, a bull, an ox / 集合的に cattle：beef）　（a calf / calves：veal）　（a sheep / sheep：mutton）　（a lamb：lamb）
　　　　　　　（a pig：pork）　（a deer / venison）

　　　　※　なお、食材に限らず、材料として用いるのなら無冠詞である。　a handbag of *alligator*　muffs of *fox*

　　上記の内容から4本足の食用家畜の場合だけにこの区別があるのは一目瞭然だが、『謎解きの英文法　単数か複数か』（久野暲・高見健一：くろしお出版）では次のように述べている。

　　　…前略…　英語の動物名 cow, pig, sheep, deer, calf は、語源的にいずれも本来の英語の語彙ですが、これらの動物の肉 beef, pork, mutton, venison, veal は、いずれもノルマン・フランス語から英語に入ってきた借入語です。

　　　…中略…　そのような食用の家畜の世話をしたのがイギリスの農民たちであったため、それらの動物名は本来の英語のままで、家畜の肉を食べたのはイギリスを征服したノルマン人たちなので、その肉の名前にはノルマン・フランス語が用いられたということです。

注6　次の内容は『謎解きの英文法　単数か複数か』（久野暲・高見健一：くろしお出版）で述べられているものである。（抜粋ではない）

　　Some fish ___ **caught** for us. では were が正しいが、Some fish ___ **bought** [**cooked**] for us. では食材（切り身やすり身）としてなら was が、丸ごと数匹なら were が正しい。

序説－5　（抽象名詞－1）

注1 ⇒ 序説－8

抽象名詞について

最初にこれについての一般的な定義を挙げると、

　　常に単数扱いで a / an はつかないし、複数形にはできない。
　　the やその他の限定詞（所有格や this, that など）を置くことはあるが、それは「特定の場合についていうとき」である。

抽象名詞に属すのは、性質（例 honesty）・状態（poverty）・感情（anger）・動作（construction）の他、主義や政策（charity, democracy）・学問（physics）・病気（pneumonia）、あるいは治療法（radiotherapy）・手術法（Cesarean）・検査法（fluoroscopy）などの「方法」を表す名詞である。これらは物理的形状は有しないので、個別・具体的なものを表すものでない限り数えることはできない。
注1 （なお、「病名・症状名」に関しては『特集16』で詳しく述べる。）

ところで、『序説－1（物質名詞）』では筆者は物質名詞を「『無形物質名詞』で理解する方がよい」と述べたが、抽象名詞に関しては abstract noun の直訳の「抽象名詞」で特に誤解は生じない。（もっと正確に言うとすれば「抽象概念名詞」や「抽象的概括的名詞」といったところだろうが、そこまで言う必要もないだろう。）

さて、いわゆる物質名詞に不定冠詞が先行する（普通名詞化される）のは、その「種類」か「塊」が数えられるときであった。<u>抽象名詞にも不定冠詞は先行するが、それは個別性・具体性を表している場合である。複数形になるのも、その個別性・具体性が数えられるからである。</u>

　　Misunderstanding can cause a great deal of relationship stress at home and at work.
　　　（誤解は家庭においても職場においても多大な人間関係のストレスを生み出す。）
　　A misunderstanding about the rent was the beginning of their quarrel.
　　　（賃貸料についての誤解が彼らの喧嘩のもとだった。）
　　※ *Misunderstanding* set her apart from me.「誤解がもとで彼女は私から離れてしまった」では抽象的だが、「いろいろな誤解」
　　　ということを強く含意するのなら複数形にする。
　　　　Slight misunderstandings may sever lifelong friends.（ちょっとした誤解がもとで一生の友達と不和になることもある。）

　　The collection was put up for *auction*.（そのコレクションは競売に出された。）
　　I sold it at *an auction* at Christie's in New York.（ニューヨークのクリスティーズの競売でそれを売った。）
　　すなわち open an auction「競売を開始する」のような例では、ある1回の「競売会」を表す。 a tendency to overbid at *auctions*
　　「競売で価値以上の値をつける傾向」でも、そのような「競売会」が多々あることを言うために複数形にしている。

　　Charity begins at home.（愛は家庭に始まる。）
　　raise money for (*a*) *charity*（慈善のためにお金を集める）

　　「慈善事業」や「慈善団体」という意味では可算的に扱う。
　　Every Christmas we have a collection and give the money to *a charity*.
　　　（私たちは毎年クリスマスには募金活動を行い、ある慈善団体に寄付しています。）
　　He contributes to many *charities*.（彼は多くの慈善事業に寄付している。）

　　The matter is under *investigation*.（その件は調査中である。）
　　The FBI launched *an investigation* of the events.（連邦検察局は事件の調査に乗り出した。）
　　Investigations yielded the conclusion that....（調査の結果、～という結論がもたらされた。）

例えば手術の意の operation には、個別・具体的な手術を指して用いることが多いために、ほとんどの例で a や the あるいは所有格などの限定詞が置かれている。

　　undergo *an operation*（手術を受ける）　　go through *a serious operation*（大手術を切り抜ける）
　　His health failed after *the operation*.（手術後、彼の健康状態はしだいに悪化した。）
　　　cf. at the time of *operation*（手術時に）　　at the time of *the operation*（その手術のときに）⇒『特集12－3』下

似たような例の「生検」では、a を置くか否かは任意に決められることが多い。（置いたとしても意味に大差はない。また、この場合の a は「1回」ということを殊更に強調するものではなく、どちらかと言えば、個別の行為であることを含意させるものである。）

　　do *a biopsy* on a lesion（病変の生検を行う）　　take *a biopsy* of marrow（骨髄の生検を受ける）
　　After *biopsy*, evidence of malignancy was found.（生検の後、悪性であることが認められた。）
　　A clear cell carcinoma in keeping with renal origin was found on *biopsy*.
　　　（腎臓原発性の癌に伴うはっきりとした癌細胞が生検で認められた。）

　　Only (*an*) *amputation* of the leg can save his life.（脚を切断しなければ彼は死んでしまう。）
次の例では複数回のそれを言っている。
　　Despite *all the amputations*, you could dance to a rock'n'roll station.

次の例では、検査という行為ではなく、採取された検査用の生体組織を表している。
　　Three antral biopsies were obtained within 2-5cm from the pylorus.

序説−6 （抽象名詞−2）

注2・3 ⇒ 序説−8

例えばまた mediate *a peace* between ... 「～の間の講和の調停をする」では、「講和」の個別性・具体性を表すために不定冠詞が置かれているが、次のように漠然と言うほどに無冠詞になる。

  negotiate (*a*) *peace* with ... （～と和平交渉をする） make *peace* between two quarrelling parties （喧嘩を仲裁する）

同じように They have been confronted with *a severe food shortage*.「彼らは厳しい食料不足に直面している」では a が置かれているが、他方 suffer from *food shortage*「食料不足に苦しむ」では、個別・具体的な食料不足ではなく、漠然と述べる感じで無冠詞である。（抽象名詞を形容詞が修飾する場合については次頁の上部を参照されたい。）

No more war！［No More War！］での war は抽象的だが、No More Wars！と複数形にすれば、多少なりとも具体的な戦争を想起させやすい。 注2

このように、抽象名詞が複数形になる（普通名詞化される）のも、その個別性・具体性が複数だと認識されるからである。もうひとつ例を挙げれば、The study of *language* and *languages* has been described as fundamentally democratic, in contrast with the study of literature, which is essentially aristocratic. では、language を抽象的な意味での「言語」、languages を「各国の国語」の意で用いている。

ただし、次のような例は「強意複数」として理解すべきである。 ⇒『特集１１−５』
  It is *a thousand pities* (that) you cannot come.「君が来（ら）れないのは気の毒なことだ。」 *cf.*「ら抜き言葉」⇒『特集１０−１』

ところで、bond「きずな」や view「眺め、見解」あるいは wish などは、個別・具体的なことを表す可算名詞である。他方、information, advice, knowledge などは抽象名詞で、代表的な不可算名詞である。しかし、information, advice, knowledge などが抽象名詞として扱われるのに、bond, view, wish は何故そのようには扱われないのだろうか。その違いは、実は英語の感覚においても、information, advice, knowledge が表す意味内容は three pieces of ... といった具合に数えられるのだが、これらの英単語自体は複数形にできないことにある。 注3

複数形にできない理由は、語源がいまだに重視されているからである。これらの語源については『特集１１−６』に載せているので、ここでは同じく複数形にはできない gratitude と news の語源を載せておく。

  初15c; ラテン語 gratus（感謝する）。 grati-（感謝する）＋ -tude（状態）　『ジーニアス英和大辞典』より
  初14c; 中英語 neues（neue「新しい」の複数形。形容詞の名詞化。）　『ジーニアス英和大辞典』より
  1425-75. 中期英語 newis（newe「新しいこと、目新しさ」の複数形）。　『ランダムハウス英和大辞典』より

つまり、gratitude は「状態」を表して常に単数扱いで、また news の場合には、語源自体が複数形なので newses とはできない。

なお、information や news を無冠詞で用いるべき場合があるが、これについては『特集４−１』を参照されたい。

また集合名詞に分類される mail については、個別のものについては letter や parcel などで言う。
他にも次のようなものがある。（このような集合名詞の一部は、意味の上からは抽象名詞に分類されることもある。例えば、poems の意の poetry ではなく、文学の一形態としての poetry なら抽象名詞に分類されるように。）

  poetry−poem scenery−scene machinery−machine

peace の例に戻るが、次のように「特定の平和」を言うのであれば the を置く。

  These incidents suggest *the peace in Northern Ireland* is still brittle.
   （これらの事件によって、北アイルランドでの平和な状態は未だはかないことが窺える。）
  The peace was suddenly shattered by gunshots.（その平和は銃声で突然破られた。） この The は前方照応のためでもある。

次のような例は、「類似のものから区別し、ときに強く対比させる」用法として理解した方がよいだろう。
                 ⇒『3.ⅰ.a−2』（the 3−5～）
  the peace of a mountain resort （山の保養地の静けさ）
  the character of a justice of *the peace* （治安判事の資格）　判事の中でも、特に治安を担当する判事である。

抽象名詞に不定冠詞を先行させれば、「一種の…、ある（種の）…」（a kind of）の意を表すことも多い。
  A weariness came over me.（けだるさのようなものが全身を包んだ。）
  There was *a silence*.（しばしの沈黙があった。）

他に『特集１１−８』の後半から、このような意味の例を多く挙げているので参照されたい。

『英語冠詞講義』（石田秀雄：大修館書店）では、「可算名詞を用いるべきかそれとも不可算名詞を用いるべきかを決定するより具体的な判断基準として（同書より）」以下のパターンを提案している。（このうち物質名詞が主に該当するのは５と６であろう。）

  1. an area of 2. a period of 3. an event of / an occasion of
  4. an instance of 5. a kind of / a type of 6. a unit of / a serving of

序説－7　（抽象名詞－3）

　　　注4～6 ⇨ 次頁
抽象名詞が形容詞を伴う場合には不定冠詞を置くことが多く、それにより「（形容詞が表す）～の種類の（特別な）もの・出来事」に限定する。
　　　注4
　　A tropical cyclone is *a great danger* to shipping.　（熱帯性低気圧は船舶にとって極めて危険だ。）
（ただし形容詞を伴っても、She stands in *great danger*. の例のように無冠詞にすることもある。　注5　）
また次のような例では、主語が複数形であっても補語は単数のままである。
　　Accidents like this are *a rare occurrence*.　（このような事件は稀にしか起こらない。）

さてここで、まとめとして activity と time の例を挙げておく。
　　be in full *activity*　（盛んに活動している）　　　arouse a person to *activity*　（人を奮起させる）
　　engage in *an activity*　（ある活動にたずさわる）
　　University students today engage in an amazingly wide range of *activities*.　（現代の大学生の行動範囲は驚くほど広い。）
　　receive an unfavorable report about *somebody's activities*　（人の活動について好意的でない噂を聞く）
　　　cf. This contribution is a cover for *his unlawful activity*.　（この寄付は彼の違法行為の隠れ蓑だ。）
　　The activity is on the upswing.　（その事業は大きく上向いている。）
　　as an initial step in *this activity*　（この活動の第一歩として）
形容詞もしくは後置修飾語を伴って
Watching TV is *a passive activity*.　（テレビを見ることは受動的活動である。）
an activity that has no social significance　（社会的意義のない活動）

Time is not a merciful master, as we all know.　（時は情けのある主人ではない。周知のことだが。）
set *a time* for one's visit　（訪問する時間を決める）　　　*The time* has come to act.　（行動に移す時がきた。）
　　cf. This is *a time* to force my brain to work on every cylinder. 「頭をフル回転させねばならない時である」で a を置く理由は、
　　　「話題を提示する」ためでもある。　⇨ 『特集2』・『特集3』
I had never seen a rhinoceros by *that time*.　（私はそのときまでサイを見たことがなかった。）
形容詞もしくは後置修飾語を伴って
We had *a great time*.　（私たちは素晴らしい時を過ごした。）　　　a time of social storm　（社会的激動の時代）
以下は「一度に」「一時期に」の例
He will write for hours at *a time*.　（彼は一気に何時間も物を書くことがよくある。）
This painting had for *a time* been treated as a fake.　（この絵は一時期贋作として扱われていた。）

　抽象名詞に不定冠詞を置けばもはや抽象名詞には分類されないが、しかしその場合にも抽象性を失っていない例も多いことから、「抽象名詞」とか「普通名詞」とかの分類に過度に拘泥することは無意味である。区別すべきは「不可算用法」と「可算用法」である。これについては『特集11-5』の後半でも述べているので参照されたい。

　ところで、普通名詞と抽象名詞の両義性を有している名詞も多い。
　よく知られている room の例のように、輪郭・物理的形状の有無が意味の違いを端的に表すもので、どちらの意での使用頻度も高いものについてはその区別も容易である。（room の場合、普通名詞の「部屋」と抽象名詞の「空間、余地」との違いは明白だが、これが space の可算用法である「場所」と、不可算用法の「空間」となると、前者の形状は room ほどにはイメージしにくいため、区別も多少難しくなる。例：a parking space for 200 cars「車200台分の駐車場」　make space for ...「に場所をあける」）　注6
　しかし、これが前頁に既述した peace や war といった例のような、個々の「講和」や「つかの間の平和」、あるいは個々の「戦闘、争い」の意の可算名詞としての用法と、純粋な抽象名詞としての用法との区別ともなれば、前者にも輪郭・物理的形状はなく、ただその個別性・具体性を認識できるか否かの違いに拠るため、区別は多少曖昧になる。『特集11-8』の下部からは「不定冠詞＋抽象名詞」の例を載せているので参照されたい。
　また、例えば nuclear deterrence「核による抑止（力）」は抽象的だが、より具体的なものを指すのであれば a [the] nuclear deterrent と別の名詞を用いるものもある。　⇨ 前頁の mail の例も参照。

　多くの名詞には可算用法と不可算用法の両方があるが、その使い分けが微妙な場合については、ある文脈の中でそれが可算か不可算かを決定づけるのは、その名詞に対する発信者のとらえ方（＝抱くイメージ）に拠るところが大きく、ときに恣意的でもある。その具体例は『本編』や『特集』の中で追い追い挙げていくことにするが、特に『特集11』では、単複の選択例とも絡めて関連事項を多く扱っている。

次の例では「the ＋物質名詞」を抽象的に用いている。
　　Anecdotes are *the salt* of his narrative.　（逸話が織り込まれているので彼の話は生き生きしている。）

次の例では「不定冠詞＋普通名詞」を抽象的に用いている。　⇨ 『特集11-5』の前半
　　Would you mind keeping *an eye* on the baggage？　（荷物から目を離さないようにしてくださいませんか。）

なお、「the ＋普通名詞（の主に単数形）」によって抽象的な概念や隠喩を表すことがあるが、これについては本編の『3.ⅱ.c-1』（the 3-32～）を参照されたい。

序説－8　（抽象名詞－4）

注1　linguistics, statistics, physics などの -ics で終る学問名も単数扱い。ただし、「学問」として用いるのではなくて、具体的な内容を表すときには複数扱いになるものもある。以下はその例。

 Statistics suggest（× suggests）that the population of this town will be doubled in five years.
  （統計から推測すると、この町の人口は5年で2倍になるだろう。）
 FBI statistics indicate that violent crime has been declining in the U.S. for the last three years.
  （FBIの統計によると、合州国の暴力的犯罪は過去3年間に減少してきている。）
  ※　「合衆国」ではなく「合州国」とした理由は『the 3－52』の『注1』を参照されたい。
 The economics of the city *need*（× needs）still to be looked at carefully.
  （その都市の経済状態はまだ注意深く見守る必要がある。）
 I wonder what *his politics are*.　（彼はどんな政見を持っているのかしら。）

それぞれ「統計資料」「経済状況」「政見、政治的立場」であって、「統計学」「経済学」「政治学、政治」とは異なる。

注2　No More Wars ！に関連して言えば、No more *Hiroshimas*！No more *Nagasakis*！でも複数形にする。
 まれには a を置くこともある。
 Together we are safeguarding the future by working to ensure that *a Hiroshima*, or *a Chernobyl*, never happens again.
Chernobyl も Hiroshima も Nagasaki も固有名詞（地名）だが、その悲劇を具体的なものとして可算扱いにしている。
 次の例では、地名によってその被爆の悲劇を表しているという意味で、また単数・無冠詞という点では抽象名詞の性格を帯びていると言えよう。
 Since *Hiroshima* and *Nagasaki*, historians have devoted nearly as much energy to debationg....
しかし、× No more *Hiroshima*！No more *Nagasaki*！と単数にはしないことから、純粋な抽象名詞としては扱われていないことが伺える。

注3　information, advice, knowledge が表す意味内容は three pieces of ... といった具合に数えられるが、他方 peace のような単語では複数のものを示唆すべき必要性が低い。したがって、a peace の用例は多くとも、There have been *long periods* of peace.... のような用例はごくまれにしか見られない。

注4　ただし、形容詞で修飾されても不定冠詞を置かないものもある。それに該当するものとして、『ロイヤル英文法 改訂新版』（旺文社）では、以下の語を挙げている。
 advice, applause, behavior, conduct, damage, fun, harm, homework, information,
 luck, music, news, nonsense, progress, weather, wisdom, work（仕事）

注5　このことに関して『英語の冠詞』（樋口昌幸：開拓社）では次のように述べている。
 形容詞により指示範囲が限定されれば a / an をとるということは、逆に言えば、単数形の名詞に形容詞が先行しても、指示範囲が限定されなければ、不定冠詞は付けられない、ということです。では、形容詞が指示範囲を限定しないのはどんなときかと言うと、まず形容詞が「情緒的語句」（sentimental epithet）（または、「枕詞」（ornamental epithet））として用いられるときです。これに対し、形容詞が「記述的語句」（descriptive epithet）（または「限定的語句」（qualifying epithet））として名詞に付けられるときは、名詞の指示範囲あるいは内容は限定をうけるので、冠詞が必要になります。（抜粋はここまで）

 これに関連して、以下の例を同書は挙げて補足している。
  She has great *determination* to succeed.　［great は褒めことば］
  She has *a* great *determination* to succeed.　［great は様態を限定］
  Growing *unease* at the prospect of an election is causing fierce arguments within the party.　［unease の様態非限定］
  'He'll be alright,' I said to myself, trying to quell *a* growing *unease*.　［話し手が限定する unease］

 またこの他の理由としては「転移修飾」を挙げているが、詳しくは同書の82頁（初版）からを参照されたい。

 しかしこの区別は、日本人が実践法として記憶するには少し難解である。（一般に、ルールは単純なものほど実践的なものである。）また、「情緒的語句」と「記述的語句」の区別が微妙なこともあるはずだし、実際にネイティブスピーカーがあらゆる場面でそれらを正確に区別したり、「転移修飾」か否かをいちいち判断しているとは到底思えない。瞬時の応答が求められる会話では特にそうである。
 そこで、一般的には、次のような理解で構わないと筆者は考える。すなわち、「漠然と言う場合には無冠詞であり、限定する気持ちが（たとえ無意識に近くとも）ある場合や、話題や情報を提示する文では a / an を置く」。

注6　実際には、「抽象」か「普通」かの、どちらかの側に使用頻度が偏っているものの方が多い。love には「恋人・愛人」の意もあるが「愛」の意で用いることが圧倒的に多いので「抽象」＞「普通」。nurse には「育児・授乳」の意もあるが、むろん看護師の意で用いる方が圧倒的に多いので「普通」＞「抽象」。
⇨ 『特集11－5』の後半

不定冠詞－１

注１～３ ⇨ 不定冠詞－３

不定冠詞（a / an）について

以下に、不定冠詞が表すことのできる意味や用いられる状況を挙げる。（なお、物質名詞や抽象名詞に関連するものについては『序説』のそれぞれの頁を参照されたい。）

※ 「１つ」であることを表す。

　　a hundred men　　*a* hundredfold（百倍に）　　*a* chance in *a* thousand（千載一遇の好機）
　　a kilogram of rice　　*a* sheet of paper　　*a* million dollars　　*a* mile long
　　in *a* day or two　　one at *a* time　　for *a* week　　at *a* mouthful　　*a* friend of mine
　　An apple a day keeps the doctor away.（一日にリンゴ一個で医者いらず。）
　　A high school is affiliated with that university.（その大学には付属高校が一校ある。）

「１つ」であることを表すのだから、これらの例では one で置き換えられることも多いが、one よりも意味は少し弱い。以下は『英語の冠詞がわかる本』（正保富三：研究社）からの抜粋である。

　　one の意味の a（数詞の a）
　　　もともと不定冠詞の a, an は「１つ」を意味する数詞から発達したものであるが、現在ではその a, an が原義の「１つ」の意味で使われるのは決まった言い方（set phrase）や諺などに限られている。
　　　　at a blow（一撃のもとに；一挙に）　　at a stretch（一気に）　　in a word（要するに）
　　　　a hundred, a thousand, a dozen, a score, etc.
　　　　Rome was not built in a day.（ローマは１日にして成らず）
　　　上の語句の a は one と置き換えられるもの（at one blow, one hundred, one thousand, etc.）もあるが、置き換えられないものもある。
　　　a hundred people と言うとき、その a は、特に１という数の意識はないであろう。日本語で「百人」と言うとき、「１百」の意味が無意識に考えられているのと似た、習慣的表現となっている。もし 200 ではなく 100 であるという数の意識を表面に出したいときは one hundred people という。 a thousand と one thousand も同様である。この場合は日本語では「一千」という言い方もあるので、 a thousand people が「千人」、 one thousand people が「一千人」の語感にほぼ相当すると言える。 one dozen, one score とは言わない。（抜粋はここまで）

結局のところ、 one の意が弱くなるにしたがって、訳出する必要も無くなってくる。 This is a pen. や Mr. Smith is an excellent physicist. のような、何かを紹介する文での one の意は弱いのが普通である。 注１　⇨『特集２』

また、 Schools are, in a certain sense, like factories turning out *a product*. 「学校は、見ようによっては製品を造り出す工場に似ている」のような例では、「１つ」というよりも a kind of ... の意を表している。

※ one of ... の意を表す。

The staple food in Japan is rice.「日本の主食は米である」の例をもし A staple food in Japan is rice. とすれば、主食クラスのものが他にもあることになる。

　　Food is so abundant that obesity has become *a* leading cause of death.
　　　（飽食の時代なので、肥満が主要な死因の一つとなっている。）

このような例は『the ４－１』からを参照されたい。

※ 「いくらかの～」「やや～」の意、あるいは「一部にはそういうものがある」ことを表す some の意や、 a certain「ある～」の意を表す。

注２

　　I'll have *a* sleep.（ひと眠りしよう。）　　I'll have *a* swim.（ひと泳ぎしよう。）
　　He has *a* knowledge of biology.（彼には生物学の知識が多少ある。）
　　at *a* distance（少し離れて）　　for *a* time [while]（しばらくの間）

　　He came back on *a* Christmas.（彼はある年のクリスマスに帰ってきた。）
　　A school may not permit a high-school student to ride a motorbike even when the parents have given permission.
　　　（高校生のバイクについて親が許可しても学校が許可しないことがある。）

※ 「ある種の～」（a kind of ...）などの意を表す。

　　I hate *a* dog that snaps.　　*cf.* I hate dogs.　　注３
　　I like *a* man who is honest.　　*cf.* She hates men.
　　I'd like *a* bra with more uplift.（私はもっとバストアップの効いたブラジャーがいい。）
　　I'd like *a* dress like this.（こんな感じのドレスが欲しいのですが。）

抽象名詞の前に不定冠詞を置く次のような例でも、 a kind of ... を含意することがある。
　　There was *a* silence.　　*A* weariness came over me.（けだるさのようなものが全身を包んだ。）

なお次のような例では、主語が複数であっても普通は disgraces とはしない。このような例は『特集１１－８』の下部から多く載せている。
　　These slums are *a* disgrace to the city.（このようなスラム街は市の恥だ。）

不定冠詞－2

注4 ⇨ 次頁

※ 「～につき（each）」「～ごとに（every）」の意を表す。
    five miles *an* hour （時速5マイル）   at one dollar *a* bottle （ひと瓶1ドルで）
    We have three meals *a* day. （我々は日に3度食事をする。）
    It costs eight pounds *an* ounce. （値段は1オンス8ポンドだ。）
        cf. by the kilogram あるいは by weight などについては『the 3－3』を参照されたい。

※ 総称表現 ⇨ 『the 3－19』および『the 3－27』～
    A child needs love. （子供には愛情が必要だ。） 注4

※ 固有名詞（主に人名）と共に用いて ⇨ 『特集14－5』
- 「～という名の人」「～とかいう人」
- 「～家の人［一員］」
- 「～のような人」
- 「～の製品・作品」

  ちなみに、I found *an* angry Tom there. 「トムはそこで怒っていた」や a Japan which can say "no" 「ノーと言える日本」といった例では「一時的な状態」や「特別の状態」、あるいは「一様相」を表している。
    a corrupt West （堕落した西洋）   a sleepless George （眠れなかったジョージ）   a crescent moon （三日月）

※ 「素晴らしい」「見事な」、あるいは「かなり」などの意を表す強意・強調表現 （[éi] と発音することもある。）
    What *a* sky! （なんという素晴らしい空だ。）
    That's *a* thought. （それはかなりよい考えだ。）
    She has *a* voice! （彼女は実に歌が上手い。）
    wait *a* while （かなり長い間待つ）

※ 話題や情報を新たに提示するときに置かれる不定冠詞 ⇨ 『特集2』あるいは『特集3』

※ 序数詞の前に置かれる不定冠詞 ⇨ 『特集7』

※ 絶対最上級（例：It was a most beautiful sight.） ⇨ 『特集9』

※ 「a A of a B」の形で「AのようなB」（フランス語法起源）
    an angel of a girl （天使のような少女）   an oyster of a man （無口な人）   a saint of a man （聖人のような人）
    a brute of a man （野獣のような男）   a castle of a house （城のような家）   a gem of a poem （珠玉のような詩）
    a hell of a day （ひどい一日）   a devil of a job （とんでもない仕事）
  a A の部分は this A, that A, some A などになることもある。 that fool of a man （あの馬鹿な奴 = that foolish man）

※ 「同じ～、同一の～」（諺や古風な成句を除いて、今では the same を用いるのが普通。）
    birds of *a* feather （同じ羽毛の鳥、同類）   men all of *a* mind （心を同じくする人たち）
    These hats are much of *a* size. （これらの帽子はだいたい同じ大きさです。）
    They are of *an* age. （彼らは同い年だ。） ただし They are the same age. の方が普通。

以下は諸注意として

※ 不定冠詞という名称ながら、発信者にとっては「不定ではない」ことも多い。特に、何かを紹介する文であれば、発信者がそれを特定していて当然である。例えば Bill wants to marry *a Japanese,* but *she* doesn't want to marry him. では、その日本人女性のことを発信者もたぶん知っていることだろう。他方、Bill wants to marry *a Japanese* if he can find *one*. では、ビルも発信者も特定しえない日本人女性である。（このような場合には one で受ける。） 以下も、発信者が特定している例である。
    I'll take *a girl* to the party. *She's* very pretty.
    A new school of fiction developed in the 1940s. （小説の新流派が1940年代に起った。）

不定冠詞－3

※　「私は日本人です」と言う場合、I'm *Japanese*. と形容詞を用いる方が普通。I'm *American*. や I'm *Chinese*. などでも同様。I'm *a Japanese*. と名詞を用いれば、「日本の国籍を持つ一人の人物」といった感じで国籍を強調することになる。以下も強調例。
　　　He is *an American* in nationality, but *a German* in blood.（彼は国籍としてはアメリカ人だが、血統としてはドイツ人だ。）
　　　He is *a German* by race.（彼はドイツ民族に属する。）

　　日常の会話では、国籍を過度に強調すれば角が立つこともあるので、その点からも形容詞を用いる方が無難である。　⇨　『the ３－４０』

※　全体をひとまとめにして考える場合には、複数形の名詞に対しても不定冠詞が置かれる。a full 80 miles「まる80マイル」の例など、『特集１１－１』下を参照されたい。

注１　This is a pen. のようにその場で提示するのであれば、それが１本であることは相手にもすぐにわかる。つまり、本来は単複を言う必要すら無い状況なのだから、不定冠詞によって one であることを言おうとする意識は弱いはずである。ちなみに、この文が言わんとするところは、「このような筆記具は英語ではペンと言います。（そして１本である場合は a を先行させます）」といったところであろう。

　　なお、数詞や only などと共に用いたり、another, others と対照的に用いたりするのなら、普通は one の方を用いる。
以下の例は『ジーニアス英和大辞典』から
　　　We have two daughters and one son.
　　　There's only one (× an) apple left.
　　　One (× A) teacher stayed but all the others went home.

　　また、例えば a new one のように形容詞を介して a と one を併用することは多いが、a one と直結させることは普通はしない。
　　　Do you have any books on gardening？ I'd like to borrow one (× a one).
ただし、まれに例外もある。
　　　The greatest mistake you can make in life is to be continuously fearing you will make *a one*. (E. Hubbard)
　　　（人生における最大のミスは、ミスを犯さないかと絶えず恐れることだ。）

注２　some と a certain の違いについて、以下は『ユースプログレッシブ英和辞典』より
　　　some は対象となる人・物をはっきりと知らない場合に、*a certain* は知っているが意識的に名を伏せる場合に用いる：He has been seeing *some* woman. 彼は（誰か知らないが）女性とつきあっている / He has been seeing *a certain* woman. 彼は（名を伏せるが）ある女性とつきあっている。

注３　ものごとの好き嫌いを言う場合の目的語は複数形が普通である。　⇨　『the ３－２９』
　　　I like apples.　　She hates snakes.　　Dad hates hospitals.

　　ただし、一つの物や一人の人をイメージさせたい状況にあっては a / an を置くこともある。
　　　Patients like a doctor to be cheerful.（患者は医者が陽気であってくれるのを望むものである。）
　　　She hated a coward worse [more] than anything.（彼女は臆病者が何よりも嫌いだった。）
　　　Hate a priest, and you will even hate his robe.（坊主憎けりゃ袈裟まで憎い。）

注４　この場合、不定冠詞が表すところは「どの～でも」の意の any に近い。
例えば on a Sunday にも、「ある日曜日に」の他、「日曜日にはいつも」の意もある。
　　　I'm at home more often than not on a Sunday.（私は日曜日はたいてい家にいる。）
ただし、この意では on Sundays とする方がより明確。

　　無冠詞の on Sunday は、「こんどの日曜日に」や「この前の日曜日に」などの特定できる日曜の他、「（習慣として）毎日曜日に」の意も表す。
　　　They cased the joint and decided to pull the job on Sunday.（彼らはそこの下調べをして、日曜日に一仕事やらかすことに決めた。）
　　　I don't get up early on Sunday as a general rule.（私は日曜日は原則として早起きしない。）

　　なお、口語や新聞表現などでは、on Sundays を Sundays、on Sunday を Sunday と略すこともある。

1．その場の状況などによるもの

その場の状況（＝外界照応）やお互いの関係などから、相手にもすぐにそれと特定できるもの（その場から見えるものとは限らない） 注1

この範疇に該当するものは『2．ⅰ．前出した内容と呼応するもの』の場合のような「前出の名詞や文脈」は必要としない。したがって、例えば Mind *the* dog [car].「犬［車］にご用心」や Please pass me *the* salt. の例のように、単独の文であっても用いられる。

また、『3．定冠詞と名詞が一体として用いられる傾向が強いもの』で挙げる例のような、使用頻度が高いためにある程度は定型化している一般常識的なものではなく、個別の状況に応じて定冠詞 the が用いられるが、その前提として、発信者の側に「これは相手にも同定可能で、他のものと誤解するはずはない」という気持ちが（無意識にせよ）あるはずである。

the は人や物を直接的に指し示すものではないので、それぞれが目に見える位置にあるとは限らない。次の例では、効かなくなった錨は海中にあるので目視はできない。

　　Captain, we have a serious problem. ***The*** *anchor* has come loose, and we have begun to drift.
　　The boat has been dragging anchor for over an hour.

ところで、これは船長と船員の会話であって、一般乗客には ***The*** *anchor* has come loose, …. の意味をすぐには理解できない人も多いだろう。つまりその場の状況（＝外界照応）と言っても、「お互いの関係など」による以心伝心的な補完があって初めて成り立つこともある。（The boat は This boat に代えることもできる。また、… dragging anchor…. は dragging *the* anchor が正しいが、緊急事態の会話なので省略してもおかしくはない。）

目視できようができまいが構わずにこのように the は用いられるということは、それだけ指示的な働きは弱いということである。他方、this や that を用いれば、はっきりと直接的に指し示すことになる。 注2

例えば、教室での日常的な会話では、Go to *the* blackboard. や Look at *the* blackboard. と言うのが普通である。「その場の状況」の支えがあるからである。前黒板・背面黒板のいずれかを指して言うのなら *this* blackboard や *that* blackboard と言うこともあるが、黒板が一面しかない教室でこのように言うのはまれである。他方、生徒が初めて入る会場などでは黒板の位置を把握していないのだから、this や that を用いて注意を喚起する方がよい。

逆に、はっきりと指し示して言うときには、例えば Who is *that* man? とは言うが、Who is *the* man? とは言わない。（「その場の状況」のみに拠って Who is *the* man? と聞くことは考えにくいので、このように聞くときには前に何らかの文脈があるはずである。）

例えばまた、製品マニュアルの ***The*** *locks* will open only when *the case* is right side up.「錠は、ケースが正しく上向きに置かれているときにしか開きません」といった記載を、These locks … when *this case*…. とすれば、面前で説明しているような感じになる。

Would you mind opening *the* *window*? では、どの窓のことを言っているのか相手もわかっていると普通は考えられるが、その窓が目視できる位置にあるとは限らない。さらには、*the window* は特定の窓ではない可能性もある。その場合はつまり「（ドアではなく窓を）どの窓でもいいから開けてもらえませんか」といった感じである。（⇨『the 4−8』）また、これを the windows と複数形にした場合には「（閉っている）窓を全て」ということになる。

このように、この範疇に該当する the は、可視的・顕在的なものばかりでなく、目視できないもの、不特定のものを指すことも多い。

また、抽象的なことを指すことも多い。例を挙げると、There's *the* bell!「ベルが鳴っている（＝お客様だよ）」ではベル本体ではなく「ベルの音」という意味を表す。listen to *the* radio でも、正確に言えば、ラジオ本体ではなく「ラジオ放送を聞く」のである。さらに抽象的になると、例えば Spare *the* rod and spoil the child.「甘やかすと子供はだめになる」のように、「鞭」という訳語が必要ではなくなることもあるが、そのような例は『the 3−32』を参照されたい。 注3

最後に『Collins COBUILD English Grammar』から、関連する記述を抜粋しておく。（下線は筆者による。）

　1.167 Other nouns are used to refer to just one person, thing, or group in a particular place or organization, so that if you are talking about that place or organization or talking to someone in it, you can use just 'the' and the noun.

　For example, <u>if there is only one station in a town, the people who live in the town will talk about 'the station'. Similarly, people living in Britain talk to each other about 'the economy', meaning 'the British economy', and people working for the same organization might talk about 'the boss', 'the union', or 'the canteen' without needing to specify the organization.</u>

　Mrs Robertson heard that <u>the church</u> had been bombed.　　　*There's a wind coming off <u>the river</u>.*
　We've had to get rid of <u>the director</u>.　　*<u>The mayor</u> is a forty-eight-year-old former labourer.*
　What is <u>the President</u> doing about all this?

例えばまた、*The wife* likes this flower. で「うちのかみさんはこの花が好きなんです」の意を表すこともできる。

注1　「外界照応」について『英語冠詞講義』（石田秀雄：大修館書店）から以下に抜粋する。

　　　基本的に、外界照応は、場面を探せば必ず指示対象を発見できるはずだという前提の上に成り立っています。したがって、指示という言語行為は、例えば指などで指し示したり、視線を向けるといった非言語的（non-verbal）な手段に訴えることが、どうしても必要なわけではありません。しかし、そうした助けが得られるならば、指示が成立する基盤はさらに強固なものとなることは言うまでもありません。（抜粋はここまで）

　補足すれば、「場面を探せば必ず指示対象を発見できるはずだという前提の上に成り立って」いるのだから、the の働きの中では「外界照応」は指示機能に最も近いものであり、会話での使用が多い。しかしそれでも、the が有するのは、発信者が相手にそれを「同定」してもらいたいという「同定機能」であって、this や that のような「指示機能」ではないので、同定してもらいたい対象はその場から見えなくともよい。
　また、その場から目視できる場合には the を使えないということでもない。（例：Look at *the* blackboard.）　目視できようができまいが関係なく用いられるが、それだけ指示機能は弱いと理解してよい。（また、this や that も前方照応の場合には目視できないものやその場にはないものを指すことができるが、それについては下の『注2』の後半を参照されたい。）

　このことは、it, he, she, they といった前出の語を受ける代名詞が、物や人を直接的に指し示すのには用いられないことに似ている。
　例えば、離れているところにある物を指して "What is *that*, Daddy？" とは聞くが "What is *it*, Daddy？" とは聞かない。
　（しかし "What is *that*, Daddy？" で一度話題に上ったあとでは、例えば "Oh, *it* is a lighthouse." のように it でそれを受けることができる。）
　同様に、離れているところにいる男性を指して "Who's *he*？" と聞くのは誤りであって "Who's *that man*？" が正しい。（また、指し示して言う場合には、Who's *the* man？ も不可。）　it, she, they にも、目視している物・人を指し示す働きはない。これらの人称代名詞は、前出した語を受けるのが基本である。
（『新英和大辞典』の it, he, she, they の各項を参照。また、one で受けるべき場合との区別の一例を、『不定冠詞－2』の最下部に載せている。）
　電話での会話で、"Is this [(英) that] Bill？" "This is *he*." 「ビル君ですか」「そうです」とするのも、前出の Bill を受けてのことである。
（くだけた表現では、"This is me." あるいは "It's me." とも言う。）

　「人称代名詞は前出した語を受けるのが基本」だから、「彼」では訳ができない例も多い。「その人［男・男性］」など、文脈に応じて適宜訳すべきである。
　　One of the obvious obstacles to Henri's ambition to become king was that France already has a sort of monarch, although *he* is called a president.
　　（ヘンリーは王になろうとする野望を抱いていたが、フランスでは当時から既に一種の君主制が敷かれていて、それが障害の一つとなった。
　　　もっとも、君主はフランスでは当時から大統領と呼ばれているが。）

注2　以下は『英語冠詞講義』（石田秀雄：大修館書店）からの抜粋である。（ただし例文の番号は原文とは異なる。）

　　　ところで、歴史的に言えば、定冠詞 the は現在の that に相当する古期英語（1100年頃までの英語）から派生したものであり、外部世界である場面を指示しているという意味では、ここで扱っている外界照応（筆者注：これに該当する同書の例文は Go to *the* blackboard. / Would you mind if I closed *the* window？ / Close *the* windows. の3文）はいわゆるテクスト内照応と比べると、より根源的な用法であると言えます。確かに、機能語化し文法関係を表示する標識へと変貌を遂げていく過程で、遠近という意味での位置関係を示す力は失われてしまいましたが、場面への指示力は依然として強く残っています。
　　　　（1）Don't go in there, chum. *The dog* will bite you.
　　　　　　（おい、中に入ったらだめだぞ。その犬は噛むからな）
　　　　（2）Don't go in there, chum. *This / That dog* will bite you.
　　　　　　（おい、中に入ったらだめだぞ。この／あの犬は噛むからな）
　話者と聞き手の視界に指示対象である「犬」が実際に存在する可視的（visible）な場面であれば、（1）も（2）もともに適切な文と見なされます。もちろん、形容詞的用法の指示代名詞 This や That が用いられている（2）の方が、The が用いられている（1）よりも、遠近による位置関係が非常に強く表現されていることは言うまでもありません。しかし、その一方で、（2）のような指示形容詞を用いた形は、指示対象である犬が視界の中に入っていない場合には、正しい文として容認されないという制約が存在します。定冠詞 the は that から歴史的な発展を遂げて誕生したものですが、現代英語では、この可視性を基準にした棲み分けが、両者の間でなされています。（抜粋はここまで）

　ただし、this や that が前出の語や内容を受ける前方照応では、目視できないものやその場にはないものをも指す。その場合は the よりも明示的・強意的である。
　　When do you intend to repay *that* five dollars？（あの5ドルはいつ返すつもりなんだ。）

代名詞として用いることも多い。
　　I don't like *this* at all.（こういうのは困る。）
　　Where is *that*？（あれはどこへ行った。）
　　That's [It's] a bargain.（それで決まった、約束しましたよ。）

なお、this は次のようなかたちで後出する内容を指すこともできる。
　　What I want to say is *this*, if you neglect reality, you'll have to pay for it someday.
　　（私が言いたいのはこうだ。もし現実を無視するならいつかそのつけを払わされることになる。）

注3　このような例とは逆に、the を物質名詞や抽象名詞に先行させると特定のものを指す。意味の上からは普通名詞に近づく。
　　The milk quickly became sour.（その牛乳はすぐに酸っぱくなってしまった。）
　　That's *the beauty* of it.（そこがその優れたところだ。）

2．前後の文脈によるもの

i．前出した内容と呼応するもの（＝前方照応）

　　a．前出の「名詞」と呼応するもの。次の４パターンの名詞に the を先行させる例がこれに該当する。

　　　　a-1．前出の名詞をそのまま繰り返して用いる名詞
　　　　a-2．前出の名詞の代りとして用いられる名詞（＝言い換えられた同義・類義の名詞）

　　　　a-3-1．前出の名詞によって特定・限定される名詞
　　　　　3-2．前出の名詞によって連想的に理解・推測などをすることができる名詞

　　b．前出の「文脈」と呼応するもの
　　　　前の「文脈」から自ずと（あるいは連想的に）理解・推測などをすることができる名詞に the を先行させるもの

　ところで、『１．その場の状況やお互いの関係などから、相手にもすぐにそれと特定できるもの』でも、「その場の状況」というのを広い意味での「文脈」と考えることはできるだろう。しかし、ここで言うところの「文脈」にはそのような広義の文脈は含めない。ここに該当するのは、あくまでも前出した（＝話題に上がった）語句か内容と呼応するものである。

　そしてこの用法では、文脈によって特定・限定されさえすればよいわけである。
　　　His car struck a telegraph pole; you can still see the mark on ***the** pole*.
　　　　（彼の車は電柱にぶつかった。その跡が電柱にまだある。）
the pole「その電柱」は文脈によって特定されてはいるが、発信者・相手の双方ともが実際に見たとか、あるいは「～にある電柱」と具体的に特定できるとは限らない。このように、文脈にのみ依拠して the を用いることは多い。（なお、the mark は上記のｂに該当する。）

　また、もし現地で電柱を前にして言うのであれば、明確に指し示すために、その距離に応じて this や that を用いるのがふつうである。

　もうひとつ例を上げると、「砂利が敷かれた車道を行けばその家につく」は、その車道のことが前に話題に上っているか相手にも既知のものなら The house is approached by ***the** gravel drive*. となるが、もしそうでなければ ... by ***a** gravel drive*. となる。しかし、実際にその車道が見える位置にいるのであれば、this や that を用いるのが普通である。　⇨ 前頁の『注１』・『注２』

以下にそれぞれの例を挙げて解説する。

2.i.a-1. 前出の名詞をそのまま繰り返して用いる名詞に the を先行させる例

この用法は以下の例のように単純明快である。

We keep **a dog**, and are all fond of ***the* dog**.
（我々は犬を一匹飼っている。そして皆その犬が好きだ。）

A man and **a woman** were struggling up the dune. ***The* man** wore shorts, a T-shirt, and basketball sneakers. ***The* woman** wore a print dress.
（男女が各一名、砂丘を登ろうと悪戦苦闘していた。男は……。女は……。）

「前出した内容と呼応する」ということは、the が接続詞的な働きを併せ持っているということもできる。したがって、（文の流れとしてはぎこちなくなるものの）接続詞などを用いなくとも文意をつなぎ、主たる情報を伝えることはできる。

Mr A teaches in **a college**. (And) Ms B teaches in ***the* college**(, too).
= (Both) Mr A and Ms B teach in a [the same] college.

cf. Mr A teaches in **a college**. (And) Ms B teaches in ***a* college**(, too).
= Mr A and Ms B teach in colleges. 注1
= (Both) Mr A and Ms B are college teachers.

物質名詞・抽象名詞などでも、文脈から限定的と考えられるのなら the を先行させる。

When you loan **money** to a friend, both ***the* money** and the friendship will disappear.
（友人に金を貸すとお金も友情も失うだろう。）
the friendship は、his friendship「友人の友情」又は your friendship「あなたがたの友情」に置き換えが可能である。

限定的と考えないのなら the は不要である。

Giving him **money** is pouring ***money*** down the drain. （あいつに金をやるのはドブに捨てるようなものだ。）

2.i.a-2. 前出の名詞の代りとして用いられる名詞（＝言い換えられた同義・類義の名詞）に the を先行させる例

The results also show that female **heart** transplant patients were more likely than men to reject ***the organ***.
（心臓移植患者では女性の方が男性よりも拒絶反応を呈しやすいことをその結果は示してもいる。）

Life is like playing **a violin** solo in public and learning ***the instrument*** as one goes on.
（人生とは、公衆の面前でバイオリンソロを披露しながらバイオリンの弾き方を学んでいくようなものだ。）

Inside of the cave, there were leaves and **a fireplace**, with a large mat in front of ***the hearth*** for sleeping.
（その洞窟の中には炉があって葉が積まれていた。そしてその前には就寝用の広いマットが敷かれていた。）

Should **an insured car** be written off in an accident, the insurers will usually pay the current value of ***the vehicle***.
（被保険車が事故で全壊した場合には、保険会社はその車の現在価値に相当する額を支払う。）

They had opened the door of **a tiger**'s cage, and ***the beast*** had sprung on me.
（彼らが虎の檻を開けると、虎は私に襲いかかってきた。）

このような言い換えが頻繁になされるのは、同一語を繰り返して用いることを嫌う傾向が英語ではかなり強いからである。注2
単調で稚拙な感じになるので同語の反復使用は避けるというのが基本だが、そうすることが文の格調・品位を高める一助ともなる。
また、巷間では用いられないような同義語を用いることによって著者の教養の高さを披瀝しようとする意図が感じられることもある。

2.i.a-3-1. 前出の名詞によって特定・限定される名詞

この場合の the の多くは、its [of it] や his, our などの人称代名詞の所有格に代えることができる。

linguistics and ***the*** *adjacent disciplines* （言語学とそれに隣接した諸学科）

a park and ***the*** *adjoining area* （公園とそれに隣接する地域）

The edition is a limited one and ***the*** *type* has been distributed. （それは限定版で、活字はもう解版されている。）

There was a slight earthquake, ***the*** *vibration* lasting a few seconds. （弱い地震があって数秒間揺れた。）

The musician's art lies beneath ***the*** *surface*. （その音楽家の技は表面からは見えないところに隠されている。）

He died, leaving ***the*** *wife* with three children. （彼は3人の子供を抱えた妻を残して死んだ。）
　　He died, leaving a wife [widow] and three children (behind). なら「妻と3人の子供を残して……」だが、上とほぼ同意。

A school may not permit a high-school student to ride a motorbike even when ***the*** *parents* have given permission.
（高校生のバイクについて親が許可しても学校が許可しないことがある。）

Everyone in our family is healthy, we have a new house, and good jobs. ***The*** *children* are doing well in school. I couldn't ask for anything more.
（家族全員が健康で、新しい家に住み、私達夫婦はいい職についている。子供たちの成績もいい。これ以上、求めるものはない。）

There was a phone on the desk. Eva went over and lifted ***the*** *receiver* and dialled.
（机の上には電話があった。エヴァはそれに近づいて受話器をとってダイアルした。）

There is a price penalty on a diesel car of between 5 and 10 percent because ***the*** *engine* is more expensive to make.
（エンジンの製作に費用がかかるため、ディーゼル車には価格面で5パーセントから10パーセントの不利な点がある。）

All documents must be accompanied by a translation of ***the*** *original*. [... by translations of ***the*** *originals*.]
（全ての書類には原本の翻訳文を添付しなければならない。）

There are a number of documented instances in which the presentation of a classic story or play on TV has stimulated interest in reading ***the*** *original*, so that libraries report a suddenly increased demand for ***the*** *book*.
（一流の物語や劇のテレビでの放映がその原作を読む興味を刺激したという事例が数多くある。また、図書館の報告によれば、そうした本の需要が急に増えたそうである。）

前出の名詞の一部によって特定・限定されることもある。

Peter is a very experienced yachtsman, and had a hand in ***the*** *design* himself.
（ピーターは経験豊富なヨットマンで、ヨットの設計にも長けている。）

2.i.a-3-2. 前出の名詞によって連想的に理解・推測などをすることができる名詞

stand on a hill and survey ***the*** *landscape* （丘の上に立ち風景を眺める） = the landscape from there

The Japanese, who have loved ***the*** *natural surroundings*, are losing their sensibility to nature.
「日本人は（その日本の）自然環境を愛してきたものだが、今や自然に対する感受性を失いつつある。」

Every Christmas we have a collection and give ***the*** *money* to a charity.
（私たちは毎年クリスマスには募金活動を行い、慈善団体に寄付しています。） = the collected money

This is a down flight and ***the*** *jet lag* is negligible.
（この便は南に向かうので、時差ぼけはほとんどないでしょう。） = the jet lag caused by this flight

She became a pharmacist, worked in his father's pharmacy, and took over ***the*** *business* when her dad retired.
（彼女は薬剤師になり、父親の薬局で働き、父親が引退すると商売を引き継いだ。）

a-3-1 と a-3-2 の違いは、a-3-1 では前出の名詞との関連が直接的であるのに対して、a-3-2 では幾分か間接的であるということもできる。後者の例では、前出する名詞と後出の名詞が「主と従」の関係や「全体とその一部」という関係になっていることが多い。

以下の例文と解説は『現代英文法講義』（石田秀雄：大修館書店）から。

He made a doghouse and painted ***the*** *roof* red.
Hans came to a village, where ***the*** *boys* were running about, shouting.

the roof は「犬小屋の屋根」であり、the boys は「その村の男の子ら」であることが容易に推論される。
同様に、a car が話に出たあとでは、***the*** *door* （ドア）、***the*** *headlight* （ヘッドライト）、***the*** *seat belt* （シートベルト）、***the*** *windshield wiper* （ワイパー）、***the*** *trunk* （トランク）のように、いきなり the を付けることが可能になる。

2.i.b. 前の「文脈」から自ずと（あるいは連想的に）理解・推測などをすることができる名詞に the を先行させるもの

a-3 では、前出の「名詞」と後出する名詞が関連性を有していた。これに対してこの「前の『文脈』から……」のパターンでは、the によって「文脈」と後出する名詞との関連づけがなされる。a-3 の、前出の名詞によるものに比べれば、その関連性はやや漠然としていると言える。例えば間接話法における *the* day before [*the* previous day] などの the も、この範疇に含まれる。

His car struck a telegraph pole; you can still see **the mark** on the pole.
（彼の車は電柱にぶつかった。その跡が電柱にまだある。）

She stopped and lit a match. The wind almost blew out **the flame**.
（彼女は立ち止ってマッチを擦ったが、その火は風でほとんど消えそうだった。）

…. This type of family employment was introduced and preserved in the workshops and small factories of the early stages of industrialization, …. A new sexual division of work gradually took over. **The men** were regarded as the family's main income earners and **the women** were consequently left with very few work opportunities. （当時の男たちは……、そして当時の女性たちは……）

cf. *Men* are [*Man* is] stronger than *women* [*woman*].

Later, when I found I wasn't his only love, I shut like a clam and let no one close. **The hurt** engulfed me as love once had.
（後に、彼が愛している人は私ひとりではないことを知ったとき、私はひどく心を閉ざし、誰とも距離を置いた。かつての愛が深かっただけに、その心の傷に私はより一層さいなまれた。）

If present-day children are different from those of earlier generations, different for better or worse, it is difficult to know how much of **the credit** or **the blame** to lay at the door of television, considering these many other changing conditions to which they have also been exposed.
「今日の子供達がそれ以前の世代と善かれ悪しかれ変化しているとしても、テレビ以外にその子供達がまた影響を受けてきた他の多くの影響を考慮するならば、（良い方向に変化したという）そのような評価やあるいは（悪い方向に変化したという）批判がされる原因を、どの程度までテレビによるものとしてよいものかを知るのは難しい。」

次の例は前置詞 by に関する説明文であるが、前文の内容を受けて、そのような類の名詞に限定するために the を置いている。（『COLLINS COBUILD ENGLISH USAGE』より。）

By can be used with various nouns to say how something is done. You do not usually put a determiner in front of *the noun*.

参考までに、これまでに述べた the の用法について、省略の可否の一例を挙げておく。

The great majority of adult Americans believe that unhappy couples should not stay married for the sake of (1) *the children*, which is a significant change in attitude. Until recently, most Americans believed that couples with *children at home* should stay together at least until (2) *the children* had grown up.

上の例の（1）では「不仲な親の子供たち＝両親が不仲な子供たち」と限定してはいるが、その限定の仕方も漠然としていて弱いので（また for the sake of の成句中で the が使われているのでなおさら）the は省略しても構わない。他方、（2）は「家に子供がいる夫婦（couples with *children at home*）の子供」と限定されると考えてもよいが、より簡単には波線部の *children at home* を受けていると考えられ、they で置き換えてもよいほど強く限定されるので、省略しない方がよい。

冠詞を省略できるのは、基本的にはその働き方が弱いからである。そのような例を含めて、冠詞の省略については『特集１３』で詳述している。

注1　「大学教授である」という事実を言うだけなら (Both) Mr A and Ms B are college [university] teachers [professors]. の方が明確である。なぜなら Mr A and Ms B teach in colleges. は、それぞれが複数の大学で掛持ちで教えているともとれるし、大学で教えてはいるが教授ではない場合もある。掛持ちでは教えていないし同じ大学でも教えていないことを言うのなら Mr A and Ms B each teach(es) in a college. と each を用いればよい。

　なお、A and B each.... は普通は複数扱いだが、個別性を強調すれば単数扱いにもできる。
　The rural south and the industrial north each has its attraction for the tourist.
　　（農村地帯の南部と工業地帯である北部は、それぞれ観光客を引きつける魅力を備えている。）
　　　※　なお the tourist は総称的な用法だが、... for tourists. とした方がより自然な感じを与える。特に口語ではその方が好まれる。

　They have their own *rooms*. は、普通は各自に個室があるということだが、共同で使える部屋が複数あるというようにも解釈できる。前者の意を明確にするのであれば They each have [× has] their own room. もしくは Each of them has their [his, his or her, his/her] own room. と each を用いればよい。なお、They have their own *room*. は、共同で使える部屋が一室あるということである。　⇨ 『特集１１－３』の下部～

注2　以下はそのような例。この中では再三出てくる「ひな鳥」をイタリック体のように言い換えている。ニュアンスの差がいくらかはあるとは言え、そのニュアンスを表現するよりも、言い換えること自体が主たる目的と言えよう。（出典は '93年の高知大学の入試問題）

　　The parent birds defend *their young* with admirable fearlessness against every danger, be it rain, wind, hail, the rays of the sun, the cold, or any live enemy. They protect *the fledglings* from the rain or hail by spreading their feathers over the nest or over *the young birds* themselves if they happen to be out of the nest, and cases are known of female birds being killed by hailstones while shielding *their offspring* in this way. If danger threatens from some live enemy, they will actively defend their nest and *their young*, even against obviously hopeless odds. And not infrequently they will succeed in scaring away the foe merely by their desperate courage. Some birds make use of instinctive subterfuge to lure the enemy away from their nest or from *their brood of fledglings*. Bird-watchers often witness the touching spectacle of a partridge mother fluttering about in the field as though she were wounded just to distract attention from her nest, and then quickly returning to it in a wide arc.

注3　ところで、... unhappy couples should not stay married for the sake of [1] *the children*, の部分は、「子供のためだからといって、無理に結婚状態を続けるべきではない」「子供のためには離婚すべきだ」の二つの解釈が可能である。前者は stay married for the sake of the children 全体を should not で打ち消す場合であり、後者であれば stay married の部分だけを打ち消し for the sake of the children は否定語の支配下には入らない。
　後者の意をより明確にしたいのなら次のように語順を変える方がよい。
　For the sake of the children, unhappy couples should not stay married.

2．前後の文脈によるもの

ⅱ．後出する内容によって特定・限定されるもの（＝後方照応）

The ink is so faint the letters are unreadable.（インクが薄すぎて字が読めない。）
The peaches are mature in our orchard.（うちの果樹園で桃が熟している。）
She tailed *the* leader through most of the marathon.（彼女はマラソンのほとんどの区間を先頭ランナーについて走った。）

　The ink は「字を書くのに使われたインク」であり、*The* peaches は「うちの果樹園の桃」であり、*the* leader は「そのマラソン大会の先頭ランナー」である。いずれも後出の内容によって限定される。そしてこのような例はいくらか間接的な修飾・被修飾関係と言える。
　これに対して直接的な一目瞭然の修飾・被修飾関係と言えば、単純に「後置修飾語を伴うもの」であろう。そしてこれを後方照応に含めるならば、多くの例が該当することになる。しかしながら、<u>後置修飾語を伴うことと定冠詞使用の相関性は低い。つまり、前方照応の場合には定冠詞や代名詞が用いられる頻度が高いのに対して、後置修飾語を伴う場合には文意によって定冠詞・不定冠詞・無冠詞のいずれもあり得る。</u>後方照応のときに定冠詞を用いるのは、<u>唯一のものとしての同定を相手に求めるか、類似のものとの区別・対比を強調する場合が主である。</u>
　以下はそのような例。（同格の that 節を伴う場合については『特集２－２』を参照。）

Always take *the* trouble to consult a dictionary.（いつも労を惜しまずに辞書を引くようにしなさい。）
Would you have *the* kindness to shut the window？（すみませんが窓を閉めてくださいませんか。）
He had *the* luck to catch the last train.（彼は運よく最終列車に間に合った。）
The day will come when we can smile again.（また笑える日も来るだろう。）
It depends on *the* person being interviewed.（誰にインタビューするのかによる。）
He was at present *the* birth of his daughter.（彼は娘が生まれるときに立ち会った。）
His death was *the* blight upon our work.（彼が死んだので我々の仕事はすっかりだめになった。）
Don't speak to *the* man at the wheel.（舵手［運転手］に話しかけるな。＝諺：責任をもつ者に口出しは無用。）
Words and facts are *the* weapons with which business battles are fought.（言葉と事実は商売上の戦いの武器だ。）
She gave me a lift home and saved me *the* trouble of calling a taxi.
　　（彼女が私の家まで車に乗せてくれたのでタクシーを呼ばなくてすんだ。）
So does that give us all excuse not to worry about *the* damage we are doing to the Earth？
　　（だからと言ってそのことが、我々が地球に対して与え続けているダメージを心配しなくともよいという言い訳になりますか。）

　唯一性や区別・対比を強調するために the を置いた例と、無冠詞の例を以下に挙げる。

He put (*the*) responsibility for going bankrupt on Henry.（彼は、破産した責任をヘンリーに負わせた。）

The failure to seek peace could swing sentiment the other way.（和解に失敗すれば感情的に対立する方向へ向かいかねない。）
Failure to communicate had brought the two nations to the brink of war.
　　（国家間の交渉がうまくいかなかったために、その二カ国は戦争勃発の寸前のところまでいった。）

I will do it on *the condition* that I be paid.（報酬がもらえるという条件でそれをしましょう。）
I will do it on *condition* (that) you help me.（君が手伝ってくれるならしよう。）

　これらの例では、特定・限定のされ方が比較的弱い被修飾語に the を先行させている。the を置くのは強調するためではあるが、さりとてさほど強い強調でもないので、省略しても文意にさほどの違いはない。注1（本頁下）⇒『特集１２－４』の『注３』
（同格を強調する場合には、「～という」といった限定的ニュアンスを強めて the を用いることが多い。
　　　　　　　　　　　　　　　　　　　　⇒『５．意図的に強調するためのもの』および『特集２－２』）

　ところで、このように強調の意図の有無で説明がつく比較的単純な例もあるが、これが例えば
　　A is in charge of B. ／ B is in the charge of A. や
　　A is in control of B. ／ B is in the control of A.
の違いとなるとそれでは説明がつかないので、また別の観点が必要となる。⇒『３．ⅵ』（the 3-57）

　後方照応についてはケースごとに子細に見ていく他はない。４の「『唯一性』を明示するためのもの」の他、特集などを参照されたい。

注1　このこととも関連する内容を、以下に『医学論文英訳のテクニック』（横井川泰弘：金芳堂）から抜粋する。

　　the symptoms after operation 「術後の症状」のような場合、operation は特定の手術を指すというよりは after operation で postoperative を意味し、それが symptoms を修飾かつ限定する役割を果たしている。このような operation の前には the を付けない。また「特定の手術、薬剤投与、薬物注入、治療開始等」にも関わらず定冠詞 the をつけない場合があるが、これは、あえて特定しなくても前後の文脈からまちがいなく意味が正確に伝わるからであり、特定して強調する必要がないからである。

3. 定冠詞と名詞が一体として用いられる傾向が強いもの（を中心とした例）

（この傾向が強いものほど、定型的・画一的・紋切型な用例となる。共通認識が容易に得られるか、お互いが具体的な知識を有するので、名詞と、それについての同定を求めるための定冠詞との「結びつき・親和性・一体性」が極めて強いと言える。）

この範疇における定冠詞の働きには次のようなものがある。

i. 類似のものから区別し、ときに強く対比させる。

    a. 類似のものが三つ以上ある中で、一つだけを抽出し区別する。

        a-1. 「定型例」（例： I took her by *the hand*.）

        -2. 「個別事例」

    b. 対照的な二つのもののうちの一方であることを表す。

ii. 標準モデルを想起させる、あるいは典型的イメージを喚起する。

    a. 主語以外に「the ＋普通名詞の単数形」を用いて、標準モデルを想起させる、あるいは典型的イメージを喚起する。（製品・楽器・道具名など）

    b. 一般的な総称表現

    c. 抽象的な概念や隠喩を表す。

        c-1. 「the ＋普通名詞（の主に単数形）」を用いて

        -2. 「the ＋形容詞」を用いて（ある特質を有する人々を指す例もここに含める。）

iii. 唯一性を示す、強調する。（固有名詞的な性格のものを中心とした例）

iv. 全体をひとまとめにする。（複数の構成要素をひとまとめにすることが特に多い。）

v. 地理的名称に関して ――

「長大なものや広域にまたがるもの」には the が先行する。

あるいはまた、感覚的にはその境界を認識しにくいものに対して、実際には境界があってその範囲は有限であることを示す意味で the を先行させる。

vi. 限られた場所や空間などの一部であることを表す。（in front of と in the front of の違いなど）

あるいは、看護・監督・支配などを受けている状態にあることを表す。（in charge of と in the charge of の違いなど）

なお、全体について言える基本ルールとして、A of B の形をした固有名詞（普通名詞から派生した固有名詞）には the を先行させるのが普通である。

この範疇の用法は「類似のものから区別し、ときに強く対比させる」だけでもほぼ説明はつく。つまり、より単純化すれば ii～vi も i に収斂できるわけだが、やはりこれらは別に覚えていた方が便利である。

ii は i が総称的あるいは抽象的な意味を帯びるように深化したもので、iii は唯一性・固有性を強調するように深化したものである。iv もよく使う用法である。v は視覚的なイメージを描きやすく有益と思われるので、ひとつの覚え方として入れた。vi は特におもしろい使い分けである。

3．定冠詞と名詞が一体として用いられる傾向が強いもの（を中心とした例）

　この範疇に属するものは、例えば the sun のように、常識的な了解ごととして相手も当然に理解できるものが多い。しかし中には、the attachment of parents and children「親子間の愛情」のように、その内容が抽象的で漠然としているものもある。後者の場合の共通認識や具体的知識は前者の場合ほどはっきりしたものではなく、それぞれが異なるイメージを抱いたり、情報量が「発信者 ≧ 相手」となったりすることも多く、the の選択はときに恣意的ですらある。

　しかし、the の基本的な働きである「相手に同定を求める」ということは、「どのことについて言っているのかを相手にわかってほしい、わかるはずだ」という意思表示でもあるので、両者における the の働きは基本的には同じである。つまり、相手の有する知識や情報の多寡とは無関係に the は用いられるわけである。違うのは、前者では the とセットとなって定型化している点だけである。

　ところで、多くの文法事項と同じく、冠詞にも汎用的で応用の効くいくつかの簡単な基本原理はある。しかし残念なことに、辞書や文法書の大半にそれについての記述は無く、また高等教育機関においても冠詞の基本的な働きには触れることが少ないため、多くの学習者はそのことについて知る機会を得ることもなく、個別具体的な用例を丸暗記することに終始している。
　例えば、ある辞書には次のような記述がある。

　　　「play, like などに続く楽器名に付けて：play the piano」
　　　「単位を表す名詞に付けて：by the hour」

このような記述はそれはそれで有益だが、これは事実を一覧にしているに過ぎない。事実を覚えることは「理解」ではなく暗記である。そして丸暗記は甚だ効率が悪いばかりでなく、その知識を必要とするさしせまった時期（受験期など）を過ぎてしまえば、瞬く間に、もののみごとに忘れてしまうものだ。このことはちょうど、英単語の語源を知りその単語の概念を考えることなく訳語だけを覚えたところで、その単語を上手くは使えないばかりか、訳語もすぐに忘れてしまうことに似ている。
　また、実務で英訳をする際には特に、冠詞の働きを理解していなければ状況に合せた使用は困難だし、辞書では検索できない語（例えば「トカラ列島」など）も上手く記せないことになる。また和訳ならこなせるという自信のある人でも、冠詞をよく理解していなければ、ときに重大な誤訳をしてしまうが、そのことに本人は全く気がつかないので、それ以上の進歩はない。
　必要なのは、原理・原則を理解した上で記憶することである。語学は何も記憶力だけが頼りの学問ではない。

　本書ではそれぞれの用例を、定冠詞の基本的な働きによって必然的にそのようになると理解できるように整理した。例えば「楽器名には the がつく」ではなく「楽器については、標準モデルを想起させるために the を置く」、また「単位を表す名詞には the をつける」ではなく「単位を表す場合には、他の単位との区別を明確にするために the を置く」といった具合に理解できるように。

　ただし、the の働きが複合的なものについてはそもそも峻別できるものではない。例えば the Rocky Mountains は iv にも v にも分類できるし、the West, the East は「西洋対東洋」の対比を強く考えれば i. b. だが、同じく iv にも v にも該当する。

　このような例もあることから、ある程度は個人的な感覚でもって理解した方がよい。個々人の理解に利すればよいまでのことと割り切れば、分類に過度に頭を悩ます必要はない。

3．i．類似のものから区別し、ときに強く対比させる。

　この範疇における the の用法は、区別・比較・対比などの対象となる「類似のもの」が他にもある中で、それが特に選択されたものであることを表すものである。そしてその「類似のもの」が少数で具体的なほど、つまり選択肢が狭まるほど、それだけ対比性は強くなる。

　ここでは、類似のものが a.「三つ以上」ある場合と b.「二つ」ある場合に分け、前者は特に「定型例」と「個別事例」に分けて記述することにする。

　「定型例」に挙げる例は、「類似のもの」が比較的少数しか無いために対比性が強い。と同時に日常的に使う頻度の高いものである。他方、「個別事例」に挙げる例は、区別・対比の対象となるものが比較的豊富にあるのでそれだけ対比性は弱いものであり、日常的な使用頻度も高くはないものがほとんどである。

　また、区別・対比ではなく、そのものの独自の働き・機能・特性などを表すことの方に意識が移ることも多い。次の例がそうである。

　　I tossed my shirt into *the washing machine*.
　　Cook frozen vegetables straight from *the freezer* without thawing.

　　（念のために言えば、電化製品を言う場合には普通は ii の「標準モデルを想起させる、あるいは典型的イメージを喚起する」ための the を置く。これらの例の the もそれであって、前出の語を受けるものではないものとする。 ⇒『特集６－１』の下部）

これらの例では、「他の電化製品の中から特に洗濯機を、冷凍庫を」と区別・対比する意識は実際にはほとんど無いのではなかろうか。そのため人によっては、このような例は電化製品の機能面を言うことの方に表現の重心は移っていると考えるようだ。the が「機能」を示唆していると理解してもよさそうな例は実際に少なくない。

　しかし、だからと言って「機能を表す場合には the を置く」というのは早計に過ぎるし、そのような思い込みは間違いを生む。なぜなら by *bus*, go to *school*, be in *prison* などの無冠詞の例もまた多いからだ。したがって「機能」というのはあくまでも二次的に生じる意味合いと考える方が無難である。また、電化製品に先行させる the も、区別・対比を表す the と割り切って理解することもできるが、本書ではその発展型としての『ii．標準モデルを想起させる、あるいは典型的イメージを喚起する』に含めた。

　前頁でも述べたが、文法書の多くは「発明品には the をつける」「楽器には the をつける」といったように事実を個別に紹介するのに留めている。それはそれで覚えるに越したことはないのだが、そのような「事実の暗記」は本当の「理解」とは別のものであり、暗記による浅薄な知識は忘れるのも早い。それよりも、冠詞の働きを理解することから始めた方がはるかに効率的で応用も効くため、本書ではその働きを細分化して解説することにする。

the 3-3 (i. a-1-1)

注1〜8 ⇨ the 3-8〜

3．i．a．類似のものが三つ以上ある中で、一つだけを抽出し区別する。

3．i．a-1．定型例

この種の用例は極めて多く、中でも以下に挙げるような例の使用頻度は高い。

《 身体部位 》

He took me by *the hand* [*the arm*, *the shoulders*]．(手をとった［腕をとった、両肩をつかまえた］) 注1・2
　この表現は目的語に me を置いていることから「行為を受ける人」を重視したものである。
He took *my hand*. の方が表現としては普通だが、こちらは「身体部位」に重きを置くことになる。

《 単位 》

hire [pay] a worker by *the hour* （時間ぎめ［時給払い］で労働者を雇う）
　時の単位もいろいろとあるが、その中から hour が選択されたということである。

数の単位も様々なので、他の単位と区別するために the を置く。　be sold by *the dozen* [*the hundred*, *the thousand*, etc.]
　「千をもって数えられる」なら be counted by *the thousand* [*in thousands*, by (*the*) *thousands*] と複数形にもできるが、複数形だと、千ずつのかたまりが積み重ねられていく感じである。

重さ・長さ・容積についても、by *the kilogram*, by *the meter*, by *the liter* のような例が多用される。

ここで注意しておきたいことは、上のような単位を下位区分とするならば、上位区分たる重さ・長さ・容積、すなわち weight, length, volume [size, bulk] については、例えば Sugar is sold by *weight*. 「砂糖は重さで売られる」のように無冠詞で用いられることである。 注3

「〜につき（each）」「〜ごとに（every）」の意の a/an の前に by は置かないが、by the ... の by もまれに省略される。

A spoonful of this medicine three times *a day* should help to stop the diarrhea.
　（この薬をスプーン1杯1日3回飲むと下痢はおさまるでしょう。）
It costs eight pounds *an ounce*. （値段は1オンス8ポンドだ。）
　これらの例の a は、each, every の意の形容詞として働くために by は置かない。

Potatoes are sold at 50 pounds *the sack*. （ジャガイモは1袋50ポンドで売られている。）
　これはイギリス語での用法で、米語では a sack が普通。（『ジーニアス英和大辞典』より）

《 春夏秋冬 》 注4

These seeds germinate in *the spring*. （これらの種子は春に発芽する。）
　四季を言う場合に the を置くのも、他の季節との区別・対比を明確にするためである。

その季節の気候・特徴などを言う場合には the は不要となる。（ただし米語ではこの場合にも the を置くことが多い。注5 ）
Spring is late this year and it's still chilly. （今年は春が遅れていてまだ寒い。）

《 朝昼晩 》

in *the morning*, in *the afternoon*, in *the evening* 注6

他方、朝・昼・晩にとる食事はふつうは無冠詞。 注7
have [eat, take] breakfast [lunch, supper, dinner]

《 現在・過去・未来 》

in *the past*, in *the present*, in *the future*

この場合の過去・現在・未来は「時間の巾」を有し、「点」ではなく「線分」として意識される。三者択一になるため対比性は強く、そのために the が置かれる。 注8

《 東西南北 》

The window opens to *the north* [*the south*, *the east*, *the west*]．（窓は〜に向いている。）

四者択一あるいは二者択一的な区別を特には強調しない例や感じさせない例では無冠詞。
The range of the strata is *east* and *west*. （地層は東西に延びている。）
The river flows from *north* to *south*. （その川は北から南へ流れる。）

注9～12 ⇒ the 3-11～

【 交通機関 】

    take *the train* daily to and from one's workplace [office]　（毎日電車で通勤する）
    ride [(英) take] *the bus* to work　（バス通勤をする）
    I wanted to take *the plane* from there.　（そこからは飛行機に乗って行きたかった。）

    これらの場合、選択肢が限られている中で特にそれを選んだことになる。ただし、the を置くことができるのは普通は公共のもの、インフラとして整備されているものに限られるので、car, taxi, bike, bicycle はこの対象外である。
    実際の用例としては、公共か私営・私物かには関係のない take a car [a taxi, a bus, a train, a plane, a ship, etc.] など a を置くことが多いが、その方が１台の乗り物の視覚的イメージは描きやすいだろう。

    ただし by のあとでは通常は無冠詞である。　注9・10

    go *by bus* [train, plane, ship, etc.] = go *on a bus* [a train, a plane, a ship, etc.]　　travel by *land* [sea, water, air]
    go *by car* = go *in a car*　　go *by bicycle* [bike] = go *on a bicycle*

【 通信手段・情報機器など 】　注11

    talk on *the telephone* [phone]　（電話で話す）
    cf. I'll phone your office on *my cell* [cellular, mobile] *phone*.　（携帯から会社にお電話します。）　注12
    get information on *the Internet*　（インターネットで情報を入手する）

    listen *to the radio*　（ラジオを聞く）　　learn the news *from the radio*　（ラジオでそのニュースを知る）
    learn Korean *on* [*from*] *the radio*　（ラジオで韓国語を学ぶ）
    The announcement came *over the radio*.　（その知らせはラジオで放送された。）

    ただし by のあとでは無冠詞。　The news was transmitted *by radio*.　（そのニュースはラジオで伝えられた。）
    また、通常のラジオ放送とは性格を異にする set one's watch (right) *by* [*with*] *the radio* (time signal)「ラジオで時計を合せる」では by のあとでも the が置かれる。

    watch television [TV]「テレビを見る」ではふつう無冠詞だが、その理由は、テレビ放送（television broadcasting）という抽象的な意味に重点を置くからである。
    受像機（a television set, a TV set）のことであれば、set の部分は略しても冠詞は略さない。
    buy *a television*　　He doesn't have *a television*.
    When I got home *the TV* was still on.　（帰宅したらテレビがつけっぱなしだった。）

    以下の通信手段も by のあとでは通常は無冠詞である。
    by *telephone* [phone, mail, post, letter, air freight, etc.]
      cf. make an application by *the Internet*　（オンラインで申し込みをする）

【 その他 】

    the が「現在の」「目下の」や「私の」の意を表すことがある。これも、他との区別・対比の例としても理解することができよう。

    the game of *the day*　（今日の試合）　　the questions of *the day*　（今日の問題）
    CD of *the Month*　（月間売り上げ１位のＣＤ）　　Car of *the Year*　（年間の優良車）
    He is the hero of *the hour*.　（彼は時の英雄である。）
    The wife likes this flower.　（うちのかみさんはこの花が好きなんです。）

  交通機関や通信手段はその選択肢が限られている。そのような場合、使用頻度が高くなるため定型化するのも当然のことであり、丸暗記するのもそう困難ではない。
  他方、*the* structure of ethyl alcohol「エチルアルコールの構造」の例のように、区別・対比の対象となるものが無数にあって対比性が意識に上りにくく、定型化するほどの使用頻度がないものも多い。本書ではこれを『個別事例』として次に扱うが、それらの丸暗記は当然不可能で、中には辞書等では検索できない例もあるので、この区別・対比の原理を知らなければ正しい英文を書くことは困難である。
  また、楽器や機器・道具類などについては『ⅱ. 標準モデルを想起させる、あるいは典型的イメージを喚起する』に入れたが、区別・対比をより重視するのならこの範疇に含めることもできる。

the 3−5 (i. a-2-1)

注13・14 ⇨ the 3−12〜

a．類似のものが三つ以上ある中で、一つだけを抽出し区別する。

3．i．a-2．個別事例

例えば go to *the movies*, go to *the sea*, go to *the mountains* 注13 、hunt in *the field*「野で狩りをする」、あるいは *the* walnut family「クルミ科」 *the* profession of journalism「ジャーナリズムの職業」といった例のように、この範疇でとらえるのが最も理解しやすいものは無数にある。また、*the* law of gravity [gravitation]「重力の法則」では数ある法則の中から区別するが、これは普遍的な法則なので *a* law of gravity はありえないことになる。その意味では the が「唯一性」もまた含意するが、そのような例もまた多い。

Most of *the people in our factory* work overtime more than twice a week. では、「うちの工場の従業員の大部分」であって一般の人々とは区別されるが、この使い分けもこの範疇に該当する。他方、Most people are aware of it. では漠然と「大抵の人は……」と述べるが、何の区別・対比も表さないので the は置かない。（most of people とも言わない。また、Most of *the people* are aware of it. の the people は、文脈を受けるか目の前にいる人たちを指すが、後者なら Most of these [those] people.... の方が明示的である。⇨『the 1−2』の『注1』 most of the students と most students も同様に区別される。most of students は初学者に多い誤り。）

固有名詞の所有格は強い限定詞なので the との併用は避ける。例えば Japan's economy は無冠詞で、形容詞の Japanese なら the Japanese economy と区別・対比の the を置く。the Einstein equation（アインシュタイン方程式＝ Einstein's equation）でも the Einstein's equation は不可。注14

ところで、the sea や the sky はおろか In April and May *the wind* blows steadily. の the wind までもが、文法書では「唯一のもの」として説明されている。しかし少なくとも日本人にはこの概念は理解しにくいものと筆者は考え、このような例は『3．iii．唯一性を示す、強調する』ではなく「4・5月頃に吹く風」としてこの範疇に含めた。 ⇨『the 3−42』の下部

以下もこの範疇に該当する例である。一部は『3．iii．唯一性を示す、強調する』（the 3−41〜）の範疇に含めて理解してもよいだろう。

the department of English [= the English department]（英文科）
the Department of *the* Interior（内務省） *the* Department of Agriculture（農務省）
the fleshly nature of man（人間の肉体的性質） *the* questions of the day（今日の問題）
the Queen of England（イギリス女王） *the* Venice of story books（お話の本に出てくるベネチア）
the physical aspect of Australia（オーストラリアの地勢） *the* structure of ethyl alcohol（エチルアルコールの構造）
the Japan of today（今日の日本）= Japan today, present-day Japan, Japan as it is

the issue of *Nature* for march 2003 = *the* March 2003 issue of *Nature*（『ネイチャー』の2003年3月号）
the Sekai for January = *the* January number [issue] of *Sekai* = January's *Sekai*（『世界』の1月号）

the Janet next door（隣人のジャネット） *the* young Shakespeare（若き日のシェークスピア）
the working class（労働者階級） *the* ruling class(es)（支配階級） *the* privileged class(es)（特権階級）
the incubation period（病気の潜伏期） *the* gestation period（妊娠期間）
the nuclear age（核の時代） *the* Nara period（奈良時代） *the* Cambrian period（カンブリア紀）

the metropolitan district（首都圏） *the* Kinki district（近畿地方） *the* Kobe I love（私の愛する神戸）
「地域の名前」については『the 3−54』の下部を参照されたい。なお、下は同じ地名が他にもある場合の表記例。
the Athens of the Midwest（米国中西部のアテネ）
the Cornish Riviera（コーンウォールのリヴィエラ） *the* French Riviera（フレンチリヴィエラ）

He seems completely different from *the* Prof. Nakamura I knew seven years ago.（7年前の中村教授とは別人のようだ。）
This is *the* Tom who I work with, not *the* Tom who lives near my house.
In 1936 there were still many people in Yasnaya Polyana who remembered *the* Tolstoy of his last years.（晩年のトルストイ）

The movie stars Audrey Hepburn.「その映画の主役はオードリー ヘップバーンだ」は ... stars *the Hepburn*.「あのヘップバーン」とすることもできる。（stars は他動詞で「〜を主演させる」。） 映画界で Hepburn と言えば、誰もが Audrey Hepburn のことだとわかるからだが、この the は「人気のある女優・女性歌手などの名の前に」置かれるものである。（『新英和大辞典』より）

I am interested in *the* Germany of *the* 19th century.（私は19世紀のドイツに興味がある。）
There is a difference between monkey and man in *the* anatomy of *the* feet.
　（脚部の解剖学的構造においてサルとヒトには違いがある。）

the Greek alphabet（ギリシャ文字） *the* King's [Queen's] English（純正英語）

the English language（英語= English）
　※「英語」の意の English は無冠詞だが、次のように限定されるのなら the を置く。
　　the English of the eighteenth century（18世紀の英語）
　　What is *the* English (word) for (*the*) Japanese "hana"?（日本語の「花」にあたる英語は何ですか。）
　なお、世界各地の英語のバリエーションを総称して言うときには、*the* English languages や Englishes と言うこともある。
　　English has now so many varieties that scholars talk about *Englishes* and even *the English languages*.

ところで、*the* English language が the を伴うのとは対照的に、English conversation や English grammar は無冠詞である。そのあたりの境界、つまりこの場合、他言語による会話や他言語の文法との区別・対比を意識し明示すべきか否かの判断基準は、日本人にはなかなか理解しにくいものである。それでもこの例の違いについては、*the* English language は日常的には English によって代替されているので、敢えて *the* English language と言うこと自体が一種の強調だからと考えることができるかも知れない。

では別の例を挙げる。 mutual understanding 「相互理解」では mutual 程度なら区別・対比を意識する必要はないので無冠詞なのはわかるが、international understanding [competition, harmony, politics] など the を置いてもよさそうな例も無冠詞である。これらは抽象性が高いためかと言えば、international law のように実在する法であって個別・具体的なものでも無冠詞である。ならば international がつけば無冠詞と割り切ってよいのかと言えば the international economy は the を伴う。また law については、civil law, commercial law, criminal law 「民法、商法、刑法」など、法の種類を言う場合は無冠詞の例も多いのに対して、Everybody is equal before *the* law. 「万人は法の下に平等である」といった例では、抽象性が高いにも関わらず、「生まれや育ちや運不運はいざ知らず、少なくとも法の下には」という意味合いをおそらくは込めて the を置いている。

このように見てくると、区別・対比を表すための the と言っても使用には制約があり、その適否は慣用によるところも大きいと言える。にもかかわらず、日本人はまるでアクセサリーのごとく the を置いてしまいがちである。これを避けるには、電子辞書などの検索機能を使って、できる限り多くの例文にあたるしかない。例えば Japanese food 「日本食」、foreign policy 「外交政策」などが普通は無冠詞で用いられることも、そうすることによってすぐにわかる。(the を置けば前方照応か相手にも既知の、特定のものを表すことになる。例文検索の際の注意点だが、例文には、文脈があるにもかかわらずそれを無視してその文だけを抜き出したものも多いので、前方照応の the も混在している。)

例えばまた、「日本円」は普通は無冠詞で用いてよいが、他の通貨との区別・対比を暗にでも示唆するのであれば the を置くが、そのようなことも例文を検索することによってよく理解できる。

    pay in (Japanese) yen   turn Japanese yen into US dollar
    The Norwegian krone dropped 1.3%, the Mexican peso 1.2%, and *the* Japanese yen 0.8%.

また、もし全ての可能な箇所に区別・対比のための the を置くとしたら、the が過剰で目障りな文になってしまって、結局は区別・対比を表す効果すら薄らいでしまうこともある。したがって、適切に使用していてもたまたま the が多くなり過ぎた場合には、優先度の低いものから省略するといった配慮も必要である。(『特集12-2』『12-3』の省略例などを参照されたい。)

なお、English grammar が the grammar of English の形になれば the を置くように、通常は無冠詞のものも後置修飾語を伴えば the が置かれることが多い。

    in line with *the foreign policy of the USA* (米国の対外政策に沿って)

This particular occasion contributed to the deepening of *the mutual understanding between the two countries*.
    (これを機に両国間の理解が深まった。)
    cf. promote *mutual understanding* between Japan and America の例では無冠詞になっている。この例では the を置けないことはないが、深めるべき日米間の相互理解はまだこれからのことなので、やはり無冠詞の方がよいだろう。
    その理由は、news や information あるいは evidence といった語については、それが世間に知られていないものなら無冠詞で用いることと通底するからである。(⇒『特集4』) あるいはまた、a third world war 「第三次世界大戦」では序数であっても「現存していないかまだ起ってもいないこと」なので the ではなく a を置くが、そのこととも通底しよう。
                                            ⇨『特集7-1』の下部
    他方、The police have (the) authority to maintain law and order. のような例における the の使用は任意である。

international understanding については『特集3-2』の『注1』を参照されたい。無冠詞にすべき例については他に『特集1-4』の『注2』も参照されたい。

繰り返しになるが、区別・対比とは言っても、『定型例』ではその対象となる「類似のもの」の数が限られていて具体的に思い浮かぶために、それらとの区別・対比であることがよくわかるが、この『個別事例』では「類似のもの」も数豊富にあり過ぎてそれらの存在がはっきりとは認識されにくくなるために、the を置いていてもその固有性・独自性がさほど強くは感じられないことの方が多い。(そのために the の使用が任意にされることが多いが、その任意性がどこまで許されるのかが日本人にはわかりにくいことは既述したとおり。)

しかしそれでもやはり、類似のものや限定された対象・範疇・状況などの中で、ある分野・種・個体・事象などに特定・限定するものであるから、用法としては、この『個別事例』は『定型例』と何ら違いはない。そのことを意識しながら次の例を見てもらえば、the を置く理由がよく理解できることと思う。

    It is *the* teaching of history. (それは歴史の教えるところである。)

Japanese workers think in terms of *the* organization — that is, *the* company.
    (日本人の労働者は、組織、すなわち会社の観点からものごとを考える。) この例では organizations と無冠詞の複数形でも表現できるが、それを「the＋単数形」にしたのは、やはり区別・対比を強調するためである。

the 3-7 (i. a-2-3)

注15 ⇨ the 3-13

このように、「類似のものから区別し、ときに強く対比させる」用法は極めて汎用性が高く、使用頻度も必然的に高い。例えば *the* law of succession の場合、「数ある法の中でも相続に関する法」といった具合に、少し大げさに解釈すれば、この用法を理解しやすいかもしれない。また、例えば *the* name of A は A's name よりも多少は強意的に響くように、この用法には「強調」の意図が感じられることも多い。

    literature that deals with our inner life （人間の内面生活を扱う文学）
    the literature that deals with our inner life （文学の中でも特に、人間の内面生活を扱うもの）
    前者では「文学とは人間の内面生活を扱うもの」ということになるが、後者では「文学にも種類がある」ことになる。（前者をより正確に記せば literature, which deals with our inner life ということになる。）　⇨『the 3-42』

the attachment of parents and children 「親子間の愛情」は、「世の中にはいろいろな種類の愛情関係があるが、その中での『親子間の愛情』」と限定するが、*an* attachment of parents and children なら、「親子間の愛情にもいろいろあって、その中のある種の愛情」というニュアンスを有する。 注15

そして、この例のようにその内容が抽象的で漠然としたものであれば、その共通認識や具体的な知識はそれほどはっきりとしたものではないので、情報量が「発信者 ≧ 相手」となることも多い。そのような場合には、定冠詞の基本的な働きである「相手に同定を求める」ということは、「どのことについて言っているのかを相手にわかってほしい、わかるはずだ」という意思表示に等しい。

また、個別性・対比性が弱いと感じられるものの多くについては、『3．ii．標準モデルを想起させる、あるいは典型的イメージを喚起する』（the 3-16～）に該当すると考える方が妥当であろう。

この用法が多用されている文章を見てみよう。（出典は愛知県立大学の '92年入試問題。）

    The road user carries much of ***the*** responsibility for traffic accidents: ***the*** vehicle driver for ***the*** safety of others as well as himself, ***the*** pedestrian mainly for his own safety, while ***the*** passenger carries relatively little responsibility. ***The*** consumption of alcohol before going on ***the*** roads increases ***the*** incidence of accidents among all categories of adult road user.
    Driving is a skill which requires training, and, like other skills, it can be maintained at a high level only by regular practice. The time usually required to train a London bus driver who has never driven before is 50 hours at ***the*** wheel, spread over at least four weeks. ***The*** average private car driver receives considerably less training than this before he drives on his own and proceeds to acquire experience.

これらに the が用いられている理由は『i．類似のものから区別し、ときに強く対比させる』ためであるが、『ii．標準モデルを想起させる、あるいは典型的イメージを喚起する』（その中でも特に b の『一般的な総称表現』）に含めても構わない。3．ii～vi は、単純化すれば i に収斂できる。つまり、ii～vi は i をさらに詳しく分類した、言わば下位区分である。

it can be maintained at *a* high level.... to train *a* London bus driver who.... については、対比性を強く打ち出す必要がないために a を置いている。Driving is *a* skill which.... は、初めて話題に出すときの用法である。（⇨『特集2』）　また、*The* time usually required to train.... については対比性は弱いと思われるので、このような場合は、単に後方照応的な用法によるものだと考えればよい。***The*** consumption of alcohol.... は Alcohol consumption.... とすれば無冠詞。

the 3−8 （i．a−1の「注1～3」）

注1　身体部位を目的語にしている例をひとつ挙げる。
　　　Inside his leather jacket the youth had drawn a knife, and was about to sever *Jim's hand* at the wrist.（手首あたりを切りつけようとした）
　　　Jim's wrist を目的語にすれば「（手ではなく、最初から）手首を狙って」という感じが強まる。

　　また … in hand「～を手にして」「～を手にした」では、無冠詞・単数形にすることが多い。
　　　tourists with (their) guidebooks *in hand*（ガイドブック片手の観光客）
　　　go for a walk, book *in hand* [with a book in (one's) hand]（本を手にして散歩に出かける）

　　以下の例も、付帯状況を表す無冠詞の慣用句である。
　　　They marched *hand in hand*.（彼らは手に手を取って進んだ。）
　　　arm in arm（腕を組んで）　　*shoulder to shoulder*（肩を並べて）　　*face to face*（面と向かって）
　　　cap in hand（帽子を手に持って → 敬意を表して、かしこまって、へりくだって）

注2　He is broad in *the shoulder*.「彼は肩幅が広い」は … in *the shoulders*. と複数形にしてもよい。
　　他方、He took me by *the shoulders*. の例を … the *shoulder*. と単数形にすると、片方の肩をつかまえたことになる。「人のわきの下をくすぐる」でも、tickle a person under *the arm* と … under *the arms* では、思い浮かべる光景は自ずと異なったものとなる。

　　しかし、次の例では単数形で表現されている。　Both legs had to be amputated near *the knee*.（両足ともひざ近くで切断しなければならなかった。）この英文は『現代英語冠詞事典』（樋口昌幸：大修館書店）に載せられているものだが、同書では「the knee は『腿』（thigh）あるいは『脛』（shin）との対立においてとらえられているのであり、『両足の膝』であることは文脈および人間には2つ膝があるという常識に基づいて推論されるのである」としている。
　　また『英語の冠詞がわかる本』（正保富三：研究社）では、Stein took Breslow by *an arm* [*one of his arms*]. では「『片腕』を強調しすぎておかしい」と述べている。また、所有格についても、以下同書から。
　　　定冠詞の代りに代名詞の所有格を使って、たとえば He stabbed her *in the back*. の代りに、He stabbed her *in her back*. という言い方もあるが、定冠詞を使う言い方のほうがよく使われるようである。

　　さて、Both legs…. の例では切断されたのが両足であったことがはっきりと言われているので、単数形にしても確かに問題はない。また「手を取る」にしても、片方の手を取ることの方が多いだろうから、そのような例では、「片方の」という無意識の了解があると言えるのではなかろうか。
　　そして、そのような了解が無い場合、左右対称である肺・腎臓などの臓器、目・手・足などの身体部位では、例えば「私は肺に疾患がある」なら、片肺（I have *a diseased lung*.）なのか両肺（I have *diseased lungs*.）なのかを明確にしなければならない。
　　　He was stabbed in *the lung*.（片方の肺を刺された）　He took a bullet through *the lungs*.（弾丸が両肺を貫通した）

　　thumb a person in *the eye*「片目を親指で突く」と … in *the eyes*「両目を……」でも、やはりその区別は必要だろう。他方、「人の目を見る」では片目だけを見ることは普通はないので、look him in *the eye* [*the eyes*, *his eyes*] のどの表現も誤解を与えることなく使える。「目は心の鏡」の意を表す文では *The eye* is a mirror of the soul. と *The eyes* are the mirror of the soul. のどちらの表現も見られる。
　　（ちなみに、keep *an eye* on … や have *an eye* for … といった例における eye は、もはや身体部位ではなく、前者では抽象的な意味の「注視」、後者では「～を見る目・見分ける力・眼識」などを表す。不定冠詞 an を強いて訳すなら、「ある種の、一種の」といったところである。）

　　ところで、身体部位には必ず the を先行させるというわけでもない。上記の抜粋文にもあるように、seize me by *the hand*「私の手をぐいと握る」を … by *my hand* とするのは稀であって非標準とされる上に、他の身体部位との対比性という点では弱くなるのだが、はじめから他の身体部位との対比は意識しない例、たとえば She put *her hair* up in pins.「ピンで髪を上げていた」や I've caught a cold and have a frog in *my throat*.「風邪をひいて声がガラガラだ」、She held a child on *her knee(s)*.「子供をひざに抱いていた」といった例では、所有格の方が自然である。また次の例は小説『雪国』の英訳文だが、鼻（the nose）に対して、帽子の耳あてで覆う耳は *his ears* としている。（耳あてで覆うものは当然耳なので、他の身体部位との対比は不要である。これがもし目を覆っていたのなら、「耳ではなくなんと目を」という意味で、the eye もしくは the eyes とすべきだが。）
　　　His face was buried to *the nose* in a muffler, and the flaps of his cap were turned down over *his ears*.

　　医学等においては身体部位を「物質」として、すなわち物質名詞として扱うこともある。具体的に言えば、心臓・肝臓・腎臓といった臓器、手・顔・頭といった身体部位、皮膚などの生体組織、さらには血液・胃液・髄液といったものが身体にある場合には、ここでの用法に従って初出であっても the を先行させる。しかし、例えば検査・実験のために取り出されて用いられる場合などは、材料すなわち物質名詞として扱われ、この用法の対象外となり通常は無冠詞となる。（ただし、複数の実験材料が並ぶ中でどれか一つを抽出して強調するのであればやはり the を置く。）
　　　The blood contains several electrolytes.（血液にはいくつかの電解質が含まれている。）
　　　Blood was given to the patient.（その患者は輸血された。）

　　　The blood courses through the veins.（血液は血管を脈々と流れる。）
　　　The knife was clotted with *blood*.（ナイフには血糊がいっぱいついていた。）

　　　Pepsin is present in ***the*** *gastric mucosa* as pepsinogen.（胃粘膜にはペプシンがペプシノゲンとして存在している。）
　　　A total of 150 g of *minced gastric mucosa* is placed on the table.（150グラムの細かく切った胃粘膜がテーブルに置かれている。）

　　別の言い方をすれば、身体にあるときに the を置くことによって、対比性のみならずその「機能」をも示唆することがあるということになる。
　　　Biological rhythms are controlled by *the brain*.（バイオリズムは脳によってコントロールされている。）　　　⇒『the 3−2』

　　また、He has *a badly-diseased heart*.「彼は心臓をひどく悪くしている」のような例では、心臓が *badly-diseased* であることを話題として初めて提示するために a を置く。⇒『特集2』

注3　その理由については次の説がある。
　　　単位を表す名詞は可算名詞として扱われる。（例：an hour, hours）これらはひとまとまりのものとして具体的にイメージしやすいことから対立概念も描きやすい。他方、上位区分の weight, length, volume [size, bulk] はふつうは不可算で抽象性が高いため、対立イメージも描きにくい。

　　by bus や by phone などのような「手段」を表す by については、『the 3−11』の『注10』の下部を参照されたい。

注4　以下は『英語冠詞講義』（石田秀雄：大修館書店）からの抜粋である。（ただし例文の番号は原文とは異なる。）

  (1) *Winter* in 1963 was not cold like this winter.
    （1963年の冬は今年の冬のようには寒くなかった）
  (2) *The winter* of 1963 was an exciting time.
    （1963年の冬は刺激的な季節であった）
  (3) *The winters* in Wyoming are very cold.
    （ワイオミングの冬はとても寒い）

　…前略…　(1)については、「1963年の冬の気候」を意味するものとして解釈することができるでしょう。(2)では winter の前に定冠詞が付けられていますが、これは「1963年」を時間的に4分割した「暦上の期間としての冬」を表しているからであるという解釈が一応可能です。しかし、それと同時に、後方照応的用法の定冠詞として機能していると見ることもできます。ただし、その場合には、1963年の他の季節との間ではなく、他の年の「冬」との間で対比がなされているものとして解釈されることになるでしょう。他方、(3)の場合、winter が複数形で用いられていますが、おそらくこれは毎年巡ってくる「暦上の期間としての冬」を1つ1つ足した結果を表現しようというものだからであり、さらにそうした「暦上の期間としての冬」を全体として包括的に指しているがゆえに、the が使用されていると考えられます。…後略…　（抜粋はここまで）

　ところで、a blue sky, a rough sea などの例が「その時々の様子や状態」を表すように、ある季節の「特殊性」や「時々の状態」を表す修飾語がつくときには不定冠詞を用いる。　I object to *a wet summer*.（雨の多い夏はまっぴらだ。）　We have had *a very wet autumn* this year.
　また、季節を可算名詞として扱うこともある。
　　Summers I used to go to Miami.（夏にはいつもマイアミに行ったものだ。）　two or three summers ago（2、3年前に）
例えば「日曜日の習慣」でも on Sundays と複数形にして習慣性を強く感じさせるのがふつうである。　⇒ 『不定冠詞-3』の『注4』
　　cf. Now and again he turns up on *a Sunday*.（彼は、どうかすると日曜日などに来ることがある。）

注5　例えば「大学へ通う・進学する」という場合、米語では go to the university だが、イギリス語では the を省くようになった。また「入院している」でも米語では be in the hospital と the を置くことが多いが、イギリス語では無冠詞である。be at the table「食事中である」でも in the future でも同様である。このようなことについて『英語の冠詞がわかる本』（正保富三：研究社）では「イギリスのほうがイディオムとして熟するのが早いと考えればよいのであろうか」としている。
　米語の He went to *the* hospital.「病院へ治療に行く」「病院へ行く」についてだが、『英文法の仕組みを解く』（鈴木寛次：NHKブックス）では、「彼は病院へ治療に行った」をフランス語では Il alla à l'hôpital. ドイツ語では Er ging ins Krankenhaus. と言い、「定冠詞 the に相当するものを持つ」ことを指摘して、次のように述べている。
　　…前略…　アメリカ英語は古い体質を持っているので、他のヨーロッパ言語と同じ性格を有していることになる。一方、標準英語は発達するにつれて、冠詞を落とす傾向が強くなっていることが理解できたと思う。定冠詞を付けておくということは、*OED* にも書いてあるように古風な感じになるのは否めない。
　　　　go to *the* war(s)「出征する」　　go to war「戦争を始める」「出征する」
　イディオムに限らず、副詞の最上級でも米語では the を置くことが多い。　⇒ 『特集8　最上級と the』

注6　at night は無冠詞だが、これに関しては『a と the の底力』（津守光太：プレイス）に次の記述がある。

　　night には the が付かないところがおもしろいですね。しかも、night の前に置かれている前置詞は、「点」を表す at です。
　　night は眠っている時間──ウトウト眠りにおちて、本人の気持ちとしては、次の瞬間に目覚めると朝です。もちろん、現実には8時間ぐらいの時間が経っているのですが、眠りに落ちて、目覚めるまで、本人の意識ではほんの一瞬にすぎません。電気が普及して夜更かしになり、さらには睡眠障害に悩む人が多い時代を基準にするとピンときませんが、昔の人は、眠っている時間は、ほんの一瞬に感じられたのではないでしょうか。
　　そう考えると、night の前に at を置くのも納得がいきます。さきほどの in の場合と逆の考え方です。すなわち、

　　　「眠っている時間は、『幅のない時間（点）』なので at。
　　　眠っている時間 night は、他の活動は何もできない時間なので、朝や昼とは対置できない。
　　　そこで night には the は付けずに、at night となる」（抜粋はここまで）

　もう一つの可能性としては、at the present time よりも at present と言う方が多いことから、at the night time が at night に変化したと考えることはできるかも知れない。つまり、使用頻度が高いために言いやすさを優先して省略化が起った可能性である。
　しかしながら、at morning, at afternoon という表現は無いことからも、night にはやはり、morning, afternoon あるいは夕刻から就寝までの活動時間帯である evening とは異なる意味があることが窺える。このことから、もともと the はなかったとする上の説には、ある程度の説得力はある。
　ただし、津守氏も言われるように、night も活動時間となってしまった現在を基準に考えれば「ピンとこない」ので、次のように、in the evening の代用として at night を用いることは多い。
　　I work at night.（私は夜働いています。）◆「暗い間の一般的・習慣的なこと」に対して at night を用いている。（『ジーニアス英和大辞典』より）
　　Take this medicine three times a day, in the morning, in the afternoon, and in the evening [at night].
　　（この薬は朝昼晩の3回飲んでください。）

　He worked from six in the morning until six at night.（彼は朝の6時から夜の6時まで働いた。）
　　この例文は『現代英文法講義』（安藤貞雄：開拓社）から採ったものだが、同書では at night を「ときに夕方6時ごろから真夜中に至る期間を指す。in the morning と対立する」としている。

　あるいは in the night や during the night を at night の意で用いることもまた珍しくはない。
　　an abrupt sound in the night（夜間に突然聞こえてくる音）
　　wake up in [during] the night（夜中に目覚める）◆通例 in はある幅のある期間を、at は時の1点を示す。ただし、この用例の in は「…のある時に」で期間内の1点を表す。（『ジーニアス英和大辞典』in より）
　　late at night = late in the night　*cf.* late into the night（夜遅くまで）

　なお、by day and by night「昼夜を分かたずに」においては対比のための the は置かない。このように、対句においては the はしばしば省略される。

the 3-10　(ⅰ．a-1の「注7・8」)

注7　以下は『COLLINS COBUILD ENGLISH USAGE』からの抜粋である。

　Meals の have の項より

　　　You often use 'have' to say that someone eats a meal. You can say, for example, that someone **has breakfast** or **has their breakfast**.

　　　When we've had breakfast, you can phone for a taxi.
　　　That Tuesday, Lo had her dinner in her room.

　　　Note that you do not say that someone 'has a breakfast' or 'has the breakfast'.

　Meals の make の項より

　　　When someone prepares a meal, you can say, for example, that they **make breakfast**, **make the breakfast**, or **make their breakfast**.

　　　I'll go and make dinner.
　　　He makes the breakfast every morning.
　　　She had been making her lunch when he arrived.

　　　Note that you do not say that someone 'makes a breakfast'.

　Meals の 'a' with meals の項より

　　　Words referring to meals can be used either as uncount nouns or as count nouns. However, these words are not generally used with 'a'. For example, you do not say 'I had a lunch with Deborah' or 'I had a dinner early'. You say 'I had **lunch** with Deborah' or 'I had **dinner** early'.
　　　You can, however, use 'a' when you are describing a meal.

　　　They had a quiet dinner together.
　　　He was a big man and needed a big breakfast.

　つまり、これらは抽象的に不可算で扱われる。そして最後の例の a quiet dinner と a big breakfast における不定冠詞は、「～の種類の…」に限定するためのものである。また、the lunch *du jour*「本日のランチ」といった例では、他の日のランチとの違いを強調するために the を置いている。
　これとは対照的に、meal は「1回の食事」や「1回の食事時間」、あるいは「1食分」や「1回の食事の量」を表す可算名詞である。
　　　at meals（食事の時に）　　go (out) for *a meal*（食事に出かける）　　pay for *a meal* in advance（食事代を前金で払う）
　　　He has only *two meals* a day.（彼は1日2食しか食べない。）

ついでながら、食事に関連しての前置詞の使用例を以下に続けて抜粋しておく。

　Meals の 'at' and 'over' の項より

　　　You indicate that someone does something while they are having a meal using the preposition **at**.

　　　He had told her at lunch that he couldn't take her to the game tomorrow.
　　　Mrs Zapp was seated next to me at dinner.

　　　However, you usually use **over** when talking about an event that takes some time, especially when saying that people discuss something while having a meal.

　　　It's often easier to discuss difficult ideas over lunch.
　　　He said he wanted to reread it over lunch.

　Meals の 'for' and 'to' の項より

　　　When you talk about what a meal consists of, you say what you have **for** breakfast, lunch, and so on.

　　　They had hard-boiled eggs for breakfast.
　　　What's for dinner?

　　　When you invite someone to have a meal with you, for example at your house, you say that you ask them **for** the meal or **to** the meal.

　　　Why don't you join me and the girls for lunch, Mr Jordache?
　　　Stanley Openshaw invited him to lunch once.

注8　for the present「今のところ」でもまた、時間の巾があるので the を置くが、もし「時点」であれば巾はないので前置詞は at である。「時点」というものは他にも無尽にあるので「対比」は意識されにくい。一説によれば、そのために at present では無冠詞となる。このことは at night が無冠詞になるのと同じである。⇨『注6』（前頁）
　ただし、at the present day, at the present time などでは the を置く。これは（at を用いているものの）時間にやや巾があるという意識からか、あるいは at the (very, present) moment などと同様に、強調するためと考えてよいだろう。
　また、at the present time は now を強調した代替表現なので使用頻度はそれなりに高い。そのために、これが簡略化されて at present となったと考えられなくもないだろう。

the 3-11 (i. a-1 の「注9・10」)

注9 以下は『英語の冠詞がわかる本』（正保富三：研究社）からの抜粋である。（ただし例文の番号は原文とは異なる。）

不定冠詞をつける場合と定冠詞をつける場合の意味の違いを考えてみよう。

(1) I took *the train* to Liverpool.
(2) I took *a train* to Liverpool.
(3) I went to Liverpool *by train*.

(1)では the train は総称的に使われているから、交通手段として「電車で行った」と言っており、(2)では何時の電車というようにある特定の電車を思い浮かべながら言っている。(3)は交通手段としての電車を言っているので、(1)に近い意味である。（抜粋はここまで）

(1)の the train は無論、「その場の状況などから、相手にも特定できるもの」や「前出した内容と呼応するもの」である場合もあるが、そのことはここでは措いて、総称的な用法として説明している。おもしろいのは(2)の a train が「ある特定の電車を思い浮かべながら言っている」ことである。ただし、それは相手には思い浮かばない。もし相手にも思い浮かぶか、思い浮かぶと思われるのなら the train である。このように、「不定冠詞」の「不定」は、相手にとってのみ「不定」という場合がある。 ⇒『不定冠詞－2』の最下部

ところで、by 以下でも特定性の強い修飾語がつけば the が必要となる。 go to town by [on] *the 10 o'clock bus*   I will go *by the 10:30 train*.

by an early train では、朝早い列車が何本かあってその中の1本（を思い浮かべているわけ）だが、もし相手も同定できる（もしくは同定できると思われる）のなら by the early train とする。この場合は修飾語の early があるために、普通の交通手段としての(3)の表現とは異なる扱いとなる。

ただし × go *by my car* → go *in my car*。また plane についても、『ジーニアス英和大辞典』では come *by the plane that arrives at 5:00 p.m.* の by を不可とし on にすべきとしている。by plane はほぼ常に無冠詞で用いる。このように、交通機関・手段によって表現には微妙な違いがある。

注10 ところで、上記『注9』の抜粋例でも紹介しているように、by 以下が普通は無冠詞になる理由は、1台の乗り物（ハードウエア）としての具体的イメージではなく、それらの手段・方法としての面を重視するため、それだけ抽象的になるからである。以下は『COLLINS COBUILD ENGLISH USAGE』からの抜粋である。

By can be used with various nouns to say how something is done. You do not usually put a determiner in front of the noun.

The money will be paid by cheque.
We heard from them by phone.
I always go by bus.

However, if you want to say that something is done using a particular object or tool, you often use **with**, rather than 'by'. **With** is followed by a determiner.

Clean mirrors with a mop.
He brushed back his hair with his hand.

After 'watch', 'look', or 'see' you usually use **through** followed by a determiner.

He's looking at them through a magnifying glass.

You can use **by** with an '-ing' form to say how something is achieved.

They were making a living by selling souvenirs to the tourists.
He then tries to solve his problems by accusing me of being corrupt.

determiner とは「限定詞［辞］」（冠詞・指示形容詞・所有格など）のことだが、a particular object or tool を用いずに how something is done を表すときに by を用い、限定詞は置かないということはつまり、「抽象的な意味での手段・方法を表すのだから限定詞を置かない」というように理解してもよいだろう。

他方、例えば *The bus* leaves every hour on the hour. や How often does *the bus* run ? といった例では「the＋単数形」だが、これも同じ理由による。つまりは、輸送システムというやや抽象的なことについての記述である。（この場合それぞれを *Buses* leave.... How often do *the buses* run ? と複数形にもできるが、その方がバスの車両をイメージしやすいだろう。後者だけ the buses と the を略さないのは、単に語調を整えるためである。）

次のような例では具体的に「1台の～」なので a を置く。 He was knocked down by *a car*.   travel *in a [on a]* train to ...

ところで、by *the kilogram* / by *weight*, by *the meter* / by *length* の違いは、上位区分としての weight や length は、「重さ」「長さ」というその抽象性ゆえに無冠詞で、下位区分としての kilogram や meter は具体的なイメージを描けるので the を置くという説がある。 ⇒『注3』
このことを敷衍して、例えば「by land は上位区分に相当するので無冠詞」ともし考えるとすれば、bus などの乗り物は下位区分に相当すると言えるので、やはり by the bus でもよさそうな気もしてくる。しかし実際には by bus である。
その理由として筆者は次のように考える。

「単位」を表す場合には by *the hour* と the を置くことと比べれば、「手段」を表す by は、それ自体が強い区別・対比を表すために無冠詞にする。つまり、「他ならぬ～によって」という感じが強いとすれば、by the bus では重言（じゅうげん）のようになってしまうので the を省略する。

例えば「毎時～」という場合、日常的には each や every の意の不定冠詞を用いて 60 miles *an hour* とすることが多いが、これを商業英語では per を用いて 60 miles *per hour* とする。しかし per an hour とはしない。その理由も「重言だから」ということで納得がいくと思うが、それと同じようなことではなかろうか。

the 3-12 （i．a-1の「注11・12」i．a-2の「注13」

注１１ 以下は『Practical English Usage』（OXFORD）からの抜粋である。

(the) radio, (the) cinema, (the) theatre and television

When we talk about our use of these forms of entertainment, we generally say *the radio*, *the cinema*, *the theatre*, but *television* or *TV*.
  *I always listen to **the radio** while I'm driving.*
  *It was a great treat to go to **the cinema** or **the theatre** when I was a child.*
  *What's on **TV**?*
The is often dropped in all four cases when we talk about these institutions as art forms or professions.
  ***Cinema** is different from **theatre** in several ways.*
  *He's worked in **radio** and **television** all his life.*

　要するに I went to *the theater*. では、the を置いているので純粋な抽象名詞ではないが、それでも、やや抽象的な意味の「芝居」として用いていることになる。（無論、相手にもそれとわかる特定の劇場や、町にある唯一の劇場のことを言うこともある。cf. I was disconcerted to see that half the seats in *the theater* were empty.）
　そしてこれが「演劇界で働く」といった例となると、さらに抽象性が高まるために work in (the) theater と、the はしばしば除かれる。このことは、school が「授業・学業」を表す場合や church が「礼拝」を表す場合には無冠詞で用いることに似ている。 ⇒ 『the 3-31』
　また、go to *a theater* のように a も用いられるが、その場合は「とある劇場に行く、とある芝居を見に行く」といった感じである。これは take *a bus* to work の方が１台のバスを具体的にイメージしやすいのに対して、 *the bus* では抽象的に交通機関としてのバスを言うことに似ている。
　なお theater [(英国) theatre] が、「劇場」ではなく「映画館」のことを表すこともある。

注１２　talk on *the telephone* の場合に意識されるのは、個別の電話ではなく、通信システムとしての電話（の機能）である。このことは、《 交通機関 》のところで述べたように、「take ＋ the ＋ 乗り物」の表現が、公共の、インフラとして整備されている交通機関（の機能）を言うときに普通は用いられることに通底する。

　携帯電話の場合には on *my* cell [cellular] phone のように所有格を置くことが多いが、その理由は、通信システムというよりも個人の所有物としての意識の方が勝っているからである。このことに関連する内容は『特集６－１』の下部から扱っているが、その記述の中で、誰もが持っているもの（＝どこにでもあるごく一般的なもの）となるにつれて所有格が the に変わるという趣旨のことを紹介している。つまり、皆が持っているものであれば、特段の所有意識は無いので所有格は用いないし、「ものとしての個別性・個性」も感じにくいために、その「働き・機能」という抽象的な側面に意識は移る。電話の場合には、通信システムとしてのそれである。
　ところで、携帯電話は普及した現在でも、また今後においても個人の持ち物（＝一人に一個の私物）であり、所有意識が変わることはないので、腕時計（watch）の例がそうであるように、my が the に変わる可能性は低いと筆者は考えている。

注１３ 以下は『英語の冠詞がわかる本』（正保富三：研究社）からの抜粋である。

the mountains
　　行楽やスポーツ・狩猟のために「山へ行く」という場合、定冠詞つき複数形で go to the mountains という場合が多い。
　　We're going to *the mountains* (=an area where there are mountains) for our holiday. (CIDE)
　　A very skillful bowman went to *the mountains* in search of game, but all the beasts of the forest fled at his approach.

このような場合、必ずしもいくつもの山をまわるわけではない。ただ１つの山へ行く場合でも、行き先として「山へ」と言うとき、the mountains という漠然とした言い方をするのが習慣である。

　『英語冠詞の世界』（織田稔：研究社）にも、これに関連する次の記述がある。たいへんわかりやすいので、少し長く抜粋する。
　　　　　　　　　　　　　　　　　　　　　　　（ただし例文の番号は原文とは異なる。）
　…前略…　一見、総称用法のように思われる
　　（１）*The Finns* are fond of sport. ──CGEL
においても、フィンランド人のほかにスウェーデン人やロシア人のグループが想定されて初めて、定冠詞による特定の国民グループへの指示同定が可能になるのであって、問題はそのグループの大小である。それは、目撃状況内でのごく少数のフィンランド人の場合（「そのフィンランド人たち」）から、ほとんど全フィンランド人を含む最大規模のグループの場合（「フィンランド国民」）まで、発話の文脈によって様々である。ただ後者のような場合でも、他の国の国民グループとの対比対照という点で、単に、
　　（２）*Finns* are fond of sport. (= Most or almost all Finns …)
のように不定複数形で言うのとは違う。区切られた集団としてまとまりの意識が強く、個人的例外は存在しない、存在しても考慮しないという、種類グループの感覚である。
　　このことはまた、たとえば、
　　（３）I like *the mountains* better than the sea.
のような一般論的英語表現で、なぜ「山」に定冠詞複数形が用いられているのか、という疑問に対する説明にもなる。「山」は不定複数形の 'mountains' で十分に、種類総称の表現になっているが、ここでは、それがさらに１つの区切られた集まりとして、もう１つの区切られた広がりである「海」に対置されている。このように全体を等分する対照的な２つの部分、「山と海」の間での特定指示であるために、定冠詞を用い 'the mountains' とし、'the sea' としたのである。…後略…

the 3-13 （i．a-2の「注14・15」）

注14　これについては『技術英語の冠詞活用入門』（原田豊太郎：日刊工業新聞社）の記述が詳しいので以下に抜粋する。

　　　To make a silica aerogel according to *the Teichner method*, a colorless liquid chemical called tetramethoxysilane was mixed with water.
　　　（Teichner 法によりシリカエアロゲルを作るために、テトラメトキシシランと呼ばれる無色の液体化学薬品と水を混合した）

　　　上の場合、Teichner's method と書くこともある。しかし、the Teichner's method という表記は誤用とされている。アポストロフィー記号の所有格だけで強い特定の意味を有し、the をつけると二重に特定することになるからである。この場合のアポストロフィーは所有の意味ではなく、Teichner の考案あるいは提唱によるの意味である。ただし、この規則には例外があり、Young's modulus（ヤング率）、Poisson's ratio（ポアソン比）の場合、不定冠詞や定冠詞をつけることが多い。その理由はこれらが個々の値を示す意味で用いられることがあるからである。（抜粋はここまで）

　Newton's law of gravitation や Darwin's theory、あるいは Eliot's letters「エリオットの手紙 = the letters of [by] Eliot」といった例も、「the をつけると二重に特定することになるから」無冠詞である。これらは固有名詞の所有格だからだが、the *party's* policy「その政党の政策」the *earth's* surface「地球の表面」といった例では冠詞を置く。（ただし、today's newspaper のような無冠詞の例もまた多い。）

　逆に the Teichner method では、Teichner が形容詞として働いている（が所有格ほどの強い特定性はない）から、method に対して the を先行させる。
　　　the today generation（現世代の人たち）　　　the Paris conference（パリ会議）
ちなみに the Copernican theory「地動説」の Copernican は Copernicus「コペルニクス」から派生した形容詞だが、このような形容詞のある例は少数である。それ以外では、名詞をそのまま形容詞相当名詞として用いたときに the が置かれる。

　複数形の名詞を固有名詞の所有格が修飾しても、『3.iv. 全体をひとまとめにする』（the 3-49）ための the を置かない。
　　　Newton's theories　　　Derrida's theories（デリダの理論）　　　Galileo's heretic theories（ガリレオの異教的な理論）
　　　Dickens's novels（= the novels of [by] Dickens）　　　Japan's energy plans（日本のエネルギー計画）

　なお、Folin's method のような例について『医学論文英訳のテクニック』（横井川泰弘：金芳堂）では次のように述べている。

　　　…前略…　Folin's の前に modified とか original のように形容詞がくると文意に応じて the または a を付けなければならない。Folin 氏法の変法が一つしかないかまたはいくつあっても特定の変法を示す場合には the modified Folin's method とし、変法がいくつか知られており、そのうちの一つを指す場合には a modified Folin's method とする。

a Wilson seal のような製品名については不定冠詞の使用例も多い。　*cf.* a Toyota（トヨタ車）　⇨　『特集14-5』下

注15　ところで、例えば *the* history of India は、大げさに言えば「（歴史にもいろいろある中での）『インドの歴史』」といった限定を表すが、そのことに加えて、誰もそれに異をさしはさむことのないような客観性の高い歴史といった感じを与える。
　他方 *a* history of India では、書き手の主観が入った「インド史のある見方」といった感じを与えることもあろう。
　　　例：　A People's History of the United States　邦題『民衆のアメリカ史』
　あるいはまた、例えばインドの被植民地時代の歴史などの「一時期の歴史」を言うこともある。
　　　例：　They have a history of being discriminated against and being oppressed.（彼らは差別され抑圧された歴史をもつ。）

　the を用いるのは同定を相手に求めるからなので、共通認識を抱きようもない例では、強調しようとしない限りは the は用いない。話題を提示する文などはそれにあたる。
　　　He has *a* history of criminal activity.（彼には前科がある。）　　　a boy with *a* history of allergies（アレルギーの前歴のある少年）

　参考までに、以下は『ジーニアス英和大辞典』から。（Japanese の項の『語法』より）

　　　ジャーナリズムでは *Japan's* economy（= Japanese economy）のように Japanese の代りに Japan's をしばしば用いる。また「日本史」は *Japanese* history, *Japan's* history, the history of *Japan* と表され、この順に、より客観的・堅い表現となる。一般に「形容詞＋名詞」を修飾する場合は Japan's とすることが多い。：*Japan's* international contacts 日本の対外接触／*Japan's* nearest neighbor 日本に最も近い国。

3．i．b． 対照的な二つのもののうちの一方であることを表す。

例えば「前者・後者」を *the* former / *the* latter, *the* one / *the* other で表すときの *the* はこれに相当する。前者も後者も特定されるものだから *the* を置く。

これに対して、二つのものの中から任意に一つを選ぶとき、最初に選ばれる方は特定されないので無冠詞の one であり、残された一つは選択の余地がなく、必然的に特定されるために *the* other となる。Which is *the* bigger half? でも、大きい方は必然的に特定されるのだから *the* を置く。I gave him *half*. では特定されない半分なので無冠詞だが、*the* other half なら必ず *the* が必要で、other half とするのは間違いである。

また三つ以上の場合、最初のものが選択された後に残されたものが二つ以上となっても、次の選択肢は特定できないので another である。another はもともとは an other であったことを知れば、その区別は容易であろう。

また *the* majority overrules *the* minority「多数が少数を押し切る」では多数派と少数派が対置される。他方、そのような意識がなく、ただ漠然と言う場合には不定冠詞が置かれる。

    A majority voted for [against] the bill.（大多数がその法案に賛成［反対］の投票をした。）
    Only *a* minority (of people) want(s) the war to continue.（戦争の続行を望むものはごく少数である。）

In our family *the* males have never been as good as *the* females.「うちの家系は代々、男より女の方が出来がよい」における *the* は、our family を受けて「うちの家系の」と限定しつつ男と女を対比させるが、さらに『3.iv. 全体をひとまとめにする』働きもしている。

以下に、対照的な二つのものを表す例を続ける。

    the beginning and *the* end   *the* ideal and *the* real   *the* carrot and [or] *the* stick（あめとむち）
    the taller of the two   Which came first, *the* chicken or *the* egg?（鶏と卵はどちらが先か。）
    Keep (to *the*) Right（『右側通行』）   the excesses of *the* Right and *the* Left（極右と極左）
    in *the* dark（暗がりで）/ in *the* light（明るいところで）
    In *the* heat and in *the* cold, I have a smaller appetite.（私の場合、暑さにつけ寒さにつけ食欲が減退する。）
    the opposite sex（異性）   *the* back of a spoon（スプーンの背）   *the* reverse side of a coin（コインの裏面）
    the North Pole「北極（点）」   *the* North Star [*the* polar star]（北極星）   *the* Arctic Circle [zone]（北極圏）
      cf. *a* polar [*an* Arctic] expedition (team)（北極探検隊）

    the Younger Smith = Smith *the* Younger（息子の方のスミス）
      cf. (the) young Greene（息子の方のグリーン） young Greene は「若々しいグリーン」「若き日のグリーン」とも解釈できる。
        young Mrs. Palmer（パーマーさんの若奥様） （この *cf.* は『ジーニアス英和大辞典』からの抜粋。）

    Do you prefer *the* country to *the* town?（町よりも田舎がお好きですか。）
    I live in *the* town, but my parents live in *the* country.（私は町に住んでいるが、両親は田舎に住んでいる。）

    the line that divides *the* Communist from *the* non–Communist world（共産圏と非共産圏を分ける国境線）
    The child, again, can educate *the* teacher.（学童の方もまた教師を教育できる。）

    differences between *the* East and *the* West（東洋と西洋の違い）
    The polarization between the positions of *the* North and *the* South cannot be reconciled.
      （北と南の立場が二極化してしまっている状態は和解できそうにない。）
        強調しなければ *the* は省略される。 bring East and West closer together（東洋と西洋をもっと親密にする）
                  latent tension between North and South（南北間の潜在的な緊張）

    The larger cars hug the road better than *the* small cars.（大きな車の方が小さな車よりも走り具合に安定感がある。）
    Failure is *the* rule, success *the* exception.（失敗が常態で、成功は例外である。）
    When poverty comes in at *the* door, love flies out at *the* window.（諺：金の切れ目が縁の切れ目。）
    Is hate *the* antithesis or a corollary of love?（憎しみは愛の正反対のものか、それとも愛から生じる一つの結果なのか。）
    Growing up today involves considerable tension between *the* crowd and *the* person.
      （今の時代には、成長過程において、集団と個人との間のかなりの緊張関係を強いられる。）
    More and more people are now suffering *the* psychological (if not *the* physical) pain of prolonged terminal illness.
      （末期の病状が長引くことによって、身体的な苦痛はさておき、心理的な苦痛に多くの人々がさいなまれている。）
    A good place to start the analysis is the balance between *the* individual and *the* group.
      （個人と集団の軽重について考えることからその分析を始めるのがいいだろう。）

あるいはまた「新・旧」を言う場合も、この範疇に含めることができよう。

    the Old Continent（旧大陸）   *the* New Continent（新大陸）   *the* new Administration（新政府）
    the old colonial administration of India（インドのかつての植民地統治）

「資産をもっている人たち」のことを the haves と言うことがある。通常は *the* を置くのだが、これは the have-nots「資産のない人たち」との対比が意識されるためである。なお the haves and (the) have-nots では、*the* を繰り返す方が区別・対比をより強調する。

3．ⅱ．標準モデルを想起させる、あるいは典型的イメージを喚起する。
（広い意味での「総称用法」と考えてよい。）

　まず始めに、『現代英語冠詞事典』（樋口昌幸：大修館書店）から、「総称用法」について書かれた記述を紹介したい。

　同書では、 The panda is becoming an increasingly rare animal. のような例について次のように述べている。

> …前略… 総称的解釈はどこから生じるのか。1つの考えとしては、「総称の the」は「対立の the」の一部であると考えることも可能であろう。 …中略… the panda は「パンダでないものすべて」と対立すると考えるのである。

このような考え方に対して、樋口氏は次のように解説している。

> 理論的には panda は他の全ての動物（cat, bear, lion, tiger, etc.）と対立していると仮定できるかもしれないが、実際には、the panda と聞いて／読んで、他のすべての動物との対立を想起するということはありそうにない。
>
> 第2の、より有力と思われるのは、「総称の the」はプロトタイプを表すとする見方である。この見方に立てば、 the panda は英語話者の意識のうちに典型として存在する panda を表すことになる。つまり、個別性を切り捨てた、最大公約数的な panda が想定されるのである。

　「総称用法」と呼ばれるものは、「名詞を主語として用いて、そのものを定義する」というように一般には思われているかも知れないが、上の見方に拠れば、主語以外であっても「個別性を切り捨てた、最大公約数的な」ものを想起させるのなら、同じ表現法と考えることができる。
　例：Vitamins keep their potency longer if kept in *the refrigerator*. （冷蔵庫に入れておくとビタミンは成分を失わない。）

　文法書には必ず載せられている3パターンの一般的な総称用法については、本書では ⅱ.b で扱う。そこでは、主語として用いる例を多く扱うが、上例のような前置詞の目的語などの例も挙げている。

　そして ⅱ.a.では、「主語以外に『the ＋普通名詞の単数形』を用いて、標準モデルを想起させる、あるいは典型的イメージを喚起する」例（たとえば機器・道具類や楽器など）を挙げる。ここには、上の Vitamins keep ... if kept in *the refrigerator*. の例のような総称的な例も含めてもよいが、しかし例えば I tossed my shirt into *the washing machine*. のように、個別のもの（私物）を示唆している例もここに入るので、その意味では純粋な総称表現ではない。しかし、共通のイメージを万人に抱かせるという点、つまり、「個別性を切り捨てた、最大公約数的な」ものを想起させる目的で（文脈によって特定されているわけでもないのに）the を置くという点ではやはり総称的表現である。（これについては次頁の冒頭でも述べる。）
　つまり、ⅱ.a は、個別のものを示唆している例を無視すれば、『ⅱ.b．一般的な総称表現』の『② The dolphin is an intelligent mammal. の表現形式について』に一つにまとめて理解することも可能ではあるが、本書では、より具体的に細分化して解説するために、それとは区別する。

　また本書では、交通機関や通信手段・情報機器などについてはその選択肢がある程度限られているために（つまり対比性が強いために）、『ⅰ.a．類似のものが三つ以上ある中で、一つだけを抽出し区別する』の定型例として既に取り上げた。（それらには目的語としての使用例が多いのも、一つの特徴である。）
　そして、それ以外の機器・道具類や楽器は選択肢が比較的豊富にあると考え、ⅱ.a 及び ⅱ.b で取り上げることにする。
（同様に、 He took me by *the hand*. の例のような ⅰ.a の定型例に含めた身体部位は「数ある身体部位の中でも手を」といった対比性を感じさせることが多いが、 Damage to this part of *the brain* impairs learning.「脳のこの部分の損傷は学習能力を減じる」のような例となると対比性はさほど感じられないだろうから、ⅱ.a の範疇に含めることもできる。）

　くどくなるが、例えば、『ⅰ.a．類似のものが三つ以上ある中で、一つだけを区別する』に挙げた例の一部は、『ⅱ.a．標準モデルを想起させる、あるいは典型的イメージを喚起する』ものでもある。また『標準モデルを想起させる、あるいは典型的イメージを喚起する』で挙げた例は総称的でもある（⇨ ⅱ.b）。つまり考えようによっては、一つの例がこれら3つの分類項目に該当するわけである。
　それでもこのように細分化するのは、the の働きにはこのようなものがあることを詳しく提示するためだが、一つの分類項目に入れようとすれば悩む例もあるので、本書の分類項目に必要以上に拘泥する必要はない。また、この範疇に限らず、the が複合的な働きをしている例はそもそも多いので、そのような場合にも、一つの範疇に押し込むことなど、どだい無理な話である。

　ところで、欧米の文法書には冠詞に関する詳細な分類・記述が少なく、あっても包括的なものではないので冠詞の全容をつかむのは困難である。もともとネイティブスピーカーは冠詞の使い方を成長過程で自然に体得しているので詳しい解説書をさほど必要とはしないのだろう。しかし、日本で育った日本人も、冠詞の理解が進むにしたがって本書のような分類を意識する必要性は低くなってくるはずである。そうなる程に、もう少しおおまかに分類・整理をすることができよう。

the 3－16 （ⅱ．a－1）

注1～3 ⇨ 次頁～

3．ⅱ．a． 主語以外に「the ＋普通名詞の単数形」を用いて、標準モデルを想起させる、
　　　　　あるいは典型的イメージを喚起する。

　以下に挙げる例では、文や前置詞の目的語に「the ＋普通名詞の単数形」を置いている。そして、その目的語が示唆する物は単一の、個別・固有のものであることが多い。具体的に言えば、I tossed my shirt into *the washing machine.* のような例では、その洗濯機は、普通は主語 I にとっての洗濯機なので、私物である my washing machine のことである。
　他方、Vitamins keep their potency longer if kept in *the refrigerator.*「冷蔵庫に入れておくとビタミンは成分を失わない」の例では、一般論を言っているので、どの冷蔵庫についてもそう言えることである。つまり、そのもの自体の普遍の特質・特性などを重視するものであって、それ故にそれは万人にとって共通のものである。
　この観点に立てば、後者は総称表現だが前者はそうではない。しかし前者でも、実際には、私物であることをほとんど意識させることはない。つまり、これを聞く人・読む人が実際に意識・イメージするのは、「洗濯機」と聞いて万人が思い浮かべるものと同じものなので、個別性が排除されて、代りに総称性を有していることになる。その意味で、広い意味での総称表現と考えることはできる。
　ここでは、そのような例を多く挙げる。

　《 楽器 》
　　　My wife plays *the violin*, I play *the cello*, and my daughter is learning *the piano*, so I hope we'll be able to make music together some day.
　　　　（妻はバイオリンを弾き、私がチェロを弾き、娘はピアノを習っていますから、いつか合奏できたらいいなと思っています。）
　　不定冠詞を置いたり、無冠詞にする場合もある。 注1・2
　　また、「その場の状況」を言うのなら、複数形主語に対しては They are playing the guitar. ではなく、They are playing (the [their]) *guitars*. とする方が自然。 ⇨ 『the 3－29』の最下部～

　《 電化製品 》 注3
　　　Is there any beer in *the refrigerator*? （冷蔵庫にビールがありますか。 ≒ 冷えたビールはありますか。）
　　　I'll just go over your room with *the vacuum cleaner*. （すぐにお部屋を掃除機できれいにいたします。）

　　ただし、the の使用は絶対的なルールではない。不定冠詞の例も見られる。
　　　Press the clothes with *an iron*. （衣服にアイロンをかけなさい。）
　　　Never put antique china into *a dishwasher*. （アンティークの磁器を食器洗い機に入れてはいけない。）

　　世間一般にはまだ普及していない製品については所有格を用いる。 ⇨ 『特集6－1』の下部～
　　また、次のように強調して所有格を置くこともある。
　　　These instructions explain the way to use *your new washing machine*.

　《 道具類 》
　　　He is quite a performer with *the knife and fork*. （彼はナイフとフォークの使い方が堂に入っている。）
　　　The dog is on *the chain*. （犬は鎖につながれている。）
　　　He cracked the ice with *the ice pick*. （彼はアイスピックで氷を打ち欠いた。）
　　　He was handy with *the needle*. （彼は針仕事が器用だった。）

　　不定冠詞の例もみられる。
　　　She is handy with *a needle*. （彼女は針仕事が上手い。）
　　　write a letter on [with] *a word processor* （ワープロで手紙を書く）

　《 その他 》
　　　We plow *the clover* under in May. （5月にクローバーをすきこむ。）
　　　Tom won't be cutting *the grass*. （トムは芝生を刈らないだろう。） 芝生の意では通常 the を置く。
　　　For most of us life assumes a different rhythm on the weekend; we sleep in, cut *the grass*, wash *the car*.
　　　　（ほとんどの人にとって週末は違ったリズムを帯びる。例えば、遅くまで寝ていたり、芝を刈ったり、車を洗ったりする。）
　　　We rang for *the ambulance*. （我々は救急車を呼んだ。）
　　　The tail is wagging *the dog*. （尻尾が犬を振る。＝ 本末が転倒している。）
　　次の例では、中にはそういう犬もいるということを表すために a を置いている。
　　　A 15-year lifespan is not uncommon for *a dog*. （犬が15年生きるのは珍しいことではない。）
　　play *the soldier* （軍人らしく振る舞う）　　act *the man* （男らしく振る舞う） ⇨ 『the 5－2』の後半

ここで、前頁でも挙げたような不定冠詞の使用例について触れておきたい。

例えば「車のハンドル」は運転席に着けば他に選択肢はないのだから、Don't speak to the man at *the wheel*. とする。辞書でも「ハンドル」の意では the を置くように指示しているのはこのためである。このような例では、その状況をイメージするとき、一つのものしか思い浮かばない。

他方「水道の蛇口」や「自動販売機」といった例になると、普通は他にも選択の余地があるため、複数のものの中から選択された「ある〜」といった意識（あるいは一つひとつが「別のもの・独立したもの」といったイメージ）を抱きやすくなる。そのために、「水道の蛇口」の例では drink from the faucet といった the の使用例もあるが、turn a faucet [tap] tight といった a の使用例も多くなる。「自動販売機」に至っては He dropped a dime in a vending machine. といったように、a の使用例がそのほとんどを占める。

また電化製品等で、一般にはまだ普及していないものについて所有格を用いるのは、そういう特別のものを所有しているという意識が働くためであろう。 ⇒『特集６−２』

このように、the を用いた総称的表現を採用するのか否かの選択は、慣例や発信者の抱くイメージに左右されることもある。違和感を与えない表現を心掛けたいのなら、電子辞書等の例文検索機能を使って用例を調べる必要がある。

なお、Beer is *the drink* for hot weather.「暑いときはビールが一番だ」のような例も、「典型的イメージを喚起する」のには違いないが、このような例は『５．意図的に強調するためのもの』で取り上げることにする。

最後にスポーツ種目名に関してだが、大半は play baseball [soccer, golf, tennis, etc.] のように無冠詞である。その理由について『謎解きの英文法 冠詞と名詞』（久野暲・高見健一：くろしお出版）では次のように述べている。

> 個々のスポーツは、それぞれが独立したものと見なされ、あるスポーツが他のスポーツと対比的、限定的にはとらえられていません。よって、スポーツには the がつきません。

the を置かないことからこのように結論づけるのは確かに容易だが、これにも例外があって、そのスポーツで用いられる「道具」に重きが置かれる場合には the を置く。円盤投げ、槍投げ、あるいはハードル競技などがこれにあたる。

He won *the discus* at the Montreal Olympics.（モントリオールオリンピックの円盤投げ種目で彼は優勝した。）
That year she won *the javelin* with a toss of 64 meters.（その年、彼女は槍投げに64メートルで優勝した。）
Davis won *the 400m. hurdles* in a new Olympic time of 49.3 sec.
（デービスは49.3秒のオリンピック新記録で400メートルハードルを制した。）

ところで、baseball, football, basketball なども本来は「道具」である ball なのだが、それが抽象的に、種目名にそのまま転用されていることになる。他方、上記のような競技では依然として the が置かれるのは、それがマイナーな競技であるために、そのような抽象化が起きていないためであろう。

ちなみに、「競技大会」の場合には the 2006 World Cup in Germany と the を置くが、これも他の大会と区別・対比させると共に、その大会の唯一性を表すためである。また、オリンピックの場合には、数ある種目をひとまとめにする意味でも the を置く。
例：the Winter Olympics [Olympic Games]　　the 1988 Seoul Olympics　　他に『特集１１−１２』を参照されたい。

注１　楽器そのものを言う場合には a が置かれる。
　　It fingers like *a flute*.（それはフルートと同じ運指法で吹奏される。）
　　He showed me *an oboe* with finger holes for left-handed players.

「所有している」場合も同様。
　　I have *a piano* because I like people playing music when they come round.

「見たまま」のときも a の方が自然である。
　　Is that man playing *a violin* or *a viola* ?

その楽器の総称的・典型的なイメージではなく、個々の楽器をイメージさせるためや話題の提示では a が置かれる。
　　Somebody is playing *a piano*.　=　There is a piano playing.
　　A man was playing *a guitar*.
　　A man playing *a violin* approached the table.
　　My brother plays *a guitar* in a rock band.
　　　　最後の例は『現代英語冠詞事典』（樋口昌幸：大修館書店）からだが、同書ではこれを「ある（古い／新しい／重い）ギター」としている。
　　　　これは下の例に通ずるものである。

修飾語を伴って「〜の種類の…」に限定されて a を置くこともある。
　　She plays *a wicked guitar*.　=　She is a wicked guitar player.（彼女はギターの天才だ。）
　　Someone was playing *a very bad piano*.（誰かがひどく下手なピアノを弾いていた。）
　　He hates playing *a piano which is out of tune*.（彼は調子のはずれたピアノを弾きたがらない。）

次は「ギターを弾き放題」という特殊な例だが、効果的な表現法と言えよう。
　　For instance, you play *a lot of guitars* and drink a lot of beer.

以下は『英語冠詞の世界』（織田稔：研究社）から。

4．定冠詞形による種類表現メカニズム

それでは、定冠詞による種類代表表現はどうなるのか。そもそも定冠詞とは、特定対象の指示同定を第一の機能とする文法標識であった。その定冠詞が、特定個体を対象とはしない一般的種類表現に用いられるのは、どのような意味認識によるのだろうか。

われわれは、'I don't play *the* piano. I don't have *a* piano.' のように、どうして楽器名が 'I don't play ...' の文脈テクストにおいて定冠詞形で用いられるのか、すでに前章において、またそれまでにも考察しているが、それは、

Category M<small>USICAL</small> I<small>NSTRUMENT</small> consists of a certain number of subcategories or kinds of musical instruments, and they are a *piano*, a *violin*, a *flute*, a *guitar*, a *banjo* and so on.

という一般的社会常識を、言わば目撃状況的に、とっさの発話場面として理解し、その上位の概念カテゴリー場（M<small>USICAL</small> I<small>NSTRUMENT</small>）の中で、特定の下位カテゴリー（a piano）を指示同定する。そしてその認識選定の感覚が、定冠詞形の選択となる。すなわち、「楽器」という全体的上位カテゴリー（superordinate category）を構成する下位部分要素（component subcategories）として、各種の楽器が認識され、このような1つの全体を構成するいくつかの部分要素、そしてその中からの特定要素の指示同定というのが、この定冠詞形が持つ指示機能の基本プロセスであるということであった。

したがって、そこでの特定者指示は、各種の楽器の間での、各種楽器の形状特性を基本にした言語的弁別操作と言える。「東西南北」「春夏秋冬」「朝昼晩」「明暗」「左右」といった対照概念マップなしには、'in *the* east', 'in *the* summer', 'in *the* morning', 'in *the* dark', 'on *the* left' のような定冠詞形では言えなかったのと同様に、「ピアノ」以外の楽器のリストを想定せずには、'I don't play *the* piano' とは言えないはずである。同じ種類代表の名詞形とは言っても、この種の定冠詞形が、不定冠詞形や不定複数形と異なるのは、この点である。

事実、'play *a* piano' の用例も結構多いことを最近のコーパス研究は指摘している。動詞 'play' の目的語という、ただそれだけの文脈に、はたして、100パーセント定冠詞形を要求するだけの、楽器の種類スキームが常に働くかどうか疑問であり、場面により話者によって、その判断も異なってくるのではないか、ということであろう。たとえば、

Perhaps he would have turned away ... had he not heard a most astonishing sound. Somebody in Dullingham Junction was playing the banjo. —— J. B. Priestly, *The Good Companions*

という Christophersen（1939: 132）の用例では、弾いていた楽器の種類が語り手の関心事であり、それが定冠詞形の選択になっている。クリストファセンはこの用例について、

No one definite banjo is meant; "playing *on a* banjo" might be substituted.

と説明しているが、これでは、不定冠詞形による種類表現との違いがあいまいになってしまう。'playing on a banjo' のような、「場所の前置詞 on ＋ 不定冠詞」の形では、このバンジョーは、空間を占めて存在する視覚的で個別具体的なものになる。

注2　無冠詞にする場合については、以下、辞書・文法書から抜粋する。

『Practical English Usage』（OXFORD）
We often use ***the* + singular** when we talk about musical instruments in general, or about playing musical instruments.
　***The violin** is really difficult.*　　*Who's that on **the piano**?*
But *the* is often dropped when talking about jazz or pop, and sometimes when talking about classical music.
　*This recording was made with Miles Davis **on trumpet**.*
　*She studied **oboe** and **saxophone** at the Royal Academy of Music.*

『ジーニアス英和大辞典』　piano の項の『語法』より
　楽器には通例 the をつけるが、ロック・ジャズの演奏者や《米》ではしばしば省略される： She plays excellent rock piano.　彼女はロックピアノがすばらしくうまい。プロの奏者の場合は通例省略される。

『英語の冠詞がわかる本』（正保富三：研究社）
　ときには楽器名が無冠詞で使われることもある。
　　　He was playing *guitar* in the coffee house.
　これは総称の楽器の呼び方がいちだんと進んで抽象化した場合である。プロの奏者のある種の行為を描写するような場合に使われるもので、一般的には play the guitar　の形が普通である。

また『現代英語冠詞事典』（樋口昌幸：大修館書店）では、「ジャズバンドなどにおけるパート、つまり、『役割』を表す」場合には冠詞をとらないとしている。同書から、該当する例文を以下に抄録する。
..., Bradley played *bass* for local symphonies....
She played *clarinet* in the band, sang in the choir and served on the school council.
He used to play *guitar* and wear outlandish costumes in a punk band.

注3　on television [on TV] を無冠詞にする理由について『英語冠詞講義』（石田秀雄：大修館書店）では、「電波によって画像を送ること、あるいは送られてきた画像が映し出されている状態という少し抽象的な意味を表しているため」としている。
　テレビの場合には、電波（＝放送される番組）が無ければ役に立たない。したがって、他の電化製品とは異なり、ソフトウエアである vision が自ずと重要視されていると言えるだろう。　cf. *The television set* was on.（テレビがついていた。）

注2 ⇨ the 3-30

3．ⅱ．b． 一般的な総称表現

可算の普通名詞を主語として、種類全体について定義したり一般論を言ったりするのには次の3つの表現形式がある。

① ***Dolphins*** are intelligent mammals.（イルカは賢い哺乳動物だ。）
② ***The dolphin*** is an intelligent mammal.
③ ***A dolphin*** is an intelligent mammal.

この3つの形式が表す内容・ニュアンスや相手に抱かせるイメージには差異がある。
具体的に言えば、***Dolphins*** are…. と ***A dolphin*** is…. がそのものの存在を視覚的にイメージさせやすいのに対し、***The dolphin*** is….ではそのようなイメージを与えることを回避しようとする意識が働いている。そのために客観性は高いが逆に言えば無味乾燥なので、日常会話では用いにくいが、学問的・専門的な記述では比較的多くみられる。
『理系のための英語論文執筆ガイド』（原田豊太郎：講談社）では「コンピュータ関係の数十編の論文で簡単な調査をしたところ」、① の形式が74％、③ が17％、② が9％だったとし、「ただし、3つの表現の使用頻度は、論文によりかなりバラツキが見られるので、この数字は一応の目安と考えてほしい」としている。

また、特に ***A dolphin*** is…. の表現形式では、**A** は Any の意であって One の意ではないとされるものの、One であるというイメージを伴いやすいために（つまり、そのものを単体として意識させやすいために）この形式では表現できないこともある。そのために、これを総称表現には含めないとする考え方もあるのだが、筆者の考えでは、それは使用に一定の制限があるというだけの話であって、また、逆にこの形式こそが総称表現として最適なこともあるのだから、総称表現から除外するのはナンセンスなことである。このことについては ③ の解説ページでも述べるが、以下に少し例を挙げておく。

③ の形式を用いることができない例

　× ***A tiger*** is in danger of becoming extinct.（トラは絶滅の危機にある。）

これでは全てのトラ（Any tiger）が死にかけているということになってしまうが、種としての**絶滅**と個体の置かれている状況は必ずしも同じではないはずだし、Any tiger と extinct という形容詞もなじみにくい。
また、One tiger のイメージを伴うとすれば、種が絶滅するということを一頭のトラでもって表現するのはおかしいことになる。トラの棲息地を言う次の例でも、一頭のトラのイメージがそれにそぐわない。

　× Asia is the home of ***a tiger***.（トラはアジアに棲息している。）

これらの例では、the tiger か無冠詞複数形の tigers にすればよい。

同様に、× A computer has revolutionized publishing.「コンピュータは出版に革命を引き起こした」でも、Any computer に置き換えることができないのだから、やはり The computer か Computers が適切である。他方、これが A computer is an important research tool.（＝ The computer is an important research tool. / Computers are important research tools.）のような例なら問題はない。

なお、① ***Dolphins*** are intelligent mammals. と ③ ***A dolphin*** is an intelligent mammal. とを比較した場合には、前者は Most dolphins もしくは Almost all dolphins のような感じを与える。つまり、「そうではない例外的な存在も若干はあるかもしれない」かのような含みを持つ。他方、後者の場合には Any dolphin なので、「例外なく」という含意があるだけ定義文としては力強い。

③ の形式の方がふさわしい例

『the 3-27』に多くの例を挙げるが、ここでは『英語冠詞の世界』（織田稔：研究社）の記述を紹介することにする。（一部を省略）

　不定冠詞形のほうが妥当であろうと思われるのは、先の 'A cow has horns' のように、ヴィジュアルに1頭思い浮かべる場合や、
　　a． A republic usually has a president.　――R. A. Close
　　b． A paper in the morning is not a luxury.　――Christophersen

のように、一国一大統領、一家に一朝刊紙といった共通認識が働く場合で、この常識に沿って〈＋singular〉の不定冠詞形が選択されたのであろう。共和国が大統領制であることを述べるのに、いくつもの共和国を持ち出す人はない。また、毎朝何種類もの新聞の購読ということになれば、それはぜいたくかもしれない。陳述内容に応じて単複いずれかの形を選ぶだけであって、どちらか一方だけが種類代表表現というわけではない。

② と ③ の表現形式について、それぞれがより適切であるとされる事例を、他に 注2 にも載せている。
また、the が「その～」と、特定のものを指していると思わせる可能性があれば、この表現も避けるべきである。⇨『the 3-24』下～

ところで、総称表現を用いたあとの話の展開の仕方として、『理系のための英語論文執筆ガイド』（原田豊太郎：講談社）では次のように述べている。

■複数形から単数形への切り換え

総称表現の場合、できるだけ複数形で書くことをすすめてきた。では、一般的な話をする場合、初めのうちは複数形で書くとして、話が次第に細かくなってきた場合にどうしたらよいか、考えてみることにしよう。

たとえば、ある機械について一般的な話をするとしよう。その機械がどのような分野で使用されているか、というようなおおまかな話は複数形でよいだろう。

だが、その機械の構造や使い方を複数形で書くと、呼応の問題が生じるのみならず、記述全体がわかりにくいものになりやすい。したがって、この場合は単数形で書くのがよい。化合物の構造や他の物質との反応などを記述する場合も同様である。

一般的に言えば、マクロな話の場合は複数形で書き、ミクロな話になったら単数形にする。

問題

実在の気体は、周囲の状況によって理想的な挙動を示すこともあれば示さないこともある。**実在の気体**が理想的にふるまうには、粒子が比較的離れ、比較的高速で運動していなければならない。

「実在の気体」が２度出てくるが、これをどう表現するかがここでの問題である。後半の文章は、理想気体の条件を具体的に述べている。ここでは、後半を単数形で書いてみよう。

答え

Real gases may or may not show ideal behavior, depending on the conditions of the environment. For **a real gas** to behave ideally, its particles must relatively far apart and be moving at comparatively high speeds.

後半も real gases として書くこともできるが、単数形の方が明確である。似たような例文をもう１つ挙げておく。

Chloroplasts are found in the cells of plants. **A chloroplast** is covered with a membrane. Within the membrane is a complicated system of internal membranes.
（植物の細胞には葉緑体が存在している。葉緑体は膜におおわれている。膜の内部には、内膜の複雑な組織がある。）

２番目の文章では a chloroplast が使われているが、硬い方の表現である the chloroplast でもよい。まず、葉緑体の全体を捉え、ついで１つの葉緑体を取り上げて、細かい描写に移っていることがよくわかる。全体から１つのものに視点が移動していると言える。

先にふれたように、日本人の書く英文では、最初の chloroplasts を a chloroplast とすることが多い。このような英文をネイティブが見ると、全体の話を飛ばして、いきなり微視的な話になっている感じがするであろう。（抜粋はここまで）

ただし、英英辞書の言葉の定義・説明などではこのパターンとは逆に、最初の文を A ... で始めて、次の文では無冠詞複数形でそれを受けることも多いので（注5の例文を参照）、どちらかが必ず先にくるとかいう話ではない。したがって、上記の「マクロな話の場合は複数形で書き、ミクロな話になったら単数形にする」の部分を特に参考にされるとよいだろう。（上記抜粋文中に、「その機械の構造や使い方を複数形で書くと、呼応の問題が生じる」とあるが、そのような例については『特集１１－３』の中ごろからを参照されたい。）

なお、一つの文の中では単複は揃えるのが普通である。ネーティブスピーカーの意見を、『こんなにもある英語教科書の間違い・中学校編』（ティム ワード・ジェームス スミス・治田邦宏：一光社）から以下に抜粋する。

× ＝ When another animal attacks kangaroos, a mother kangaroo hides her baby in the grass.
？ ＝ 同一文中での対象の不一致
○ ＝ A mother kangaroo hides her baby in the grass when another animal attacks.
○ ＝ When another animal attacks kangaroos, mother kangaroos hide their babies in the grass.

意味はネイティブが読んでも一目瞭然ですが、初めに "kangaroos" とごく一般的に言っておいて、すぐ次に "a mother kangaroo" と一頭のカンガルーに絞って言い始めているところあたりが一貫性に欠けます。もちろんあくまで文章のスタイルの問題ですが、全文をごく一般的なものとして統一するか、あるいは初めから終わりまで一頭のお母さんカンガルーと赤ちゃんカンガルーに絞って文を構成することで改善することができます。

以下、参考までに実際の文章を載せる。米国における銃規制に関するものだが、銃に関連する語句はイタリック体にしてアンダーラインを引いた。英文では、単調にならないように総称表現も形式を変えたり、同じ語句の繰り返しを嫌って別の語句に置き換えたりするのは常套手段である。しかし、文中 A gun.... による総称表現は、「銃とは結局、それ自体では作動することのできない無機物に過ぎない」と眼前に一丁の銃を置いて述べるような感じのくだり一箇所のみである。このように ③ A dolphin is.... の表現形式は上手く使えば効果的だが、使用に制約があるために、使用頻度は必然的に低くなる。（出典は横浜国立大学経済学部 '94年度入試問題。）

Americans participated in a great debate throughout the 1960s and 1970s. The debate continues into the 1980s and 1990s. It is the argument over whether the use of *the 150 million handguns, shotguns, and rifles* in the United States should be restricted or banned altogether. And if so, how?

Opinions on what should be done conflict sharply. Many Americans are confused by all that has been said. On the one hand, we hear that something must be done immediately to stop the havoc wrought by *the gun*. Statistics tell us that it is responsible for more than 30,000 murders, suicides, and accidental deaths each year. It is used in countless crimes and is said to either breed or reflect the violence that has become such a significant and frightening aspect of our national life.

During the past two decades, *the gun* has been leveled against some of our most revered political and social leaders. It has cut down John F. Kennedy, Robert F. Kennedy, and Martin Luther King, Jr. It has left a fourth, Governor George Wallace of Alabama, crippled for life. Twice in the 1970s, it was used in an attempt to assassinate President Gerald Ford.

Many crimes involving *the gun* have also scarred the opening years of the 1980s. On the night of December 8, 1980, singer John Lennon was murdered by a gunman as he and his wife were entering the courtyard of their New York City apartment. A little more than three months later, newly elected President Ronald Reagan became the victim of a wound from a small-caliber revolver held in the hands of a would-be assassin. In a two-second burst of gunfire, the president and his surrounding aides were injured. Miraculously, no one was killed.

All the victims mentioned above were well-known public figures. But *guns* have also taken the lives of countless men and women who were not famous and who were known only to their friends and loved ones. More than 20,000 Americans are murdered each year. *Guns of all types — rifles, shotguns, and handguns —* are responsible for approximately 66 percent of these deaths. By itself, *the handgun* is responsible for more than 10,000 deaths.

With an increasing number of lives being taken each year, there is a call to control *the gun*, to curtail its use and the ease with which it may be purchased in many parts of the country, or to be rid of it altogether. However, there are also many Americans who, despite the appalling death rate, feel that we have the right to own *firearms*.

Opponents of strict gun controls argue that the right to own *firearms* is guaranteed by the U.S. Constitution. The claim is made that, without *firearms*, we would be more vulnerable than ever to criminal violence. Moreover, they claim, we would be unable to defend ourselves if subversive elements, a would-be dictator, or some foreign intruder attempted to take hold of the country. *The privately owned gun* helped us to win our freedom in the first place, they say; it can help us preserve that freedom today.

Further, opponents of gun control tell us that gun-control laws don't work because the people who cause most of the trouble — the criminals — simply don't bother to obey them. But the proponents of control reply by producing statistics to show that control laws have kept the crime rates down in other nations. Strictly enforced control, they believe, can do the same thing here.

Basically, the anticontrol people feel that to call for and enact laws against *the gun* is to move in the wrong direction. They recognize that there is much violence in our society and know that something must be done about it. But they argue that when *the gun* is involved in violence, it is not, in itself, responsible for the trouble. *A gun*, after all, is an inanimate object that is incapable of acting on its own. The fault lies with the people who misuse it — the criminals, the mentally ill, the emotionally unstable, the intoxicated. It will do no good, then, to move against *the gun*. Violence will be reduced only if we restrict the people who pull the trigger.

注1 ⇨ the 3−29

以下本題に戻って、総称表現のそれぞれについて詳述する。

① ***Dolphins*** are intelligent mammals.　の表現形式について

　　この表現形式が最もよく用いられる。特に話し言葉ではそうである。その理由は、②のような堅苦しさが無く、③のような使い分けを必要としないので、発話という瞬時の行為には便利だからであろう。

主語の例

　　Snails move slowly.（カタツムリはのろのろ動く。）
　　Pigs like to wallow in mud.（豚は泥んこの中でころげ回るのが好きだ。）
　　Dogs are more faithful animals than cats.（犬は猫より忠実な動物である。）
　　Dogs' ears are particularly sensitive to these frequencies.（犬の耳はこれらの周波数にはとりわけ敏感である。）
　　Kangaroos are marsupials. [Kangaroos have a marsupial pouch.]（カンガルーには育児嚢がある。）
　　　※　後者の例では目的語を　marsupial pouches　とはできない。　⇨『特集１１−３』

　　Cherry trees are common in Japan.（桜は日本ではどこでも見られる。）
　　Chrysanthemums have a characteristic odor.（キクには独特の香りがある。）
　　Thorn bushes are prickly.（刺のある低木はちくちく刺す。）

　　Boys will be boys.「男の子はやっぱり男の子だ（いたずらは仕方がない）。」
　　Doctors and lawyers have a duty of confidentiality.（医師や弁護士には守秘義務がある。）
　　Teachers are the last people on earth who can believe that all men are born equal.
　　　（教師とは、人間はだれでも生まれながらに平等であるということを到底信じることができない人たちである。）

　　Compact cars are here to stay.（小型自動車がすっかり定着した。）
　　Planes are guided by radio waves sent from the ground.（飛行機は地上からの電波に導かれて飛んでいる。）
　　Errors are sure to slip in.（とかく間違いは起こりやすい。）
　　Cowboy dramas are a staple on television.（カウボーイ劇はテレビの主要番組である。）
　　Schools serve a very basic social purpose.（学校は社会のために役立つ大変基本的なものだ。）
　　Electric trains have taken the place of steam trains.（電車が汽車にとって代った。）
　　Books rolled off the presses and *cars* rolled off the assembly lines.
　　　（印刷機から本が、そして組立てラインから車が出てきた。）

総称ではなく、「一部にはそういうものがある」ということを表すのにもよく用いられる。some を補ってみるとよい。

　　Cars are often registered under to fictitious names and addresses.（架空の住所氏名で登録されている車がよくある。）
　　Trained engineers leave the workforce and go abroad.（訓練された技師は労働力から外れて海外へ行く。）

個別のもの（個別事例）を表すことも多い。

　　Small prefabricated houses are crowded in on top of one another.
　　　（小さな建て売り住宅がひしめき合うようにして建っている。）
　　Accidents are, to a conspicuous degree, the result of inadequate investment.
　　　（事故は明らかに投資が不十分であることの結果である。）

　※　なお、無冠詞の複数形を目的語として用いる場合の総称性については、注1を参照されたい。

② **The dolphin** is an intelligent mammal. の表現形式について

　類似のものや同種のものとの対比性を強く表し、学問的・専門的記述や、道具類・工業製品などを総称する場合に多用される。主語以外でも（特に前置詞の目的語として）広く用いられる。この表現形式について『教師のためのロイヤル英文法』（旺文社）では、「生物や複雑な器具などについて、専門的（科学的）に言うのに適した堅い言い方。構造が単純な無生物（book など）について述べるには適さない」としている。

　　例えば身体部位（⇒『the 3-3』）についての説明などは、ほとんどの場合この表現形式をとる。
　　　The tongue is one of the organs for pronunciation.（舌は発声器官の一つである。）
不定冠詞は形容詞を用いるときに置いて、have a facile tongue「能弁である」、have a busy tongue「おしゃべりである」、keep a clean tongue「下品な言葉を使わない」など、隠喩的な表現に多く用いられる。複数形は用例自体が少ないが、
The tongues of idle people are never idle.「諺：怠け者の舌は少しも休むことがない」、Tongues are wagging.「話が進行中」など、これらも純粋に身体部位を表しているとは言えない。

　　以下、主語として用いられている例
　　　The pig is properly regarded as an ungulate.（豚は有蹄類と考えるのが正しい。）
　　　The domestic guinea pig was bred as food by the Incas.（モルモットは食料としてインカ人に飼育された。）
　　　　※ Molecular evidence now suggests that *the marsupials* and *the monotremes* branched off much earlier than *the placentals* did. の例のように、「～類」などをひとまとめにして言う場合には「the +複数形の名詞」の形をとる。
　　　　　　　　　　　　　　　　　　　　　　⇒『3.iv. 全体をひとまとめにする』（the 3-49～）

　　　The ume tree is always shown with a bush warbler.（梅にはウグイスが付き物だ。）
　　　The maple sweats sap.（カエデは樹液を出す。）
　　　The brain is an organ that does not easily lend itself to study.（脳は簡単には研究しにくい器官である。）

　　　The violin is really difficult.（バイオリンを奏でるのは本当に難しい。）
　　　The diesel engine was invented by Rudolf Diesel.（ディーゼルエンジンはルドルフ ディーゼルによって発明された。）
　　　The computer is capable of storing millions of pieces of information.（コンピュータは何百万という情報を蓄積できる。）
　　　The dishwasher is a wonderful invention.（皿洗い機は素晴しい発明品だ。）
　　　The sapphire is next in hardness to *the diamond*.（サファイアは硬さではダイアモンドに次ぐ。）
　　　The car is convenient, but takes a terrible toll of human lives.（車は便利だが、甚だしく人命を犠牲にする。）
　　　The automobile as a basic concept has hardly evolved at all during its first century.
　　　　（車は、基本的な概念としては、登場してからの１世紀の間、全くと言ってよいほど進化していない。）

　　　The magnetic needle points to the north.（磁針は北を指す。）
　　　　この場合、A magnetic needle.... としても受ける印象に大差はないが、Magnetic needles.... では、磁石が多数並んでいる状況をイメージしてしまうので、筆者には違和感がある。

　　　The teacher has to make out grades every semester.（教員は一学期ごとに成績をつけなければならない。）
　　　The diplomat abroad is the advance guard of commerce.（外交官は商業の前衛である。）
　　　The infant believes that he, and he alone, is the center of the world.
　　　　（幼児は自分が、しかも自分だけが、この世界の中心だと信じるものだ。）
　　　The greatest possible satisfaction of *the manufacturer or merchant* is no more limited to profit than the greatest possible satisfaction of *the minister, teacher, or physician* is limited to his payment for service.
　　　　（牧師や教師や医師の得られる最大の満足が彼らの働きに対する報酬に限られてはいないのと同様に、製造業者や小売商が得ることのできる最大の満足が利益に限定されているわけではない。）

　　この表現形式による「人」に関する用例は少ない。
　　　The critic is there not to feel but to judge.（批評家は感じるためにではなく評価するためにいる。）
　　　The President always makes good copy.（大統領は常にいい新聞種だ。）
用例が少ない理由は、学問的・専門的に記述されることが少ないからでもあろうが、「人」に対して the を先行させると（たとえ瞬時にせよ）特定の人物のことと思われる可能性があり、総称表現には不向きだからだと筆者は考える。上の例でも、総称的に言っているのか、特定の個人について言っているのか、文脈がなければ判断がつきにくい。
　他方、③の A.... の表現形式で「人」について総称的に言及する例は非常に多い。

ところで、次のような例では対照的なものを対比させているので、「the ＋単数形名詞」を用いるのが適切である。 注2

Too often these writings dwell on how to protect *the therapist* rather than on how to cure *the patient*.
（これらの記述では、患者よりもむしろ治療にあたる専門家を守る方法について多くを割くことがあまりにも多過ぎる。）
The child, again, can educate *the teacher*. （学童の方もまた、教師を教育できる。） 注3
The school is the prolonged arm of *the family*. （学校教育は、家庭での教育の延長上にある。）
　他に school が「授業・学業」「建物」を表す例や総称表現など、church, prison などの例と共に 注4 を参照されたい。

なお、国民全体に関する記述については集合的に複数扱いにする。　⇨『the 3－36』下

The French are known for their love of their language. （フランス人は、自国語をこよなく愛していることで知られている。）

前置詞あるいは動詞の目的語の例　⇨『the 3－52』の『注3』

The leaves of *the pine* are called needles. （マツの葉は針葉と呼ばれる。）
No bird can compare with the song of *the bush warbler*. （どんな鳥でもウグイスのさえずりには負ける。）
Vitamins keep their potency longer if kept in *the refrigerator*. （冷蔵庫に入れておくとビタミンは成分を失わない。）
Don't speak to the man at *the wheel*. （舵手［運転手］に話しかけるな。＝諺：責任をもつ者に口出しは無用。）
Complacency is the death of *the artist*. （自己満足にひたるようになったら芸術家はおしまいだ。）
This is the age of *the automobile*. （今は車の世の中だ。）
Fenders keep dirt off *the car*. （フェンダーは自動車に泥がつかないようにする。）
photographs documenting the early history of *the motor car* （自動車の初期の歴史を物語る写真）
　なお、車を交通機関として意識する場合は『the 3－4』を参照されたい。

The larger cars hug *the road* better than the small cars. （大きな車の方が小さな車よりも走り具合に安定感がある。）
　The center found that the breed was better than other chicken breeds at controlling *the plum curculio*, an insect that damages fruit trees.
　（ドミニク種の鶏の方が、それ以外の種の鶏よりも、果樹を食い荒らす害虫であるプラムゾウムシを上手く駆除することをセンターはつきとめた。）
　　※ *the plum curculio* の後ろ、同格の an insect では、情報を新たに提示するための不定冠詞を置いている。⇨『特集2』

以下の例は個人的な話なので純粋な総称表現ではないものの、一般には総称表現として扱われている。本書の『3．ⅱ．a』
（the 3－16～）に挙げた例に等しい。

Of all flowers I like *the rose* best. （全ての花の中で、私はバラが一番好きだ。）
We were playing *the radio*. （我々はラジオをかけていた。）
He can play *the violin* like a pro. （彼はプロ並みにバイオリンが弾ける。）
They (can) play *the guitar*, I see. （彼らはギターを弾けるんだな。）
　cf. ただし、その場の状況を言うのなら、複数形主語に対しては They are playing (the, their) *guitars*. が自然。
　　　　　　　　　　　　　　　　　　　　　⇨ 注1 の後半部（the 3－29の最下部）

the を用いたこの表現形式では、そのもの自体よりも、その特質・特性・イメージを表現することの方に重心が移っていて、ある程度の抽象性を獲得している例がほとんどを占める。例えば Spare *the rod* and spoil the child. では、「ムチ」が厳しくしつけるための象徴として用いられているのであって、実際のムチの使用とは関係がない。

その逆に、抽象性を表しにくい（標準モデルを想起させにくい）例に用いると特定のものを指すことになってしまうことが多いので、目的語として用いる場合には特に注意が必要である。

Do you like *the horse* [*the apple*]？ （その馬［そのリンゴ］は好きですか。）

このような例では、「the ＋普通名詞の単数形」を動詞の目的語にしても、即物的に場面を描写していると普通はとらえられるので、*the horse* も *the apple* も、特定の一つの個体であること以上の意味の発展をみず、総称性を表すことができない。

他方、物質名詞的な意味合いを帯びれば総称性を表せる。
> We plow *the clover* under in May.（5月にクローバーをすきこむ。）
> She lay on *the grass* and daydreamed.（彼女は空想にふけりながら草原に寝そべっていた。）

ところで、これまでに挙げたのは全て普通名詞の例である。抽象名詞について、『日本人の英語』（マーク ピーターセン：岩波新書）から以下に抜粋する。

> It is often noted that Japanese college students seldom ask questions in their classes and that this appears to be not simply because of **the shyness**.

> …前略… "the shyness" の "the" は、読者にいらいらをおこす。突然 "the shyness" と言われたら「一体 **What** shyness ?」ときくしかない。つまり、書いた人は、この "the" では具体的に何の shyness を示そうとしているのか、という質問になるのである。（抜粋はここまで。なお、この抜粋の続きは『特集1－4』の『注2』に載せている。）

無論この場合は無冠詞の shyness が正しいが、その理由は、抽象名詞はそれ自体が（無冠詞で）抽象的なイメージを喚起するものなので、わざわざ the を置いて「典型的イメージを喚起する」までもないばかりか、逆に the を置くと、何か特定の事象を指すことになってしまうからだ。この点が「the ＋普通名詞の単数形」によって「標準モデルを想起させる、あるいは典型的イメージを喚起する」用法とは根本的に異なる。
ただし、後置修飾語を伴って限定性を強くすれば the を置くが、置くかどうかの選択はときに発信者に委ねられる。
例えば The police have (the) authority to maintain law and order.「警察には治安を維持する権限がある」で the を置くなら、数ある他の権限と対比させて特にその権限であることを強調するが、置くかどうかは発信者しだいである。

また『Collins COBUILD English Grammar』には次の記述がある。

> 1.177 You do not normally use 'the' with **uncount nouns** because they refer to something in a general way. However, 'the' is required if the uncount noun is followed by a qualifier which relates it to a particular person, thing, or group.
>
> For example, you cannot say 'I am interested in education of young children'. You have to say 'I am interested in the education of young children'.
>
> *Babies need the comfort of their mother's arms.*
> *Even the honesty of Inspector Butler was in doubt.*
> *I've no idea about the geography of Scotland.*

以下も同じような使い分けの例である。

> attach *importance* to …（～に重きを置く）　　*the importance of timing*（時機を見定めることの重要性）
>
> *Beauty* is but [only] skin-deep.（美貌はただ皮一重。[見目より心。]）　　*Beauty* fades.（容色は移ろう。）
> *The beauty of the evening* seduced us outdoors.（夕景色の美しさに魅惑されて我々は戸外に出た。）
>
> Parents want schools to concentrate on *reading*, *writing*, and *arithmetic*.
> 　（読み書きと算数の教育に力を入れるよう、親達は学校に期待している。）
> *The reading of the will* was in accord with the dying wishes of Madame de la Mere.
> 　（遺書の読み上げはドラメール婦人の臨終の願いを踏まえて行われた。）
>
> *Life* is hard for me now.（生きているのが辛い。）
> *The life* of democracy depends upon freedom of speech.（民主主義の生命は言論の自由にかかっている。）
> 　※ freedom of speech は「数ある自由の中でも特に言論の自由に」と強調するのであれば the freedom of speech にする。

物質名詞も限定・特定されれば the などの限定詞を置く。
　　Pork comes from pigs.（ポークは豚から取れる。）
　　Is *the pork* cooked through？（その豚肉は完全に火が通っていますか。）
　　The alcohol in the fermentation dissolves the pigment.（発酵の際、アルコールは色素を溶解する。）

無冠詞の例をもうひとつ挙げる。
　　I expect that he opposed her proposal for *emotional reasons [health reasons, security reasons, some reason]*.
　　（彼は感情的な理由で［健康上の理由で、安全上の理由で、何らかの理由で］彼女の提案に反対したのだと私は思う。）

これを .... for *the emotional reason*. としたら、「（あなたもご存じの、または、これまでに述べたような）、例のあの〜の理由から」と言うことになる。（これ以外に、for the simple reason that ... の例のように十分に特定される場合に the を用いる。）

reason は可算名詞として扱われているのだから抽象名詞ではない。しかし、その姿形を見ることができる物理的存在物でもないことから言えば、普通名詞の中でも抽象名詞に近い名詞ではある。このような例でも、the を先行させても総称的表現にはできない。

最後に、逆に普通名詞を無冠詞の単数で用いて総称性を表す例を『英語冠詞講義』（石田秀雄：大修館書店）から紹介するが、このような例はそう多くはない。

　　　　Car is the best model of transport.（自動車は最高の輸送形態だ）

　　上例において、Car という不可算名詞の形が用いられているのは、話者の関心が具体的な形態を持った「自動車」にはもはや置かれておらず、「自動車」が提供する機能や用途といった側面へと移ってしまっているからであると言ってよいでしょう。つまり、抽象性の極めて高いスキーマを表しているということです。
　　　筆者注：スキーマ ＝ schema　ある対象・状況を理解・記憶・再生するときにはたらく枠型（図式・筋書き）的知識。
　　　　　　　　　　　　　　　　　　　　　　　　　　　　　　　　　　　　　『ジーニアス英和大辞典』より

他にも次のような例がある。
　　Man is a social being.（人間は社会的動物である。）
　　Cinema is different from *theater* in several ways.（いくつかの点で映画は劇とは異なる。）⇨『the 3－12』の『注１１』
　　 cf. He has been working in (the) *cinema* for twenty years.（彼は映画界で20年仕事をしている。）

the 3-27 (ii. b-9)

注2・5 ⇨ the 3-30～

③ *A dolphin* is an intelligent mammal. の表現形式について

 Any dolphin「イルカというものはどのイルカでも」の意で、一つのものを代表として取り上げ、その種に共通の性質を述べる。one の視覚的なイメージを抱かせやすいために、表現効果を生むこともあるが、逆にそのために、この表現形式を用いてはならない場合もある。 注2

主語の例

 A baby deer can stand as soon as it's born. （鹿の子は生まれた直後から立つことができる。）
 A dog is sometimes a dangerous animal. （犬は時には危険な動物である。）
 A spider monkey has long limbs. （クモザルは手足が長い。）
 A caterpillar transfers itself into a butterfly. （毛虫は蝶に変身する。）
 A horse takes a new rider's measure by the fitness of his seat. （馬は初めての乗り手の馬術を、腰の座り具合で判断する。）

 An acorn grows into an oak. （ドングリひと粒がオークの木になる。）
 A ripe peach can easily be peeled by hand. （熟した桃は手で簡単に皮がむける。）

 A dictionary gives information about words and phrases. （辞書は語句についての知識を提供する。）
 An old car is liable to eat oil. （古い車はオイルを食いがちだ。）
 It came from the days when *a motor car* was a novelty. （自動車がまだ珍しかった頃にその由来はある。）
 A uniform may provide a sense of identification with the school community.
  （制服は、学校という社会との一体感を作るかもしれません。）
 A rescue team needs to be cool but quick. （救助隊には冷静さと機敏さが要求される。）
 A computer is intelligent to the extent that it can store and retrieve information.
  （コンピュータは情報を蓄えたり検索したりできるという点では知的である。）
 A ground station retransmits television signals that it receives from satellites.
  （地上局は衛星から受信したテレビ信号を再発信する。）

 動物・植物・物などに関しては、このように一頭・一匹・一粒・一個について、個々の具体的な様子をイメージさせる状況にあっては、複数形にするよりも効果的である。
 例えば、*A cork* floats on water.「コルクは水に浮く」と *Corks* float on water. では思い浮かべる光景が異なるものとなるはずだが、ほとんどの人が１個のコルクのイメージの方を好むのではなかろうか。（また、*Cork* floats on water. なら「コルク材は水に浮く」で、*Corks* popped at the dinner. は「晩餐では盛んにコルク栓が抜かれた。」）
 A water molecule is formed by one oxygen atom and two hydrogen atoms.「水の分子は１個の酸素原子と２個の水素原子から成る」でも、*Water molecules* are (each) formed by.... とするよりも簡潔で効果的である。（「配分単数」の考え方に従えば、この each は省略できる。「配分単数」については『特集１１－３』を参照されたい。）
 また Always take the trouble to consult *a dictionary* for the meaning of a word. でも、「ある言葉（a word）」の意味くらいなら普通は一冊の辞書を調べるだけで十分なので、複数形にすることもあるまい。

 他方、そのイメージゆえに、この表現形式が用いられないことも多い。簡単な例だが、例えば *Potatoes* were introduced by the Spaniards from America into Europe. を *A potato* was.... としたなら、持ち込まれたジャガイモは１個だけだったことになってしまう。不定冠詞は one とは完全には同義ではないものの、*An apple a day* keeps a doctor away. 「一日にリンゴ一個で医者いらず」の例のように、one の意を表すこともやはり多いのだから、使える状況が限られるのは当然である。

次の例も同じく不可である。 × *A tiger* is becoming almost extinct. ⇨『the 3-19』
『英語冠詞の世界』（織田稔：研究社）では、「*A beaver* is found in Canada. では確かにつじつまが合わない」としている。
「絶滅しつつある」あるいは「普通に見られる」という、ある程度の個体数が存在してはじめて成り立つ事実を *A* ... で言うのは、非常に奇異な感じを与えてしまう。（仮にこれが、ビーバーが絶滅したと思われていたところ、*A beaver* was found in Canada. という事実があったというのなら、この方が正しいのだが。） 注5

 また、「ジャガイモは南米が原産地だ」と言うときには、*Potatoes* are native to South America. もしくは *The potato* is.... で表現し、*A potato* is .... とは普通はしない。敢えて１個のジャガイモを代表として取り上げてこのように表現すべき積極的理由は何もないからだ。

 この表現形式では、「一部にはそういうものがある」ことを表して some や a certain の意に通ずる例もある。
 A school may not permit a high-school student to ride a motorbike even when the parents have given permission.
  （高校生のバイクについて親が許可しても学校が許可しないことがある。）

関係詞を伴う場合もある。次の例では、the を用いれば対比性を強く言うことになるが、a では対比性は弱い。

A television program that educates can also entertain. （テレビの教育番組に娯楽性があることもある。）

この他、「人」に関する用例も多い。

A [Any] child needs love. （子供には愛情が必要だ。＝ All children need love.）
Children need love. とすると意味が若干弱まる。また、*The child* needs.... はまれ。 注3

A nurse must humor patients. （看護師は病人の機嫌を取らなければならない。）
A teacher cannot give individual attention to his pupils if the class is too large.
　（受け持つクラスの人数が多すぎると、教師は一人ひとりの生徒の世話ができない。）
A politician is the type of person who seeks fame. （政治家とは名声を追い求める人種である。）
A good newspaper reporter dislikes loose ends. （よい新聞記者は仕事のやり残し［未決着］を嫌う。）
A buyer inspects a used car for defects. （欠陥はないかと買い手は中古車を念入りに調べる。）

He had everything *a leader* should have. （彼は指導者が有すべき全ての資質を有していた。）
Evolution has had millions of years to perfect natural enemies for any pest *a farmer* might encounter.
　（農夫が遭遇するであろういかなる害虫にも天敵は存在するが、その天敵が誕生するのには何百万年という歳月がかかっている。）

諺でも多用される。

A cat has nine lives. （猫には命が九つある。［容易には死なない。］）
A drowning man will catch at a straw. （溺れる者はわらをも掴む。）
A rolling stone gathers no moss. （転石苔むさず。）
　※「職をよく変える人は成功しない」が本義とされるが、米国では「活動的な人はハツラツとしている」の意にも用いる。）
A sailor has only a plank between him and perdition. （板子一枚下は地獄。）

※ 総称の意で（あるいは非特定的に）初出させた語を別の文で受ける場合には they が自然である。
（以下、主に『ジーニアス英和大辞典』they の項の『語法』より）

A tiger is dangerous. *They* have big, sharp teeth.

ちなみに集合名詞を受ける場合にも、個々に注目すれば they で、集団・集合体に注目すれば it で受ける。

The class turned in *their* papers. （クラスの者はレポートを提出した。）
The class held *its* election. （クラスは選挙をした。）

※ なお、「a＋単数名詞」を目的語として用いても総称性を表すことはできないとする有力な説がある。確かに普通はそのように考えても差し支えないが、例えば次のような例では、総称的な性格を有していることを否定はできない。

Making *a dictionary* costs much time and care.
We use *a past participle* in *a perfect verb form*. [or We use *past participles* in *perfect verb forms*.]

また、前置詞の目的語の例は次頁 注1 の下部を参照されたい。

注1　『英語の冠詞がわかる本』（正保富三：研究社）では、I like apples. I like an apple. I like the apple. について、総称表現として使えるのは I like apples. だけであり、I like an apple. は「私はある品種のりんごが好きだ」、I like the apple. は「私はそのりんごが好きだ」という意味になるが、「そのようなことばを言う場面は想定しにくい」としている。
　また、I would like an apple. なら「『りんごが食べたい』という言い方になり、りんごを1つ食べたいという注文になる」としている。他に「『私は犬が好きだ』は I like dogs. というほかはない。I like a dog. とは言えない。I like a dog with long fur. のように、犬の種類を言うのであれば可能である」と著している。

さらに詳しい記述を、以下に『教師のためのロイヤル英文法』（旺文社）から抜粋する。（参照ページや参照書籍など一部は省いた。）

　《語法ノート》27. I like apples (*or* an apple ?).
　「私はリンゴが好きです」と言うときに、I like apples. と複数形で言い、I like *an apple*. とは言わない。このことは時折指摘されるが、その理由や、like 以外の動詞についてはどうなのか、という解説はあまり見られない。
　そこで、まず、この apples を、**総称**と見てよいのかどうかについて検討したい。**総称**と見ている文法書から紹介する。
　　　　　　　　　　　　　　　　　　　　　　　　　　　　　　　　　（［文法辞典］［限定］その他）
　この場合に、まず一般的に、総称を表す三つの形式が、主語ではなく**目的語の位置**でも総称を表すことができるかどうか、ということが問題になる。結論を言えば、〈the＋単数名詞〉は、目的語の位置でも総称を表すことができる。〈無冠詞の複数名詞〉は、一般的には目的語の位置では総称を表さないが、動詞の種類や文脈によっては、総称を表す。〈a(n)＋単数名詞〉は、目的語の位置では、総称を表すことはできない。
　動詞の目的語になる場合に、〈無冠詞の複数名詞〉が総称を表すことができるのは、動詞が次のような**心的状態や態度**を示すものの場合が多いという。
　adore, be afraid of, be fond of, despise, detest, dislike, fear, hate, like, love, prefer, respect, trust, etc.　［文法辞典 607］
　The mouse *fears* cats.　［文法辞典］／ *Are* you *afraid of* snakes ?　［OALD］
　とすれば、I like *apples*. の apples は総称と考えることができるので、表記の件はこの説明で解決される。*an* apple は、この位置では、1個のものは表せるが、総称を表せないからである。
　目的語になる無冠詞の複数名詞を総称と見なさないときには、他と区別する**不特定数の複数形**ということになる。つまり、他との対比意識が強い場合の表現である。*CBDG* (p.54) では、Teachers should *read* stories to children. ／ Cats and dogs *get* fleas. などの stories, fleas は、不特定数のものを表すとしている。また、*CGEL* (p.281) は、総称について解説した後、Nora has been *studying* medieval mystery plays. の mystery plays は総称を表さず、一部（subset）しか表さないとしている。［限定］(p.90) は、In Canada, professionals *hunt* beavers. の beavers は総称的な読みを持つとしているが、同じ文について、［現代事典 p.629］は、これは非特定的不定複数名詞句であるとしている。また、［文法辞典］は、John smokes *cigars*. のような文は、個人の一般的特性・習慣を述べているという Dahl (1975) の説を紹介している。しかし、これらの場合は、すべて**一般の他動詞の目的語**として論じているのである。
　以上を見ても分かるように、総称文の実態にはまだあいまいな点が多い。
　ところで I like *an* apple. とすれば、あるコンテキストで、なんらかの理由で、日常生活に登場する1個のリンゴが好きだということを表す。（次に after breakfast などを補ってみるとよい）　また、日常の会話で、I like *the* apple. と言えば、特定の（種類の）リンゴが好きだと解されるのがふつうである。
　結論として、総称の〈a(n)＋単数名詞〉は、目的語の位置には来ないということを理解しておけば、いずれにせよ、「私はりんごが好きです」と、一般的に言う場合には、I like apples. が適切であるということには問題はない。（抜粋はここまで）

文中「〈**the＋単数名詞**〉は、**目的語の位置**でも**総称**を表すことができる」とあるが、I like *the* apple. では総称を表せないことからもわかるように、その制約は多い。詳しくは②の総称表現に関する解説（the 3－24の下部）を参照されたい。

Do you like *an apple* ? とは普通は言わないことと関連して言えば、習慣的なことについても同じである。

　✗ He enjoys making *a model* of *an airplane*.　→　○ ... *models* of *airplanes*.　or　... *airplane models*.
　✗ I like (reading) *a book*.　→　○ ... *books*.　　このような例では無冠詞複数形が好まれる。

なお、好みを言う場合には複数形が普通とは言え、次のような例は別である。

　I like *an apple after tea*.　（お茶のあとにリンゴを一個食すのが好きだ。）
　I'd like *a straight answer*.　（単刀直入に答えてほしい。）
　Patients like *a doctor* to be cheerful.　（患者は医者が陽気であってくれるのを望むものである。）

「単刀直入な答え」なのだから、あれやこれやの答えは要らない。また最後の例では、患者らが現在かかっている医者を連想させるが、もし総合病院などで複数の医者の世話になっているという具体的な状況があるのなら (the) doctors であろう。

上記抜粋文中の「目的語になる無冠詞の複数名詞を総称と見なさないときには、他と区別する**不特定数の複数形**ということになる。つまり、他との対比意識が強い場合の表現である」については次の例がわかりやすいだろう。　I bought *apples*, not *oranges*.

ところで、抜粋した文には「〈a(n)＋単数名詞〉は、目的語の位置では、総称を表すことはできない」とあるが、前置詞の目的語として〈a(n)＋単数名詞〉を用いる場合には総称性を表すこともある。例：A bicycle is cheaper than *a car*.　これは〈無冠詞の複数名詞〉についても同様である。例：Boys develop more slowly than *girls*.　（男子は女子よりもゆっくりと成長する。）　これらの例では、主語が総称性を表すのだから、その比較の対照もやはり総称性を表す。

また、Fasten your seat belt when you drive *a car*. や Consult a dictionary for the meaning of *a word*. の a car, a word は、any car, any word の意であって、やはり**総称的**である。（前頁の最下部に挙げた例もそうである。）　したがって、「〈a(n)＋単数名詞〉は、一般的に言えば目的語の位置では総称を表すことはできないが、前置詞の目的語の例などを広義にとらえれば、総称を表していると考えることができる例もある」と理解した方がよいと筆者は思う。

さて、次のような例ではどちらが良いか悩むこともあろう。

　They are playing *the guitar*.　／　They are playing (the [their]) *guitars*.

この場合、総称性（あるいは抽象的に「ギター音楽・演奏」）を言うよりも、彼らがそれぞれ手にしている複数のギターを視覚的にイメージさせるべき状況にあるのだから、複数にする方がはるかに自然である。次も同じような例である。

Some **were playing** *piano accordions*.
And they sing and **play** *oboes and clarinets and violins and cellos and recorders* on through the late afternoon....
　Two thirds of the children had some musical experience and those with orchestral skills **played** *violins, clarinets, cellos, flutes and saxophones*.
Twelve women **played** *electric guitars* and five sampled the sound of the guitars and transformed it on laptops.

ただし「the ＋単数形」の方が自然なこともある。以下は『COLLINS COBUILD ENGLISH USAGE』からの抜粋である。

　You usually use **the** with the name of a musical instrument when you are talking about someone's ability to play it.
　You play *the guitar*, I see.

この例にならえば、その能力について言うのなら、They (can) play *the guitar*. である。

つまり、その場で演奏しているといった状況とは異なる例、あるいはその演奏法を習っているといった例では総称性を表す「the ＋楽器名」の方が自然ということになる。以下もそのような例である。

They **could play** the latest hit songs on *the harmonica*.
The children **learned** to play *the harmonica*.
They were enrolled in beginning school ensemble programs, with most of them **learning** *the clarinet, trumpet, flute or saxophone*.
Children also get to **learn** *the saxophone, clarinet, trumpet, trombone, guitar, violin, and drums*, among other things.
We had to **learn** how to dance and how to bow, to play *the lute, guitar and harpsichord*, ...

ただし、稀には複数形の例もある。
Five **learn** how to use mixing desks and computers to produce music and the other five are **learning** how to play *guitars and drums*.

この他、楽器と冠詞について、不定冠詞や無冠詞の例など、『the 3－17』からの『注1・2』も参照されたい。

注2　以下は『英語冠詞講義』（石田秀雄：大修館書店）からの抜粋である。（ただし例文の番号は原文とは異なる。）

　　対比の問題に関しては、さらに「the＋名詞の単数形」と「a＋名詞の単数形」という2つの総称表現を比較することによって、両者の違いをなお一層明確にすることができます。

　　　（1） *The poem* should be read in silence, not the play.
　　　（2） *A poem* should be read in silence, not a play.
　　　　　（詩は黙読されるべきだが、劇はそうではない）

　　　（3） *A poem* should be read in silence, not declaimed.
　　　（4） *The poem* should be read in silence, not declaimed.
　　　　　（詩は黙読されるべきであり、朗読されるべきではない）

　　（1）と（2）の場合、上位語である literature の下位分類に属している poem と play という項目を対比する文としては、定冠詞 the を伴っている（1）の方が、不定冠詞を伴っている（2）よりも、通例、容認度が高く、自然な文であると考えられています。他方、後者の「詩」はどう読まれるべきかということを述べた文の場合は、（3）の不定冠詞を伴っている例の方が、（4）の定冠詞を伴っている例よりも容認度が高いと言われています。「a＋名詞の単数形」という形式が好まれるのは、この文がある種の定義文のような役割を果たすものだからでしょう。
　　総称表現において、the の持っている対比する力がいったいどこから生じてくるのかという点については、必ずしも判然としているわけではありません。しかし、「the＋名詞の単数形」という形式の総称文が、「a＋名詞の単数形」や「名詞の複数形」のように1つあるいは複数の見本を抽出して確率論的に種の全体的な特性を直接推定するという過程を経るのではなく、差異を切り捨てた上で、プロトタイプを作り上げていくことによって種全体を表現しようとするものであるならば、こうしたプロトタイプをわざわざ措定するのは、他の種の存在ないしはそれとの差異をあえて際立たせることが意図されているからではないでしょうか。「the＋名詞の単数形」という形式による総称文は、百科事典や専門書などでよく用いられますが、この形式がプロトタイプという純粋な存在同士の対比を目指したものであるならば、そうした傾向が見られるのも十分に納得のいくところです。

注3　child について『ジーニアス英和大辞典』には次の記述がある。

　　「子供というのは」という総称的な言い方では the children を用いる。
　　　The children [× The child] like to play. （子供というのは遊びが好きだ。）

The child is (the) father of [to] the man.「諺：三つ子の魂百まで」はこの記述に反するようだが、The child は the man と呼応するものなので、一般的な総称表現とは言えない。人を表す名詞に the を先行させると特定の人物のことと思われやすいので、The child.... は普通「その子は……」の意を表す。⇒『the 3－23』の下部

　policeman / police でも、総称なら *The police* are empowered to search any suspicious person.「警察はどんな容疑者にも所持品検査をする権限を与えられている」と the police を用いる。the policeman, the policemen なら普通は特定の警官・警官らである。ただし the policemen の意の the police なら、特定の警官らを指す。　The police held the crowd back. （警官は群集を制した。）

注4　school については、よく知られているように、慣用による簡略化のために the を省略する例が多い。（児童・学生の行き先として学校は当然のものなので、他との区別を明示するための the は必要ないという理由づけもできる。）　また、授業・学業、あるいは制度としての学校教育を言う場合にも抽象名詞として扱うために普通は無冠詞にする。
　　　go to *school*,　leave *school*（学校を卒業する、退学する）　before *school*（授業が始まる前に）　after *school*（放課後に、卒業後に）
　　　She is in [at] *school*.（登校して、在学中で）　*School* is over.　*School* begins in September.

「建物」に重点を置く場合や個々の学校について言う場合は、可算の普通名詞扱い。
　　　live near *the school*,　build *a new school*
　　　He plumped for *a boarding school* for his son.（彼は息子のために寄宿学校を選んだ。）
　　　The school has been added to recently.（その学校は最近増築された。）
　　　Schools have been closed in localities of heavy snowfall.（豪雪地帯では学校はもう休校になっている。）

他方、以下の例は総称表現に該当する。
　　　A school is society in microcosm.（学校は社会の縮図のようなものだ。）
　　　Schools should be in a healthy physical environment and provide a stable emotional environment to students.
　　　　（学校は健全な物理的環境に置くべきであるし、また生徒に安定した感情的環境を与えるべきである。）
　　　Schools develop young people all on one pattern.（学校は若者をみな同じ型で育てる。）
　　　Schools are, in a certain sense, like factories turning out a product.（学校は見ようによっては、製品を造り出す工場に似ている。）

the school による総称表現は極めて少ないが、それは、瞬時にせよ特定の学校を思わせるからかもしれない。

ついでながら、church の場合も「礼拝」の意味なら無冠詞である。　go to *church*, be at [in] *church*（礼拝中である）　*Church* begins soon. 例えば　People had heard what had happened at *church*. / Will we see you in *church* tomorrow？ / I saw him after *church* one morning. といった例も『COLLINS COBUILD ENGLISH USAGE』では「You use **church** immediately after a preposition when you are talking about a religious service held in a church.」の例として載せている。「刑務所にいる」という例でも、刑期をつとめているのなら　be in *prison*　であり、単に刑務所の建物の中にいるだけなら　be in *the prison*　である。
　これは建物に限らない。例えば bed でも冠詞を省く。　go to *bed*, stay in *bed*, be in *bed*, be lying in *bed*, get out of *bed*, get up from *bed* ただしこの場合も、「寝ている」というよりも、「存在する場所」を言うのであれば冠詞を用いる。　be quiet in *the bed*（ベッドの中で静かにしている）
　ただし次の場合には、米語では冠詞を用いるのが普通である。　be in *the* hospital（入院している）　be at *the* table（食事中である）
　　　　　　　　　　　　　　　　　　　　　　　　　　　　　　　　　　　　⇨『the 3−9』の『注5』
他方、使用頻度がそれほど高いとは思われない例では、普通名詞として冠詞を先行させるか、複数形にして用いる。
　　　go to *the* [a] *theater*（芝居・映画を見に行く）
　　　Less people go to church than to *theaters* nowadays.（今日では教会［礼拝］へ行く人は劇場［複数の劇の鑑賞］へ行く人よりも少ない。）

　不定冠詞や複数形の方が、その建物などを具体的に思い起こさせることもある。(Have you) been robbing *a* bank？「銀行強盗でもしてきたのかい。＝金持ちへの嫌み」の例の方が　put money in *the* bank「銀行に預金する」の例よりも、また　take *a* bus to work　の方が　take *the* bus ... よりも、銀行の建物やバスの車両をイメージしやすいだろう。the が同類のものとの区別・対比を強調するのに対し、a は one であることの意を強く感じさせるからである。

　また乗り物については、by bicycle [car, plane, etc.]　が移動手段・交通機関としてのそれを指すのに対して、on a bicycle, in a [my] car, in [on] a plane　といった表現は、乗り物本体を重視したものと言えよう。travel by train　と　travel in [on] a train　でも、後者の方がそれらに乗っている状況を視覚的にイメージしやすい。
　なお、大型の乗り物には on を用いることが多いが、その内部空間にいるイメージからは in も用いられる。乗り物については他に『the 3−4』も参照されたい。

注5　『英語冠詞講義』（石田秀雄：大修館書店）にはまた、次の記述がある。
　　　ちなみに、最近の英英辞典は、語義を説明するのに、この「a＋名詞の単数形」という形を利用するものが増えています。
　　　　　A beaver is a furry animal which is rather like a large rat with a big flat tail. *Beavers* live partly on land and partly in streams, where they make ponds by building dams.
　　　　　（ビーバーは大きな平たい尾を持った大型のねずみのような動物で、柔毛で覆われている。ビーバーは地上で暮らしたり、小川で暮らしたりしており、ダムを築くことによって池を作る）
　　　上例は COBUILD からの引用ですが、基本的な定義は A beaver ではじまる形式によって提示されています。後半の部分では、Beavers という「名詞の複数形」が用いられていますが、これは動詞 live が、どちらかと言えば、種のレベルにおける総称性を表現することを要求するものであるため、one member of the species を含意する不定冠詞 a の使用が避けられた結果であると理解してよいでしょう。（抜粋はここまで）

　実際に英英辞書の記述には、このように最初の文は　A ... で初めて、次の文では複数形で受けるものが多い。また、一文だけで終る定義文では複数形で始まることが多い。したがって、動詞が live だから複数にしたというわけではなく、通常の記述形式に則ったものと思われるが、それはさておき、live に対しては A ... の表現形式が用いにくいという指摘は、なるほどと思わせるものがある。
　live については、上記例文のように無冠詞複数形や　The ... で始めれば問題はない。　*The Pike* lives mainly in large rivers and lakes.

the 3-32 (ⅱ.c-1-1)

注1 ⇨ the 3-34

3.ⅱ.c. 抽象的な概念や隠喩を表す。

3.ⅱ.c-1. 「the ＋普通名詞（の主に単数形）」を用いて

　例えば the spring of life 「人生の春（青春時代）」 act the man 「男らしく振舞う」 play the fool 「馬鹿みたいに振舞う」といった直喩表現、あるいは do the room [the roof, the dishes, the flowers] 「部屋の掃除をする、屋根の修理をする、皿を洗う、花を生ける」といった例は直截的でわかりやすい。そしてこれが、from the cradle to the grave や the ABC of Science といった例になると「ゆりかごから墓場まで」「科学のＡＢＣ」といった直訳も可能だが、意味するところは「一生を通じて」「科学入門」であって隠喩的でもある。また名詞に限らず、I was on top of the world. 「天にも昇るような気分だった」や The remittance is now on the way. 「金はもう送金した」といった熟語の例も、ここに含めて理解していいだろう。

　以下も、「the ＋普通名詞」が抽象概念的なものを表したり、隠喩的に働いたりする例である。注1

　　　the afternoon of life （晩年）　　be afraid of the knife （手術を怖がる）
　　　the region beyond the grave （冥土）　　the dread of the grave （死の恐怖）
　　　the carrot and the stick 「報酬と罰［あめとむち］」
　　　follow the plow （農業に従事する）　　follow the stage （俳優を職業にする）　　follow the sea （漁業に従事する）
　　　show the flag 「旗幟鮮明にする ＝ 自分の主張・見解や（どちらの側につくかなどの）態度をはっきりとさせる」

　　The pen is mightier than the sword. （文は武よりも強し。）
　　He is at home in the saddle. （彼は乗馬に慣れている。）
　　Stripes are the thing in this season. （今季は縞柄が流行だ。）
　　England was the cradle of the industrial revolution. （イングランドは産業革命発祥の地であった。）
　　Which is better, the breast or the bottle？ （母乳と粉ミルクのどちらがよいですか。）
　　　　the bottle は「酒」を指すことが多いが、この例文について『冠詞英語の世界』（織田稔：研究社）では「『女』か『酒』か、
　　　　　ではない ── 念のため」としている。 cf. Ware the bottle！ （飲み過ぎるな。）
　　She is the (very) soul of honor. ＝ She is very honorable. （彼女は高潔そのものだ。）
　　There is very little of the animal in him. （彼には動物的なところがほとんどない。＝品のある人間だ。）
　　　　Under their protection, we can live reasonably peaceful lives and develop the better part of ourselves
　　　── the angel and not the beast in us.
　　　（それらの保護の下で、我々はそれなりに平穏に暮らし、自己の良い部分、つまり猛々しい面ではなくて優しい面を培うことができる。）
　　While normally a gentle person, drinking brought out the brute in him.
　　　（彼はいつもはおとなしい人なのに、酒が入って獣性がむき出しになった。）
　　Japan rose from the ashes of defeat. （日本は敗戦の傷跡から復興した。）
　　the thunder of an accusation （告訴という威嚇）または（告発を求める怒号）

　　The college has been the nurse of many famous men. （その大学からは多くの名士が輩出した。）
　　Sports are the nurse of friendship. （スポーツは友情を育むものだ。）
　　His books were the children of his brain. （彼の書物は彼の頭脳が生み出したものだった。）
　　the mother of all slush funds （全買収資金の出所）
　　The mother in her awoke. （彼女の母性本能が目覚めた。）
　　All the father rose in my heart. （父親の情が胸にわき起こった。）
　　Ignorance is the parent of many evils. （無知は多くの罪悪の元である。）
　　　　cf. The wish is father to the thought. 「願っているとそれが本当のように思えてくるものだ」のような無冠詞の例もある。

　また、the mind や the head が「知力・知性・思考力」を意味し、さらには「（知性面からみた）人」の意も表すといった例、あるいは mortal 「やがては死すべき運命の」といった形容詞までもが、不死の神とは対照的な存在としての人間を指す名詞に変化した例なども、この範疇において理解することができよう。

　この範疇における the の働きは、その語の派生的な意味を強調するためのものだが、日本語でもこのような比喩表現は多いし、英文の直訳がそのまま日本語としても定着したものもあるので、比較的容易に理解できるものと思う。

　そしてこのような場合の普通名詞は純粋に客観的かつ即物的な（そしてしばしば無味乾燥な）ものを指すのではなく、抽象的な意味合いを帯びる。例えば「我々のチームは最下位である」を Our team is in the cellar. と言えば、the cellar はもはや単なる「地下貯蔵庫」ではない。そしてこの方が Our team is lowest in rank. と言うよりは詩的であり、視覚的なイメージを喚起しやすい。

　例えばまた、日本語でも「それはまったく見当違いだ」を「的はずれだ」と隠喩で言うが、この範疇に該当する the は、簡単に言えばそのような場合に用いられる the である。（ちなみにこれは、英語でも That is quite beside the mark. と表現できる。）

　また、このような the の働きは、「the＋形容詞」で抽象概念を表すことと通底するものがある。
　　　　　　　　　　　　　　　　　　　　　　　　　（例：the beautiful ＝ beauty ⇨ 『the 3-35』）

ただし、普通名詞に抽象的な意味を持たせるのは定冠詞に限ったことではない。不定冠詞・所有格・無冠詞でもこのような表現は見られる。例えば They talked long over ***their cups***. 「酒を飲みながら長い間語り合った」はカップが複数あるという点で理屈に適うが、We had ***a drink*** last night. 「昨夜一杯やった」や They talked over ***a cup of tea***. 「お茶を飲みながら話し合った」では、一杯のお酒やお茶を複数人で飲んだわけでは無論なく、そのような雰囲気を象徴的に表している。（「配分単数」と言えなくもないが。⇨『特集１１－３』）

同様に、keep ***an eye*** on ... 「～に目を配る、～から目を離さない」、have ***an [no] ear*** for music 「音楽がわかる［わからない］」」では、eye, ear をある程度は抽象的に用いているが、keep [fix] one's ***eyes*** on では事実に合せた即物的・具体的表現である。

以下は the 以外による隠喩表現である。

    an oyster of a man （無口な人） ⇨『不定冠詞－２』の後半
    a rough diamond （原義「ダイヤモンドの原石」→「磨けば光る人」）
    I've caught a cold and have *a frog* in my throat. （風邪をひいて声がガラガラだ。）
    I'll take it to *my grave*. （そのことは死ぬまで話さないよ。）
    Your brother is *chicken*. （君の弟は弱虫だ。）

ちなみに「聖職につく、牧師になる」は enter *the church* だが、「宗教談義をする」「商売の話をする」なら、talk *church*, talk *shop* と無冠詞であり、「演劇界で働く」は work in (*the*) *theater* と the の使用は任意である。このように一概には説明できない部分もある。（なお、隠喩とは全く関係のないことだが、無冠詞の例について詳しくは『the 3-26』の *Car* is the best model of transport. の例や、『the 3-31』の『注４』、及び『the 3-11』の『注１０』も参照されたい。）

また、これまでにもしばしば述べてきたことだが、抽象名詞の場合には、それ自体が「典型的イメージを喚起する」ものなので、限定性を強くする場合を除いては、安易に the を先行させてはならない。このことをよく理解しておかないと、英訳上の重大なミスを犯しやすい。
                                                                                                                                                    ⇨『the 3-25』

ところで話は発展するが、語義に関して、例えば、tongue が「舌」から転じて「言語」の意を表し、葉が落ちる（fall of leaves）イメージから fall が「秋」を意味し、「印刷機」の press が転じて「報道界・ジャーナリズム」を表し、the diamond がその形状から「野球場」をも指すように、もともとは単純な意味しか有していなかった語が、派生的な概念・イメージを喚起させた結果、多様な異なる意味を獲得することは多い。言葉は常に変化し発展する（そしてときには劣化する）ものなので、それも当然のことである。そして人口に膾炙したものは、辞書にも訳語として載せられ、そうでないものも、個人の比喩表現として用いるのは自由である。 注２

ただし言語文化圏が異なれば、そのような派生的な意味の獲得過程を理解しにくいことも多い。実際、ネイティブスピーカーなら、英単語・熟語のもつ概念・イメージ自体を母語として成長過程で会得しているために多義とは感じないのだろうが、日本人にはその多義性が理解しにくいことも多い。 注３・４

その解決策として、英単語や英熟語については、その訳語を丸暗記するのではなく、その言葉の概念を掴んでイメージすることが大切だが、それには語源の解説が役に立つ。例として『ジーニアス英和大辞典』の substance を引いてみると次のように記述されている。

    初14c; ラテン語 substare （下にしっかり立っている。） sub- （下に）＋ stance （立っているもの）＝万物の下にしっかり存在しているもの。 cf. circumstance, distance, instance, stance

    １．C 物質、物； U （織物などの）地 《◆ material より堅い語》
    ２．U 《正式》実質、内容、中身（real content）；［通例疑問・否定文で］真実；〖哲学〗本質、実体
    ３．《正式》[the ～] 要旨、趣旨、骨子（essence）
    ４．U《文》富、資産、財産（wealth）
    ５．C 薬物、麻薬（→ controlled substance）

５の「薬物・麻薬」まではなかなかイメージできないが、４までの意味を有する理由は、語源に拠って理解できるだろう。

肝要なのは、語源からその語の概念・イメージを理解し、訳語に関連づけること。語源が不明の場合には、逆に訳語を手がかりにその関連性をひも解き、その語についてのイメージを形成することである。そしてその作業はあくまでも個人的なものなので、ことさらに「正解」を気にする必要はない。各人各様の関連づけで構わないだろう。

注1　「隠喩」とはそのものの特徴を他のもので表現するもので暗喩とも言う。これに対して、「～のようだ・～のごとし」と直截的に言うのを直喩と言う。
　　ところで「引喩」は、故事やことわざなどを引用して言いたいことを表現するものである。このような同音異義語の存在は日本語の厄介なところだが、「隠喩」と「引喩」は主として書き言葉に用いるので、字面からその意味を理解しやすい点では、まだ許容できる。問題は会話にも頻繁に登場する、次のような同音異義語である。（これには、「私立」を「わたくしりつ」、「化学」を「ばけがく」、「買春」を「かいしゅん」と読むといった工夫も一部では可能ではあるが。）
　　　　市立／私立　想像力／創造力　前文／全文　科学／化学　売春／買春　記念／祈念　進化／深化　主旨／趣旨　管理／監理　死刑／私刑
　　　「終日」と「週日」では、「店は終日開いている」「店は週日に開いている」と、「終日」には助詞をつけずに副詞として用いることによって区別している。
　　⇒ 本頁下の『注4』の後半部
　　和語（＝やまとことば）に関してだが、金田一春彦氏は『日本語（上）』（岩波新書）の中で、「東京語」では「『箸』を意味するときはハシとハを高く発音し、『橋』ならハシとシの方を高く言う。決してこの関係を逆にはしない。一方、京都語となると右の（筆者注：原文は縦書き）高低関係は逆になるが、これはこれで一定していて、変わらない。いわゆる＜日本語のアクセント＞と言われるものがこれである」とし、また「水戸や仙台あるいは熊本・宮崎の言葉は、きまったアクセントをもたない」と著している。
　　「東京語」がアクセントによって常に使い分けをしているのであれば、その点は合理的なのでこれを規範とするのにも利がある。しかし実際には、必ずしもそうは言えないようだ。本多勝一氏は『何をもって「国語の乱れ」とするか』（『貧困なる精神Z集』：毎日新聞社）の中で、「私の郷里・伊那谷（信州）では、雲をクモ、蜘蛛をクモ（太字にアクセント）と言う。しかし東京弁はどちらもクモと言い、両者を区別しない」と述べている。
　　いずれにせよ、アクセントによる使い分けは日本語として定着しているものではない。また、東京語（東京弁）は圧倒的多数に使われているという点などからは共通語に最も近いのは事実だが、だからと言って、必ずしも正統な日本語とは言えない。（余談ながら、筆者は長崎で生まれ育ったが、箸と橋を全く同様に発音する。柿や牡蠣も同じである。そもそも、会話時にアクセントで区別しようと気を配ることはないので、「決まったアクセントをもたない」人間のようだ。）

注2　余談ながら筆者は assume *the chair* 「議長席につく」もこの範疇に属するものと長いこと思っていたが、以下が真相らしい。『英語の感覚・日本語の感覚』（池上嘉彦：NHKブックス）より
　　　たとえば chairman〈司会者〉という語は男性中心的な man が入っているから不適切。それでは女性の〈司会者〉の場合は chairwoman と言えばよいのかというと、これはまた woman という形で女性と特定化しているから不適切。そこで chairperson という形が登場し、これなら中立的ということで定着するかに見えたのであるが、形が長過ぎて落ち着きが悪い。結局、20世紀の末頃までには chair という語を〈司会者〉の意味で使うということで決着がついたようである。

注3　例えば ceiling を「上限 (maximum)」の意で用いた文がある。
　　　The committee set a ceiling on working hours.（委員会は労働時間の上限を決めた。）
　　この英文を読んで「天井」をイメージするかどうかには、文化の違いの上に個人差もあるだろう。日本人の多くは ceiling を辞書で引いて調べるだろうが、もし「天井値」「底値」といった言葉を普段使っている、例えば証券業界の人たちであればこの英文に違和感はないはずだ。そしてこのような表現に日常的に接していれば、いちいち天井や底をイメージしていたのでは思考が追いつかないので、そのような視覚的イメージは自然と減衰してしまう。（ただし、「天井値」「底値」の方が、「最高額」「最低額」よりはいくらかは視覚的イメージを喚起する余地を残しているように、ceiling も maximum よりはそう言える。）

注4　例えば名詞の complex だが、『ジーニアス英和大辞典』から訳語だけを拾うと、「複合体、合成物」「総合ビル、合同庁舎」「（工場）コンビナート」「網状組織」、あるいは心理学の「コンプレックス」「感情複合体」「固定観念、脅迫観念」、また化学の「錯体」「配位化合物」、数学の「複体、複素数」まで様々な意味がある。そして同辞書では、語源を「初17c; ラテン語 complexus（折り重ねた）．com-（一緒に）+plex（織られた）．cf. perplex」としている。
　　語源を知れば上記の意味を獲得しているのを理解するのはさほど困難ではないとは言え、では一体、当初はどのような意味で主に用いられ、どこからが派生的に獲得した意味なのだろうか。
　　いずれにせよ、一つの単語がここまでの多義性を有すること自体が日本人には不思議に思えるが、英語の場合にはそうせざるを得ない理由がある。それは、英語の語彙数自体は日本語のそれと大差はないとは言え、アルファベットの組み合わせに、「長からず」また「発音しやすく＝聞き分けやすく」、そして「英語の単語らしく」という条件をつけると、日常的に使える語彙は、必然的にその数が制約されるからである。つまり、一つの語に多くの意味を持たせるしかないのである。
　　ちなみに、大型辞書の語彙数を調べてみると、『広辞苑（六版）』の収録項目は24万、『大辞林（二版）』23万、『大辞泉』22万。これに対して『新英和大辞典（6版）』の見出し語は26万、『ランダムハウス大英和辞典』34.5万（2版）である。ただし日本語辞書は、外来語やほとんど知られてもいないような漢字熟語を含み、英語辞書にも、外国からそのまま導入されている専門用語などのいわゆる「高級語彙」も多数含まれている。
　　そこで、そのような語は省いて、日常的なコミュニケーションに必要な語彙数について知りたいところだが、それについては、金田一春彦氏が『日本語（上）』（岩波新書）の中で次のように述べている。（原書の数字部分は漢字だが、算用数字に代えた。）

　　語彙の多さ
　　　言語によって、語彙の多い言語と少ない言語とあるが、日本語はそのどちらだろうか。
　　　世界の各国語をマスターする場合に、一体どのくらいの単語を知ったらいいか。岩淵悦太郎の『現代日本語』によると、たとえば、フランス語は1000語を覚えると、日常の会話は83.5％が理解できるという。ところが、日本語の方は1000語を覚えても、日常会話は60％しか理解できない。そこに出ている統計で見ると、日本語は英語やスペイン語に比べても、たくさんの言葉を覚えなければならない国語だということになる。フランス語は、5000語の単語を覚えると、96％理解でき、あと4％だけ辞典を引けばよい。英語・スペイン語も大体同じようなものであるが、日本語は96％理解するためには、2万2000語の単語を覚えなければならない、という数字が出ている。

　　日本語の場合、発音が母音中心であるために、音の組み合わせとしては英語よりもはるかに少ない。しかし、それを補って余りあるのが漢字の存在である。漢字が豊富にあるために、たとえ同音語であっても、異なる様々なものを表すことができるし、（大した誤解もなく）それを相手に伝えることができる。（ただし、上の『注1』で挙げたようなものについては問題があるが。）
　　漢字の文字情報は、言うなれば、双方の脳にインストールされている共通のソフト・ツールであり、それが前提にあるからこそコミュニケーションは成立する。さらに言えば、例えば「国旗コウノウ」という言葉を初めて耳にする人でも、「降納」と綴られるであろうことは少し考えれば見当がつき、綴りがわかれば意味も立ち所に理解できる。これもまた漢字の利点である。（ちなみに、この「立ち所に」だが、国旗を下ろしているまさにその場に立ったままで、辞書を引かずとも意味が理解できるわけだから、まさに言い得て妙な慣用句である。）
　　閑話休題。同音異義語が多すぎるという日本語の欠点は、裏を返せば、微妙な音の違いに頼らずとも意味を使い分け伝えられるという長所を有していることの証左でもある。

3．ⅱ．c-2　「the ＋形容詞」を用いて

「the ＋形容詞」が「人」以外を表す場合は、「抽象名詞の代用表現」であるか、「ある程度は具体的なものを指してはいるが、言わずともわかる thing / things などの部分を省略した文語表現（＝書き言葉）」である。用いることのできる形容詞はある程度限られている。

例えば take *the bad* with *the good* 「人生の幸・不幸を甘受する」は、普通は前者と考えてよいが、文脈にもし個別具体的なものが挙がっていれば後者に該当する。

この表現形式は、無駄を削ぎ落した洗練された表現法である。ときに詩的でもある。 注1

① 抽象名詞の代用表現の例　注2

The beautiful is higher than *the true*. ＝ *Beauty* is higher than *truth*.（美は真よりも尊い。）
Politics is the art of *the possible*.（政治は可能性を探る術である。）
It approaches the *impossible*.（それは不可能に近い。）

ここに属すものは、抽象性が高いので単数扱いである。

develop *the good* that *is* in oneself（自分の持っている長所を伸ばす）
The good of a book *lies* in its being read.（本の価値は読まれることにある。）

② 言わずともわかる thing / things などの部分を省略した例

Our boyhood was environed with *the beautiful*.（我々の少年時代は美しいものに取り巻かれていた。）
Time is *the most precious* of all.（時間ほど貴重なものはない。）
The unknown is always mysterious and attractive.（未知のものは常に神秘的で魅力のあるものだ。）
The inevitable has happened.（避けようのないことが起った。）
The grammarian deals with *the general* rather than *the particular*.（文法学者は特殊事項よりも一般的事項を扱う。）
I cannot think *the unthinkable* [*the impossible*].（想像を絶すること［不可能なこと］は考えることができない。）

ここに属するものは、① よりは、ある程度具体的なものを指しているように思わせることが多い。thing あるいは things が省略されたと考えてよいものが多いが、どちらが省略されたかは文意・文脈・常識に拠って判断される。しかし主語として用いる場合には、上記の the inevitable の例のように、単数扱いにするのが普通である。 注3・4・5

③ ある特質を有する人々のことを指す例

これについては当然ながら「抽象的な概念や隠喩を表す」ものではない。本来は『3．ⅰ．類似のものから区別し、ときに強く対比させる』ものとして理解すべきだが、便宜的に、「the ＋形容詞」の用法としてここでまとめて説明することにする。

「the ＋形容詞」が「ある特質を有する人々」のことを指す場合には、普通は people が省略されたものである。

For 44 years he had ministered to *the poor, the sick, the neglected* and *the deprived*. 注6・7
（44年間というもの、彼は貧しい人たちや病人、顧みられることのない人たち、恵まれない人たちの世話をし続けた。）

The more adventurous try to mix with British people and some even do volunteer work.
（もっと冒険心に富む人たちはイギリス人と交流し、中にはボランティア活動に参加する人もいる。）

※ They were *the first* in the field.「彼らはその方面の先駆者だ」を They were *the firsts*.... と複数形にはしない。

people ではなく person が省略されること、つまりは個人を指すこともある。
She was *the most beautiful* in her class. のような例では、言わずとも知れた部分（girl）が省かれている。
また、the most hard-working [the hardest-working] of the lexicographers「辞書編集者の中で最も勤勉な人」では person か lexicographer を省略したもので、後者を省略したのであれば、同じ語を繰り返さないための省略である。 注5

このような「文脈による省略」とは別に、単独で用いても（つまり文脈が無くとも）「個人」を指すことができるものもある。それらは形容詞ではなく「the ＋分詞」の例がほとんどだが、用いられる分詞はそのような用法・意味として世間に知られたものであってその数は少なく、堅い表現に用いられる。

Talk of *the absent* and he'll appear.（諺：噂をすれば影。）
the deceased [the departed, the dead]（故人）　the accused（被告人［被告人ら］）　the pursued（追われる者）
Let *the wicked* forsake *his* way.（悪しき者はその道を捨てよ。）

他に『ジーニアス英和大辞典』（見出し語 the）から、主だった注意点を抜粋しておく。

◇ 叙述用法にのみ用いられる形容詞にはこの用法はない。
× the asleep　　× the glad　　× the present《◆「出席者全員」の意味にも「現在の人々」の意味にもならない》。
また次のような形容詞にもこの用法はない。
× the happy　　× the foreign　　× the disgusting

◇ 修飾語（句）を伴うことも可。　the young at heart（心の若い人）　the really selfish（本当に利己的な人々）

◇ 形容詞の比較級・最上級にもつく。
the poorest of the poor（貧乏のどん底にいる人々）　the richer than herself（彼女よりも金持の人々）

◇ 所有格は不可。
× the poor's children　→　the poor people's children / the children of the poor（貧乏人の子供）
　（筆者注：　ただし、the deceased's wishes「故人の遺志」のような例がないわけではない。）

また例えば He is *the ideal* of the English gentleman.「彼は英国紳士の典型だ」の ideal は名詞として辞書に載せられている。
（名詞扱いの場合は必ずしも the とセットで用いられるわけではない。）　このように形容詞をそのまま名詞として用いる例は多い。
eatables and drinkables（飲食物）　　sweets（甘い菓子）　　disposable（使い捨て用品）　　honorific（敬称・敬語）
native（その土地の人）　　bilingual（２言語使用者）　　a three-year-old（３歳児）　　respectables（立派な人たち）
to say the least「ごく控え目に言って」では least を名詞と考えれば「他動詞＋名詞」だが、「自動詞＋副詞の最上級」という解釈も可能である。

「the ＋形容詞」が and で結ばれるときには、まとめて言ったり同類・同種のものを表す場合には the を繰り返さない傾向が強く、
ときには the を置かないこともある。
the sick and wounded（傷病者たち）　　*the* deaf and dumb（聾唖者たち）
The good and bad are all mixed up.（玉石混淆だ。）　　(both) young and old（老いも若きも）
Education should be for both *rich and poor*.（教育は貧富を問わず万人のためにあるべきだ。）

ただし対比を強調する場合や、区別を明確にする必要があるのなら the を繰り返す。
the dead and *the* living（死んだ人たちと生きている人たち）　　*the* dying and *the* dead（死にかけている人と死んだ人々）
the old and *the* sick（老人及び病人）　　*the* strong and *the* weak（強者と弱者）

その他　many, more や人称代名詞の所有格を伴う場合や、the number of などの後でも省略される。
There are *more unemployed* than ever before.　　the number of *dead*（死者の数）

これに関する内容は『特集１２-７』の下部を参照されたい。また、and による名詞の対句における冠詞の省略例を『特集１３-４』に
載せている。

国籍を表す形容詞は普通 ③ にしか該当しない。主な区別は以下の通り。

1. 語尾が –sh か –ch のものについては the と共に用いて国民全体を表す。
　　the English, the Swedish　　　the French, the Dutch

個人（単数）は –ch の語尾のものは ── chman [chwoman] で、「複数人（＝特定のグループ）」は ── chmen [chwomen]
　a Frenchman / Frenchmen,　a Dutchman / Dutchmen

–sh の語尾のものについても同様に　a ── shman [shwoman]、複数が ── shmen [shwomen] だが、その例は
an Englishman / Englishmen,　a Welshman / Welshmen,　an Irishman / Irishmen など少数である。それ以外では、このよ
うな規則的変化ではなく、（下に挙げる a Pole の例のような）固有の呼称がある。そのような語があるのは、英国に近い欧州の国々の
人々が英国人の話題に出る頻度が高かったための必然的結果であろう。
（英国人も自らを　a Briton　と言うことはあっても　a Britishman　とは言わない。スコットランド地方に住む人々についても、次の
ように多くの呼び方がある。the Scottish [the Scots] / a Scot, a Scotsman, a Scotchman / Scots, Scotsmen, Scotchmen）
　the Swedish [the Swedes] / a Swede / Swedes　　the Polish [the Poles] / a Pole / Poles
　the Spanish / a Spaniard / Spaniards　　the Turks（× the Turkish）/ a Turk / Turks

以下は『ユースプログレッシブ英和辞典』より

国籍を表す名詞でも、Englishmen のような –man で終わる語の複数形に the を付けても総称的な意味にはならない。
The Englishmen drink a lot of tea.（そのイングランド人たちはお茶をよく飲む）は特定のグループに属するイングラン
ド人を表す意味になる。この場合、総称の意味は The English drink a lot of tea. と表す。
⇨『特集１０-３』の『注４』

2．語尾が –an のものについては、–ans の語尾に変えて the と共に用いて国民全体を表す。

  the Americans, the Canadians, the Russians, the Germans, the Italians, the Egyptians, the Koreans, etc.

 以下も『ユースプログレッシブ英和辞典』より

  The Americans are courageous. 米国人は(国民性として)勇敢である。（▶文脈によっては、特定のグループに属している米国人について述べる文になる。(The) Americans are a courageous people. にすると総称的な意味が明確になる。）

3．語尾が –ese のものについては、国民全体を言う場合には the Japanese (people) で、個人（単数）は a Japanese。「複数人」や「日本人の一部」について言う場合、あるいは国民性として述べるのではない場合はそのまま Japanese。 注8・9

  the Chinese (people) / a Chinese / Chinese the Taiwanese (people) / a Taiwanese / Taiwanese

 なお、個人について言う場合、「一人の日本人」であることを強調すれば He is a Japanese [an American]. と不定冠詞を置く（＝名詞を用いる）が、このことは国籍を強調することにつながる。しかし、普通は国籍を強調する必要はないので、これを避けて、He is Japanese [American]. と形容詞を用いる。 ⇒ 『不定冠詞－3』の上部

最後に基本的なところを再度まとめると、beautiful の他、old や good などでは3パターンの解釈が可能である。
 the old → oldness, old thing [things], old people
 the good → goodness, good thing [things], good people

また the rich についても、rich thing とは言わないものの、richness と rich people とには解釈できる。

他方、「人」について述べるものではない形容詞には、当然ながら ③ のパターンはない。
 take *the bitter* with *the sweet* ＝ taste *the sweets* and *bitters* of life ＝ take *the rough* with *the smooth*
 （人生の苦楽を経験する）
 I cannot think *the infinite*. （無限は考えることができない。）

逆に、人についての特質や性格などを言う形容詞には ① と ② はない。
 A word is enough to *the wise*. （賢者には一語で足りる。[一を聞いて十を知る。]）

注1　以下は『英語冠詞の世界』（織田稔：研究社）からの抜粋である。（ただし例文の番号は原文とは異なる。）

  (1)　In each year, in the garden, there is the charm of *the unpredictable*. —— *The English Garden*

これを次の2つの表現と比較してみるとよい。

  (2)　a. In each year, in the garden, there is the charm of *the unpredictability*.
    b. In each year, in the garden, there is the charm of *unpredictable things*.

抽象と具体を併せ持つこの (1) の定冠詞形の簡潔な力強さには、重層的なメタファー的表現の魅力がある。

注2　この場合の使用頻度が高い形容詞は半ば抽象名詞化している。例えば the cold の cold は名詞としても辞書に載せられている。（ただし、the と一体として使用するため、純粋な抽象名詞とまでは言えない。（＝ coldness）　同様に in the *light*, in the *dark* の light, dark についても名詞としての記載があるものの、the と一体として使用しなければならないため、結局は「the ＋形容詞」の用法から抜けきれてはいない。　⇒ 次頁の『注6』

注3　例えば The unexpected *is* bound to happen.「予期せぬことは必ず起る」の例について『ジーニアス英和大辞典』では（理由は記されていないが）are とするのを不可としている。 It is the unexpected that always *happens*.「諺：思いがけないことはよく起るもの」でも同じである。このような例では、His *family* is a large one. のような、単数扱いの集合名詞と同じような扱いを受けると考えてもよい。
　ところで前者の例は、総称的な文意に着目すれば、 Unexpected things are.... / The unexpected thing is.... / An unexpected thing is.... の3パターンで書くことができるので、 The unexpected is.... については、 The unexpected thing is.... の省略形と考えて、そのために動詞は is となると理解することも可能である。

注4　in the dark に関して、以下は『英語冠詞の世界』（織田稔：研究社）からの抜粋である。（ただし例文の番号は原文とは異なる。）

  (1)　a. Her mother was sitting *in the dark* by the stove in her rocking chair. —— *COBUILD*
    b. If you eat carrots does it really help you to see *in the dark*? —— *Cambridge International*
  (2)　a. Well, I'm afraid we're *in the dark* as much as you are. —— *LDCE*
    b. We were kept completely *in the dark* about the plan to sell the company. —— *OALD*
  (3)　a. My answer to the last question was a complete shot *in the dark*. —— *LDCE*
    b. Prudent people are not going to take a leap *in the dark*. —— *COBUILD*

(1) の a., b. は、文字通り、「暗い所」「暗がり」であり、(2) の a., b. では、その暗がりが、「暗中」「不明」「無知」など、心理状態の意味に変容している。
　そして最後の (3) では、それがさらにエスカレートして、場所空間の意識も、特定部分への指示言及の働きも、限りなくゼロに近いように思われる。しかもなおこれを、'a shot in darkness', 'a leap in darkness' などと置き換えてみると、'in the dark' が、やはり特定の場所空間に言及する表現であることが理解される。'in darkness' が、

  (4)　The clouds moved across the moon, leaving us *in* total *darkness*. —— *LDCE*

のように、置かれた状態・状況をそのままに述べているのに対し、'in the dark' は、「明」の部分と対照的な、区切られた特殊特定の場所として「暗」を指示する。「闇夜に鉄砲、数撃ちゃ当る」「目をつむって清水の舞台から跳び降りる」と同じように、行われる行為以上に、行為の行われる場面背景の比較強調にこそ重要な意味がある。そして意味があるのは、'a shot in a dark place', 'a leap in a dark place' と置き換えてみればよくわかるように、「場所」ではなく、場所の「特性」である。

  (5)　a. 'leave us *in a dark place*'
    b. 'leave us *in the dark*'
    c. 'leave us *in darkness*'

と並べてみると、定冠詞形 b. が、具体 a. と抽象 c. の中間にあって、いずれの性格をも併せ持つものであること、そして具体をもって抽象を表すメタファーと、本質において同じものであることがわかる。
　したがって定冠詞形の意味対象も、たとえば、

  (6)　a. I saw it at *the cinema* in the corner.
     (= a particular movie theater)
    b. Let's go to *the cinema* tonight.
     (= a showing of a moving picture)
    c. He's worked in *the cinema* all his life.
     (= the moving picture industry)
    d. *The cinema* is the most exciting and developing art form at present.
     (= the moving picture as an art)　　　—— cf. *LDCE*

のように、発話の場面状況や前後の文脈によって、a. のような、基本用法の定冠詞による個別具体的な個体実在から、d. のような、総称人称的な定冠詞による一般普遍的な抽象概念に至るまで、非常に広い範囲に及ぶものであることを理解しなければならない。

注5 『現代英語冠詞事典』(樋口昌幸：大修館書店)では次のように述べている。(一部割愛)

the rich/poor, the young/old, the dead/living など "the＋形容詞／分詞" で用いられるタイプの特徴は、名詞が表現されないことである。つまり、指示物が何であるかは、文脈に依存して推測されるのである。指示物が文脈依存であることは、指示物が単数のときも複数のときもあること、および、補いうる名詞として people/thing(s) 以外のものも可能であることによって証明される。the young は、日本語に直訳するならば、「若者／若い人たち」というよりも、「若いの」に対応する。(抜粋はここまで)

「補いうる名詞として people/thing(s) 以外のものも可能である」については、同書の次の例がそれにあたる。

Her behaviour is verging on *the manic*. [*the manic behaviour*] (彼女の行動は狂気の沙汰と紙一重だ。) (LDOCE³)

ただし筆者の考えとしては、単に同じ語の反復を嫌って省略するのなら、「省略」の例として、ここでの用法とは区別して考えた方がよいと思う。

「省略」の例を以下に挙げる。上の例が前出語の省略なので、後出語の繰り返しを避けている例から挙げる。

New York harbor is one of *the most beautiful* of the world's great ports.
It was *the best known* and probably *the most popular* of her songs.
Card playing is one of *the most common* of family games.

次に、そのことが話題に上がっていたために省かれたと考えられる例である。以下の例では、beer や process のことが前に話されていたはずである。

The most common, or at least best known are lager, ale, stout and pilsner.
The most common is activated sludge, a process in which microbes, also known as biomass, are allowed to feed on organic matter in the wastewater.

このように、「省略」では省略された語が少なくとも一度はどこかに出てくるが、ここでの「the＋形容詞／分詞」の用法にはそのような条件は不要である。この点が大きく異なるので、用法としては区別して考えた方がよいと筆者は考える。

注6 このような例の使用頻度が高い形容詞・分詞は、His *family* are all early risers. のような複数扱いの集合名詞と化しているので、辞書には名詞としても記載されている。ただし、the と一体として使用しなければならないため、結局は「the＋形容詞・分詞」の用法から抜けきれていない。
例：the jobless「失業者」 the homeless「住む家のない人たち、ホームレス」

注7 以下にカッコで括ったものは普通はほぼ同義とみなして、同語の反復を避ける場合には相互に置き換えることができる。
〔the poor, the needy, the deprived〕, 〔the rich, the well to do〕, 〔the famous, the celebrated〕

ただしこの例では、微妙な語義の違いを敢えて残して the poor と the deprived を並べている。the deprived は「搾取された人たち」。

注8 以下は『英語の冠詞がわかる本』(正保富三：研究社)からの抄録である。(ただし例文の番号は原文とは異なる。)

…前略… ある国民全体を指すのに「the＋形容詞」の形もよく使われる。 …中略… 国民性を表わすこの言い方は次のように複数の民族を比較・対照する場合によく使われる。

(1) Whereas *the Athenians* loved philosophical argument, *the Florentines* were chiefly interested in making money.
(アテネ人が哲学的な議論を好んだのに対して、フロレンス人はもっぱらお金をもうけることに興味があった)
(2) *The Normans* did not, like *the Danes*, break up or confuse Anglo-Saxon by direct contact.
(ノルマン人はデーン人のように直接の接触によってアングロ・サクソン語を分断したり混乱させたりはしなかった)

国民を集合的に指すこの形は2国間の戦争などの対立の場合にもよく使われる。

(3) *The Romans* defeated *the Carthaginians* in 202 BC. (CGEL)
(4) Except for a friendly southern border with Malaysia, Thailand is surrounded by enemies, new and old. Above all, *the Thais* fear *the Vietnamese*.

この他、『the 3-12』の『注13』The Finns are.... の例なども参照されたい。

注9 以下も『英語の冠詞がわかる本』（正保富三：研究社）からの抄録である。（ただし例文の番号は原文とは異なる。）

無冠詞の複数名詞との違い（the Japanese と Japanese）

国民の性質を言う表現の、「the＋複数名詞」と形と、無冠詞の複数名詞との意味の相違を考えてみよう。

(1) *The Japanese* are a polite people.
(2) *Japanese* bow deeply when they meet people they know.

(1) は日本人の国民性を述べる総称表現である。(2) も総称表現であるが、国民を全体として品定めするのではなく、個々の日本人の習性を言っている。…中略…

(3) *The Hungarians* fought alone and were crushed by *the Russians*.
(4) *Hungarians* liberated Cardinal Mindszenty, who took refuge in the United States Legation.

(3) はハンガリー国民がロシア国民に撃破されたという意味で、これは国としてハンガリーがロシアに撃破されたというのに近い。(4) は複数のハンガリー人がミントセンティ枢機卿を解放したという意味で、ハンガリー人が国民としてまとまって行動したという意味ではない。

(5) *The Indians* had lived in America for many centuries when the white men first came from Europe.
(6) *Indians* believed in a supernatural force which pervaded all nature.

(5) の The Indians は総称的にインディアン（Native American）という人種を指している。(6) の Indians は個々のインディアンが超自然的な力の存在を信じたという意味である。

語尾が −sh, −ch, −ss などの形容詞に定冠詞がついて国民全体を表わす形がある。

(7) *The Swiss* sell manufactured goods to pay for goods they must buy abroad.
(8) Throughout the centuries *the French* have contributed to the world's art, science and philosophy.
(9) *The Irish* are a talkative and witty people.

これらの語の場合、もう一方の、個々人を指す言い方はまちまちである。the French に対しては Frenchmen、the Irish に対しては Irishmen などのパターンがある。しかし、the Swiss に対しては the Swiss people などと言う。
Englishmen は正確にはイングランドの住民の意味だから、イギリス人全体は the British と言わねばならない。それに対して個々のイギリス人は Britons である。（抄録はここまで）

the Japanese よりも Japanese の方が適切な例を以下に挙げておく。

life expectancy for Japanese （日本人の平均余命）
Japanese enjoy a rather salty taste, Westerners a rather sweet one. （日本人はかなり塩辛い味を好むが、欧米人は甘い味が好きである。）
Japanese often have trouble making the distinction between the words "right" and "light".
（日本人はしばしば right と light の区別を上手くできない。）
This helps explain why Americans, especially, are so fond of things that contain sugar. Unfortunately, their fondness also means that many of them are overweight, which *Japanese* seldom are.
（このことは、砂糖を含む食品をアメリカ人がとりわけ好む理由を説明する手助けとなる。不幸なことに、この嗜好性のためにアメリカ人の多くは太り過ぎだが、日本人に肥満は少ない。）

3．ⅲ．唯一性を示す、強調する。（<u>固有名詞的な性格のものを中心とした例</u>）

　この用法は『ⅰ．類似のものから区別し、ときに強く対比させる』用法をより細かに分類した、言わば下位の分類である。
　例えば *the* point of no return「あとには戻れない地点・段階」は、無限の数の points の中から区別される point と考えれば『ⅰ』の用法だが、実際には「唯一の point」であることの方がより重要なので、最初から「唯一性を示し、強調している」ものとして、この範疇に含める方が手っ取り早い。the mainland「本土」、the big bang theory「ビッグバン宇宙論」、the Infinite [Supreme] Being「無限[絶対]者＝神」、God is the arbiter of our fate.「神は我々の運命の決定者だ」といった例で the を用いるのも唯一性を表すためである。

　また、the earth, the sun, the moon を例にとると、一般的な用例は次のようなものである。
　　The moon turns around *the earth*.　　　　*The sun* is set.

　もし天体としてのそれを強調するのなら（固有名詞であることを明示するために）頭文字を大文字にするが、その場合にも the を先行させる。（ただし、Earth は無冠詞で用いることもある。）
　　The Sun is a single star whereas most stars are in multiple systems.
　　　（ほとんどの恒星が複数で系を構成しているのに対して、太陽は単独で系をなしている。）
　　Apollo 13 did not land on *the Moon* due to a malfunction.

earth については、『現代英語冠詞事典』（樋口昌幸：大修館書店）に次の記述がある。（φ は無冠詞の意）

　　「地球」は、原則的に、惑星の１つとしてとらえられるときは φ Earth、人類が住んでいる、同定可能な星としてとらえられるときは the Earth/earth と表される。
　　[参考：CCED³ (s.v., earth): 'Earth or the Earth is the planet on which we live. People usually say Earth when they are referring to the planet as part of the universe, and the Earth when they are talking about the planet as the place where we live.']

　なお、これらが固有名詞として用いられるのなら頭文字は本来は大文字になるはずだが、同書では「小文字のまま固有名詞として扱われていると判断される語がいくつかある」ことを述べている。

　ところで、例えば Mars「火星」Mercury「水星」などは無冠詞だし、Earth も上記のように「惑星の１つとしてとらえられるときは」原則的に無冠詞ならば、「太陽」「月」も物理的な唯一の存在物なのだから、Sun, Moon と純然たる固有名詞として the を廃してもよさそうなものである。しかし、the sun [Sun], the moon [Moon] については「太陽」「月」の意で用いても（つまり「恒星」「衛星」といった普通名詞としてではなく固有名詞として用いても）the を先行させるのが普通である。そしてこの場合の the の働きは、「唯一性を示す、強調する」ものである。
　ただし、その時々の様子や状態を表すのであれば、それを特定する文脈がない限りは不定冠詞を用いる。
　　a blistering sun（灼熱の太陽）　　*a* full [new, half] moon（満[新、半]月）
　　… with *a* bright sun and *a* friendly wind（太陽が光り輝き、優しい風が吹く中で）
　このことは不定冠詞の次の用法に通ずるものがある。
　　・物質名詞や抽象名詞に先行し、「一種の…」「～の種類の…」といった類いの意味でそれらを普通名詞化する用法
　　・固有名詞の「一時的な状態」や「一様相」を表す用法　　I found *an* angry *Tom* there.（トムはそこで怒っていた。）

　次に非物質の例として *the* Depression, *the* Civil War, *the* French Revolution を挙げたい。この場合には、「不景気の中でも、あの有名な不景気 → 世界大恐慌（*the* Great Depression）」「数ある市民戦争の中でも、例のあの市民戦争 → 南北戦争（*the* American Civil War）」「数ある革命の中でも、フランスで起こった例のあの革命 → フランス革命」といった具合に、相手にも唯一のものとしての同定を求めるのが the の働きである。
　繰り返すが、これらはそれ故に『ⅰ．類似のものから区別し、ときに強く対比させる』の範疇に含めることもできるし、そのように理解しても全く問題はないわけだが、これらは大文字で書かれていることからも、ほぼ固有名詞として、つまり唯一のものとして一般には認識されていると言えるために本書では『唯一性を示す、強調する』に細かに分類することにする。このような例においては、もともとは普通名詞に対して the を用いて「他のものとの対比・区別を強調する」用法であったものが、固有名詞化することによって発展的・結果的に「唯一性を示す、強調する」ことになったと理解するのが合理的であろう。　⇨ 『the 3-43』の最上部

　また例えば *the* North Pole「北極(点)」といった例における the については「唯一性」で理解してもよいし、南北の対比を強調するもの（『ⅰ．b．対照的な二つのもののうちの一方であることを表す』もの）で理解してもよい。

　ちなみに、チベット仏教の教主である「ダライ ラマ」には *the* Dalai Lama と the を置くが、これもその時代の最高の地位にあるただ一人の人物だからである。（「ダライ ラマ」は固有名詞ではない。例えば「江戸幕府第三代将軍、徳川家光」の「江戸幕府将軍」の部分に相当する呼称である。「ダライ ラマ14世 テンジン ギャツォ」では、「テンジン ギャツォ」が固有名詞である。）

余談だが、これまでに挙げた例のような、常識などから相手にもすぐにそれとわかる名詞（多くは固有名詞）が関係詞節を従える場合には、非制限用法にしなければならない。

The earth, which moves around the sun, is called a planet. （太陽の周りを回る地球は惑星と呼ばれる。）
 cf. A heavenly body which moves around the sun is called a planet. （恒星の周りを回る天体は惑星と呼ばれる。）

ただし、次のようにその一時的な状態を言うのであれば制限用法[限定用法]にすることもできる。

They walked out and Brezhnev said to *the sun which was already low*, 'My dear Sun, good evening.'

ちなみに My uncle, who lives in Hawaii, came to visit my father. ではおじは一人だが、My uncle who lives in Hawaii.... では、複数人のおじがいる中での「ハワイに住んでいるおじ」である。

 cf. Nurses who are careless often forget to sterilize needles.
    Nurses, who are careless, often forget to sterilize needles.

上段は「不注意な看護師は注射針を滅菌するのをよく忘れる」。より正確には、「中には不注意な看護師がいて、注射針を……」。下段は「看護師は不注意なので、注射針を滅菌するのをよく忘れる」。より正確には「看護師というのは皆、不注意なものである。だから注射針を……」。したがって常識的には下の記述は間違いだが、*The nurses*, who are careless, often.... と、相手にもすぐにそれとわかる看護師たちに限定して言うのであれば非制限用法が正しい。

このことは関係代名詞に限らない。

○ Vegetables containing abundant vitamins are good for you.
× Vegetables, containing abundant vitamins, are good for you.

全ての野菜がビタミンを豊富に含んでいるというわけではないので、下段は誤りである。

さて話を戻すが、『新英和大辞典』では「唯一物を指して」として次の例を挙げている。

the sun, *the* solar system 「太陽系」, *the* moon, *the* earth, *the* sea, *the* sky, *the* air, *the* world,
the Almighty 「全能の神」, *the* Lord 「神」, (*the*) (Lord) Buddha 「仏陀」, *the* Gospel 「福音」, *the* Bible,
the abyss [pit] 「地獄」 (hell), *the* Devil 「魔王」, *the* Emperor, *the* King,
the House (of Representatives) 「下院」, *the* Senate 「上院」, *the* House (of Commons) 「下院」
the Tower 「ロンドン塔」(the Tower of London), *the* Channel 「イギリス海峡」(the English Channel),
the Continent (of Europe) 「ヨーロッパ大陸」, *the* mainland 「本土」, *the* Flood 「ノアの洪水」, *the* Reformation 「宗教改革」
the First [Second] World War 「第一[二]次大戦」(World War I [II]),
the flowers that bloom in *the* spring 「春咲く花」《★ただし四季名は無冠詞で用いることが多い》 （抜粋はここまで）

このうち the Bible は、「聖典」すなわち原書は一冊だけなので確かに「唯一物」だが、そのことよりも、そこに書かれた内容の唯一性・オリジナリティが重視される。

People pore over *the Bible*. （人々は聖書を熟読する。）
Mary reads *the Bible* before going to bed.

他方、一冊の聖書を単純に「物」としてとらえるのなら a Bible [bible] である。

It is likely that many Australian homes do not even have *a Bible*.
A bible hung from his belt, and he wore a cross around his neck.
 cf.「聖書を一冊買った」なら I bought *a copy of the Bible*. とするのが丁寧な表現である。

a Bible [bible] はまた、「バイブルのようなもの」の意でもしばしば用いられる。

This book has become *a bible* for yachtsmen.

ところで the world は go round the world 「世界（＝地球）を一周する」といった意味では唯一性を感じるが、be out of touch with the world 「世間とは没交渉である」というように「世間」という意からは、多くの人が唯一性を感じにくくなるだろう。 注1

例えばまた、『Collins COBUILD English Grammar』 (1.166) では、In April and May *the wind* blows steadily. の *the wind* を、唯一のもの（同書の記述では ... they refer to something of which there is only one in the world, such as 'the ground', or 'the moon'.）として挙げているが、筆者にはこの感覚は理解しづらいので、「その頃に吹く風」として区別・対比の例と考えたい。 注2

同様に、sea, sky, air さらには spring といった例にいたっては、少なくとも日本人は「唯一のもの」として認識はしないだろう。なぜなら、日本語で「唯一の」と言うときには、普通はその対象がもう少し個別・具体的なものに絞り込まれているからだ。そこで、これらの例は本書では『ⅰ．類似のものから区別し、ときに強く対比させる』の『個別事例』（the 3-5〜）に含めた。つまり、go to the mountains が、海や川や野原ではなく山へ出かけるといったところからそう言うのと同じように、陸（*the* land）ではなく海（*the* sea）・空（*the* sky）、水・水中・水のあるところ（*the* water）ではなく大気（*the* air）、四季の中でも春（*the* spring）といった具合に、区別・対比させる例として。 注3

なお、唯一物を言うのなら「宇宙」こそ the space とすべきではないかと筆者などは考えるが、実際には space は無冠詞で用いる。他方、the universe, the cosmos には the を置く。このことからも、「唯一物には必ず the を」というほどの厳格なルールではないことがわかる。（もっとも、最近の宇宙物理学によればその宇宙も無数に存在する可能性があるらしいので、「宇宙」が唯一物とも言えなくなってきたが。）

あるいはまた、sea, sky, air については『ⅴ．長大なものや広域にまたがるもの』に入れてもよい。いずれにせよ、これは個々人の感覚・イメージにマッチする方向で柔軟にとらえるのが得策だと筆者は考える。

the 3-43 (ⅲ-3)

注4〜8 ⇨ the 3-45〜

the を伴う固有名詞に関して言えば、固有名詞化した時点で the は不要となるはずなので脱落してもよさそうなものだが、実際には脱落していない例が非常に多い。その要因の一つは、「固有名詞化した時点」と言っても実際には「いつから」と言うのは難しく、慣用によって省略されるのを待つ他はないからであろう。したがって、それらは純然たる固有名詞となる途上の、「普通名詞から派生した固有名詞」あるいは「未完の固有名詞」として理解してよいだろう。注4

『新英和大辞典』の先に挙げた例の中から、依然 the は残るものの、言わずとも知れた部分を省略して固有名詞としての性格を強めているものを拾ってみる。なお、2語以上からなる固有名詞はそれぞれの語の最初の文字を大文字で表記するのが普通である。

    the House of Representatives → the House 「(米国の)下院」　the House of Commons → the House 「(英国の)下院」
    the Tower of London → the Tower 「ロンドン塔」　the Continent of Europe → the Continent 「ヨーロッパ大陸」
    the English Channel → the Channel 「イギリス海峡」

また例えば、World War Ⅱ（WWⅡ）は固有名詞と考えてよいが、これを *the* Second World War とすると the が残る。注5
the Cold War「冷戦」（the cold war と小文字で表記することもある）にも the Berlin Wall「ベルリンの壁」にも the は残る。
　他方、nature は普通名詞で小文字だが、「自然の女神・造物主」の意では Nature あるいは Mother Nature と固有名詞として扱う。
Wall Street に the は無いが、the Wall Street Journal には the が残る。

　the French Riviera, *the* Cornish Riviera の例では、各地に Riviera という地名があることから、「フランスのリビエラ（＝フレンチリビエラ）」「コーンウォールのリビエラ」と、区別・対比のための the が残っている。

　なお、the Mona Lisa「モナリザ（の肖像画）」のように純然たる固有名詞と言えるものにも the を先行させることもあるが、これは「皆さんがよくご存じの、あの〜」といった意味の「強調」の例と考えた方がよいだろう。

　ところで、「○○皇帝」と言う場合には3つのパターンがある。（「人名・肩書き等と冠詞」については『特集14』を参照されたい。）
　① the Emperor Napoleon （ナポレオン皇帝）
　② Emperor Augustus （アウグストゥス皇帝）
　③ the Qianlong Emperor （乾隆［チェンロン］皇帝）

あくまでも「皇帝」（＝有名人）に関しての話なので、相手も同定できることを前提としているために、用例では ① が最も多い。
② は意外に少なく、③ は稀である。（一般人やそれほど有名ではない人については、② のパターンで Economist Jeffrey Faux とすることが多い。⇨『特集14-4』）

① では the Emperor と Napoleon が同格的であると考えることができる。the number 15 でも the number と 15 は同格的だが、
　 number 15 は ② に類する表記である。

② では、固有名詞の前に肩書きなどを置く場合には無冠詞となる一般的な規則に合致するものである。
　　類例： Professor Smith　　Doctor Johnson

③ では Qianlong が Emperor に対して形容詞的に働いている。
　　参考例： the Sumida River （隅田川）　　the Cascade Range （カスケード山脈）

　他方 Queen や Prince, Princess では無冠詞が多いが、その理由は一説では、これらが英国王室の人名に冠されることが多いために、
英語圏の人々が親しみを込めて無冠詞で呼ぶからとされている。類例： Uncle George, Aunt Jane　注6

（以下、参考までに。Apollo 13　　a bus number 7 / a number 7 bus　　platform 7 [seven] / platform No.7 / No.7 platform）

　また、A of B の形をした固有名詞には the を先行させるのが普通である。

    the Island of Awaji = Awaji (Island) （淡路島）　　*the* Isle of Wight （ワイト島）　　*the* Bay of Tokyo = Tokyo Bay
    the Statue of Liberty （自由の女神像）　　*the* University of London ＝ London University　注7
      cf. at the age of 11 ＝ at age 11

固有名詞に the を先行させるのは、普通名詞を含んでいるか、含んではいたが省略された場合がほとんどである。注8
そのことがわかるように、以下に「**物理的な存在物**」と「**非物質**」に分けて少し例を挙げる。

※ 「物理的な存在物」の例

◎ 船・列車では vessel, ship, boat や train の部分を省略することも多く、結果的に the が、船・列車などであることを示す標識のようになっている。と同時に、ほとんどの例はイタリックで表記する。

    the *Normandie* （ノルマンディー号）　　the *Orient Express* （オリエント特急）　　the *Kodama* （こだま号）
      鉄道でも Line に対して the を先行させる。the *Yamanote Line* （山の手線）
        the *JR Sanyo Shinkansen (Line)* （JR山陽新幹線）「新幹線」は line のこと。車両は「ひかり号」など。
    ただし純粋な固有名詞として the を用いない例もある。　Columbia （コロンビア号）　　Sputnik 1 （スプートニク1号）
    また、個人所有・使用のボート・ヨットなどは、『現代英語冠詞事典』（樋口昌幸：大修館書店）によれば通常は無冠詞らしい。
    個人的につけた名称だから相手には同定しにくく、また愛称的に呼ぶためであろう。

the 3-44 (ⅲ-4)

注 は次頁から

◎ 公共建築物の例としては、例えば歴史的な建造物など、有名になるほど普通名詞部分（Museum など）は略される傾向にある。

  the Great Wall (of China)（万里の長城） the Tate Gallery（テート美術館）
  the Apollo Theater（アポロ劇場） the National Gallery「(ロンドンの)国立美術館」
  the Hiroshima Peace Memorial Museum（広島平和記念資料館）
  the Okinawa Prefectural Peace Memorial Museum（沖縄平和祈念資料館）
  the Louvre（ルーブル美術館） the Vatican（バチカン宮殿） the Kabukiza（歌舞伎座）
  cf. the (London) Zoo（ロンドン動物園）

◎ ホテル名では、Hotel の部分の省略は任意である。 the Grand (hotel) the Plaza (Hotel) the Ritz (Hotel)
チェーン展開をしているホテルの場合、不定冠詞を伴うこともある。
  a Ritz Hotel set in the countryside They're more inclined to stay in a Days Inn than a Holiday Inn.

◎ 駅・空港はふつう無冠詞。 Grand Central Station Narita Airport

◎ 公園については米語の用法では無冠詞。イギリス語の用法でも無冠詞が多い。（ただし、有名な公園［＝相手も「あの公園」と同定できる公園］には冠詞を先行させることもある。）

  Hyde Park（英国） Yellowstone National Park（米国） Richmond Park in London（英国）

◎ 大陸の名称は the Australian Continent, the European Continent と the を要する。

◎ 「通り」については 注4 を、河川や砂漠などについては『the 3-53～』を参照されたい。

※ 「非物質」の例

◎ 「祭り」や「祭日」の例

  the Aoi Festival（葵祭り） the New Year's festival（正月の祝い） the Wagner festival（ワーグナー祭）
  the Rio Carnival（リオのカーニバル） ※ 特定されないのなら a winter sports carnival（冬期スポーツ祭）

  また、名称に festival や carnival を含まなければ、純然たる固有名詞として無冠詞。 Christmas, May Day, etc.

◎ 会社名でも、company のような普通名詞（もしくはその略称の Co.）などを含む場合には定冠詞を置くが、それ以外は無冠詞。 注9

◎ 新聞・雑誌・書籍などでは (news)paper, magazine などの部分を省略することも多い。船・列車名の場合と同様に、ほとんどの例では固有名詞部分をイタリックで表記するが、『*The New York Times*』のように *The* の部分も大文字・イタリックにする例もある。また、『*Time*』のように、the を用いない雑誌タイトルも多い。 注10

  the *Mainichi*（毎日新聞） the *Daily News*（デイリーニュース）

以上の例からもわかるように、全ての事例に共通するような簡単な汎用規則があるわけではない。そのため、英訳の際に正確を期する必要がある場合には、辞書やインターネットなどで地道に調べる他はない。

「略称」に関して

次に挙げる例でも、存在する唯一のものであり大文字で表記するにもかかわらず（つまり固有名詞的であるにもかかわらず）the を用いる。

  the World Health Organization（世界保健機構＝WHO） the International Monetary Fund（国際通貨基金＝the IMF）
  the United Nations Educational, Scientific and Cultural Organization（ユネスコ＝UNESCO）
  the United Nations Children's Fund（ユニセフ＝UNICEF）

これらの the も Organization や Fund にかかるものであって省略しないが、このことはまた、略称についても言えることである。つまり、CIA, FBI, IMF, UN, EU といった略称であっても the と共に用い、the CIA, the FBI, the IMF, the UN (the United Nations: 国連), the EU (the European Union: 欧州連合) と表記する。これは、国・地域などの名称の the USA, the UK (the United Kingdom: 英国), the UAE (the United Arab Emirates: アラブ首長国連邦) といった例でも同じである。
（「the ＋複数名詞」からなる呼称及びその略称は、一つの国家・組織・体制ととらえるので普通は単数扱いにする。 ⇒『特集10-2』）

ただし、WHO, UNESCO, UNICEF といった略称は通常は無冠詞なので、the を置くのが絶対的な規則とまでは言えない。 注11
（UNICEF は現在の組織の前身である the United Nations *International* Children's *Emergency* Fund の略称を継承したものである。）

略称に用いる the は、例えば the CIA「(米国)中央情報局」では、Central Intelligence Agency の Agency にかかるものだが、もし「CIAのスパイ」なら、文脈によって *a* CIA spy とも *the* CIA spy ともなるのは言うまでもない。この場合の CIA は形容詞として働くので無冠詞であり、冠詞の選択は spy に対して行われることになる。次の例でも同じ。 cf.『the 3-13』の『注14』

  FBI statistics indicate that....
  a UN ambassador（国連大使） *the* UN budget（国連予算） UN negotiators（国連の交渉人）
  a UK dependency（英国の保護領） *the* UK market（英国市場） UK citizenship（英国籍） UK delegates（英国代表団）

注1　ちなみに　It's a small world after all.「世間は広いようで狭いものだ」のように不定冠詞の例も見られるが、これは「話題や情報を新たに提示する」用法に類するもので、「そういう種類のものだ」という考えを述べている。　⇨『特集２』
　　また world には「(地球に似た) 天体」の意があるが、それなら唯一性は無いので、次のように複数形にもなる。
　　　a universe of worlds（全宇宙）　　innumerable worlds in space（宇宙空間の無数の天体）

注2　『COLLINS COBUILD ENGLISH USAGE』にも次の記述がある。

　　You use **the** with a singular noun to refer to something of which there is only one.

　　They all sat in the sun.
　　The sky was a brilliant blue.
　　The air was warm.

　　また『英文法総覧』(安井稔：開拓社) では、the sun, the horizon, the sky, the world, the moon といった例を挙げて、「『あの、我々みんなが知っている』と考えられるものの場合で、唯一冠詞 (unique article) と呼ばれるものである」としている。

　　これらのうち the sky, the air, the horizon については特に、ネイティブスピーカーが実際に唯一性を感じているのか否かは筆者には不明だが、あるいは一神教の文化圏ではそのような感覚もあり得るのかと思ったりもする。(上の例文のように、過去形であれば「その時の空 [大気]」ということで唯一性を感じなくもないのだが、In April and May *the wind* blows steadily. の例が挙げられているように、過去形に限った説明はされていない。)
　　いずれにせよ本書は日本人向けのものなので、ネイティブスピーカーの感じるところがどうであれ、それはさほど関係のないことと割り切って、この分類には従わなかった。

注3　これらについても、形容詞によってその時々の様子や状態を表すのであれば、それを特定する文脈がない限りは不定冠詞を用いる。
　　　a blue sky　　*a* rough sea　　*a* long [short] sea（うねり [小波] のある海）
　　　a clear atmosphere（澄んだ空気）　　cf. *the* atmosphere「(地球を取り巻く) 大気」
日本語でも、例えば「北国の空」「最果ての海」というときには個別・具体的であるが、このことと共通するものであろう。

また、複数形にする場合もある。　　a starry sky = (the) starry skies（星空）　　the stars in the skies（満天の星）
　　　　　　　　　　　　　　threatening skies（雨模様）　　work under bright, sunny California skies　⇨『特集１１-５』の『強意複数』

ちなみに、sky を「天国」の意で用いるときにもしばしば複数形 (=強意複数) にするが、これなどは、唯一性の基準は一体どこにあるのかと考えさせられる例である。　be in *the sky* [*skies*]（天国にいる、死んでいる）　　be raised to *the skies*（昇天する、死ぬ）

また、Fish abound in *the ocean.* = *The ocean* abounds in [with] fish.「海には魚がたくさんいる」の例では the ocean に唯一性を感じなくもないが、Heat from the sun evaporates some water from *oceans.* や It is *the oceans* that made it possible for life to appear. といった例では、太平洋・大西洋・インド洋といった大洋を、多少とも具体的に指している。　sail *the oceans* [*seas*]「海を航行する」でも同じ。

注4　このことについて『英語の冠詞がわかる本』(正保富三：研究社) では次のように解説している。

　　[2] 普通名詞から固有名詞へ：　定冠詞は消えてゆく
　　「定冠詞のついた固有名詞」というのは、もともと普通名詞に定冠詞がついて特定の事物を表わしたものが全体として固有名詞の扱いを受けるようになったものである。その表現が定着してくると、定冠詞が省略されて、一般の「名詞」と同じ形に移行する。Quirk et al. *A Comprehensive Grammar of the English Language*（以下 *CGEL*）は、この過程を次の例で説明している。
　　(ⅰ) the Oxford road → (ⅱ) the Oxford Road → (ⅲ) Oxford Road

　　(ⅰ) の段階では「Oxford に行く道路」という意味で、特別のものを指す普通名詞である。(ⅱ) では Road が大文字になったことにより、固有名詞になったと言える。(ⅲ) はその道路の名前がひろく使われるようになった結果、固有名詞としての意識がさらに強まり、冠詞が不要になった。
　　ニュージーランドの North Island と South Island は、もともと普通名詞に形容詞がついたものであるから、最初は the North Island, the South Island と言っていた。しかし、今では固有名詞化して無冠詞で使うこともある。
　　同様に、ロンドンの the Green Park が Green Park になり、the Regent's Park が Regent's Park になった。
　　このような普通名詞から固有名詞への進行は段階的なものであって、はっきりした区切りを見いだすことはできない。Quirk et al. (*CGEL*) の次の例がそれをよく物語っている。
　　In 1965–1968 she attended —
　　　　　　　　the Paris Conservatoire.
　　　　　　　　(the) Hatfield Polytechnic.
　　　　　　　　York University.
　　パリの音楽院はイギリス人にとって外国の教育機関であるので、「あのパリのコンセルバトワール」と言って、説明する言い方になる。Hatfield Polytechnic は、知っている人は知っているが、知らない人もいる。知らない人に、こういう Polytechnic (高等専門学校) があって、彼女はそこに通ったのです、と伝える気持ちであれば the をつけることになる。説明の必要がないと感じれば無冠詞で使うことになる。Hatfield Polytechnic に the をつけるかつけないかは、この高等専門学校の名前がどの程度その社会になじんでいると感じるかによる。
　　最後の York University は大学名として定着していると感じられるので、無冠詞である。(抜粋はここまで)

少し補足すると、(ⅰ) the Oxford road の road は小文字なので「オックスフォードへと至る道」、(ⅱ) the Oxford Road は「オックスフォード街道」といった感じであろ。(ⅲ) のような例については、Oxford Street「オックスフォード街」という有名な商店街がロンドンにあるそうだ。また avenue についても、固有名詞として用いるのなら無冠詞がふつう。

　例：Fifth Avenue 　　Swan Avenue 　　12th Street and Independence Avenue （12番街とインディペンデンス通りの交差点）

　また『教師のためのロイヤル英文法』（旺文社）では the Oxford Road について、「普通名詞を含む名詞句であれば、その普通名詞の部分に the がつくことは理解できるから、the のつかないものは例外としてしまうこともできる。しかし、その名前がどのくらい**人々に親しまれている**かを知ることも大いに重要な要素である。**遠くなるにつれて**（筆者注：＝親しみが薄れるにつれて）、**the がつく**と言える」としている。

　つまり、ある程度有名で相手も知っていると思われるものについては同定を求めるための the を置くが、これがさらに身近な存在となると the は省かれるということである。何故なら、日常会話に上る頻度が高ければ言わずともわかる部分は省かれやすいし、また愛着を感じるのなら、愛称としても the が省略されるからである。　⇒『the 3－55』の下部から次の頁

注5 『現代英語冠詞事典』（樋口昌幸：大修館書店）では、「名詞に数字あるいは記号が2つ以上つけられれば、不可算名詞の場合は単数形のままであるが、可算名詞の場合は複数形になる」として influenza A and B と World Wars Ⅰ and Ⅱ の例を挙げている。
　なお、第3次世界大戦なら a third world war, a Third World War と不定冠詞を先行させるが、これについては『特集7』を参照されたい。
　またイギリス語では、the war [War] で「第二次世界大戦」を意味することもあるが、米語ではそうではない。この理由は、米国民にとってはその後もベトナム戦争などの大きな戦争・紛争があったために、the war だけではどの戦争のことか容易には特定できないためだろうと筆者は考える。

注6 以下は『英語の冠詞がわかる本』（正保富三：研究社）からの抜粋である。

　　英語の語彙に入っている、よく使う固有名詞について、一般的に「外国の事物には定冠詞をつける」という傾向がある。国の議会の名前で、イギリスは Parliament、アメリカは Congress と無冠詞だが、日本のは the Diet と冠詞がつく。Westminster Abbey や Buckingham Palace には冠詞はつかないが、the Kremlin には冠詞がつく。クレムリンはロシア語で砦（fortress）を意味し、後に帝政ロシアの宮殿となった。
　　Queen Elizabeth や Prince Charles は無冠詞だが、英米以外の国の元首のタイトルは定冠詞をつけることが多い。the Emperor Charlemagne, the Roman Emperor Constantine, the Emperor Napoleon など。これは、英米の元首は英語国民にとって親しみが深いからすぐそのものがわかるのに対して、外国の事物は説明的にそのものを指し示す必要があるからであろう。しかし、場合によっては冠詞をつけない名前もある。(the) Emperor Haile Selassie, (the) Czar Alexander などがそうである。
　　the Emperor Charlemagne と言うとき、普通名詞の the Emperor と固有名詞の Charlemagne が同格になっている。一方、Queen Elizabeth という場合、Queen は Mr. や Professor のようなタイトルになっている。
　　Emperor も次第にタイトルとしての扱いが増えているようである。日本の天皇は以前は定冠詞をつけることもあったが、最近では Emperor Akihito and Empress Michiko のように無冠詞で使うのをよく見る。中国の Chairman Mao （毛主席）も無冠詞である。（抜粋はここまで）

「タイトルとしての扱い」については『特集14－4』を参照されたい。

　また『英文法総覧』（安井稔：開拓社）では「特に、寺院・教会・神社・宮殿などでは、イギリス国内のものには、普通、the をつけず、イギリス人からみた外国のこれらの建物には the をつけるのが普通である」としている。

注7 以下は『日本人の英語』（マーク ピーターセン：岩波新書）からの抜粋である。見出しは『明治な大学　名詞＋of＋名詞』。

　　この前、私の勤める大学の学園祭で、学生テニス同好会のクラブ・ジャンパーの背に次の言葉が大きく、派手な文字で書いてあるのを見かけた。
　　　University of Meiji Tennis Club
　　いうまでもなく、明治大学のことを英語でいえば正確な名称は Meiji University であり、University of Meiji という英語はありえない。
　　大金を出したジャンパーをわざわざその言葉で飾ろうという、クラブの人たちの発想、特に of に対しての感覚は言語的現象として非常に面白いと思うが、考えてみれば、一般の日本人の書いた英文にも、似たような現象が多い。ここでは、この of についていろいろ考えてみたいと思う。
　　おそらく、"University of Meiji" を思いついた人は the University of California などの典型的な例にならって作ったのではないかと思うが、実は、Meiji と California はものの種類があまりに違うので、同じように使うのは無理である。California は州として、また、この地球上の土地の具体的な一部として実在する「物」である。Meiji というのは、具体的に実在する「物」ではなく、物に形容的に付けられる単なる「名」にすぎない。
　　英語の論理で、the University of California の "of" は、"A of B" のパターンで「Aに対してBがもつ」、所有的、あるいは直接関連的、属性的な関係を表わす。たとえば、
　　　the Prime Minister of Japan（日本国首相）　　the Constitution of the United States（合衆国憲法）
　　　the wild birds of Tottori（鳥取の野鳥）　　property of the city（市有財産）　　the Bank of Japan（日本銀行）
　などがその "of" の例である。
　　そういう意味で、北海道大学や信州大学などの日本の国立大学のことでも、それぞれ
　　　the University of Hokkaido　　the University of Shinshu
　などのような英語の名称にしても差し支えない。が、なぜかそういう習慣はなさそうで、みな Hokkaido University, Shinshu University などの言い方に正式に決まっているようである。この言い方でも完璧な、自然な英語であって、別に問題はないが、私の知っているかぎり、"University of ＋地方" の方に正式に決まっている日本の国立大学は the University of Tokyo だけである。それはどういうわけであろう。
　　私立の日本大学の場合、その「日本」は大学が「国として実在する日本」と特別関係しているから使われているわけではなく、明治大学の「明治」と同じく、単なる名にすぎないので、日本大学のことを英語に直せば、Nihon University というのが正しい。その「日本」は "Japan" と訳される国名ではなく、"Nihon" という大学名にすぎない。したがって、決して Japan University とはいわない。しかし、もし日本大学が国立であるとすれば、英語の名称として the University of Japan が最もふさわしいであろう。（抜粋はここまで）

　つまり、Nihon University や Meiji University は固有名詞だが、北海道大学や信州大学では、同様に固有名詞としての表記と、その属性などを説明的に記す of による表記の二通りが可能であり、後者ではふつう the が用いられる。

ところで、筆者は次のように考えてみた。
　　カリフォルニア大学は州立だが、北海道大学は道立ではなく、信州大学も県立ではないことから、氏の言う「所有的、あるいは直接関連的、属性的な関係」は弱くなるだろう。そのため、Hokkaido University, Shinshu University で表す方がよいのではなかろうか。

そこで調べてみたが、実際には、その点についての区別は特にはないようだ。米英の大学は私大が多く、米国のシカゴ大学・ニューヨーク大学、英国のケンブリッジ大学・オックスフォード大学といった大学も私立だが、表記は、the University of Chicago, New York University, the University of Cambridge [Oxford] というようにまちまちである。

また、『英文法総覧』（安井稔：開拓社）では次のように記述している。
　　大学の名前は、地名がつく場合には the University of London ［公式名］、London University の二とおりが可能であるが、人名がつく場合には Cornell University のように、the も of もない形のみが用いられる。

　　※ このパターンが全ての機関にあてはまるというわけではない。『現代英語冠詞事典』（樋口昌幸：大修館書店）では、「研究所名は "地名＋Institute" という構造でも the をとる」としている。筆者が考えるに、その理由は、Institute だけでは何の研究機関かわからないので、ある分野に特定するための of-phrase を伴って、区別・対比のための the が置かれるからであろう。

　　　　例： the Oxford Institute of Legal Practice　　the Minneapolis Institute of Arts
　　　　　　Robert Brackett and colleagues at the University of Georgia and *the Georgia Institute of Technology*....

　　　　of-phrase によらない場合には地名を形容詞形にするのが普通である。
　　　　the European Public Policy Institute　　the Norwegian Polar Research Institute　　the German Historical Institute

ところで、「信州」の場合は県名でも純粋な地名でもないので、やはり Shinshu University の方がいいだろう。「琉球大学」は University of the Ryukyus となっているが、the Ryukyus は the Ryukyu Islands「琉球諸島」のことである。

以下、諸外国の大学名
　ハーバード大学 Harvard University （1639年に、遺産と図書を寄付した牧師の名を取って）
　ハワイ大学 the University of Hawaii　ユタ大学 the University of Utah
　ボストン大学 Boston University　北京大学 Peking University　カイロ大学 Cairo University
　マサチューセッツ工科大学 the Massachusetts Institute of Technology

日本の地方公立大学の例では、
　山口県立大学 Yamaguchi Prefectural University　和歌山県立医科大学 Wakayama Medical University
英語表記の方が詳しい大学もあった。「釧路公立大学」Kushiro Public University of Economics

銀行名等の例
　日本銀行 the Bank of Japan　　イングランド銀行 the Bank of England　　横浜銀行 the Bank of Yokohama
　千葉銀行 Chiba Bank　　静岡銀行 Shizuoka Bank　　みなと銀行 Minato Bank
　東京都庁 Tokyo Metropolitan Government　　千葉県庁 Chiba Prefectural Government

注8　以下は『日本人の英語』（マーク ピーターセン：岩波新書）からの抜粋である。

　　…前略…　日本の典型的な英文法書の説明の仕方には、基本的な問題があるような気がする。たとえば、the United States of America （あるいは the U.S.A.）という表現を、日本では「Song for U.S.A.」などのような、the が抜けた極めて異様な形でよく見かけるが、英文法書を見ても、どういう理屈で the United States of America の the が必要であるかは、あるいは、the は表現にどういう意味を与えているかは、説明しない。ただ、「定冠詞は次のような名詞につける……特定の国名： **the** United States of America, **the** Netherlands など。ただし、Japan, Canada はつけない」のように解説するだけである。
　　この類の説明では、読者の誤解を誘うのは当然だと思う。これは英語のネイティブ・スピーカーにとっては、滑稽に感じられる、よくある例である。本当は U.S.A. に the がつくのは固有名詞だから、あるいは国名だからではなく、普通名詞の states があるからである。**The** Mississippi River も同じである。川の名前だからではなく、普通名詞の river があるから the がつくのである。この二つの例は、厳密にいえば、それぞれ the states which are united / the river named Mississippi という論理に従った the の使い方である。（抜粋はここまで）

例えば、**the** White House「ホワイトハウス」にも普通名詞の House があって、かつ唯一のものなので the が置かれる。*A* White House とはならないが、「ホワイトハウスの広報担当官」なら、それを特定する文脈がなければ *a* White House *spokesman* となる。
また、**the** Netherlands では、その語源である「nether（より低い）＋ lands（土地・陸地）」の lands に対して the が用いられる。（複数形の名詞に対しては、「全体をひとまとめにする」ための役割を the はまた担っている。）

注9　以下は『英語の冠詞がわかる本』（正保富三：研究社）からの抜粋である。

　　会社名
　　会社名・チェーンショップの名前などは無冠詞である。　例： Swissair, Japan Air Lines, Citroen, Marks & Spencer, Sainsbury など。この場合には省略形が単語として発音されず、アルファベット読みでも冠詞はつかない。　例： IBM [ai biː em]。
　　しかし、company のような語を含むときは冠詞がつく。　例：the Coca-Cola Co., the Bell Telephone Company, the Hanshin Department Store など。General Electric は無冠詞だが、the General Electric Company というと冠詞がつく。　…後略…

注１０　以下は『英語の冠詞がわかる本』（正保富三：研究社）からの抜粋である。

新聞・雑誌・定期刊行物の名前

　　新聞の名前はふつう定冠詞がつく。　例：*The Times, The Financial Times, The New York Times, The Guardian, The Observer, The Washington Post, The Baltimore Sun, The Daily Mail, The Daily Telegraph, The Independent, The Sun, The Christian Science Monitor, The Wall Street Journal, The Japan Times, The Asahi Evening News, The Daily Yomiuri* など。
　　新聞の名前では *The* はふつう大文字で書かれる。しかし、*Los Angeles Times, USA Today, Mainichi Daily News* のように無冠詞のものもある。
　　英米以外の新聞の名前は the はつけず、その言語の冠詞の用法にそのまましたがう。*Pravda, Le Monde, Der Spiegel, Il Tempo* など。
　　雑誌や定期刊行物の名前は定冠詞をつけるものとつけないものがある。
　　無冠詞のもの：　*Time, Newsweek, Fortune, Life, Nature, Language*, etc.
　　定冠詞をつけるもの：　*the Economist, the Spectator, The London Review of Books* など。
　　これら新聞・雑誌類の名前は、名前が決まってしまえばそれが通用するというのは固有名詞の特権のようなものである。ただ、その名前をつけたときの心理としては、一般の冠詞の用法にしたがうという意識が働いていると思われる。*Time* や *Life* は抽象名詞だから無冠詞だし、*The Guardian*, *The Economist* などは、guardian や economist という普通名詞は冠詞を必要とするという原理にしたがっている。ただし、*New Scientist* というような例外もある。これは「それを名前として主張すれば周囲はそれを認めるほかない」という固有名詞の治外法権であろう。*The Times* と複数になると、複数形の固有名詞には定冠詞をつけるという原則が作用している。

注１１　以下は『英語の冠詞がわかる本』（正保富三：研究社）からの抜粋である。

　…前略…　省略名が一続きの単語として発音されるときは無冠詞となる。たとえば、the Association of Southeast Asian Nations は普通 ASEAN と略され、これは [á:siən, eisí:ən, ǽsiæn] などと発音されるので、ASEAN は無冠詞である。NATO [néitou] (the North Atlantic Treaty Organization), OPEC [óupek] (the Organization of Petroleum Exporting Countries) もそうである。
　　the World Health Organization の略語の WHO は一字ずつ、ふつう [dʌ́blju:èitʃóu] と発音されるため、略語も the WHO と冠詞がつくが、ときには無冠詞で WHO と書く例も見かける。この場合、省略名の固有名詞化が起こっていると考えられる。

the 3-49 (iv-1)

注1 ⇨ the 3-52

3．iv．全体をひとまとめにする。（複数の構成要素をひとまとめにすることが特に多い。）

この用法は頻繁に用いられ重要なため、（重複する部分は多いものの）『特集１０』でも詳述している。

この用法に関連するものとして多くの文法書に載せられているのは「複数形の固有名詞には the がつく」といった類の記述である。しかし実際には、この用法は固有名詞以外にも幅広く適用され、また単数名詞についても同じように働くことがある。したがって敢えて固有名詞に関して言うとすれば、「複数形の固有名詞に対して**も**、全体をひとまとめにするための the を先行させる」ということになる。

つまり、次の３つのパターンにおいてこの働きは見られる。以下、この順に例を挙げていくことにする。

① 複数の構成要素からなる固有名詞の例
② 普通名詞の複数形の例
③ 単数形の例

なお、固有名詞の所有格によって複数名詞が修飾されてもこの用法は適用されない。例えば Dickens's novels や Eliot's letters は無冠詞である。（the novels of [by] Dickens や the letters of [by] Eliot と表すときには the を置く。）

⇨ 『the 3-13』の『注14』

固有名詞や代名詞の所有格は名詞を強く特定・限定するものなので the との併用はしない。しかし、普通名詞の所有格の場合はこの限りではない。その説明には the party's promises 「その党の公約」のような例を持ち出すまでもないだろうが、このような例の the は、すぐそばにある名詞（party）を修飾するというのがその主な働きなので、全体をひとまとめにしているという感じはかなり弱くなる。

全体をひとまとめにして言うつもりも無く、区別・対比を強く言うつもりも無いのなら the を置く必要はない。
　　Arabic numerals（アラビア数字）　　Roman letters（ローマ体）　　Japanese classical performing arts（日本の古典芸能）

また、複数の構成要素からなる地理的名称については複数扱いにするが、国名や組織の名称なら単数扱いが普通である。⇨ 『特集１０－２』
　　The Golan Heights *look down on* Syria's Damascus plain.（ゴラン高原はシリアのダマスカス平野を見下ろしている。）
　　The Philippines *offer* a fine field for botanists.（フィリピン諸島は植物学者にとっては格好の植物採集の場である。）
　　The Philippines *is* one of the recipient countries of Japanese foreign aid.（フィリピンは……）
　　The Netherlands *has been reclaiming* farmland from water.（オランダは干拓によって農地を造成してきた。）

① 複数の構成要素からなる固有名詞の例

（２語以上からなる固有名詞は、例えば Tokyo Tower のように、それぞれの語の最初の文字を大文字にするのが普通である。）

国名
　　the Philippines　　正式名は the Republic of the Philippines（フィリピン共和国）
　　the Netherlands　　オランダ語で nether は「より低い」を意味する。
　　the United States of America（アメリカ合州国）注1
　　　　ちなみに「アメリカ大陸」は the (North and South) American Continents, the Americans だが、南北に分けずに
　　　　一つの大陸と考えて the American Continent とすることもある。
　　複数形ではないが the United Kingdom「英国」のような例でも、「全体をひとまとめにする」意味合いは込められていよう。

山脈
　　the Himalayas（ヒマラヤ山脈）　　the Alps（アルプス山脈）　　the Rocky Mountains = the Rockies（ロッキー山脈）
　　cf. the Matterhorn and (*the*) *adjacent mountains*（マッターホルンとその近隣の山々）
　　　　単独の「山」はその姿を一望できるために「全体をひとまとめにする」必要はなく、普通は the を置かない。
　　　　Mt. Everest のように Mount の略語の Mt. を置くのが普通であるが、ヨーロッパアルプスの the Matterhorn の例は、
　　　　原語に従って the を置いている。英米以外の山の名では、このように原語に従う例もある。
　　また、the Alaska Range「アラスカ山脈」や the Appalachian (mountain) range「アパラチア山脈」などのように range で表記する例もあるが、それは『③ 単数形の例』に該当するものと理解されたい。

高原・高地
　　the Golan Heights（ゴラン高原）　　the Guiana Highlands（ギアナ高地）
　　the Shiga Heights（志賀高原）　　the Tateshina highlands（蓼科高原）
　　上記のような複数形の例は、山並みや谷などで分断された不連続な平面の集合体としてとらえる場合であろう。広大な一枚の面としてつながっている高原には、次のように plateau を用いた例が多い。
　　　　the Plateau of Tibet [the Tibetan Plateau]（チベット高原）　　the Iranian Plateau [the Plateau of Iran]（イラン高原）
　　　　the Ethiopian Plateau（エチオピア高原）　　the Deccan Plateau [the Deccan]（デカン高原）

平原など
　　the Siberian plains（シベリア平原）　　the Great Plains of the West（アメリカ西部の大平原）
　　the Western prairies（西部大草原）　　the Pampas（パンパス［パンバ］＝アルゼンチンの大平原）
　　このような複数形は、「強意複数」（『特集１１－５』）に近いものを感じさせる。

the 3-50 (iv-2)

注2 ⇨ the 3-52

島嶼（地域）・列島
  the Japanese Islands [Isles]（日本列島） the Ryukyu Islands [the Ryukyus]（琉球諸島）
  the Philippine Islands ＝ the Philippines（フィリピン諸島） the Palau Islands（パラオ諸島）

その他

  in the 1990s [in the nineties]（1990年代に） by the early 1990s（1990年代初頭までには）

  the Tanakas [the Tanaka family]（田中さん一家） the Tetsuya Tanakas（田中哲也氏夫妻）
  the Tanaka girls [daughters] ＝ the Tanakas' girls [daughters]（田中さんとこのお嬢さんたち）

  グループやチームの名称 ⇨『特集１１－１３』
  the Texas Rangers（テキサス州騎兵警官隊） the New York Yankees（ニューヨークヤンキース）注2
  the Beatles（ビートルズ） the Rolling Stones（ローリング ストーンズ＝ロックバンドグループの名称）
  The Giants are playing *the Tigers*.（ジャイアンツがタイガースと対戦している。）

  the Great Lakes（五大湖）
  cf. 相手に同定を求める気が無く、全体をひとまとめにして言う必要もないのなら、無冠詞の複数形で。
    The city is dotted with *small lakes*, natural and artificial.
    The Pike lives mainly in large *rivers* and *lakes*.

  「滝」の場合には、(The) Niagara Falls attract(s) a great number of visitors. のように、the を省略することも多く、
  「個々の滝が意識される時は複数扱い、１つにひっくるめて考える場合は単数扱い」（『ジーニアス英和大辞典』より）になる。

  the Royal Botanic Gardens [the Kew Gardens]（王立植物園） (the) Kensington Gardens（ケンジントン公園）
  the Shinjuku Imperial Gardens（新宿御苑）
   cf. garden が単数で of を用いないのなら無冠詞がふつう。
     Covent Garden（コヴェントガーデン） the Garden of Eden（エデンの園）

  ロンドンにある王立公園をまとめて the Royal Parks と言うが、これは、イギリス国王の管理下にある Hyde Park や
  Kensington Gardens などの多くの公園をまとめて言うので the が置かれる。（略して the Parks と言うことはあるが、
  the を省いて Royal Parks と言うことはない。）

  The Times（『タイムズ紙』） ⇨『the 3-48』の『注１０』

② 普通名詞の複数形の例

  例えば The students in the room rose as one (man). では「その部屋にいた生徒たちが一斉に立ち上がった」と限定されると同時
に「全員」であることも、All the students.... とするまでもなく明らかである。He had the students out of the room. でも（文脈
によって the students が特に限定されるものでない限り）「その部屋にいた学生全員を退出させた」ことになる。
  同様に These are the pictures she painted. は all the pictures she painted と同意であるが、These are pictures she
painted. と the を置かなければ、some pictures she painted と同意になる。

  他方、（上の例の the room のような）限定する要素がその文自体に無い場合には、the を用いても「全員」の意を表したり全体をひと
まとめにすることはできない。例えば Regular attendance at the English class is compulsory for *all the students*. のような例
では、all を入れない限り、何らかの文脈を受けた「その学生たち」ということになる。 ⇨『特集１０－１』

  She tore *the wrappings* from the package.（彼女は小包から包み紙を破ってはがした。）
  He poured *the contents* of his bag on (to) the table.（鞄の中身を机の上にあけた。）
  Everyone is bound to obey *the laws*.（だれにも法律を守る義務がある。）
  Keep *the knives* away from the children.（ナイフを子供たちの手の届かない所に置きなさい。）
  She took a blanket out of the car and covered up *the windows*.（彼女は車から毛布を取り出して、全ての窓を覆った。）
  She made a face at the musty smell, and hurried to open *the windows*.
   （カビ臭さに彼女は顔をしかめ、窓という窓を急いで開けた。）

このような例では、対象が修飾されていて限定できたり、文脈やその場の状況あるいは常識などにより限定されていることがわかるために、
全体をひとまとめにするための the が置かれることが多い。

これまでに述べた内容から、次の意味の違いも類推できよう。

 the five of us （我々5人）
 That's a matter for *the two* of them. 「それは彼ら（夫婦）二人の間の問題だ。」
 The three of them decided to form a firm. （彼ら3人は会社を設立することに決めた。）

 five of us （我々の中の5人）
 There are *a* [*one*] *hundred* of them. （それらのうち100個がある。） *Six* of them were broken. （うち6個は壊れていた。）
 Three may keep a secret if *two* of them are dead. （諺：3人のうち2人死ねば秘密は守れる。） ⇨ 『特集10-1』下

ただし、次のような There.... 構文による慣用表現では、同格的であっても the を用いない。

 There are *five* (of us) in our family. （私の家族は5人です。）= We are a family of five. （× Our family is [are] five.）
 There were *five* of us in the car and we drove by turns. （私たちは自動車に5人で乗っていて、代わる代わる運転した。）
 There were *twelve* of us, including me and Tom. （私たちはトムと私を入れて総勢12名でした。）

③ 単数形の例

 ① の『山脈』のところでも触れたが、山を range で表記する例はこれに該当する。

  the Cascade Range （カスケード山脈） the Hida mountain range [the Hida mountains] （飛騨山脈）

以下の例における the には、区別や対比を表そうとすると同時に、全体をひとまとめにする意図も含まれていよう。

  the EU [the European Union] the Soviet Union the UK [the United Kingdom] the East the West

単位を表す場合の the は、本書では「類似のものから区別し、ときに強く対比させる」ものとして分類した。（⇨『the 3-3』）
しかし例えば sell by the dozen [the liter] 「1ダース単位 [リットル単位] で売る」などは、「1ダース [リットル] ごとにひとまとめにする」という考え方も可能である。

なお、国民全体について言及する場合の the （⇨ 3-36下～）や、総称表現における the （3-23～）などにも、全体をひとまとめにするという意味合いが、あるいは含まれていると考えることはできよう。 注3

注1　the United States of America は「アメリカ合州国」が正しいはずだが、「アメリカ合衆国」が定着してしまっている。（『ジーニアス英和大辞典』では「合州国」と正しく表記しているが、このような辞書は国語辞書を含めて非常に稀である。また『明鏡国語辞典』では「『合州国』は誤り」としているが、その根拠を何も示してはいない。）
　これについては、『アメリカ合州国』（本多勝一：朝日新聞社＝単行本、絶版）の「付録」に詳しいので以下に抜粋する。

　　　序文でふれたように、The United States of America がなぜ「合州国」でなく「合衆国」と訳されるに至ったかを、近代訳語の成立事情に詳しい大妻女子大の広田栄太郎教授におたずねしたところ、以下のような返事をいただきました。これは正式の論文というわけでは無論ありませんが、貴重なご検討と思われます故、教授のご了承を得てここに掲載いたします。　　（本多勝一）

　　　　裨治文（E.C.BRIDGEMAN）に「亜美理駕合衆国志略」（一八四六）という著があります。これから見ると、「合衆国」という語は中国出来のようです。後掲のように、中国語にもいろいろな訳語があったようですが、「合衆国」もその一つです。直訳というよりは、合衆共治国（＝共和国）の略と考えられる意訳でしょう。
　　　　わが国では、すでに嘉永元年（一八四八）の風説書の類に「合衆国」の語が散見し、同七年（一八五四）ペリの下田条約に正式に使われるに至りました。その後各方面の文献でこれを襲用し、早くから定着しています。　　…後略…

　以上が、誤訳が定着した歴史的な背景のようだが、本書では字義通りに「合州国」とする。（ただし、抜粋文や抄録文では原文のままとする。）

注2　Yankee は母音（＝有声音）で終るので、複数形の発音は [jǽŋkiz] である。つまり「有声音＋有声音」の原則に従い –s は濁音（＝有声音）になるので、「ヤンキーズ（zu）」が正しい。
　次の「日本語」も、英語の発音に従うなら本来は「――ズ（zu）」である。
　　ソングス（songs）　（テニスなどの）シングルス・ダブルス　　（野球の）イニングス　　『新日鉱ホールディングス』　　『阪神タイガース』
グリーンピースなら環境保護団体の『Greenpeace International』のことで、食べる方の green peas はグリーンピーズである。

　所有格の例だが、野球の解説を聞いていると「フィルダースチョイス」という言葉を耳にする。これはどうも「野手選択［野選］」（＝投げても間に合わない塁に野手が投げてしまうなどの判断ミス）のことのようなので、正しくは「フィールダーズ チョイス」である。
　　例：　be declared safe at first on a fielder's choice　「野選で一塁に生きる」
「フィルダースチョイス」ではその意味を辞書では引けないが、「フィールダーズ チョイス」なら日本語の辞書にも載っている。このような、混乱を生むだけのいいかげんなカタカナ言葉は、即刻廃止してもらいたいものである。

　このように「――ス」としてしまうのも、日本人には濁音を嫌う傾向があるからだ。（これについては国語学者の故 金田一春彦氏も指摘している。）
名詞の発音の例でも、cosmos [kázməs]「コスモス・宇宙」を日本人は「コズモス」とは言わない。確かに、花のコスモスがコズモスでは、その清楚なイメージにそぐわない。濁音の響きからは少なくとも清潔感は感じないようだ。
　とは言え、可能な場合にはなるべく別の表現を心掛けた方がよいだろう。そもそも日本語の文中である。複数形の –s までいちいち言う必要はあるまい。「80年代のヒットソングス」と言うくらいなら「80年代のヒット曲［ソング］」の方がましだし、「スリーイニングスを投げた」と言うよりも「3回［3イニング］を投げた」という方がよい。
　ちなみに、日本語でもはっきりとした有声音の直後では濁音の方が言いやすい。「屋根裏部屋」（やねうらへや → やねうらべや）「雑巾掛け」（ぞうきんかけ → ぞうきんがけ）など、そのような例は枚挙に暇が無い。そのために『中日ドラゴンス』ではなく『ドラゴンズ』と、これは正しい発音に則している。

注3　「the ＋普通名詞の単数形」によって総称性を示すのはかなり改まった表現法であるが、それでも、主語としてそれを用いる例は多い。ただし目的語の用例は少ないので、それは避けた方が無難だが、対照的なものを対比させるのなら効果的である。　⇨　『the 3－24』

　以下に『Collins COBUILD English Grammar』から、動詞の目的語の例と、「the ＋普通名詞の単数形」による総称表現についての解説を抜粋する。

　　'The' is sometimes used with other nouns in the singular to make a statement about all the members of a group.

　　Too often these writings dwell on how to protect the therapist rather than on how to cure the patient.

　　These uses are fairly formal. They are not common in ordinary speech. Usually, if you want to make a statement about all the things of a particular kind, you use the plural form of a noun without a determiner.

3．v．地理的名称に関して ──

「長大なものや広域にまたがるもの」には the が先行する。

あるいはまた、感覚的にはその境界を認識しにくいものに対して、実際には境界があってその範囲は有限であることを示す意味で the を先行させる。 注1

長大なものの代表である大河の例 the Amazon (River) と、広域にまたがるものの代表である大洋と砂漠の例 the Pacific (Ocean) the Sahara (Desert) では、それぞれのわかりきった部分（River, Ocean, Desert）は省略できる。そして the はそのわかりきった部分を修飾するために置かれていることは明らかである。それ故、これらも『 i．類似のものから区別し、ときに強く対比させる』用法に過ぎない。
　ところが、例えば Tokyo Bay のように、普通名詞を含む地理的名称であっても the を置かないものもあるので、上記のような理解だけではその辺りの使い分けができない。そこでここでは違った側面から考えてみる必要がある。

例えばこうである。大河・海・砂漠といったものは、周辺人口が多かったり、地理的・政治的・文化的・歴史的に重要であったりするために、常識として人々によく知られている。そのため、「あの有名な」「皆さんがご存じの」と相手に同定を求める意味で the が置かれる。
また、River や Ocean, Sea, Desert といった部分がよく省略されるのも、言わずともわかるほどの知名度の高さを物語るものである。

　　the Hudson (River)（ハドソン川）　　the Amazon (River)（アマゾン川）　　the (River) Nile（ナイル川）
　　　※ 英国では the (River) Thames のように River を前に置くが、米語・イギリス語とも River はよく省略する。
　　　　ただし、Father Thames「父なるテムズ川」では the も略す。

　　the Pacific (Ocean)（太平洋）　　the Japan Sea [the Sea of Japan]（日本海）　　the Mediterranean (Sea)（地中海）
　　the Sahara (Desert)（サハラ砂漠）　　the Gobi (Desert)（ゴビ砂漠）

これに対して、規模が小さいものには the を置かないのが普通である。

このことに関連して、『現代英語冠詞事典』（樋口昌幸：大修館書店）に次の記述がある。

「河川名に the がつくことはよく知られているが、これが当てはまるのは大きな川のときだけである。これまで指摘されたことはないと思われるが、きわめて限定された地域内の川に関しては無冠詞で用いられる。」 注2

「半島に対し、岬（point/head）は、半島よりずっと小さいため他地区の人々には同定不可能なので、無冠詞で用いられる。cape は、肩書き扱いされるときは無冠詞であり、of-phrase をともなうときは the がつけられる。」
　　（筆者注：　例えば Professor Brown「ブラウン教授」のように、名称の前に置いて一体的に言うと無冠詞になるが、これが「肩書き扱い」である。Lake Biwa「琵琶湖」なども同じ。なお、「岬」と「半島」については後述する。）

「道路名も、河川名と同様に、長距離の場合は他地区の住人にも同定されるので the がつけられ、市内の通りの場合は他地区の住人には同定しがたいので無冠詞で用いられる。」（抜粋はここまで）

河川や道路についてはその長さが知名度に影響し the の要・不要を左右するということだが、確かに大半の例はこのように理解して差し支えないだろう。しかし、知名度によるこの判断基準が適用されないものもあって、例えば橋の例では、有名であっても無冠詞のものがある。詳しくは 注3 で述べるのでここでは簡単に触れるだけにするが、有名な橋などを無冠詞にするのは、それだけ人々から親しまれてなじみ深いものになっているからである。
　親しまれているものは日常会話などに頻繁に登場するものなので、その都度相手に同定を求める気持ちも必要性も無いために the は置かない。また、愛称なら the を置かないが、そのような側面もあろう。
　他方、有名なものではあっても、その土地・生活圏ではなじみの薄いものに対しては、相手に同定を求めるための the が置かれることが多い。このように、有名であることと親しまれていることは分けて考える必要がある。それぞれの扱いは異なるものである。
　ローカルな道路や河川については、人々に知られていないから同定を求めるための the を置けない場合と、それが地域で親しまれているから the を置く必要が無い場合の二通りあると考えればよい。　⇨ 『the 3－45』の『注4』

なお、A of B の形をした「普通名詞から派生した固有名詞」にはもともと the を先行させるのが普通なので上のような使い分けの参考にはできないし、次頁の無冠詞の例にも該当しない。（例えば Lake Victoria は湖なので無冠詞だが、the Lake of Victoria では the を要する。）　また、地図上の表記では、スペースの都合上定冠詞はよく省略されるので、地図で調べても正確な表記を知ることはできないと考えた方がよい。

複数形の名詞をその中に含む「山脈、島嶼（国・地域）・列島、平原などの名称」は『3．iv．全体をひとまとめにする』（the 3－49）に入れたが、この範疇に含めることも可能である。

次は「知名度」でも「親しみの程度」でも説明がつかない例である。

「湖」
　湖の名称についてだが、米国の五大湖を構成する Lake Ontario, Lake Erie, Lake Huron, Lake Michigan, Lake Superior といった湖も有名ではあるが無冠詞である。（まとめて「五大湖」と言う場合は the Great Lakes だが、この場合の the は全体をひとまとめにするものである。　cf. lakes Erie and Ontario）
　湖は対岸が見える程度の大きさのものが多いので境界ははっきりとしている。たとえ米国の五大湖のように広大なものであったとしても、湖であること、つまりその範囲・境界ははっきりとしていることを人々は認識しているために、the によってその境界や有限性を示す必要が無い。そのために、タイトルに掲げた２つ目のルールによる the は不要であると理解すればよい。（ただしタイトルに掲げたルールも、the の働きとして公認されているものではなく一説に過ぎない。したがって、ひとつの「覚え方」と考える方がいいだろう。 注1 ）

「湾」
　the Persian Gulf「ペルシャ湾」では the を置くが、Tokyo Bay では無冠詞なのは、gulf と bay ではその規模が異なり、前者ではその境界を認識できないほど広いためである。（ただし of でつなぐのなら bay も the を要する。the Bay of Tokyo）

「岬」と「半島」
　Cape Horn「ホーン岬」あるいは Cape Cod「コッド岬」といった岬は世界的にその名が知られているが the は置かない。岬はふつうは一望できるほどの大きさであってその境界も視認できるものなので、the によってその範囲が有限であることを示す必要がない。このルールを優先させるために、上記のような岬の名称も無冠詞となる。（多くの人がそれに特に親しみは感じないが有名ではあるのだから、このような例では普通は the を置くのだが、「岬」に関してはそれをしない。）
　「岬」と似て非なるものが「半島」だが、「半島」（特に外国のそれ）は一望はできないほどの地理的な広がりを持つものなので、「実際には境界があってその範囲は有限であることを示す意味で」 the を置く。
　　Cape Canaveral　　Cape Ann　　（ただし of でつなぐのなら the が必要。the Cape of Good Hope「希望峰」）
　　the Malay Peninsula（マレー半島）　the Izu Peninsula（伊豆半島）　the Korean peninsula（朝鮮半島）
　　２語以上からなる固有名詞ではそれぞれの語の最初の文字を大文字にするのが普通だが、Korean, Iberian のような形容詞を用いると純粋な固有名詞とはとらえずに、名詞部分の peninsula は小文字のままにすることも多い。the Siberian plains「シベリア平原」でも同じ。

「海岸」
　同様のことが ...Beach と ...Coast についても言える。すなわち、前者は範囲が狭いので Long Beach のように無冠詞であり、後者では the Gold Coast「黄金海岸」のように the を置く。（この場合も the Cornish coast や the Alaskan coast の例のように形容詞を用いれば、coast は小文字のままにすることも多い。）

　この他、『英語の冠詞がわかる本』（正保富三：研究社）に、次の興味深い記述がある。 注4

　　地域の名前
　　　政治・行政上の地域名は、その境界が取決めによって明確に決まっているものであるから、冠詞を必要としない。例：Bavaria（ドイツのバイエルン州）、California（アメリカの州）、Kent（イギリスの州）など。
　　　これに対して、地理的な地域の名前は、境界が漠然としているものが多いので、境界を認識するために定冠詞をつける。the Caucasus は「コーカサス山脈」の意味のほかに、「コーカサス地方」という意味でも使われる。同様に the Crimea（クリミア地方）、the Sinai（シナイ地方）、the Midlands（イングランド中部地方）、the South of England（イングランド南部）など。the Middle East（中東）、the Midwest（アメリカ中西部）のように東西南北の方角を表わす語で終わる地域名には冠詞がつく。
　　　district は the Lake District（イングランド北部の湖水地方）のように冠詞をとる。「東北地方」は the Tohoku district (*or* area) となる（district は行政上の区域またはある特徴のある地域を表わし、area は一般的に特定の地域を指す）。　…後略…

注１　タイトルの後半の「感覚的にはその境界を認識しにくいものに対して、実際には境界があってその範囲は有限であることを示す意味で the を先行させる」というのは『ARTICLE AND NOUN IN ENGLISH』（John Hewson：MOUTON）の説に依拠しているが、該当箇所を以下に抜粋する。なお、冒頭の Proper names は「固有の名称」のことである。

  Proper names of geographical places and objects can be divided according to whether (a) they require an article or (b) normally have no article. Of the compound names formed from a 'proper' adjective and what is normally a common noun (bay, ocean, etc.), we can make two distinct lists as follows:

    Category (a): ocean, sea, river, canal, isthmus, peninsula, gulf
    Category (b): street, avenue, square, road, place, crescent, bridge, mount, cape, lake,
      island, country, parish, point, bay, park

  Examination of the types included in these categories shows that the objects represented in category (a) have for the most part an incomplete exterior boundary; it is impossible to say where the St. Lawrence River ends and the Gulf of St. Lawrence begins. The only doubtful one is *canal*. Most of the objects represented by nouns of category (b) have quite distinct external boundaries: lake, island, parish. The entities represented by *cape, mount, point* are themselves outlines or boundaries to the observer, and streets, roads, avenues and parks, etc., are felt to have defined, restricted boundaries that may be drawn on a map.

  It may be objected to this classification that if a bay may be considered to have a clear exterior outline, then so may its counterpart, a peninsula. To this it can only be replied that the common experience of humanity (which can be expected to affect usage) is that one can see across a bay from point to point (an exact and obvious line) but that one cannot generally see across a peninsula. Furthermore one can draw on a map the line from point to point that limits a normal bay, but when one comes to draw a line that limits a peninsula, one can argue whether the line should be drawn at the narrowest point in the neck (there might be two or more possible) or at some point where the apparent 'mainland' begins to widen into a larger land mass.

解釈は大部分が『注４』と重なるので省略するが、『注４』で触れられていない部分だけを補足する。

  「湾」は通常のものであれば、開口部付近の一点から湾内の海岸線をなぞって、開口部の対岸のもう一カ所までを結べばよいので、その輪郭は一目瞭然である。他方、半島は、付け根の部分をどこと考えるべきかがよくわからない。狭くなっている箇所なのか（そのような箇所が複数あることもある）、逆に広くなって、明らかに本土が始まる場所までなのか。

これにはこじつけに近いものを感じてしまうのは筆者だけではないだろう。しかし、多少牽強付会であったとしても、これによって区別がつけられるのであれば、便利な記憶法と割り切って利用してもよいのではないだろうか。

ついでながら、地名に関するルールとして、『ジーニアス英和大辞典』では「『所在地名＋'s』の場合は常に無冠詞」として次の例を挙げている。
 New York's Central Park「ニューヨークのセントラルパーク」　Kyoto's Ryoanji Temple「京都の竜安寺」　　cf.『the 3－13』の『注１４』

注２　river に関して『新英和大辞典』に次の記述がある。

  日本語の「川」は大小にかかわらず用いられるが、英語の river は「大河や大きい川」を意味し、river よりも川幅が狭い川は stream、
  さらに小さい小川は brook という。したがって river を jump [leap] over することはできない。

注３　橋に関しても『現代英語冠詞事典』（樋口昌幸：大修館書店）では、「長大で有名な橋には the がつけられ、短い、あまり知られていない橋には the はつけられないという傾向がある」としている。有名ではない橋も相手が同定できないから the を置かないということだが、橋に関しては『英語の冠詞がわかる本』（正保富三：研究社）に詳しい記述がある。以下はその抄録である。

  橋の名前は the がつくものとつかないものがある。London Bridge, Waterloo Bridge などは無冠詞だが、多くの橋には定冠詞がつく。
the Firth Road Bridge, the Severn Bridge（イギリス）、the Brooklyn Bridge, the George Washington Bridge（アメリカ）などがそうである。英米以外の国の橋は、the Howrah Bridge（インド）、the Sandö Bridge（スウェーデン）、the Europabrücke（オーストラリア）など、定冠詞がつくものが多い。　…中略…
  このように見てくると、橋の名前に冠詞がつくかつかないかを見極める手がかりは何もないように見える。しかし、英米人がその橋をそう呼ぶときの心理を考えると、そこには何らかの原則が働いているはずである。都市名のようにたんなる名前として意識されるものには冠詞をつけないが、何らかの意味で「あの○○の橋」と言って、その名前の由来に注目するときには定冠詞をつけるように思われる。
  その考え方に従えば、たとえば京都の四条大橋は、ロンドンの Waterloo Bridge にならって Shijo Ohashi Bridge でよさそうである。一方、瀬戸大橋などは、「あの瀬戸内海にかかる大きな橋」という意味で、the Severn Bridge などに準じて the Seto Ohashi Bridge とするのがよいように思われる。
  サンフランシスコの the Golden Gate Bridge やロンドンの the Tower Bridge などは全部普通名詞から成っている名前であるから、冠詞を省略することは考えにくい。それでも、ロンドンのイギリス人は少なくとも日常会話ではたんに Tower Bridge と言うようである。

『教師のためのロイヤル英文法』（旺文社）では、「その名前がどのくらい**人々に親しまれている**かを知ることも大いに重要な要素である。**遠くなるにつれて、the がつくと言える**」とし、次のように述べている。

  一例を示すと、たとえば、米国の有名な Stephen Birnbaum Travel Guide の *Birnbaum's Great Britain and Ireland* を見てみると、橋の名前でも、よく知られている Westminster Bridge には the がついていないが、古くて有名でも、*the* Grosvenor Bridge などには the がついている。*the* Golden Gate Bridge は、the がつくのが慣習とされているが、*Webster's Standard American Style Manual* も、*The Chicago Manual of Style* も、どちらも表記法として the をつけない形で示している。こうした例を見ると、橋だから the がつくとかつかないなどとは、一概に言えないことが分かる。（抜粋はここまで）

補足するが、筆者は次のように理解している。
　「人々に親しまれている」ことと「有名である」ことは同じではない。「人々に親しまれている」ということはそれだけ日常生活と密接な関わりがあり話題に上る頻度も高いということであり、言葉の簡略化のために the が省かれるというのも当然のことである。（『the 3－45』の『注4』の Oxford Road のように。）
　他方、the Golden Gate Bridge などは世界的に知られてはいるが、例えば我々日本人の話題に上ることは少ない。このように心理的に距離がある場合には、簡略化・省字化はされずに、相手も同定可能なものとしての the が置かれる。「遠くなるにつれて、the がつく」というのは、このあたりのことを言っているものと思われる。また、米国の文法書では Golden Gate Bridge と the が省かれているのは、それだけ米国人にとって「親しまれている」ことの証左であろう。

注4　この他、『注1』（＝原文）と重複するが、以下も『英語の冠詞がわかる本』（正保富三：研究社）からの関連する記述である。

[1] 地名と定冠詞

　　山の名前には冠詞がつかないが、川の名前には定冠詞がつく。そうかと思えば湖は無冠詞だが、海は定冠詞がつく。このように、地名と定冠詞との関係は千差万別であり、その用法は個々に覚えるより仕方がないように見える。しかし、そこにはやはり一定の原理が働いているはずである。
Hewson: *Article and Noun in English* は次のようにジャンルを大別した。

　　　（a）定冠詞のつくもの：ocean, sea, river, canal, isthmus, peninsula, gulf, etc.
　　　（b）無冠詞のもの：street, avenue, square, pond, bridge, mount, cape, lake, island, bay, park, etc.

　　この両グループを眺めてみると、（a）のグループのものははっきりした境界がないのに対して、（b）のグループのものは境界がはっきりしていることがわかる。Hewson の例を借りるならば、St. Lawrence River がどこまでで、どこからが the Gulf of St. Lawrence であるか、言うことはできない。このように、境界がはっきりしない種類の地名には定冠詞をつけることによってそのものを明示し、他方、おのずから境界が明らかなものは冠詞を要しない、と考えることによって両グループの区分が理解できるように思われる。
　　運河（canal）などは人工的なものであるから、どこからどこまでという境界ははっきりしているであろう。しかし、ある運河の岸に立った場合、あるいは運河を航行中の船から見た場合、その運河の入り口と出口がともに見えていることは少ないであろう。海（sea, ocean）の名前も定冠詞を必要とする。海岸に立って水平線を眺めるとき、眼前の海はてしなく広がるのみである。湾は、大きな湾である gulf は対岸が見えないであろう。しかし、bay であれば対岸が見えるから、見る人が全体像を認識することができる。
　　半島（peninsula）は湾（bay）と同じようにはっきりした輪郭を持っている。しかし、湾は対岸まで見渡せるが、半島の端から端まで見渡すことはできない。人間の感覚で境界を認識しにくいものには冠詞をつけてそのものを特定する、という考え方は理解しやすい。
　　島（island）は、佐渡島や淡路島のように大きな島であれば一目で全体を見渡すことはできないが、一般的に海上から海に浮かぶ姿を認めることができる。山（mountain）、湖（lake）、岬（cape）なども目に映ずる輪郭がはっきりしているから、定冠詞をつけないでも認識できる、というのが Hewson の説である。この考え方で地名と冠詞のかかわりはかなりの部分が説明できる。（抜粋はここまで）

以下、運河・海峡・島の例を挙げておく。
　　the Panama Canal （パナマ運河）　　the Suez Canal （スエズ運河）
　　the Tsushima Strait （対馬海峡）　　the (English) Channel （英仏海峡）　　the Strait of Hormuz （ホルムズ海峡）
　　Manhattan （マンハッタン島）　Awaji (Island) = the Island of Awaji （淡路島）　　the Isle of Mann （マン島）

「山」の名称について付け加えておく。
　　通常は Mt. Everest, Mt. Fuji のように Mt. を置くが、Mountain をそのまま用いた例においても普通は無冠詞である。　例 Hunter Mountain
また英米以外の山では、原語にしたがって Mt. をつけず、代りに the が置かれることがある。（「山脈」については『the 3－49』の下部を参照されたい。）
　　the Matterhorn （マッターホルン）　　the north face of *the Eiger* （アイガー北壁）

最後に、以下『ジーニアス英和辞典 第4版』から

　　普通名詞に由来する英語圏以外の地名や国名には慣用的に常に the をつけるものがある。
　　the Sudan スーダン　/　*The* Hague （オランダの）ハーグ

ちなみに、Sudan はアラビア語の「黒人の国」に由来し、Hague はオランダ語の Haag「垣根、庭園」に由来するらしい。

3．vi．限られた場所や空間などの一部であることを表す。(in front of と in the front of の違いなど)
あるいは、看護・監督・支配などを受けている状態にあることを表す。(in charge of と in the charge of の違いなど)

例えば the driver *in front of* the car では運転手は車外に出て車の前にいるが the driver *in the front of* the car では、前部座席(おそらくは運転席)についている。つまり後者では the によって ... in the front seat of the car の意を表すことになる。車外であれば比較的漠然とした位置関係を言うだけだが、車内空間は限定されているので the が必要となる。

例えばまた、The teacher was standing *in front of* the class. 「先生は生徒たちの前に立っていた」では front は無冠詞だが、The student was sitting *in the front of* the class. 「その生徒は最前列に座っていた」では普通 the を置く。the class は「クラスの生徒たち」であって classroom とは違うので、the class の一部たる The student がその最前列に座るときに *in the front of* となるのは、上記の車の例から容易に類推されよう。他方、the class と向き合って立つ The teacher は、the class を the car にたとえるなら、その車外前面に立つのと同じである。

- in *the front* of ... ～の(最)前部に
    sit in [at] *the front* of the audience [the church] (観客[教会]の最前列に座る)
        cf. sit *before* the church 「教会の(建物の)前に座る」
    put one's name in *the front* of a book (本の表紙裏に名前を入れる)
    a pleat in *the front* of a jacket (ジャケットの前部にあるひだ)
        以下も the を置く例
        call a person up to *the front* of the hall (人を玄関へ呼び出す)
        One man sat in an armchair, and the other sat on *the front* of the desk. (机の上の前面に)

- in *front* of ... ～の前に、～の正面に = (right) before ...
    pass in *front* of [behind] him (彼の前[後ろ]を通る)
    camp in *front* of the Capitol (国会議事堂前に陣取る)
    Their family life was lived in *front* of the fireplace. (彼らの家庭の団らんは炉の前で営まれた。)

- in *the back* of ... ～の(最)後部に
    in [at] *the back* of the stage (舞台の後方で)
    His dog was in *the back* of his pickup. (彼の犬はピックアップの後部に乗っていた。)
    You've got a sharp-cornered tear in *the back* of your shirt. (シャツの背中に鉤裂きができているよ。)

- in *back* of ... ～の後ろに、～の背後に = (right) behind
    the houses in *back* of the church (教会の後ろの家々)
    There are hills in *back* of the town. (その町は小高い山々を背にしている。)
    There is a creek in *back* of my house. (家の後ろに小川がある。)

ただし at の場合には必ず the を伴うので、このような使い分けは見られない。

the houses *at the back of* the church = the houses *in back of* the church
There are hills *at the back of* the town. = There are hills *in back of* the town.
They managed to avoid the larger melee *at the front of* the building. (建物正面のひどい混乱を何とか避けられた。)

rear では back のような使い分けは見られず、in [at] the rear of が一般的である。

My bedroom is *in the rear of* the house. (私の寝室は家の奥にある。)
    cf. The room is on the north side of the house. (その部屋は家の北側にある。)
The car is parked *in* [*at*] *the rear of* my house. (車は家の裏手に駐車してあります。)

さてここからは、タイトル後半の「看護・監督・支配などを受けている状態にあることを表す」例の説明に移りたい。この例では「する側・される側」といった立場によって、定冠詞の有無が決まることになる。

代表的な例を二つ挙げる。

  A is in *charge* of B. ＝ B is in ***the*** *charge* of A [in A's *charge*]. （AはBを管理・世話している）　**注1**　（本頁下）
  A is in *control* of B. ＝ B is in ***the*** *control* of A. （AはBを管理・支配している）

Aの管理下にあるのがBであるが、Aが管理しているのはB以外にもあるかも知れないので、これを円錐状の空間に例えるなら、その頂部にあるのがAで、下部の空間に収まっているのがBである。Bの立場から見た場合には限られた空間にいることになるので the が必要となるが、この点において、前頁 in the front of ... の例と通底するものがある。

  a nurse in *charge* of a patient　（患者を担当している看護師）
  Mother is in *control* of my family. ＝ My family is in ***the*** *control* of Mother. （私の家では母が主導権を握っている。）

ただし文脈や常識、あるいは under などの前置詞の意味から、その関係に誤解を生じさせる恐れが無い場合には the を省略することもある。例えば A have [take] *control* of [over] B. や B is under (***the***) *control* of A. では、the に拠らずとも文意は明らかである。

  a patient in (*the*) *charge* of a nurse　（看護師に委ねられている患者）
  The Parliament is *under* (*the*) *control* of the Labour Party. （議会は労働党の支配下にある。）

タイトル後半に該当する例についてのもう一つの便利な理解の仕方は、「『the＋名詞＋of ...』では of 以下の語が名詞の意味上の主語になる。他方、名詞の前に the を置かなければその名詞の意味上の主語は文の主語と一致する」ということである。（動名詞の場合には、その意味上の主語が文の主語と異なる場合にのみ所有格や目的格を置くが、この場合は「the＋名詞＋of ...」でそれに相当する働きをする。）

  in ***the*** *company of* a person ＝ in a person's company （人と一緒に、人と同席して）
  He seemed ill at ease in ***the*** *presence of* woman. （女性の前では彼は落ち着かないようだった。）
  people in ***the*** *employment of* General Motors （ジェネラルモーターズ社に雇われている人々）
  English has largely taken ***the*** *place of* French as a diplomatic language.
   （外交語としておおよそ英語がフランス語に取って代わった。）
  cf. The assembly of the parts *takes place* in Taiwan. （その部品の組立ては台湾で行われる。）

  In *view* of what you say, ...　（あなたの発言にかんがみて）
  in ***the*** *view* of the doctors ＝ in the doctors' view （医者から見れば）

  There's nobody to take *care* of this child. （この子の世話をしてくれる人は誰もいない。）
  The children were left in ***the*** *care* of the housemaid. （その子らは家政婦に預けられた。）

  ┌ make *a* pointed *criticism* of ... （～に対して辛辣な批判をする）
  │ make *an* honest *criticism* of ... （～に対して偽りのない批判をする）
  │ He made trenchant *criticisms* of her style of leadership. （彼女のリーダーシップの取り方に対して彼は辛辣な批判をした。）
  │
  │ challenge ***the*** *criticisms* of ... （～からの非難に反論する）
  │ overcome ***the*** *criticism* of the world （世間の非難を抑える）
  └ Her attitude invited ***the*** *criticism* of her colleagues. （彼女の態度は同僚の批判を買った。）

ただし言うまでもなく、「する側・される側」といった立場が the の有無を決定する要素の全てではない。分野を特定する場合なども the が置かれる。

  Hillary Clinton, who has led ***the*** *criticism* of the gaming industry in America, has recently come round to this view.
   （米国のゲーム産業に対する批判の先頭に立ってきたヒラリー クリントン女史は、……。）
  The physician is well trained in ***the*** *care* of infants. （その医者は幼児の治療に熟達している。）
  I entrust you with ***the*** *care* of my property. （私の財産の管理をあなたに一任します。）

注1　例えば the love of God は「神の愛」よりは「神を愛すること」と of 以下は目的語と解されることが多く、God's love と所有格にすれば「神の愛」と主語に解される。しかしながら、この一般的な区別はここでは無意味である。

4. 「唯一性」を明示するためのもの（文脈やその場の状況で the が選択されるもの）

　（3. で述べたような the と名詞の間の「結びつき・親和性・一体性」がもとからあるわけではなく、文意を根拠に the が置かれる点が 3．ⅲ とは大きく異なる。4．ⅱ では不定冠詞を置くこともあるが、定冠詞か不定冠詞かの選択が文意を大きく左右する。）

　ⅰ．他に代る存在が無いために、絶対的に唯一の存在となるもの（<u>不定冠詞には置き換えられない。</u>）

　　　He is (***the***) *principal of our school*.（我々の学校の校長先生）
　　　He is ***a*** *principal of our school*. は通常はありえない文である。

　　　※ 『5．意図的に強調するためのもの』の一部も、「他に代るものがないもの」と考えればここに含めることもできよう。

　　　　　He's ***the*** *man for the job*.（彼はその仕事に適任だ。）
　　　　　This is ***the*** ***drink*** for hot weather.（これこそ暑い時の格好の飲み物だ。）

　ⅱ．同等のものが複数存在する可能性も通常はあるが、<u>「この場合には唯一のものとなる」</u>ことを明示するためのもの（<u>不定冠詞を用いれば意味が異なる。</u>）

　　　He is ***the*** *victim of that crime*.（唯一の犠牲者）　　He is ***a*** victim of....　なら「犠牲者のひとり」
　　　He opened ***the*** door to success. なら、成功する方法は一つしかないが、***a*** door to.... なら複数ある方法のうちの一つ。

　　ⅱ で「この場合には唯一のものとなる」と判断するには文脈が必要なことが多いため、これを次の３項目に分けて記述する。

　　　　a－1．「唯一のもの」と言える例（共通認識がある場合）
　　　　　－2．「唯一のもの」と言える例（共通認識がない場合）
　　　　b．　文脈によっては「唯一のもの」とは言えない例

4．「唯一性」を明示するためのもの（文脈やその場の状況で the が選択されるもの）
　　　（固有名詞的な性格のものはここには含めずに『3．ⅲ』で扱う。）

ⅰ．他に代る存在が無いために、絶対的に唯一の存在となるもの（下線部：不定冠詞には置き換えられない。）

　前文を必要とせず、単独の文であっても唯一性を表すが、the Sun のような「the と名詞との一体性」がもとからあるわけではなく、文意から誰がみても「唯一のもの」であることがわかるので the が置かれる。これが、『3．ⅲ』で挙げた例とは基本的に異なる点である。

　例えば「日本の首都」と特定されれば東京以外にありえないので Tokyo is *the* capital (city) of Japan. だが、これを … *a* capital of Japan. とすることはできない。他方「東京は首都である」なら、首都は世界中に数多くあり、東京はその一つなので Tokyo is *a* capital (city). である。（前出した内容を受けるか強調するのなら the を置くが、ここではそれには該当しないものとする。）
　これは They established *a* new capital inland. 「内陸部に新首都を建設した」でも同じだが、例えば「ディリに首都を置く」は establish *a* capital at Dili ＝ make Dili *the* capital と、後者では the の方が自然である。Dili の名を出した時点で、「インドの～」と自ずと特定されるからである。これに対して前者では Dili が後ろに置かれているために、capital と言った時点では「○○の国の～」とは特定されず、a の方が違和感を与えない。

　例えばまた、校長は学校には一人しかいないので、ある特定の学校の校長を言う場合に用いる冠詞は the である。
　　The principal of our school is Mr. Wada.
　　He is (*the*) principal of ABC High School.
（上段の例が *The* principal of our school, who comes from Kyushu, is Mr. Wada. のように関係詞節を伴うと、非制限用法にしなければならない。関係詞節がなくとも、先行詞が自ずと特定されているからである。⇨『3－42』　また下段の例については、特殊な地位・役職を表す名詞を補語にする場合は本来は無冠詞が原則である。それでも the を置けないという訳ではないので、ここではカッコに入れた。⇨『特集14－1』）

　他方、教諭はふつう複数人いるので He is *a* teacher at…. (= … is one of the teachers at….) と a を用いるが、He is *a* principal of ABC High School. という文は普通はありえないことになる。しかし、これが「どこどこの学校の校長」と特定されないのなら、He is *a* principal [*a* headmaster]. という文は He is *a* teacher. という文と同様に自然である。注1・2

　「リーダー」は世の中に大勢いるから、
　　He is *a* leader who commands the allegiance of many followers. （彼は多くの信奉者の支持を集めている指導者だ。）
　　We have in him *a* future leader of the state. （彼は国の将来のリーダーとなるべき器だ。）
公民権運動の指導者も複数いたので、キング牧師に関しては、
　　Martin Luther King, Jr. was *one of the leaders* of the civil rights movement in America. だが、*one of the leaders* of…. は *a leader* of…. に置き換えることができる。注3
しかし、マラソンの先頭を行くのがもし一人なら、
　　She tailed *the* leader through most of the marathon. （先頭ランナーについて走った）

以下の例もこの用法をよく表している。この場合、冠詞に強勢を置いて発音すると違いがわかりやすい。
　　This is not *the* /ðiː/ theory, but *a* /éi/ theory. （これは適用できる唯一の理論ではなく、一つの理論に過ぎない。）
　　This is not *the* method but *a* method. （これは唯一の方法ではなく一つの方法である。）
　　not *the* original but *a* facsimile （本物ではなく複製）

※『英和活用大辞典』では、I couldn't think of *an* answer. を「返答を思いつかなかった」、I couldn't think of *the* answer. を「正解を思いつかなかった」としているが、後者は the right answer とする方が明確である。例えば、I didn't write *an* answer for that question. では「解答自体を書かなかった」ことになるが、これを the answer としても、the を置いたのは他の問題への解答との区別・対比とも（他の設問もしあれば）考えられるし、単なる後方照応とも考えられるので、「正解を書かなかった」という意味は弱くなる。やはり「正解」であることを明確に言うためには the right answer とするのに越したことはない。他方、Can you guess the answer to this riddle ? のような例だと、答えが一つであることは常識的に明らかなので right を入れればくどい。

以下、日本語の微妙な違いに注意。（カッコ部分は積極的には和訳しないことも多いが、重要なポイントである。）
　　⎡ We found *the* solution. 「（唯一の）解決法を見いだした。」
　　⎣ We found *a* solution. 「解決法（の一つ）を見いだした。」
　　⎡ Now is *the* chance. （今がチャンス。［今こそチャンス。or 今はまたとない好機。］）注4
　　⎣ Now is *a* chance. （今は好期。［これは好機。］）
　　　　cf. Now is *your* chance. ≒ Now is *your* (one and) only chance. 　所有格については『特集6』を参照されたい。

以下の例では、「私の隣の男」は一人、センターとレフトの外野手は一人ずつ、「先行車」は一台、「島村の前のガラス窓」は一枚である。
　　I heard a shot and *the man next to me* fell in a heap. （一発の銃声が聞こえ、私の隣の男がどさっと倒れた。）
　　place a hit between *the center* and *the left* fielder （左中間にヒットを飛ばす）
　　A careful driver maintains a proper interval between himself and *the car ahead*.
　　　（注意深いドライバーは先行車との適正な距離を保つ。）
　　A girl who had been sitting on the other side of the car came over and opened *the window in front of Shimamura*.
　　　（向側の座席から娘が立って来て、島村の前のガラス窓を落した。）──小説『雪国』の Edward G. Seidensticker による訳文より

the 4-2 (i-2)

注5・6 ⇨ the 4-4～

The cause of death was listed as pneumonia.（死因は肺炎と発表された。）
死因は通常、唯一のものに特定できる。他方、例えば喫煙はがんの原因となるが、他に多くの発がん性物質や要因が知られているため、Smoking is *a* cause of cancer. である。次のような例で a を用いるのも、同じ理由による。
　　　Shame is *a* cause of irrational outburst of rage.（恥辱は説明のつかない怒りの爆発の原因である。）

　円と線の「接点」を一般的に言うのなら（特に特定はしないので）*a* point of contact [*points* of contact] だが、「その円と辺ＡＢの接点」なら特定の１点なので ***the*** point of contact of the circle with the side AB である。

　case を「真相・事実・実情」といった fact に近い意味で用いる場合は be ***the*** case と the を先行させる理由も、事の真相は争えないからである。　　　That is not ***the*** case.（それは本当ではない。）　　It is always ***the*** case with him.（彼はいつもそうだ。）
他方、「実例・事例（instance）」の意の例では、*a* case in point「適切な事例」、in *some* cases「場合によっては」など。

　similar に対しては a を、same に対しては the を用いる理由も、similar は「似ている」とは言え、その対象が same ほどは絞り込まれないためである。 注5
　　She's given ***the*** *same* answer as [(that) she gave] last time.（彼女はこの前と同じ解答をした。）
　　It will have *a* *similar* effect.（それは同じような効果があるでしょう。）

　また、Can you draw me a map showing ***the*** *way* to the post office?「郵便局までの地図を描いていただけませんか」を *a* way とすることはできるが、その場合は「どの経路でもいいので……」といった感じになるので、多くの人が選択するであろう常識的な経路（たいていの場合は「最短の経路」）を教えてもらいたいのなら、やはり the が適切である。ちなみに、*the* post office は文脈がなければ「最寄りの郵便局」を指す。

　「アンテナを伸ばす」の訳を『新和英大辞書』の「延ばす・伸ばす」の項では pull out [extend] *an* antenna としている。これはこれでいいのだが、実はこの表現は、状況や文脈からの制約を受けていない、言わば加工前の段階の表現である。例えばラジオの説明書にはこの表現は使えない。なぜならラジオのアンテナは普通は１本なので、当然ながら the が正しいからだ。不定冠詞を誤って用いれば、ラジオに複数のアンテナがあって、その中の１本を、という意味になってしまう。（複数本のアンテナがあるラジオもないわけではないが、その場合には全てを伸ばして使うので、「どれでもよいから１本を」ということは考えられない。）　このように、辞書の表現もそのままでは使えないことも多い。

以下のような場合の冠詞の使い分けにも注意。
　the boiling point of water（水の沸点） 注6
　have *a* low boiling point（沸点が低い）　　It has *a* higher boiling point than plain water.（それは真水よりも沸点が高い。）

　The *point* of this pen is bent over.（このペンの先は折れ曲がっている。）
　come to *a* point（先端がとがる）
　　cf. come to ***the*** *point*（核心に触れる、要領を得る）　　***the*** *point* of no return（引き返し不可能となる地点[段階]）

　Is this ***the*** *right* answer?（この答えでいいですか。）
　Simply pumping public money into the railways is not ***the*** *answer*.（公金を鉄道につぎ込むだけでは解決にはならない。）
　make [give] *an* absentminded answer（うわの空で返事をする）

　tell *a* lie that sounds like (***the***) truth（もっともらしい嘘をつく）

以下は通常は the を置く例である。
　at *the* head of a page（ページの上部に）
　the base of a pillar（柱の基部）
　the king of metals [beasts, the jungle]（～の王）
　He is *the* center of the plot.（彼は陰謀の中心人物だ。）
　Who was *the* author of the joke?（そのいたずらを企んだのは誰か。）
　God is *the* arbiter of our fate.（神は我々の運命の決定者だ。）
　This was *the* decision of the court.（裁判所はこう判断を下した。）
　Technology is *the* application of science to industry.（科学技術は科学の工業への応用である。）
　The Himalayas are *the* ceiling of the world.（ヒマラヤ山脈は世界の屋根である。）
　The Model T is *the* archetype of mass-produced automobiles.（Ｔ型車は大量生産による自動車の原型である。）
　Rule off a few lines and leave *the* rest of the page blank.（線を数行引いて区切り、ページの残りの部分は空けておきなさい。）
　The most effective defense is offense.（最も有効な防御は攻撃である。）　　最上級については『特集8』を参照されたい。

なお、最上級には the が先行しやすいのと同様に、「唯一のものに特定する傾向の強い形容詞」は the と共に用いられることが多い。
　例：last, prime, supreme, chief, only, sole, exclusive, main, principal, etc.
　　　He is *the* main [principal] owner of this estate.（彼はこの地所の第一の所有者だ。）

とは言え、必ずしも全ての場合に the が適切なわけではない。
- He was *the only child* of elderly parents.（彼は年老いた両親のたった一人の子だった。）
- I am *an only child*.（私は一人っ子です。）　注7

　He was *the only child* in the room.（その部屋の中で子供は彼だけだった。）

the と a の使い分けがわかる例を最後にまた載せておく。（出典は全て『Oxford Sentence Dictionary』）
　The chemical composition of the air is not *a precondition for life* but *the result of it*.
　It wasn't even *a deep kiss*, but it was *the best kiss of my entire life*.
　For Radhika art is not *a handicraft*, but *the transmission of feeling she has experienced*.
　The 'root' is not *a true root* but *the swollen base of the stem*, and these marks are leaf scars.
　　The strawberry you eat isn't really *a fruit* at all, but *the enlarged receptacle of the flower*
　── a member of the rose family.
　　Naturally he would be expected to go, as he was not only *a prince and a strong fighter*, but *the heir to the throne* as well.

※ one / *the* other や one / another（＝もともとは *an* other）の使い分けも理屈は同じである。　⇒『the 3－14』の冒頭を参照。

注1　He *was a* principal of ABC High School. と過去形なら、a を置くことによって特定の高校の「歴代校長のうちのひとり」という意味が正確に伝わるが、学校が特定されないのならそれも無いので　He was *headmaster* of a public school in the West of England. と a は省略される。

　　ただし、形容詞を伴えば a を置く。
　　　She is *an excellent principal* in anyone's view. （彼女は誰が見ても立派な校長だ。）
　　　Dr Butler was *a notable headmaster*.

　例えば　president　を話題に出すときには、どの国の大統領のことか、あるいはどの社の社長のことかは互いにわかっているのが普通だが、「歴代○○のうちのひとりということを積極的に言わない限りは、不定冠詞も置かない。
　　　He had been *President* since 1971, when he succeeded Lord Kilbrandon.
　　　... they went to Martha's Vineyard two times while he's been *President* and liked it.
　　　I can tell you that since Bill Clinton has been *President*, the number of homeowners in America has increased 5.8 million.
　ただし、形容詞を伴えばやはり不定冠詞を置く。
　　　He is president in name only. ／ He is *a figurehead president*.（彼は、社長と言っても名前だけだ。）

注2　... *at* our school と　... *of* our school の違いについてだが、『新英和大辞典』では次のように述べている。

　　　He is a *professor* of economics *at* [*of*] Indiana University. （彼はインディアナ大学の経済学の教授です。）
　　　at の代わりに of を用いる場合は所属を表す。

　また『ジーニアス英和大辞典』の at の「語法」では、He is a student at [ˣof] London University. の例を挙げ、これを　He *studies* at London University. の名詞表現としている。同辞書では、次の例でも of とするのを不可としている。I am a teacher [pupil] at this school.
　その理由はこうであろう。大学教授は大学の看板を背負っている部分があるのは否めないので、それだけ大学への帰属性は強いということになる。他方、教師や生徒ではそこまでの強い帰属性はないために、所属を表す of は使えない。
　前置詞の選択に関して、ついでながら、以下同辞書から抜粋する。

　　　大学名を　the University of London　という時は in または at、単に London という時は at を用いる。*in* London では地名を表す。
　　　He's at Oxford.（彼はオックスフォード大学の学生［教員］だ。）
　　　He's in Oxford.（彼はオックスフォード市にいる［住んでいる］。）

　　　in が単に場所「…の中に」を示すのに対し、at は所属や従事・活動の意を含むことがある。She was *at* the cinema. は「映画館にいた」から「映画を見ていた」「映画館で働いていた」の意味をも表す。

注3　話題や情報を新たに提示しようとするときには、唯一性を表す the を a に置き換えることがよくある。（⇨『特集2』）　そのため、この文を　... was a leader of.... とした場合にも、本来は　the leader　であるのを、情報の提示のために　a leader　に置き換えたものと相手が勘繰ってしまう可能性も否定はできない。（マルコムXなど他の指導者もよく知られているのでその可能性は実際には低いと思うが。）　誤解を避けたければ　... one of the leaders of.... にするのに越したことはない。したがって「one of the leaders of.... は　a leader of.... に置き換えることができる」とは書いたが、置き換えにはある程度の制約を伴うことになる。

注4　日本語の「〜が」と「〜は」の違いの一つに、前者は限定性が強いことがある。
　「彼が犯人だ」では、犯人は彼ひとりであると普通は考えてよいが、「彼は犯人だ」では必ずしもそうとは考えられない。「彼が悪い」と「彼は悪い」の違いも同じ。
　なお、「今がチャンスだ」はよく言われるが、「今はチャンスだ」と言うことは比較的少なく、若干の違和感がある。これは、チャンスという言葉自体が一回性・唯一性を感じさせるために「〜は」とは相性が悪いためであろう。（ただし「これはチャンスですよ」と、限定性を強調せずにやんわりと言うのなら違和感はないので、微妙な問題ではあるが。）　そのためここでは、Now is *a* chance. を「今は好期」と、チャンスという言葉を使わずに訳してみた。

注5　これについては『英語冠詞講義』（石田秀雄：大修館書店）に詳しいので、以下に抜粋する。（ただし例文の番号は原文とは異なる。）

　　…前略…　一口に形容詞と言っても、多種多様なものが存在しますが、the を付けるべきかどうかという選択に形容詞が直接関わることはほとんどないように思われます。なぜなら、大部分の形容詞は、聞き手が指示対象を唯一的に同定しているにちがいないと話者が判断できるほど強く限定するものではないからです。
　　しかし、same や usual, only などのように唯一的形容詞（unique adjective）と呼ばれている語を伴った場合には、通例、後方照応的用法の the を用いなければならないと考えられています。その理由はと言えば、上に示した類の形容詞が表している意味自体が、聞き手は指示対象がどれであるのかわかっており、唯一的に同定しているはずだという判断が話者の側にあることを積極的に示すものだからです。まずは、same を例として取り上げ、similar という形容詞と比較してみましょう。

　　(1)　×　The two Indians spoke *a same language*.
　　(2)　　　The two Indians spoke *the same language*.
　　　　　　（その2人のインド人は同じ言語を話した。）
　　(3)　　　The two Indians spoke *a similar language*.
　　(4)　×　The two Indians spoke *the similar language*.
　　　　　　（その2人のインド人は同じような言語を話した。）

上の2組の例で、唯一的形容詞 same を伴った場合、the が使用されている方は文法的な文として判断されていますが、a が用いられている方は非文法的な文と見なされています。それに対して、similar を伴った例では、same の場合とはちょうど反対に、the ではなく a が用いられている方が文法的な文として判断されています。こうした現象が生じているのは、same が「まったく同一の」というそれ以外に指しうるものはないといった包括的な意味を明確にする形容詞であるのに対して、similar の方は「同じような」という意味を表し、他にも指しうるものが存在することを示唆する形容詞だからです。

　　こうした意味的な特性の違いのために、same を修飾語として用いた場合には、話者は聞き手に対して指示対象の唯一的な同定を求めなければなりませんが、similar を用いた場合には、逆に話者は聞き手に対してそういった唯一的な同定を求めることができなくなります。

　　same という形容詞がつねに後方照応的用法の the を伴うという点については、すぐ上で見たように、他に指しうるものがないという包括的な意味を表しているからということで、一応の処理は可能です。しかし、これとは別の説明のしかたが可能なケースもあります。

(5) He took it off the top shelf and put it back in *the same place*.
　　(彼はそれを一番上の棚から取って、同じ場所に戻した。)

　　上例において、the same place は明らかに先行する定名詞句 the top shelf と同一の対象を指しています。ということは、形容詞の same とともに現れた the は、後方照応的用法の定冠詞として機能しているだけではなく、すでに聞き手が唯一的に同定している対象について再度言及するために用いられる前方照応的用法の定冠詞としても機能していることになります。same 以外にも、すでに聞き手にとって馴染みのあることを表す customary, expected, usual といった形容詞はつねに the を伴って使用されますが、こうした the は後方照応的であると同時に前方照応的でもあると言ってよいでしょう。

注6　水に限らず、沸点は固有の値であるので ... till it comes to *the* boiling point　と the を置くが、have *a* low boiling point　や　It has *a* higher boiling point than plain water. のように、形容詞を伴ってやや漠然と言う場合には a を置く。

しかし、簡単には処理できない事例も多い。以下は『科学英文技法』(兵藤申一：東京大学出版会) からの抜粋である。(一部を省略した。)

　　(1) A platinum wire was placed at (2) a distance of 11.5 cm from (3) the orifice of (4) the crucible.

　　(1)、(2) はともに読者にとって初めてであるから不定冠詞、(3)、(4) は既知のため定冠詞。このうち (2) については、しばしば the を用いがちである。著者にしてみると 11.5 cm という距離は過去にそう定めた値で動かし難い感じであるが、読者にしてみるとひょっこり 11.5 cm という数字がでてくるので、不定冠詞にしなければならない。もし the を使うと、読者がその値をあらかじめ知っているはずであるという響きになる。(抜粋はここまで)

初出の語に a を先行させる典型例は There is a.... 構文である。(⇒『特集2』) 例えば There is *a one-in-two probability* of an odd number turning up.「奇数の目が出る確率は2分の1である」では、数学的事実 (つまり、他の数値はあり得ない、確定している唯一の数値) にもかかわらず a を置いている。このように、この構文は何かを紹介したり話を切り出したりするときによく用いるもので、the を置くことはまずめったにない。(例外としては There was the [a] devil of a noise.「ひどい騒音がした」のような慣用表現や、『特集2－3』で挙げるいわゆる「リスト文」がある。また、Here is the candy bar you wanted. のように、Here is... のあとなら the がくることも多い。)

しかし、相手にとって未知の、初出のものに対しても the を先行させることはある。以下に、『うまい英語で医学論文を書くコツ』(植村研一：医学書院) から、問題文と、それについての解説を抜粋する。(編集の都合上、ごく一部を改変した。)

A 16 gauge catheter was inserted into the epidural space and mineral oil was infused at (　　) rate of 3 ml/hr by infusion pump.

　　カッコに何を入れるかは意見の分かれるところです。単に「お好みの任意の速度で」という意味なら、"at a rate of your preference" のように不定冠詞が入ることは明白ですが、ここでは 3 ml/hr (毎時 3 ml) と速度が規定されています。この意味なら "at the rate of 3 ml/hr" と定冠詞を入れなければなりません。しかし、実際の論文では "at a rate of 3 ml/hr" と不定冠詞が入っています。

　　浜松医科大学の米国人の英語教師に聞きましたら、どちらも正しいとの答えしか返ってきません。これでは、日本人は混乱するだけです。私の解釈は以下の通りです。「この液は毎時 50 ml の速度できちんと注入されねばならない」というのなら、"This fluid must be given at the rate of 50 ml/hr." と定冠詞を入れなければなりませんが、自分達がたまたま任意に選んだ速度が毎時 50 ml であったというのなら、"The fluid was given at a rate of 50 ml/hr." と不定冠詞を入れるべきでしょう。…後略…

また『英文法詳解』(杉山忠一：学研) では、fly at *an* altitude of 20,000 feet「2万フィートの高度で飛ぶ」の例について、「2万フィート以上でも以下でも飛べるのだが、いろいろ飛べる高度のうち、たまたま2万フィートという含みで、2万フィートが『特定の』高度ではないから an なのである。しかし、もし規則や命令などで高度が定められていて「2万フィートで」というのなら、the が使われることになるだろう」としている。

要は、「唯一無二であること」「それ以外はダメなこと」を強く述べる必要がある場合には the 先行させるということである。

注7　一人っ子が複数人いる例として、『英語の冠詞がわかる本』(正保富三：研究社) では次の例を挙げている。

As the birth rate falls, increasing numbers of children are *only children*.

ただし、文脈によって only children の意味を判断しなければならない。

As they are only children, you ought to be a little more lenient with them when they are naughty.
　　(相手は子供なんだから、いたずらにはもう少し寛容になるべきだ。)
　　cf. Only the children survived the war. (戦災で子供だけが残った。)

また、『英語冠詞講義』(石田秀雄：大修館書店) では、次のようなおもしろい例を挙げている。

Bobby is the only only child in the class. (ボビーはクラスで唯一の一人っ子だ。)

the 4-6 (ii-1)

注1 ⇨ the 4-9

4．ii．同等のものが複数存在する可能性も通常はあるが、「この場合には唯一のものとなる」ことを明示する
　　　ためのもの（下線：不定冠詞を用いれば意味が異なる。）

　i で挙げた定冠詞の例は、前文が無くとも唯一のものを指していることが明確であった。他方、ここに挙げる例では、唯一のものと言えるためには何らかの文脈なりその場の状況なりを必要とする。ここでは、その判断が容易なものから、以下の順で述べることにする。

　　a-1．「唯一のもの」と言える例（共通認識がある場合）
　　a-2．「唯一のもの」と言える例（共通認識がない場合）
　　b．文脈によっては「唯一のもの」とは言えない例

なお、i で述べたこととの重複を避けるため、ここでは発展的内容を中心に記述する。

4．ii．a-1．「唯一のもの」と言える例（共通認識がある場合）

　　This is *the* book I mentioned yesterday.　（これが昨日私が言っていた本です。）
　　This is *a* book I mentioned yesterday.　　（これが昨日私が言っていた本の中の一冊です。）

　この場合、昨日話題にしたのだから、情報の発信者と相手の双方で、思い浮かべる対象が自ずと限定されているために、このような意味の違いが生じる。　⇨ 『特集１　関係詞節と冠詞』

4．ii．a-2．「唯一のもの」と言える例（共通認識がない場合）

　これについてのわかりやすい例として　a result　と　the result　の違いを挙げたい。
　次の記述は『英語の冠詞がわかる本』（正保富三：研究社）にあるもので、基本的な使い分けである。（例文の番号は原文とは異なる。）

　　　「結果として」の英語は　as a result (of ～)　と　as the result (of ～)　の２通りがある。

　　(1) *As a result of* the recession, most travellers are now choosing to go on cheaper trips.
　　(2) A fisherman one day caught a single small fish *as the result of* his day's labor.

　　この２つはどう使い分けるのか？　「どちらの形もある」では答えにならない。これは、該当するものが１つだけか、複数あるかによって使い分けると考えればよい。つまり、(1) は不況の影響がいくつかあるが、その１つとして比較的金のかからない旅行を選ぶ人が多いという言い方である。これに対して、(2) では漁師の１日の仕事の結果はこの魚１匹であったと言っている。これが結果のすべてだというわけである。
　　　次の例文を考えてみよう。

　　(3) His illness is *a/the result of* eating contaminated food.　(*LDCE*)

　　彼の病気は汚染された食物を食べた結果だという意味であるが、a をつける場合と the の場合で意味が同じというはずはない。a であれば、「その結果の１つ」であり、the であれば「その結果が彼の病気である」として原因と結果が直結しているという書き方である。the をつけたほうが断定的な言い方である。（抜粋はここまで）　注1

　上の例は　a result　と　the result　の一般的な違いである。『冠詞の使い方が100％マスターできる本』（宮野晃：アスカ）でも
As *a result of* our efforts, the water of this river has become clearer. の例について「その他の結果がもたらされたかもしれないが、これもその結果の１つである、というニュアンスがあることになります」として、これを As *the result of* our efforts, ... にした場合を「川がきれいになったのは我々の努力以外に理由はない、といった、自信にあふれた心的態度が現れることになります」としている。
　これは「多数の中の一つ」か「唯一」かといった、言わば数の上での差異としてとらえることもできる。

　これに対して、次の『英語冠詞講義』（石田秀雄：大修館書店）の例では、直接的な因果関係（＝唯一性）を強調したいか否かに拠って、冠詞が選択されている。（下線は筆者による。また、例文の番号は省いて、「前者」「後者」あるいは「これらの例」などに換えている。）

　　His broken leg is *the direct result* of his own carelessness.
　　　（彼が足の骨を折ったのは、彼自身の不注意が直接もたらした結果である。）
　　The failure of the company was *a direct result* of poor management.
　　　（その会社の倒産は、お粗末な経営が直接もたらした結果である。）

　　上記の例は、ある事柄の「直接的な結果」を意味するものであるため、どちらの場合も result の後に of で始まる前置詞句が来ています。しかし、前者の例では定冠詞 the が用いられているのに対して、後者の方には不定冠詞 a が用いられています。こうした違いが生じているのは、どのような理由によるのでしょうか。前者の場合、「彼自身の不注意が直接の結果であって、それ以外には考えられない」といった因果関係を断定することに意味の重点が置かれており、またそのことを聞き手は唯一的に同定すべきであると話者が判断しているために、定冠詞をとっていると考えられます。他方、後者が不定冠詞をとっているのは、「お粗末な経営の直接の結果である」ということをただ単に記述的あるいは報告的に述べているだけで、聞き手はとくにそれを唯一的に同定する必要はないと話者が判断しているからでしょう。（抜粋はここまで）

同書の次の記述も参考になろう。

> In *the last resort* we can always walk home.
> （最後の手段として、私たちはつねに歩いて家に帰ることができる。）
> As *a last resort* we could borrow more money on the house.
> （最後の手段として、私たちは家を担保にしてさらにお金を借りることができるだろう。）

これらの例は、どちらも「最後の手段として」という意味を表すものですが、両者の間にはニュアンスの差があると見るべきでしょう。その差とは、前者が「もうこれ以外に手段はないので、どうしようもないときには」といった非常に切羽詰まった感じを表現しようとしているのに対して、後者は「最後の手段」というものを記述的に表現しており、場合によっては、「最後の手段」をさらにいくつか提示することが可能な状況を表しているということです。ただし、これは含意としてであって、そうした「手段」を必ず提示できなければならないということを意味しているわけではありません。それでも、不定冠詞が使われている後者の方は、定冠詞の有する「これしかない」という強い限定の意味が込められていないため、前者の例と比べると、その分だけ話者にはいくぶん余裕があるように感じられます。

4．b．文脈によっては「唯一のもの」とは言えない例

> He is *the* victim of that crime.
> He is *a* victim of that crime.

この例文について『ジーニアス英和辞典 第4版』では、前者を「唯一の犠牲者」、後者を「犠牲者の一人」としている。本書でも『目次』にはこれを挙げたように、一般的にはそのように理解してよい。ただし本来は、「唯一の犠牲者」なら the only victim とする方がよい。the victim のままであれば、会話では [ðiː] と強勢を置いて発音するか、また、表記においてはイタリック体（*the*）にしたり、間を空けて（ｔｈｅ）綴ったり、大文字（THE）にしたりするなどの配慮も必要となる。

その理由は、その犯罪の犠牲者が一人なのか複数人なのかを発信者は知っているとしても、相手はそれについては知らない可能性があるからだ。この点が This is *the* book I mentioned yesterday. / This is *a* book I mentioned yesterday. の例とは異なる。（*that* crime としたからには何らかの文脈があるはずだが、それを省いているために、相手が犠牲者の人数までを把握しているかは不明である。）

また、そもそも発信者も犠牲者の数を知らない場合にはどちらで表現すればよいのかという素朴な疑問も生じよう。（fall victim to ... と無冠詞にすることもこの場合は可能ではあるが……。）

犠牲者が一人だったか複数人だったかを相手は知らない（もしくは発信者も知らない）とすれば、the や a の意味するものは次のように解釈できる。

※ 他の犠牲者がいたかどうかを問題にせずに、He is *the* victim (of that crime). と言うことはできる。つまり、前方照応的な用法を人数の云々よりも優先させるのである。

※ 「強調」のために the を置くこともある。例えば You don't see that you are *the victim* of an injurious system. では、他の犠牲者の有無などには関心はなく、強調のために the を用いている。「あなたは有害な制度のまさに**犠牲者**であることがわかっていない」といったように。類例：I was *the victim* of a clever game.（私は巧妙な詐欺の犠牲者であった。）

※ He is *a* victim of that crime. の例における *a* は、ときに「話題や情報を新たに提示するための不定冠詞」として用いられ、その場合には、複数人いる犠牲者のうちの一人であるとかないとかに対しては中立の表現となる。 ⇒『特集2』
類例：She was *a* victim of malicious gossip.（彼女は悪意のこもった噂話の犠牲者だった。）
（ただし、that crime の内容が提示された直後の *a* victim of ... であれば、one of ... のニュアンスが強いのは確かではあるが。）

例を続ける。

She is *the daughter* of a retired army officer. と言った場合も、必ずしも一人娘とは限らない。つまり、姉妹がいるか否かを知らないか、あるいは問題にせずに「～の娘である」と言う場合には、be *a* daughter of ... か be *the* daughter of ... かのどちらかだが、the を用いれば「弱い強調」か、強勢も置けば「他ならぬ～の娘」といった感じの「強い強調」を感じさせることになる。

他方、The United States is *a daughter* of Great Britain. では、英国連邦の他の国々もあることが世間一般に知られているために、普通に考えれば a が妥当だが、これも「強調」したければ the に換えることはできる。

The Internet is *a phenomenon* of the late twentieth century. 「インターネットは20世紀末の社会的事象である」を、The Internet is *the phenomenon* of.... とするなら、「比肩するものが無いほどの象徴的な社会的事象」というように強調することにはなっても、*the only phenomenon* の意ではないことは常識から判断できる。 注2 次の例でも同じ。

> The Tokyo Olympics were *the event* of the century.（東京オリンピックは世紀の祭典だった。）
> ※ Olympics は Olympic games のことで複数扱いが普通だが、単数扱いにすることもある。 ⇒『特集１１-１２』の前半

以下の例でも大なり小なり「強調」の意が込められていよう。

> I believed her boast that she was *the daughter* of an earl. 「伯爵の娘だという彼女の自慢を私は信じ（てい）た。」
> His mother was *the daughter* of a distinguished diplomat.（彼の母は有名な外交官の娘だ。）

The dog is *a friend of man*. と The dog is *the friend of man*. の違いは、「犬は人間の友だ」「犬こそ人間の友だ」といったところだろうが、後者の訳としてはこの程度の強調で十分であり、特段の文脈がない限りは「犬だけが…」といったように排他的に唯一性を強調する必要はない。

下の例でも、the が何らかの文脈を受けるためのものではないとしたら、残るは強調したいか否かの違いである。

In this neighborhood it seems to be ***the*** [*an*] accepted arrangement. （この辺ではそういう決まりになっているみたいだ。）
She is ***the*** [*a*] victim of her own generosity. （彼女は気前がいいものだからみすみす損ばかりしている。）
He is ***the*** [*a*] ghost of his former self. （彼に昔の面影はまるでない。）

ところで、Tokyo is ***the*** *capital* of Japan. では the が唯一性を表したが、これは、ある国の首都と言えば当然に一都市であるという社会認識がベースにあるからである。 ⇨ 『特集３−２』後半の I introduced ***the*** *coach* of my tennis club to.... の例
他方、daughter や victim といった例では、そのような社会認識なり前提なりがベースに無いことも多いので、これと同じようには扱えない。
このように、唯一の存在であることを明示するというのは the の有する働きの一部に過ぎないので、a と the の違いを常に数と関連づけて考えようとするのは誤りである。

まとめとして Would you mind opening *the window*? について考えてみると、この場合の *the window* は、必ずしも見える位置にあるわけでも、またその数が認識されているわけでもない。したがって次の ①〜⑤ の状況が考えられるが、このうち、「唯一の」の意をある程度は積極的に表そうとする意図が感じられるのは、② か ③ に該当し、且つ、部屋に窓が一つしかないことが認識されているという少々特殊な状況下においてのみである。

① すでに言及された窓のことを言う。
② 目視できる範囲にある窓のことを言う。この場合、this や that ほどは直接的に指示するものではないが、強く指示したければそれらに置き換えることができる。
③ 目視はできない所にあるが、その存在がわかっている窓のことを言う。「例の窓」といった感じの、視覚によらない共通認識がある。例えば Would you mind if I closed *the window*? でも、目視はできなくとも、開いている窓のことを言うことができる。
④ 窓があるかどうかは不明だが、少し抽象的に「どこか開口部を」という意味で言う。
⑤ この他、次の例のように、「ドアではなくて窓から」といったような「区別・対比を強調する」場合が考えられる。

"Then I'll get in at *the window*." "That you won't. [You won't do that.]"
「じゃあ、窓から入るから。」「そんなことは許しませんよ。」

区別・対比を強く言う気がなければ、a を置けばよい。
The thief seems to have got in through [by, at] *a window*.

※ なお、次頁からの『５．意図的に強調するためのもの』でも、これまでに述べたことの関連内容を詳しく解説している。

注1　ただし、(3)の例については、「汚染された食物を食べた結果がいくつかあるが、その1つとして彼は病気になった」ということは考えにくい。つまり、例えば「汚染された食べ物の影響」であれば、風評被害で無関係の農家が被害を受けたなど他にも考えられるが、「汚染された食物を（彼が）食べた結果」では、病気以外の結果は考えにくい。また、もし「彼が病気になった結果、生計が成り立たなくなった」ということがあったとしても、それはその病気の結果なので、同列に扱うのはおかしい。

また、The reason for his illness is (his, him) eating contaminated food. であって One [a] reason for his illness is.... ではないのだろうから、その意味からも、「原因と結果が直結しているという書き方」の His illness is *the result of* eating contaminated food. の方がよいと筆者は考える。

ただし、His illness is *a result of* eating contaminated food. も、話題や情報を提示する文として、強調せずにさらりと述べるために用いるというのであれば何の問題もない。　⇨　『the 4−6』下の抜粋文

注2　The Internet is **a** *phenomenon* of the late twentieth century. の出典は『理系のための英語論文執筆ガイド』（原田豊太郎：講談社）だが、この例文について同書では「注意したいのは、phenomenon に of ではじまる**修飾句**がついているため、うっかり the phenomenon としやすい点である。the とすると、20世紀末期の現象はただ１つしかないことになってしまう」としている。つまり、the とするのは誤りとしているのだが、筆者はそうは考えない。

以下は『日本人の英語』（マーク ピーターセン：岩波新書）からの抜粋である。

　　Japanese arranged marriage has recently become **a subject** of wide interest in the United States.
　　　（日本人のお見合いは、最近、アメリカで一般的に興味深く思われる**話題**となっている）
　　Japanese arranged marriage has recently become **the subject** of wide interest in the United States.
　　　（日本人のお見合いは、最近、アメリカで一般的な**注目のまと**となっている）

　　"a subject" の場合は、当然いくつもある「一般的に興味深く思われている話題」の中の一つという意味となるのに反し、"the subject" の場合は、「当然一つしかない注目のまと」という意味で、センテンスの理解ができる。（抜粋はここまで）

このような例は普通は「話題や情報を新たに提示」（⇨『特集2』）しているものなので a を置く方が自然である。しかし、the subject の例をピーターセン氏も誤りとはしていないように、the を置くことはできる。

筆者が考えるに、「当然一つしかない注目のまと」というのは発信者の主張ではあるが、「注目のまと」がそれ以外には無いことを実際に確認したわけではあるまい。また常識的にも、「日本人のお見合い」だけをアメリカ人が注目しているというのはありえない話である。つまり、唯一性を強調してはいても、事実として「唯一のもの」である必要はないわけだ。発信者が言うのは、その「まと」は目立つ重要なものなので、他に「まと」があったとしても眼中にはないし取るに足らないということだ。

5．意図的に強調するためのもの ⇨ 『特集3』

この範疇には、「まさに(その)」といったような純粋な狭義の強調例、言うなれば強調のための強調の、顕著な例を主に扱うことにする。まずは強調のニュアンスが感じ取れる例を列挙してみる。（強形の [ðiː] で発音することが多い。）

To be, or not to be: that is *the question*. （生きるべきか死ぬべきか、それが問題だ。）
The poor devil ! ＝ Poor devil ! （かわいそうな奴だなあ。）
the ambitious Napoleon （大望を抱くナポレオン） 注1
You actually met *the* George Harrison ? （あのジョージ ハリスンに本当に会ったの。）
Next we encounter *the heroic* Dr. Pape, who struggles on despite great personal danger.
（次に我々は、個人的な危険をものともせずに闘い続けておられる勇敢なペーブ博士とお会いします。）
"He's gotten away with cheating on the exam." "*The* lucky dog."
「あいつ、カンニングしたのにお咎めなしだぜ。」「運のいい奴め。」

On (*the*) one hand I hate liver; on the other (hand), it might be good for me.
（私はレバーが嫌いだが、それは私のためによいかもしれない。）
　　one / the other の使い分けなので前者に the は不要だが、置くとすればそれは強調のためである。　cf. 『the 3－14』上

また、例えば次の違いに顕著に見られるように、of ～ による修飾では、the を用いてその意味を強調することが多い。 注2

in *the cause of* justice （正義のために）
on *the basis of* scientific reasoning （科学的な考え方に基づいて）
on *the basis of* word-of-mouth recommendation （口伝えで）
on *a* case-by-case basis （ケースバイケースで）　　on *a* fifty-fifty basis （対等に）　　on *a* gold basis （金本位基準で）
We hereby swear to play fairly in *the spirit of* good sportsmanship.
（宣誓、我々はスポーツマン精神にのっとり正々堂々と戦うことを誓います。）
Agreement was reached in *a spirit of* compromise. （妥協を心掛けて合意が得られた。）

これらの the も基本的には区別・対比のためのものだが、強調しようとする意図が少なからず働いていることが感じられよう。

無冠詞あるいは不定冠詞でも構わない次のような例で敢えて the を置くのは、強調したい気持ちが多少なりともあるからである。

in (*the*) hope of reward （報酬を期待して）
Habit is (a [*the*]) second nature. （諺：習慣は第二の天性。） ※ 今は冠詞を省くことが多い。

of ～ が動名詞を従えて同格を表す場合にも、「～という」といった限定的・強調的ニュアンスを込めて the を置くことが多い。

in *the* act of ～ing （～の最中に）
She gave me a lift home and saved me *the trouble of calling a taxi*.
（彼女が私を家まで送ってくれたのでタクシーを呼ばなくてすみました。）

同格を多少とも強調しないのなら a でも構わない。

have [be in] *the* [*a*] habit of (doing) ... （～の癖がある） 注3

不定詞による修飾でも同じ。

He is not *the* [*a*] man to betray a friend. （彼は友を裏切るような男ではない。）
The association is looking for *a place* to house its library. （協会はその蔵書を収納する場所を探している。）
This is neither the time nor *the place* to discuss that. （そのことを議論すべき時でも場合でもない。）

that-節による同格でも、強調するために the を置くことが多い。

Don't buy a hard bed in *the mistaken belief that it is good for you*.
（体によいという誤った思い込みで固いベットを買わないように。）

この場合も、同格を強調する意図がないのなら a でも構わない。（『特集2－2』の上部にも類例あり。）

The project is underpinned by *a belief that all families need support at some time or another*.
（そのプロジェクトの根幹には、いかなる家庭もいつ何時サポートを必要とするかわからないという信念がある。）

なお、and などでつながれた語句の「区別・対比を明確にしたり、個別の要素を強調したい」場合には冠詞等を反復させるが、これについては『特集12－5』の②を参照されたい。（また逆に、反復させない例として『特集12－2』の中ほどを参照されたい。）

ところで、日本人が書く英文には the が必要以上に多用される傾向があるが、それは、無意識にせよ the を単なる強調のための記号としてとらえているからか、単なるアクセサリー程度のものと考えているからであろう。しかしそれが逆効果なのは、アンダーラインや太文字などの過度の使用がその効果を減ずるのに似ている。「強調」表現は要所で使ってこそ効果的なものである。（ちなみに a の強意形の [ei] だが、米国のテレビニュースを聞いていると、強調する場面でもないのに気取って、やたらとこれが多用されている。筆者には耳障りなだけである。）

また、日本人が「強調」のつもりで置いた the が、ネイティブスピーカーには前方照応にしか思えないために、まごつかせイライラさせることが多い。例えば、「最近の研究によれば……」は *Recent research* shows that.... と無冠詞で書く。

  Recent intelligence from ... reports that....（～の伝える最近の情報によると……）
  Recent economic reports give cause for worry.（最近の経済に関する報告は不安を抱かせる。）

ただし、*The* recent reports in the papers of these crimes... のように十分に限定している場合や、*The* latest report(s).... *The* most recent report(s).... のように最上級なら the を置く。（Latest reports say.... のような無冠詞の例も見られるが。）

これに関しては『the 3-6』、『特集1-4』の『注2』、および『特集3-2』の『注1』も参照されたい。

『比較的弱い強調』について

例えば He was **the** *son* of a doctor. では、彼が一人息子（the only son）ではない場合にもこのように言うことができる。その場合 the を用いるのは、多少とも強調したいためである。

また He hid himself in **the** *corner* of his shop. の例では、... **a** *corner* of his shop. としても全く問題はないし、実際に a *corner* of ... の用例は多い。the *corner* が前出のものを受けるのでないのなら、a を用いた場合と比べて多少は強意的ということ以外に意味の違いはない。

A group of citizens is trying to stop (the) development of the golf course. の例では、the golf course の the によって自ずと development も特定されるので省略できる。もし繰り返せば多少はくどい感じにはなるが、その分だけ強調することにもなる。
（ただし development が前に話題に上がっていてそれを受けるのなら ... trying to stop *the* development. と、the は省略しない。その場合にもし golf course までを入れるとすると、... trying to stop *the* development of (the) golf course. と、省くなら後の方の the である。要はどちらの名詞が the をより必要とするかという問題である。）

また別の例を挙げれば、He is ***the*** *hero* of the hour.「彼は時の英雄である」や He had something of ***the*** *hero* in his nature.「彼には多少豪傑肌のところがあった」で the を置く理由は、「hero が彼一人だから」といった理由からではなく、普通は「まさしく」「典型的な」というように強調するためである。He has the makings of ***a*** *hero*.「彼はヒーローとなる素質の持ち主である」と比べてみれば、the のそのような強調効果がわかりやすいだろう。下も同様の例。

  play *the soldier*（軍人らしく振る舞う） act *the man* = act *like a man*（男らしく振る舞う）

このように the を用いるのは、相手にもその典型的な特徴を思い浮かべてほしいという気持ちが（たとえ無意識にせよ）あるからだと理解してよい。

他方、そのような特徴を強調せずに言うのなら無冠詞にするが、その場合は「～のまねをして遊ぶ」「～ごっこをする」といった意味になることが多い。注4

  play *policeman*（警官のふりをする） play *doctor* [*war, school*]（お医者さん［戦争、学校］ごっこをする）
  play *cowboys and Indians*（西部劇ごっこをする）

また、橋の名称について『英語の冠詞がわかる本』（正保富三：研究社）に次の記述があるが、これも強調したいという意志が弱いながらも働いている例だと言えよう。なお、橋の名称について詳しくは『the 3-55』の『注3』を参照されたい。

> …前略… このように見てくると、橋の名前に冠詞がつくかつかないかを見極める手がかりは何もないように見える。しかし、英米人がその橋をそう呼ぶときの心理を考えると、そこには何らかの原則が働いているはずである。都市名のようにたんなる名前として意識されるものには冠詞をつけないが、何らかの意味で「あの○○の橋」と言って、その名前の由来に注目するときには定冠詞をつけるように思われる。
>
> その考え方に従えば、たとえば京都の四条大橋は、ロンドンの Waterloo Bridge にならって Shijo Ohashi Bridge でよさそうである。一方、瀬戸大橋などは、「あの瀬戸内海にかかる大きな橋」という意味で、the Severn Bridge などに準じて the Seto Ohashi Bridge とするのがよいように思われる。

『比較的強い強調』について

the man [woman, person] of the moment （時の人）
Beer is *the* drink for hot weather. （暑いときはビールが一番だ。）
Caesar was *the* general of Rome. （シーザーはローマ随一の名将だった。）
That woman is *the* person for the job. （その仕事にはあの女性が適任だ。）
He looks *the* picture of health. （彼は健康そのものだ。）
The idea of such a thing! （そんな途方もないことを考えるなんてあきれたもんだ。）
The troubles I've seen in my life! （私が人生でなめてきた苦労といったら。）

なお、例えば This is exactly the right place to be during the summer.「こここそ夏の保養に最適の地だ」も、類例の This is *the* place to recuperate during the summer. のように the place だけでも表せるが、the を斜字体で表記するか、発音なら [ðiː] と強勢を置くなどの配慮が望まれる。

"Most of us in the field consider him *the* expert on rhinovirus colds," says Dr Robert Couch....
（「この分野にいるほとんどの者は彼こそライノウイルス風邪の第一人者だと思っています」と Robert Couch 博士は言う。）
この例文の出典は『現代英語冠詞事典』（樋口昌幸：大修館書店）だが、同書によると、この原文でも the と斜字体で表記されているそうだ。「第一人者」の一般的な訳語は the leading expert [authority] である。

人名を強調することも多い。

a picture starring *the Hepburn* （ヘップバーン主演の映画）
Do you mean *the Thomas Hardy*? （君の言うのはあの文豪のトマス ハーディーのことか。）
He is said to be *the Edison* of Japan. （彼は日本のエジソンと言われている。）
She had something of *the Nightingale* in her. （彼女はナイチンゲールのような資質を少し持っていた。）
This is *the Mr. Morita* of whom I spoke (to you) the other day. （この方が先日お話し申しあげた森田さんです。）

He is **an** Edison. では限定性が弱く「彼はエジソンのような発明家だ」。また **the** *Janet* next door「隣人のジャネット」では、強調と言うよりも「ジャネットという名の人は多くいるが、その中でも隣人のジャネット」と特定するためのもの。 ⇒『the 3-5』

cf. *the* Moris「森家（の人々）」または「森夫妻」　*a* Moris「森家の人［一員］」

また、語義の強い形容詞や名詞と共に the が用いられることが多い。唯一性や最上級の意味合いが含意されるためである。

A bond issue is *the* **typical** form of business loans. （社債は商売上の借り入れの典型だ。）
He is *the* **ideal** of the English gentleman. （彼は英国紳士の典型だ。）
This is *the* **very** thing for you. （これは君にはもってこいのものだ。）
the **perfect** time to do it （それをするのに絶好の時）
the **perfect** place to see the parade （パレードを見るのに申し分のない場所）

このような形容詞を置いても、強調する気持ちがないか、「他にも同等のものがある」ということを含意したいのなら a を用いればよい。

Bullying is *a* **typical** feature of boarding school life. （いじめは寄宿学校の生活の典型的な特色である。）
In *an* **ideal** world there would be no need for money. （理想的な世界ではお金など必要ないだろう。）
The coat is *a* **perfect** fit. （そのコートはぴったりと合って申し分ない。）

次の例でも、そのニュアンスの違いがよく見て取れるだろう。

Her abilities proved to be *the* **perfect complement** to his. （彼女の才能は彼の才能を申し分なく補うものであるとわかった。）
Her abilities proved to be *a* **natural complement** to his. （……自然に補うものであるとわかった。）

ちなみに、強調する名詞・形容詞はイタリックなどで表記する他、語頭を大文字（a capital）にすることもある。下の例文はそのことについて述べている。

He is a statesman with a capital S. （He is a Statesman. ＝ 彼こそ政治家の中の政治家だ。）
He was romantic with a capital R. （He was Romantic. ＝ 彼はまさしく夢想家だった。）

ところで、例えばヘミングウエーの小説『老人と海』の原題は『 The Old Man and the Sea 』であって『 An Old Man ...』ではない。小説を読む前の読者にとっては文中の「老人」は未知のものなので、通常の理屈から言えば『 An Old Man ...』の方が正しいのだが、これも一種の強調例と考えれば納得ができよう。映画『ゴッドファーザー』も『 The Godfather 』となっている。

ノンフィクションでも同様に Ruth Benedict の書『菊と刀』は『 The Chrysanthemum and the Sword 』であり、遺伝子に関する科学書には『 The Astonishing Hypothesis 』というのがある。（hypothesis は「仮説」のことだが、仮説は他にもあるのが普通なので、本来であれば An Astonishing Hypothesis が正しい。しかしそれでは人目を引くことはできないし、著者がその本の内容に自信を持っていないかのような印象を与えかねないので、タイトルとしては失格である。）

小説ではまた、題名に限らず文中でも、初出の語に対して the を先行させることは珍しくない。以下は『雪国』（川端康成）の冒頭部分の Seidensticker による訳である。

The *train* came out of **the** *long tunnel* into **the** *snow country*. The earth lay white under the night sky. The train pulled up at a signal stop.
（国境の長いトンネルを抜けると雪国であった。夜の底が白くなった。信号所に汽車が止まった。）

冒頭の *The train* は主人公が乗っている汽車であるので広義の後方照応とも言えるが、強調例の一つと考えてもいいだろう。そしてそれは読者を物語に引き込むような効果がある。これをもし *A train* で始めたとすると「ある汽車が……」といった感じで、素っ気ないものになってしまうだろう。（また『老人と海』の冒頭は、 He was an old man who fished alone in a skiff in the Gulf Stream.... と He で始まるが、これも同様の効果を狙ったものと考えられる。） 注6・7

また時制についても、例えば『赤毛のアン』では、本文は過去形で書かれているにもかかわらず、小見出しは次のように現在形である。

Matthew Cuthbert is Surprised　　　Diana is invited to Tea, with Tragic Results　　　The Queen's Class is Organized

「マシュー驚く」といったように、これから起こる出来事であるように感じさせて読者をわくわくさせる効果が感じられる。

他方、論文のタイトルや字数を制限される抄録、あるいは地図中の地名などでは省文字数・省スペース・簡略化のために冠詞を省略することが多い。

Massive Nonfilarial Elephantiasis: Report of (an) Unusual Case

小説においても冠詞を省略することはある。

Little House on the Prairie 『大草原の小さな家』 注8

注1　『新英和大辞典』では、「ただし、dear, honest, good, great, noble, cruel, poor など感情のこもった一般的な形容詞に**修飾**された人名は無冠詞」として、Honest John, poor little Nancy の例を挙げている。
　　また『英文法詳解』（杉山忠一：学研）では次のように解説している。

　　　　形容詞が真の意味で人名を形容し、その人の性格などを表すときは the がつき、むしろ言う人の感情をこめて用いられるもの《little, old, poor, dear, young, etc.》では the はつかない。しかし、これらの形容詞も、感情的色彩なしで用いれば the をつける。《the poor Dick（貧しいディック）を上例の poor Dick と比較せよ》（抜粋はここまで）

同書では、「上例」に poor Dick「かわいそうなディック」を挙げている。

注2　実際に、at the sight of, in the light of, at the thought of など、of を用いた例では他の前置詞よりも the の使用割合が高い。
　　cf. with *a view to* doing ＝ with *the* [(俗語) a] *view of* doing ＝ with *the intention* [*idea*] *of* doing（〜する目的で）

of 以外の前置詞では、無冠詞の例も多く見られる。
　　in accordance with..., in agreement with..., in agreement (with a person) on..., in response to..., in relation to...,
　　in apology for..., in atonement for..., etc.

なお、in case of, in the case of など 定冠詞・不定冠詞・無冠詞によって意味が大きく変わる例については『特集１３−７』を参照されたい。

注3　強調をしない以下のような場合には、不定冠詞あるいは無冠詞の例も普通に見られる。

　　at *a* cost of $20,000（２万ドルの費用で）　　in *a* [*the*] *blink* of an eye ＝ in *a blink*（瞬時に）
　　make *a rule* of ... ing（〜することを決まりにしている）　　make *a habit* of ... ing（〜の習慣をつくる、〜の癖がつく）
　　I make *a point* of getting whatever I can get (for) free.（もらえるものは何でももらう主義だ。）
　　In *point* of learning he has no equal.（学問にかけては、彼に匹敵する者はいない。）
　　I'm in *a* [*the*] *devil of* a trouble.（とんでもないもめごとに巻き込まれている。）

注4　『現代英語冠詞事典』（樋口昌幸：大修館書店）では「"play the 名詞" においては、だれもが連想する、特定の『特徴』（プロトタイプ）に重点が置かれる」として次のような例を挙げている。

　　In those days, the first baseman on a team in the Negro League often played *the clown*.
　　　（当時黒人リーグに所属するチームの１塁手は道化を演じることがよくあった。）
　　Stop acting *the fool*, I'm trying to talk to you.（ばかな真似はやめろ。話し合おうとしているのだ。）
　　That woman there, she is playing *the lady*.（あそこの女性、彼女は淑女を気取っている。）

注5　この例文は『新和英大辞典』（研究社 電子増補版 2008）に載せられているものだが、同書のその前の版である『第5版 2004』では the を置かずに This is *Mr. Morita* of whom I spoke (to you) the other day. としている。the を置くか置かないかはそれだけ**微妙**なところなのだろうが、その違いは強調したいか否かの違いであって、the が必須というわけではない。

注6　そのような例について『現代英語冠詞事典』（樋口昌之：大修館書店）では次のように解説している。

　　　　小説などでは初出であっても名詞（部）にしばしば the がつけられる。その作品の世界に入って名詞部が指示するものを同定することが読者に期待されているからである。
　　　　I was walking in *the park* with a friend recently, and his mobile phone rang, interrupting our conversation.
　　　　（最近友人と公園を散歩中、彼の携帯電話が鳴り、会話は中断された。）　　（抜粋部分はここまで）

同書では、この「公園」を「書き手または友人の居住地近くの公園」としている。

注7　以下、参考までに『雪国』のさらに先を抜粋するが、原文では明示されていない部分を英訳では補っている。むしろ英文による方がその内容を理解しやすいことにお気づきになるだろう。もっとも純文学では、曖昧模糊とした部分がある方がむしろその魅力を増すのかも知れないが。

　　　向側の座席から娘が立って来て、島村の前のガラス窓を落した。雪の冷気が流れこんだ。娘は窓いっぱいに乗り出して、遠くへ叫ぶように、
　　　「駅長さあん、駅長さあん」
　　　明りをさげてゆっくり雪を踏んで来た男は、襟巻で鼻の上まで包み、耳に帽子の毛皮を垂れていた。

　　　A girl who had been sitting on the other side of the car came over and opened the window in front of Shimamura. The snowy cold poured in. Leaning far out the window, the girl called the station master as though he were a great distance away. The station master walked slowly over the snow, a lantern in his hand. His face was buried to the nose in a muffler, and the flaps of his cap were turned down over his ears.

注8　Little House は無冠詞だが、Prairie に対しては the を用いている。これは、「森や林ではなく大草原の」といった区別・対比を**強調**するものである。

『特集編』の目次

特集 1 関係詞節と冠詞

特集 2 「数」とは無関係の、話題や情報を新たに提示するための不定冠詞

特集 3 前方照応の the と「強調」のための the、あるいは「唯一のもの」を表す the

特集 4 「発信者がそれをはじめて知ったか否か」や「それが世間に知られているか否か」を判断基準とする例、あるいは「『既存のもの・これまでに実際にあったことか』か、それとも『存在しないもの・これからのことか』」を判断基準とする例

特集 5 動名詞と冠詞
    その1 動名詞と冠詞 5-1〜
    その2 動名詞と名詞の使い分け 5-5
    その3 動名詞と名詞、そのニュアンスが異なる場合 5-6

特集 6 所有格と冠詞の違い

特集 7 序数詞と冠詞

特集 8 最上級と the

特集 9 相対最上級・絶対最上級と冠詞

特集 10 複数形の名詞と the

特集 11 名詞の単複の選択例
    その1 英単語の単複 11-1〜
    その2 英語と日本語の違い 11-14〜

特集 12 冠詞等を反復させるか否か
    その1 冠詞等を反復させない例 12-1〜
    その2 冠詞等を反復させる例 12-5〜
    その3 その他の注意点(繰り返すか否かで意味が異なる例など) 12-7
    その4 and 以下の冠詞等の有無による修飾・被修飾関係の判断 12-8〜
    その5 ***the*** first and ***the*** second *chapter* = ***the*** first and second *chapters*
      のような、and が形容詞をつなぐパターンについて 12-10〜

特集 13 冠詞を省略する例としない例
    ① 主に成句的な表現において、通常の文脈では定冠詞を省略しても差し支えはない例 13-1
    ② 主に成句的な表現において、定冠詞もしくは不定冠詞を通常は省略する例 13-2〜
    ③ 冠詞を省略しない例 13-5〜
    ④ 定冠詞・不定冠詞・無冠詞の違いで意味が大きく変わる例 13-7〜

特集 14 人名・肩書き等と冠詞
    その1 補語の例など 14-1〜
    その2 固有名詞との併記例など 14-4〜

特集 15 「The 比較級 ..., the 比較級....」の構文に関する注意点

特集 16 病名・症状名と冠詞

注1・2 ⇨ 特集1-4

特集 1 関係詞節と冠詞

関係詞節を用いたからといって、そのこと自体を（a / the / 無冠詞）の選択の根拠としてはならない。にもかかわらず、日本人の学習者は、関係詞節を伴った先行詞に対して次のような誤りを犯しやすい。

　誤り① 関係詞節を伴えば、先行詞に対しては自動的に the を先行させなければならない。
　誤り② 関係詞節を伴った場合も、先行詞が唯一のものであれば the を、多数のものの中の一つであれば a を用いる。

①の誤りは初学者に多く、ある程度学習が進むと、今度は②の誤解に囚われやすい。

「誤り① 関係詞節を伴えば、先行詞に対しては自動的に the を先行させなければならない」について

　これについては何の根拠もない。それは、次のような例が多数存在することからただちに明らかとなる。

　　He is ***a serious man*** who works hard and doesn't smile. （彼は熱心に働くが笑わない生真面目な人です。）
　　An orphan is ***a child*** whose parents are dead. （孤児とは、両親をなくした子供のことである。）
　　A television program that educates can also entertain. （テレビの教育番組に娯楽性があることもある。）
　　Bordeaux is ***a wine*** you can drink with many kinds of food. （ボルドーは色々な食べ物と合う種類のワインである。）

　また、無冠詞の抽象名詞や複数形名詞などが関係詞節の先行詞となることもある。

　　Gambling which does not conflict with state law is authorized by city ordinance.
　　　（州法に抵触しない類の賭博が市条例によって認められている。）
　　She held ***views*** on sexuality that were exceptional in that era. （彼女の性に対する考えはその時代にしては特異だった。）

　ただし、区別や対比を明確にする必要があれば冠詞を置く。 注1

　　literature that deals with our inner life （人間の内面生活を扱う文学）── 文学全般について言えること ⇨ 『the 3-7』の上
　　the literature that deals with our inner life （文学の中でも特に、人間の内面生活を扱うもの）

区別・対比性や限定的な性格が強い被修飾語に対しては the を用いるが、関係詞節による修飾がそれに該当することはあっても、これは特に「関係詞節だから」というわけではない。 注2

　　write in a diary ***the things that happened that day*** （日記にその日の出来事を書き入れる）
　　his insight into human character and ***the deeper things of life*** （人間性ならびに人生の根底をなすものに対する彼の洞察力）
　　I remembered ***the pain I had gone through***. （前に経験した痛みを思い出した。）
　　Vanilla extract will relieve ***the pain of a grease burn***. （バニラのエキスは油による火傷の痛みをとる作用がある。）

次に、「誤り② 関係詞節を伴った場合も、先行詞が唯一のものであれば the を、多数のものの中の一つであれば a を用いる」について

　下の例のように、関係詞節を伴った例で「先行詞が唯一のものであれば the を、多数のものの中の一つであれば a を用いる」ことがあるのは事実だが、関係詞節を伴えば全てをそれで処理できると考えるのは間違いである。

　　Mr. Kawabata is ***the novelist who wrote this book***.
　　Mr. Murakami is ***a novelist who is popular with young people***.
「この本」は川端氏がただ一人で著したものである。他方、若者に人気のある小説家は大勢いるが、村上氏はそのうちの一人である。

　「誤り②」のように思い込んでしまう学習者が多いのは、このような例文を挙げて「誤り① 関係詞節を伴えば、先行詞に対しては自動的に the を先行させなければならない」を否定するだけの解説で終わってしまう文法書が多いことも一因ではなかろうか。上の例では「一人」か「複数人の中の一人」かが自明であるが、実際にはこのような単純明解な場面状況ばかりではない。

　「先行詞が唯一のものであれば the を、多数のものの中の一つであれば a を用いる」という規則を適用できるのは、上のような社会常識的な共通認識がある場合の他、次頁に挙げるBのパターンのような場合についてであり、Aのような例には適用しにくい。
　Bのパターンでは、先行詞の種類（a book, the book, some books, the books）に関係なく、発信者とその相手との間に言わばプライベートな共通認識がある。他方、Aの例では、a book と the book で共通認識の有無に違いがある。

A: This is ***a*** book I bought yesterday.
　　This is ***the*** book I bought yesterday.

　昨日私が「この本」を買ったことを相手が知らず、はじめて話題に出すときには ***a* book** であり、知っているか何らかの文脈があれば ***the* book** である。この場合はその違いを表すことに主眼があって、買った本の単複うんぬんを問題にするものではない。

　したがって、This is ***a*** book I bought yesterday. は（I bought this book yesterday. に比べればいささか不自然な感じはするものの）文脈なしでも用いられるが、This is ***the*** book I bought yesterday. を文脈なしで言った場合には唐突な感を与えることになる。

　この違いは、日本語では助詞によってなされる次の使い分けに相当するものである。
　　「これは私が昨日買った本です。」　「これが私が昨日買った本です。」

　ところで、「買った本の単複うんぬんを問題にするものではない」ということについて少し詳しく述べてみたい。

　This is ***a*** book I bought yesterday. については、「この本」についての話題や情報を新たに提示しようとするのであって、他にも昨日買った本があろうがなかろうが、それはどうでもよいことである。　⇨『特集2』

　This is ***the*** book I bought yesterday. については、前出の内容などから相手も一冊に特定できるという意味では確かに唯一性を示唆してはいるが、昨日は他にも本を買ったがそのことは話題に出さなかったということも考えられるので、買った本が一冊だったとまでは言い切れない。つまり、この the は前方照応のためのものであって、「唯一の」のニュアンスを多少は感じさせることがあったとしても、それは付随的なものである。

　買った本の単複を正確に言いたいのなら、the か a かによるのではなく、This is ***the only book*** I bought yesterday. あるいは This is ***one of the books*** I bought yesterday. と明確にする必要がある。

B: Please let me have (back) ***a*** book I lent you the other day.（先日お貸しした本のうちの一冊をお返しください。）
　　Please let me have (back) ***the*** book I lent you the other day.（先日お貸しした本をお返しください。）

　<u>先日貸した本の冊数は互いにわかっている。この点が A とは根本的に異なる。</u>貸した本が一冊だけなら ***the* book** であり、***a* book** なら「複数の本のうちの一冊」ということになる。また、もし貸した本が複数冊で、そのうちの一部を返して欲しいのなら ***some books*** で、全てを返して欲しいのなら (all) ***the books*** である。（なお、all the books の意は the books だけで表現できる。　⇨『特集10』）

　Aの This is ***the*** book I bought yesterday. は、本書では『2．i．前出した内容と呼応するもの』に、Bの Please let me have (back) ***the*** book I lent you the other day. は『1．その場の状況やお互いの関係などから……』に分類される。そして後者は、先日貸した本が一冊だけであることがお互いに分かっているわけだから、『4．i．他に代る存在が無いために、絶対的に唯一の存在となるもの』にも含めることができるということになる。

　ところで、上に挙げた例はプライベートな話題であり、共通認識もプライベートなものだが、次のように不特定多数の人に対しても言うことのできる例ならどうだろうか。
　　He's ***the*** man who established the foundations for a flourishing supermarket industry.
　　　（彼がスーパーマーケット業界の繁栄の基礎を築いた男である。）
これを文脈無しに言ったとしても違和感は無い。つまり前方照応が無くても自然なわけだが、それは、代りに唯一性を感じられるからである。このような文においては、社会常識的に the が「唯一のもの」を表すものと了解される。　⇨『4．「唯一性」を明示するためのもの』
なお、これが話題の提示文なら He is ***a*** man who.... とすることもできるが、「第一人者」であることを明示するためにはやはり the を置くべきである。

　また、Aで述べた話題・情報の提示のための文についてだが、同じく This is ... で始める文であっても次のような例では、相手が知らないことを文脈もなく初めて話題に出すときであっても、それが「唯一のもの」であることを強く言うか、「他のものとの区別・対比」を強調するのであれば当然に the を用いる。

　　This is ***the book*** that first interested me in French literature.（これが私に初めてフランス文学に関心をもたせてくれた本です。）
　　This is ***the house*** (that) he lives in.（これは彼の住んでいる家です。）
　　This is ***the instance*** that occurs first to my mind.（これが真っ先に思い浮かぶ例です。）
　　This is ***the night*** that either makes me or fordoes me quite.（おれが成功するか滅びるか、それを決めるのは今夜だ。）

　この伝でいけば、This is ***the*** book I bought yesterday. の例でも少々特殊な状況を想定してみれば、文脈なしに唐突にこのように言うことも不可能とは言えないだろう。例えば「私が昨日買った本」が何らかの事情で他人の本と共に机の上に積まれてしまった時に、その所有権を主張する状況などを想定してみれば。（ただしその状況では、This is my book. や This book is mine. の方がより強く主張できるが。）

Aについてのさらに詳しい解説を続ける。

この例文について、『理系のための英語論文執筆ガイド』（原田豊太郎：講談社）には次の記述がある。（下線は筆者による。）

　…前略…　一般に、関係代名詞節を含む修飾語句が名詞を特定して名詞に the がつく場合は、修飾語句のもつ情報を、情報を受ける側と共有していなければならない。
　ところが、「私が本を買った」というような個人的な情報は、そのことを相手が知るまでは共有していない。したがって、<u>私が本を買ったことを相手が知らない場合、昨日買った本が1冊であろうとなかろうと、1冊の本について言及しているときは a book となるのである。</u>
　他方、相手に本を見せる前に「昨日本を買ったこと」を相手に話していた場合、「昨日本を買った」という情報は共有されており、したがってこの場合は the となるのである。…後略…

『英語冠詞講義』（石田秀雄：大修館書店）でも、この例文について次のように解説している。

　…前略…　冠詞の使い分けは、どれが問題の本であるのかを聞き手に唯一的に同定するよう求めているのか、それともただ単にそれがどのような本であるのか記述しているだけなのかという違いに由来するものであり、数の問題とは関係がないのです。
　とはいうものの、This is the book I bought yesterday. の場合、the が「それだけしかない」という包括的な意味を表す文法標識であることを思い起こすならば、文脈によっては、「買った本は1冊だけ」ということを含意するケースはありうると思います。ただし、それはあくまで含意としてであって、前方照応的用法の定冠詞としての機能を果たしていると考えられるかぎりは、「1冊だけでなければならない」ということを積極的に表しているわけではありません。
　他方、This is a book I bought yesterday. という文についても、「何冊か買った本のうちの1冊」と解釈することが完全に間違っていると主張しているわけではありません。含意としては、そういう意味を表しているということもありうるでしょう。それでも、この場合の不定冠詞 a は「買った本は1冊だけでなく、他にもある」ということを伝えているのではなく、「買った本は1冊だけであり、他にはない」ということを伝えてはいないと理解するのが、やはり妥当ではないでしょうか。

同書の次の箇所も参考になろう。（下線は筆者による。また、例文の番号は原本とは異なる。）

　　数に重点を置いた解釈がおかしいということは、次のような例を検討すれば明らかでしょう。

(1) That is *the girl* whom I saw yesterday.
　　（あの娘が私が昨日会った女の子です。）
(2) This is *a cat* which I saw yesterday.
　　（これは私が昨日見かけた猫です。）

これらの例において、もし冠詞の違いは数の違いを反映したものだと考えるならば、(1)は「昨日見かけた女の子は1人だけで、その当人」を意味し、(2)は「昨日見かけた猫が何匹かおり、そのうちの1匹」を表すという日常会話としては少し奇妙な解釈をしなければならなくなってしまいます。しかし、実際には、上の2つの文はそのような意味を表すものではないでしょう。
　(1)の文では、先行詞 girl に定冠詞が用いられていますが、これは「あの娘が例の女の子だ、ほら昨日私が見かけた」といった意味を表しているからです。関係詞節による修飾を受けているという点からすれば、<u>(1)の文で使われている定冠詞は後方照応的用法の the ということになりますが、この文の前には「昨日私が見かけた女の子」のことが話題に上っていなければならないとするならば、前方照応的用法の定冠詞としても機能していることになります。そこには、先行詞の girl が指示する対象についてはすでに言及済みであるのだから、聞き手はその指示対象を唯一的に同定しているにちがいないという判断が話者の側にあるわけです。それに対して、(2)の場合、先行詞 cat に不定冠詞が用いられていますが、その理由は関係詞節を含む文全体が、「どのような猫か」ということを記述する役割を果たしているからにすぎません。</u>

注1 as を用いて区別・対比を強く表すことも珍しくない。

    literature *as* distinguished from mere prose composition （単なる散文の作文とは区別されるものとしての文学）
    Language *as* we know it is a human invention.（我々の知っているような言語は人間の創り出したものである。）
    the English language *as* (it is) spoken in America （アメリカで話されている英語）

注2 日本人の多くは、まるで枕詞か飾り物のごとく冠詞を置いたり、強調するつもりで安易に the を置いてしまいがちだが、そのことが余計な混乱を生むことも多い。抽象名詞に関する一例を以下に『日本人の英語』（マーク ピーターセン：岩波新書）から抄録する。

    It is often noted that Japanese college students seldom ask questions in their classes and that this appears to be not simply because of **the** shyness.

この例について氏は次のように解説している。

    …前略… "the shyness" の "the" は、読者にいらいらをおこす。突然 "the shyness" と言われたら、「一体 "What shyness ?"」ときくしかない。つまり、書いた人は、この "the" では具体的に何の shyness を示そうとしているか、という質問になるのである。
    本当は、日本の大学生のもつ「shyness という気質」を一般的に言おうとしているだけであり、それ以上は限定していないので、この "the" には役割がない。このセンテンスの直し方は簡単である。その余分の "the" を取り、
        ... not simply because of shyness.
にすれば、完璧で立派な英文になる。 …中略…

    しかし、もしここで、その後にさらに
        ... this appears to be not simply because of **the** (particular type of) shyness **for which the Japanese are well known**.（日本人に特有といわれているはにかみのせいばかりではなさそうである。）
などのような文脈があれば、"the shyness" の "the" による限定は十分になる。その場合なら、いうまでもなく "the shyness" は正しい言い方である。

この抄録例については本編の『3-25』でも触れている。

以下の例は『英文法詳解』（杉山忠一：学研）からの抜粋である。

    （1） He greeted me with **a** warmth that was surprising.（彼はびっくりするほど温かく私を迎えた）
    （2） He greeted me with **the** warmth that I was accustomed to.（彼はいつもどおりの温かな態度で私を迎えた）

    関係詞があとに続いても、その先行詞に the がつくとはかぎらない。(1) では that ～ は warmth の描写をしているのであって、それを限定し、特定化しているのではない。いくつかある warmth の様相のうちの1つだから、a なのである。一方 (2) では、「私」だけがいつも経験する warmth だから、特定のものになる。もちろん、「私」が he の「びっくりするような」warmth について以前に聞き手に話していれば、(1) でも the を用いることができる。なお、上の文で関係詞節がなければ、当然冠詞も消えることになる。

なお物質名詞に関しては、「私は鶏肉を食べた」は I ate chicken. とすべきところを I ate a chicken.「鶏を一羽丸ごと食べた」とするような間違いが日本人に多いことを指摘している文法書類は多い。これは、日本人には名詞を可算・不可算で区別して考える習慣がないからだが、いずれにせよ、無冠詞が常態の抽象名詞・物質名詞に関しては、普通名詞の場合とはまた異なる注意が必要である。

注3 以下は『ロイヤル英文法 改訂新版』（旺文社）からの抜粋であるが、この記述に対する筆者の異論を後に記す。

    〈of＋名詞〉の句や関係詞節がついても、特定化されない場合もある。
        This is **the** doll that he made yesterday.
        （これは彼が昨日作った人形だ）　〔彼が昨日作った人形は1つ〕
        This is **a** doll that he made yesterday.
        （これは彼が昨日作った人形だ）　〔彼は昨日いくつか人形を作った〕　（抜粋はここまで）

このような例も普通は何らかの文脈があった後で発話される。
  例えば彼の手先の器用さが話題となる文脈を考えてみると、
    He has deft fingers. Look here. This is **a** doll he made yesterday.
次に、彼が作る人形の方が主として話題になる文脈を考えてみると、
    I love the dolls he makes. Look here. This is **the** doll he made yesterday.
この違いは A のパターンに該当する。すなわち、前者は「昨日彼が人形を作ったことを知らず、初めて話題に出した例」であり、後者は文脈を受けての前方照応の例である。したがってこれは、『誤り① 関係詞節を伴えば、先行詞に対しては自動的に the を先行させなければならない』を正す例としては使えても、『誤り② 関係詞節を伴った場合も、先行詞が唯一のものであれば the を、多数のものの中の一つであれば a を用いる』に該当する、誤った例となってしまう。（〔彼が昨日作った人形は1つ〕〔彼は昨日いくつか人形を作った〕の説明部分が間違っている。さらに言えば、This is the doll.... の訳は「これが……」の方が望ましい。）
  the で「作った人形は1つ」、a で「いくつか人形を作った」ことを表すためには B のパターンに該当しなければならなかった。つまりその場合、彼が昨日作った人形の数（少なくとも単複）を会話の当事者双方が共通に知っていなければならない。そのような文脈を考えてみれば、
    He made a [one, only one] doll yesterday. This is it. [This is the doll.]
    He made dolls yesterday. This (doll) is one of them.
といった感じであり、「彼が人形を作った」という事実は先に述べたのだから、上記抜粋例のように言う状況は考えにくい。

特集 2　「数」とは無関係の、話題や情報を新たに提示するための不定冠詞

　話題や情報を新たに提示するための文においては、「唯一のもの」に対しても the ではなく a が用いられることが多い。
　the は相手に対して同定を求めるために用いるのが基本だが、話題や情報を新たに提示・紹介したりするその文で、同時に相手に同定を求めるための the を置くというのは強引に過ぎるし、滑稽でもあり、表現としての矛盾を感じさせかねない。
　以下は『英語の冠詞がわかる本』（正保富三：研究社）からの抜粋である。（下線は筆者による。）

　　She might be *a daughter* of the Great Don but she was his wife, she was his property now and he could treat her as he pleased. It made him feel powerful that one of the Corleones was his doormat.

　　上の文は Mario Puzo の *The Godfather* の1節である。a daughter という書き方だけを見ると、娘が何人かいて、そのうちのひとりという意味にもとれる。しかし、この小説に出てくる the Great Don すなわち Godfather の娘は彼女（Connie）ひとりだけである。それなのに、the daughter of the Great Don とはなっていない。それは、「どの娘か」ということを特定する文ではなく、彼女はどんな存在であるかを述べる文だからである。（抜粋はここまで）

　『英語冠詞講義』（石田秀雄：大修館書店）ではまた、Brazil is *a country* which is on the other side of the earth. の例文を挙げて次のように解説している。

　　…前略… 不定冠詞が用いられているのは、ただ単に「ブラジルはどのような国か」という属性を述べた記述的な文にすぎないからです。一般的には、「地球の裏側にある国」はブラジルだけではなく、それ以外にもチリやアルゼンチンをはじめとして複数の国が存在しており、ブラジルはそのうちの1つであるために、不定冠詞をとっているといった説明がなされていますが、実際には、それは含意として解釈すべきことです。というのは、こうした不定冠詞をとっている表現は、いわゆる唯一性に関して中立の立場にあると考えられるからです。 …後略…

　話題や情報を新たに提示するための文で代表的なのは There is a…. の構文である。注1
　　There is *a* strong likelihood of rain.（雨が降る見込みは大いにある。）
　　There is *a* complete absence of sensation in my legs.（両足に全く感覚がない。）
　　There was *a* great joy in the town.（町は喜色にあふれていた。）
　　There was *a* chill wind blowing.（肌を刺すような冷たい風が吹いていた。）

There is で始める文に同格の that 節で修飾された名詞が続いても、There is *a* … that…. とする方が圧倒的に多い。
　　There is *a strong possibility that* they were left to starve.（彼らが餓死するままに放置された可能性が高い。）
　　There is *a widespread belief that*….（～という広く行き渡った考えがある）

※ 上に挙げた例はいずれも抽象性が高い。このように、There 構文においては、抽象性が高い名詞も何らかの修飾語を伴って a / an が置かれる傾向が極めて強い。
　ただし、可算性が強い場合には、やはり「1つ」であることを表す場合が多い。『ジーニアス英和大辞典』では次のように述べている。

　　there is 構文の a(n) は「1」という数詞的観念が強い： There is *a* mistake in her composition. 彼女の作文には誤りが（1つ）ある。次例と比較： Don't make *a* mistake. 誤りを犯すな（= Don't make mistakes.）

　確かに、類例の There are a few mistakes in this composition. や There are some mistakes in the documents that we prepared. といった例と比べても、There is *a mistake*…. が「1つの間違い」を言っていることは明らかである。There's *a man* after my own heart！「私の心にかなった人がいる」でもやはり「一人のひと」である。
　とは言え、このことによって a / an が「話題や情報を新たに提示する」状況で頻繁に用いられるという事実が否定されるものではない。同辞書から別の例を以下に挙げる。

　　"What's on at the theater this evening?" "There is [There's] a film I want to see."
　　「今夜はどんな映画をやってる。」「僕が見たいのをやっているんだ。」
　　"What shall we do this evening?" "There's a film I want to see."
　　「今夜はどうしよう。」「見たい映画があるんだ。」

同辞書では後者の例について「やりたいことを（1つ）あげればそれは映画を見ることだ、という気持」としている。このことを敷衍するなら、後者では、見たい映画がたとえ複数本あったとしても、そのことを強調するのでなければこの表現で済ませることがあるということである。つまり可算名詞であっても、There is a…. 構文が one の意を伴わない提示文として（やや抽象的に）働くことがあることを示している。（他方、前者では、話題自体が映画に関する具体的なものなので、one film の意味合いは必然的に強い。）

　なお、この there 構文については、本編『the 4－5』の『注6』でも少しだけ触れている。

抽象名詞に話を戻すと、同格の that 節を伴えば、限定・特定的な意味合いを強めて、区別・対比を明示させるための the を先行させることが多い。しかし、そのような強調をしない場合や、「そういう○○もある」と紹介的に言う場合には the は置かない。（『特集７－２』の例も参照。）

> We cannot exclude *the possibility that* it will rain tomorrow. （明日雨になる可能性は否定できない。）
> *The belief that* human beings are the highest of all creatures is human arrogance.
> （人間が最も優れた動物であるというのは人間のおごった考えである。）
>
> *A remote possibility* exists *that* the child will experience an allergic reaction to the antibiotic or develop diarrhea caused by changes in gut flora.
> （可能性は低いが、子供が抗生剤にアレルギー反応を呈したり、腸内細菌叢の状態の変化により下痢をすることもあるかもしれない。）
> *A firm belief that* ... exists among seamen. （船乗りの間では～と強く信じられている。）

このように、話題として最初に提示する場合には不定冠詞が用いられることが多く、その場合には数がうんぬんということを第一義的に言おうとするものではない。

ただし相手にとっては初耳で共通認識が無い場合でも不定冠詞を置けないこともある。例えば、I acted in *the belief* that you would approve. 「あなたが賛同してくれるものと信じて行動しました」では、「他でもない、そのような信念をもって」といった感じで強調して the を用いている。これをもし a belief としたなら、随分と弱々しい信念に感じられることだろう。これは、例えば truth に対しては唯一性を表すために通常は the を用いるが、それと同じである。 例: search for the truth （真相を探る） ⇒ 『特集１－２』下の例

そのような強調が不要であれば、a belief とすればよいことは既に述べた通り。
> The project is underpinned by *a belief* that all families need support at some time or another.
> （そのプロジェクトの根幹には、いかなる家庭もいつ何時サポートを必要とするかわからないという信念がある。）

「唯一性」を明示する場合にも the を置く。以下は『日本人の英語』（マーク ピーターセン：岩波新書）からの抜粋である。

> …前略… わざわざ紹介的になる必要のない冒頭センテンスもいくらでも想像できるのである。西洋の歴史上最も有名な冒頭センテンスを、一つの例としてあげよう。
> "In the beginning God created the heaven and the earth. ── Genesis 1: 1"（初めに神が天と地を創造した。創世記１：１）
> このセンテンスの the の意味的カテゴリーに入っている beginning や heaven, earth も、語り手と聞き手の間の相互理解では、三つともそれぞれ「一つしかないもの」であるので、それ以上限定するまでもなく、三つともそのまま the のカテゴリーに入ってもよいのである。逆に、もし創世記の英訳者の意識の中で、宇宙の始めや天や地がそれぞれいくつもあるものであったとすれば、この有名な冒頭センテンスは "In a beginning, God created a heaven and an earth." のような訳となったのであろう。
> 要するに、文脈がすべてなのである。

例えば「私は、彼の陰謀と小細工の犠牲者である」と言いたいが、私一人が犠牲者なのか、あるいは他にも犠牲者がいるのかを知らない場合、または、知っていてもそのことに話の重点を置かない場合には、I'm *a* victim of his machinations and manipulations. と a によって話題を提示すればよい。もし文脈もない中で（つまり前出した内容を受けるのでもなく）I'm *the* victim of ... とすれば、単なる「強調」のための the ではないのなら唯一の犠牲者ということになるが、その意なら the only victim と明示すべきであろう。
ところで、このような例では、唯一の犠牲者なのか否かがわからない場合には、むしろ無冠詞の用法を認めた方が誤解は少ないような気もする。例えば expert のように、無冠詞で（すなわち形容詞化して）補語として用いることのできる名詞も一部にはある。（『特集１４－２』下を参照。） しかし実際には、たいていの場合、単数形の可算名詞は冠詞を要する。

※ 小説においては初出の語に対しても the を先行させることがあるが、これについては本編『the ５－４』を参照。

※ 『特集７』では序数詞と共に用いられる不定冠詞の例を扱っている。この特集のテーマとも関連することなのでそちらも参照されたい。

注1　この場合の there は、「単にものの存在を表すだけで、場所の観念がなく、形式的な主語の役割を果している」(『ジーニアス英和大辞典』より)。場所の概念が無いのだから、「そこに」という意味の there とは区別されなければならない。例えば There was a chill wind blowing *there* [*here*]. のように、同じ文に二つの there が現れることもあるし、There was a great joy in the town. のように場所を表す副詞句とも併用できる。

　ところで、『ジーニアス英和大辞典』ではまた、「この構文は新情報を提示するものだから通例不定のものに用い、特定のものには用いない」とし、There is the cat in the kitchen. を誤りとして挙げ、The cat is in the kitchen. に正している。このことは、高校の英文法などでも教わることなので、一般にそのように理解されているが、実は例外も多い。

　まず第一に、後置修飾語によって強く修飾される場合、つまり後方照応性が強い場合はこの限りではない。『ジーニアス英和大辞典』では、「ただし、新情報となる名詞が of 句や that 節などで限定され特定されている場合はこの限りでない」として There is the problem of race in America. の例を挙げている。(ただし、「我々5人」が the five of us と the を要するのに対して、There are *five of us* in our family. では the を置かないことからも言えるように、There 構文と the はもともと相性が悪い。⇒ 『the 3－51』の上)

　また同辞書では、There is the problem of race in America. について「列挙の there 構文ともとれる」としているが、これが第二の例外である。この点について以下に詳しく述べることにする。まず最初に、まとめると、there 構文によって情報を提示するのには次の場合があることになる。上の「列挙の there 構文ともとれる」は ② にあたる。

　① 「こういうものがある」と相手が知らないことについて初めて言及する。

　② 項目を列挙したり、相手に何かを思い出させたりする。(この場合は相手も知っている内容であることも多いので、純粋な意味での新情報とは限らない。しかしその文脈では初出であり、また相手はそれを忘れているか気がついていないわけだから、その意味で、相手にとっては「新情報」である。)

　① を「存在文」、② を「リスト文」と称することもある。

　① については、「この構文は新情報を提示するものだから通例不定のものに用い、特定のものには用いない」ので不定冠詞を置く。また抽象名詞には本来は不定冠詞は置かないが、この構文においては、個別・具体的なものを表して不定冠詞が置かれることが多い。ただし、後方照応性が強い場合には the を置くこともある。

　② では「the＋名詞」か固有名詞がくる。なお、② で挙げる項目は複数個であることが多いため「リスト文」と呼ばれるが、実際には、挙げられる項目が一つだけでも構わない。

　　① ✕ There is *Lake Biwa* in Shiga Prefecture. → *Lake Biwa* is in Shiga Prefecture.

　　　『ジーニアス英和大辞典』では There is a dog at the door. の例について、これを A dog is at the door. とするには「主語が不定名詞句であり、新情報を担っているため不自然」だが、A dog came into the room. のように「出現を表す動詞が用いられる場合は不自然ではない」としている。

　　② There is *the motorcycle* in the garage. (ガレージには例のバイクがある。)

　　　I'm not alone. There *are Barry, Bob,* and *Jim* around me.

　　　"What's worth visiting there?" "Well, there's *the park, the castle* and *the museum*."

　　　(the park は the park there 「その土地の公園」のことで、言外で限定されている。『ジーニアス英和大辞典 第4版』より)

　　　※ この例のように、列挙する名詞が複数個でも、略式では There are ではなく There's とする。

　　　　"Who might be able to help?" "There's *Bill* and *John*."

　　　　「だれか助けてくれる人いるかしら。」「ビルやジョンがいるよ。」

　　　　この文について同辞書では「Bill と John は聞き手、話し手にとって既知だがこの会話の進行内では新情報として提示されている」としている。つまり、相手にとって既知ではあっても、前の文脈からは予測不可能な情報が提示されている。

　　　固有名詞の例で言えば、① に挙げた ✕ There is *Lake Biwa* in Shiga Prefecture. の例も、「滋賀県には琵琶湖があったじゃない」というように相手に思い出させるような状況においては、十分に自然な文である。

　　　以下、リスト文の例を『新英和大辞典』から挙げておく。いずれの例も、前に会話が進行していて、「既知のものに注意を喚起して問題の確認とか例挙・例示などをする場合、またはこの構文を用いた質問に対して答える場合」(同辞書より)にあたる。

　　　And there are the children (to consider). (それに子供のことがある。)
　　　Finally, there's the question of getting the money. (最後にその金を手に入れるという問題がある。)
　　　Who can we ask? ── There's John, or Tom, or Mary.
　　　Is there anyone coming? ── Yes, there's John.

　ところで、「～のときがやってくるだろう」と、特定の「時・時期」を表す次のような表現では、the time であって a time とは普通はしない。この場合も、同格的に限定・特定的な意味合いを強めるからである。

　　The time will come when he has to leave. (彼が去らねばならないときがやがてはやって来る。)

これを *A time*.... とするのには、日本人でも多くの人が違和感を感じるのではなかろうか。(*cf.* 『特集4－3』の『注1』下部)
しかしこれが There.... を伴うと、a time でも違和感がなくなる。

　　There comes *a time* when we have to make a choice.

　　(選択しなければならない時が来た［来る］。) 「～の時が来る」では There will come.... としてもよい。

特集 3 前方照応の the と「強調」のための the、あるいは「唯一のもの」を表す the

ここでは、これまでに述べてきたことと重複する部分も多いが、強調する場合や唯一性を表す場合と前方照応との区別が微妙な例について考えてみることにする。

以下は『英語の冠詞がわかる本』（正保富三：研究社）からの抜粋だが、筆者はこの記述については異論があることを予めお断りしておく。（下線は筆者による。また、例文の番号は原文とは異なる。）

(1) The biggest problem was *shortage* of skilled workers.
(2) The biggest problem was *the shortage* of skilled workers.
(3) There was *a shortage* of skilled workers.

3つの形の意味の違いは、次のようなことになる。(1)は一般的な「熟練労働者の不足」である。(2)は、以前から問題になっている、熟練労働者の不足という意味である。(3)はそういう問題が今生じているという、問題提起の文である。

抽象名詞に of-phrase がついたからといって、その名詞に定冠詞をつけるとは限らない。(1)のように、とくに限定の意味がなければ無冠詞でよい。(2)では、of-phrase がついたから定冠詞をつけるのではなく、そういう問題が以前から話題になっているという前提がある場合に定冠詞をつけるのである。(3)は、熟練労働者の不足という問題があることを初めて話題にする場合の言い方である。
（抜粋はここまで）

(2)については、前方照応なのか、あるいは区別・対比を強調しようとするものなのかはこれだけの文では判別できない。確かにこの文で話を始めるのは唐突なので、この前に何らかのやりとりがあると普通は考えられるが、それだけの理由でこれを前方照応と考えてはならない。具体的に言えば、「熟練労働者の不足」という言葉かそれに類する具体的内容が前出していれば前方照応だが、そのような前出の語・内容もなく「問題は山積している。中でも熟練労働者の不足が最も深刻だ」という区別・対比を強調する意味で the を置いたとすればそれは前方照応ではないし、文中の「そういう問題が以前から話題になっているという前提がある」というのにも該当しない。

別の例を挙げると、I acted in *the belief* that you would approve. では、この前に何らかのやりとりはあったはずだが、the は同格の that-節との後方照応であり、同時にまた、強調するために置かれているのであって、the belief を示唆するような文脈が前にある必要はない。

上の抜粋文と似たような記述を『英語冠詞講義』（石田秀雄：大修館書店）から抜粋する。（下線は筆者による。また、例文の番号は原文とは異なる。）

…前略… to 不定詞による後置修飾を受けている場合も、問題となっている名詞にはつねに定冠詞 the が付されるわけではありません。次にあげた2つの文を比べてみましょう。

(1) People have *the right* to read any kind of material they wish.
　　（人は読みたいものであれば、いかなる種類のものであっても読む権利を有している）

(2) People have *a right* to worship as they choose.
　　（人は望むように崇拝する権利を有している）

定冠詞が用いられている(1)の場合、to 不定詞の内容に関わることについては、おそらくすでに前の文脈で議論されており、それは絶対に譲ることのできない権利なのだということを、この文は主張しているのではないかと思われます。つまり、to 不定詞の中身は、前の文脈で述べられている内容を総括する形で引き受けているということです。とするならば、ここで用いられている the は、to 不定詞との間では後方照応的な関係にあるものの、前の文脈との間では前方照応的な関係にあると考えることができそうです。どうやら、この例の場合も、前方照応と後方照応とは同時に成立しうるものであって、相互に排他的な関係にはないようです。他方、不定冠詞が用いられている(2)の文は、いわゆる信教の自由について述べたものですが、そうした権利があるということを単に記述しているにすぎません。

名詞が to 不定詞を後にしたがえている事例を、もう1つだけ見ておきましょう。今度は、ability という名詞の例です。

(3) She has *the ability / a remarkable ability* to summarize an argument in a few words.
　　（彼女には、議論を数語でまとめてしまう（非凡な）能力がある）

この例からも明らかなように、to 不定詞を伴っている名詞の前には、やはり the も a も使用することが可能です。2つのケースを比べてみると、定冠詞が用いられている方は、前の文脈で to 不定詞が表している内容についてすでに議論がなされており、「彼女にはまさにそうした能力がある」ということをとくに強調しようとしている文ではないかと思われます。もしそうであるならば、すぐ上で述べたように、to 不定詞をしたがえている名詞の前に付けられた定冠詞 the は、後方照応的であると同時に前方照応としての機能も果たしていることになります。それに対して、不定冠詞 a が用いられている方は、「どんな能力であるのか」あるいは「その能力がどの程度のものであるのか」を記述したものとして解釈することができます。後者において、remarkable という程度を表す形容詞が使用されているのは、この文全体がそうした記述的な性格を有していることの1つの証左であると言えるでしょう。（抜粋はここまで）

これに対する筆者の異論は次の通り。

　　抽象名詞でも後置修飾語を伴うのなら限定詞を置くことは多い。the を置いても必ずしもそれは前方照応によるものではない。注1

このことは一般にも比較的よく理解されていることだが、両氏は前頁の抜粋例に関して、この可能性を排除してしまっている。

具体的に言えば、例えば「いい大人がそんな本を読むべきではない」という非難に対して People have *the right* to read any kind of material they wish. と反論することはできるし、それは「譲ることのできない権利」なのでこれを a にしたら反論らしくない。

また、「なぜ彼女を会議に出席させるのか」という問いに対しては (Because) She has *the ability* to summarize an argument in a few words. と反論することもできる。確かに著者が言うように、彼女の能力について「前の文脈で to 不定詞が表している内容についてすでに議論がされて」いる可能性はあっても、the を用いる条件としてそれが必要なわけではない。

この場合は、人が有する様々な能力の中でも、彼女には特にそういう能力が備わっていることを強調して the を用いているが、ability を形容詞が修飾するのなら、普通は不定冠詞を置き、そういう類の能力があるということを紹介的に言うことが多い。（例文検索をしてみると、形容詞が置かれたパターンでは have *a ... ability* がほとんどであり、それ以外では have *the* ability が多い。）

　　He has *the ability* to speak ten languages.
　　He has *a unique ability* to amuse people.

単なる強意表現として the を置くこともある。

　　He is *the* refuge of the distressed.（彼は悩める者の友だ。）
　　He has *(the)* freedom to do what he thinks right.（彼には正しいと思っていることをする自由がある。）

同様に「英国議会の特徴は何ですか」に対して、次のように答えることはできるが、それも前出の語や内容を受けるわけではない。

　　The House has *the right* to control its own proceedings, so that it is able, for instance, to exclude a person if it wishes.
　　　（イギリス議会には議事を独自に進める権利があるから、たとえばもし望むなら、人を傍聴禁止にすることもできる。）

次の例は『日本国憲法第25条』の訳文である。25条には（憲法前文という広義の文脈はあるものの）この前に文はない。

　　All people shall have *the right* to maintain the minimum standards of wholesome and cultured living.
　　　（すべて国民は、健康で文化的な最低限度の生活を営む権利を有する。）　　⇒『特集10－3』の『注2』

結局のところ、People have *the [a] right* to pursue happiness. のような例では、強調したいか否かによって冠詞が選択されることの方が、他の理由（前方照応による the や、話題や情報を新たに提示するための a）に拠るよりも多いだろう。

（ここでお断りしておくが、前掲の2冊の書はまがいもなく名著である。本書でも各所で取り上げさせていただいた。しかし、ここに抜粋した例文については文脈を提示せずには前方照応と言えるものではないし、抜粋文のように解説しては、the の使用は前方照応的な制約を常に受けるかのような誤解を生むと筆者は考えて、無礼を顧みずに指摘させていただいた。）

さて、話は変わって普通名詞についてだが、これについては「唯一のもの」を表す the なのか、「強調」のための the なのかの判断が難しいものもある。まずは、「唯一のものであるか否か」という判断に基づいて冠詞が使い分けられる例を、以下に『日本人の英語』（マーク ピーターセン：岩波新書）から抜粋する。

　　…前略… さらに次の例で考えてみれば、英語の「数意識」がはっきりと感じられるであろう。
　　　In April, I introduced **the coach** of my tennis club to **an ex-wife** of my brother, and by June the two were already married.（4月に、私のテニス・クラブのコーチを、弟の離婚した妻に紹介したが、6月になったら、二人はもう結婚していた。）
　　"the coach" と "an ex-wife" という表現の冠詞（the, an）で分かることは二つある。一つは、私のテニス・クラブには、コーチが一人しかいないということである。もう一つは、弟は少なくとも二回は離婚しているということである。その逆、つまり "a coach" と "the ex-wife" だったら、コーチは複数、弟の離婚は一回だけということになる。英語のどのセンテンスのどの名詞をみても、この「数意識」がみられる。（抜粋はここまで）注2

この例は my tennis club の coach の話であるので、発信者は当然にコーチの人数を把握して、その上で the を用いている。そして相手もまた、そのこと（＝ the を用いた意味）を了解している。この場合のコミュニケーションにはそのような土台があるために、a か the かによって数の違いが表現できるのだ。He is *(the) principal* of ABC High School. の例でも、学校長は一人であるという社会認識が根底にあっての the である。

ところが「事故の犠牲者」や「～氏の息子」といった例となると、相手はもちろん発信者自身も、犠牲者や息子の人数を知らない可能性がある。そのような例では、「数意識」もやや曖昧なものとなるので、その区別には注意を要する。　　⇒『the 4－7』の『4．b』

注1　例えば、international understanding は普通は無冠詞で用いるが、後置修飾語を伴っていれば the を置く。次の2例は『日本人の英語』（マーク ピーターセン：岩波新書）からの抜粋だが、同書では「"the international understanding" という表現があるとすれば、<u>ふつうは同じセンテンスに『具体的に何の国際的約定か』</u>（What international understanding ?）<u>という質問に答える表現もあるはずである</u>」（下線は筆者による）とし、後者をそれにあたる例として挙げている。他に『特集1－4』の『注2』の例も参照されたい。

　　International understanding is an issue of wide importance to both Japan and the West.
　　　（国際理解は日本にとっても西洋にとってもさまざまな面で重要な問題である。）
　　We should all be very grateful for **the** international understanding, finally reached last year, banning trade in rare animals.
　　　（昨年ようやく合意に達した稀少動物の貿易を禁止する国際的取決めに対してわれわれは大いに感謝すべきである。）

注2　余談ながら、複数回の離婚をしたことをいちいち正確に表現されることは、当事者にとって快いものではないだろう。離婚や前妻のことなどを話題とし、正確に表現すべき必要性があるのなら話は別だが、普通の状況では an ex-wife of yours は嫌な言い方になるので、your ex-wife と所有格を用いるのがエチケットというものである。

特集 4 「発信者がそれをはじめて知ったか否か」や「それが世間に知られているか否か」を判断基準とする例、
あるいは「『既存のもの・これまでに実際にあったことか』か、それとも『存在しないもの・これからのことか』」
を判断基準とする例

まず最初にこの頁では「『発信者がそれをはじめて知ったか否か』や『それが世間に知られているか否か』」が判断のカギとなる例を紹介し、次頁の後半から「『既存のもの・これまでに実際にあったことか』か、それとも『存在しないもの・これからのことか』」がカギとなる例について述べる。

例えば『英語の冠詞がわかる本』（正保富三：研究社）では、She heard *the news* that the Browns were not coming back. について、「そういう情報が存在するという前提で書き手は書いている」、「ブラウンさんたちがもう帰ってこないのだという情報をこの文の書き手は知っていたという含みがある」とし、I learnt of *the rumour* that.... のような例でも「そういううわさが存在するという前提で話をしている」としている。つまり、そのような情報や噂はある程度知れ渡っていて発信者も当然知っているので、「とあるニュースや噂＝無冠詞の news や a rumor」といったレベルではないということを the が示唆していることになる。

これとは対照的な例である He brought her *news* that her brother had safely returned. については、「兄が無事帰ったという知らせをこの文の書き手も初めて聞く情報として伝える文である」としている。同じ理由から、例えば We received *news* that.... でも、そういう知らせを受けたということを相手に紹介的に伝えるのなら無冠詞が自然ということになる。

information について『ジーニアス英和大辞典』では I have (×*the*) information that....「～という知らせを受けている」としている。もっとわかりやすい例は Information has just reached us *that*.... であるが、これらの場合も「それ以前にはその情報を知らなかったのだから the を置かない」という理解が可能であろう。これがもし、「私［我々］が～という情報を公開する」のなら、その情報を知っているわけだから release *the information that* ... とすべきである。

以下は evidence についての例だが、やはり世間に知られていないものなら無冠詞である。

I am looking for *evidence* to confute that argument. （あの立論を論破する証拠を私は探している。）
Evidence has been found that proves his innocence. （彼の無実を証明する証拠が見つかった。）
There is *evidence* that.... （～という証拠がある）

ただし、こういったことが the を置くか否かの唯一の選択基準ではない。区別・対比や唯一性を強調したい気持ちがこの基準よりも勝るのであれば the を置くこともできる。 注1

これに関連して、接続詞 that の用法に関する興味深く有益な指摘を『英語の感覚・日本語の感覚』（池上嘉彦：NHKブックス）から紹介する。これは前方照応か否かの話であるが、（厳守されていないにせよ）上述のような使い分けがなされていることが理解できよう。同書では、以下の英文の出典は『*Meaning and Form*』（D. Bolinger：Longman Group, 1977, p.11）としている。

> If we look at situations where speakers are volunteering information, where no question has been asked and no answer is implied, but what is being said comes out of the blue, it is unnatural for the word *that* to be used. If I step into a room and want to drop a casual remark about the weather I may say *The forecast says it's going to rain*. It would be odd for me to say *The forecast says that it is going to rain*. But if you ask me *What's the weather for tomorrow?* I have a choice; *The forecast says that it is going to rain* is normal.

say という動詞が言われることの内容を表す節を伴う場合、接続詞の that を節の初めに用いるか用いないかという区別である。通常、このような場合、that は使っても使わなくてもよい。そして、くだけたスタイルでは that を使わない傾向がある、と教えられる。しかし、ここで述べられているのは、使うか使わないかはコンテキストの違いがかかわっており、したがって意味が違うという指摘である。つまり節の内容がすでに話題として登場しているようなものであれば、節は接続詞 that を伴い、初めてもち出されるようなことであれば、that を伴わない形が選ばれるというのである。たとえば、次のような場合を想像すればよいであろう。今、ある部屋にジョンとメアリがいる。天気がこれからどうなるかということが話題になって、ジョンがラジオの天気予報を聞いてくると言って別の部屋へ行く。そして、聞いたあと、部屋に戻ってきてメアリにそのことを報告する —— こういう状況設定であったら、ジョンの用いる言い方は that を伴った言い方になるであろう。それに対し、今度はメアリが1人でいる部屋にジョンが入ってきて、たまたま別の部屋で自分が聞いた天気予報のことに言及してメアリに話しかける —— こういう状況設定であったら、ジョンは that を含まないほうの表現を使うであろう、というのである。

> 筆者注：文中2行目の「～使っても使わなくてもよい。」では句点（＝マル）が打たれているが、これは誤植であろう。なぜなら、句点だと、読者はこのことが事実であると（つまり著者は英文の趣旨を真っ向から否定していると）理解するはずだが、続く次頁の抜粋文にいたるまで、逆に肯定的に紹介する文が続くからだ。句点ではなく読点（＝テン）にして、「と教えられる。」にかければ問題はないが、もっとわかりやすくするには、教えられる内容をカッコに入れて明示すればよい。「that は使っても使わなくてもよい。そして、くだけたスタイルでは that を使わない傾向がある」までをこのようにカッコに入れればわかりやすくなる。

特集4−2

注2 ⇨次頁

接続詞 that と定冠詞 the の働き

　　内容を表す名詞節を導く that はあってもなくてもよいものである、と教えられ、そう信じてきた者にとっては、使い分けがあると言われることからしてたいへんな驚きであろうし、その上でさらに、どうして前述のような違いが、that があるかないかということと使われる状況との間にあるのかということが、不思議に思われるであろう。実はこの後者の点も、〈形式〉と〈意味〉の対応という観点から説明ができるのである。

　　つまり、この場合、名詞節の内容が話題として〈既出〉であれば that をとり、〈新出〉であれば that をとらないということである。こう言うと、すぐ気がつくのは、名詞句の内容が話題として〈既出〉であればその名詞句は the をとり、〈新出〉であれば a（あるいは、複数の場合なら、ゼロ）を伴うという関係と著しく平行しているということである。節に伴う接続詞 that と、句に伴う定冠詞 the の間には、〈既出〉の話題であることを表示するという意味で、著しい平行性が認められるわけである。しかも、接続詞の that と定冠詞の the は、いずれももともと指示代名詞の that に由来するもので、起源は同じである。つまり、節を導く接続詞の that は句を導く定冠詞の the と同じ働きをしているというわけである。このように〈意味〉の差が表現の〈形式〉の差と平行しているということも、想定される〈意味〉の差が決して偶然ではないことを示している。（抜粋はここまで）

　次に、「『既存のもの・これまでに実際にあったことか』か、それとも『存在しないもの・これからのことか』」を判断基準にする例を紹介したいが、これについては『特集7　序数詞と冠詞』で詳しく述べるので、ここでは簡単に紹介するにとどめる。

　例えば We will soon have *a second baby*. の例では、これから生まれてくる第2子なので a を置いている。　注2
　他方、実在する［した］次男なら *the second son* である。また、「第2次世界大戦」は *the* Second World War だが、「第3次世界大戦」は *a* third world war [*a* Third World War] である。これが将来 *the* Third World War と呼ばれる日が来ないことを祈りたい。

　或いはまた This particular occasion contributed to *the* deepening of *the* mutual understanding between the two countries. 「これを機に両国間の理解が深まった」では、「両国間の理解」について前に言及されたのであれば the を置くのはもちろんだが、仮にそれが全く無いような文脈、例えば「その年から多くの大学が交換留学生を受け入れるようになった」というような前文であったとしても、両国間の理解が深化したという事実が実際にあったのなら the を置くのが妥当である。(*the* deepening の the で代表させて *the* deepening of mutual understanding.... と mutual understanding に置かれていた the については省いても差し支えはない。)

　これとは対照的に「これから日米間の理解を深める」のなら promote mutual understanding between Japan and America と、the は置かない方がよいが、「他でもなく特に日米間の……」というように、区別・対比を強く言いたいのであれば the を置くことはできる。

注1　information は典型的な不可算名詞である。（原義は「inform すること」という行為を表す。）　つまり、それだけ抽象性が強いので無冠詞で用いられる傾向も強い。evidence も不可算性・抽象性が強いが、次のような場合には the を先行させる。　⇨　『特集１１−６』

① 前方照応の「その〜」の場合。

I had *the information* from the horse's mouth. （その情報を信頼すべき筋から得た。）
The information was new to him. （それは彼には初耳だった。）
The evidence agrees with the facts. （その証拠は事実と一致する。）

　　他の限定詞を伴うこともある。
　　　I got *that information* through Tom. （私はその情報をトムを通じて入手した。）
　　　This information is confidential. （この情報は内密のものである。）
　　　　this については前方照応だけでなく、「以下の…、これから述べる…」の意を表すこともある。

② 修飾語を伴って、区別・対比や唯一性を強調する場合には the を置く。

The rumors were supported by *the information* that.... （その噂は〜という情報によって裏づけられた。）
Look at *the information* that precedes the paragraph in question. （該当箇所前文の注意事項を見なさい。）
on *the evidence* of （〜の証言によると）
This is *the evidence* that finally sealed her fate. （これが彼女の運命を最終的に決定づけた証拠だ。）
The evidence that we have so much still to do is, sadly, all around you.
（為すべきことがまだあまりにも多く残っているという事実は、悲しいことに、身の回りをながめてみるとすぐにわかる。）

　　所有格を伴うこともある。
　　　He apologized that *his information* had not been accurate. （彼は自らの情報が正確ではなかったことを謝罪した。）
　　　Our case hinges crucially on *your evidence*. （我々の申し立てが認められるかどうかは、あなたの証拠次第で決まります。）

次の２文の違いについても、その情報を知っているとかいないとかというよりも、強調しているかいないかの違いに過ぎないと考えるのが無難であろう。

She elicited *the information* that he was seen near the scene of the crime at 9:00 pm.
　　（彼が午後９時に犯行現場近くで目撃されたという情報を彼女は聞き出した。）
She elicited *information* from the witness that led to conviction of the defendant.
　　（被告人の有罪判決につながる情報を彼女は目撃者から聞き出した。）

ところで、「唯一性」や「区別・対比」の強調、あるいは「後方照応的な限定」が強いとか弱いとかいうのに絶対的な基準はないので、ある程度は個人的・恣意的な判断に委ねられる。
例えば同格的な修飾語を従える次の表現パターンでは、「まさにそのような日や時が」という唯一性・特殊性を強調して、文脈がなくとも通常は the を置く。

The day of reckoning will come. （報いの日が来るだろう。）
The day will come when we can smile again. （また笑える日も来るだろう。）

しかし、A day.... で始まる例もないわけではない。
A day may come when the courage of men fails, when we forsake our friends and break all bonds of fellowship.
この例では may が置かれていることからも窺えるように、明言はしたくないのであろう。

注2　まだ生まれていない第２子でも　My wife doesn't seem so worried about *the second* (*child*) as she was about the first. 「妻も２人目は初産の時ほどの緊張はないようだ」のような the の使用例もある。しかしこれは、*child* が省略可能なことから明かなように前方照応の the であるし、同時に the first と対比させるものである。
　また、このような区別はしないで、She was carrying *her second child* at the time. 「そのとき彼女は２人目を宿していた」のように所有格を置くことも多い。

特集 5 動名詞と冠詞 その1 動名詞と冠詞

　動名詞は「～をすること」といった行為を表すために抽象的に扱われて不可算であり、基本的には無冠詞である。これは例えば、information の原義が「inform すること」であり、そのために不可算・無冠詞になるのと同じである。（基本的な例文は 注1 に挙げる。）
　ところが実際には、普通名詞的な性格を強く有して、それには該当しないものも少なくない。そこでまず最初に、動名詞の種類を見てみることにする。これについては『現代英文法講義』（安藤貞雄：開拓社）に詳しく述べられているが、同書を参考にその主な特徴をまとめてみると、以下のようになろう。

Ⅰ．名詞的動名詞（名詞として世間一般に認知されており、多くは辞書に載せられている。）
　　1．限定詞（冠詞・所有格・this などの指示形容詞・数量詞など）を置くことが多い。
　　　　We had a rough *crossing* from Kobe to Yokohama. （神戸から横浜まで荒れた海を航行した。）
　　　ただし、抽象性が強いものは無冠詞で用いる。
　　　　Gambling has no attraction for me. （私はギャンブルには全く興味がない。）
　　2．形容詞によって修飾することができる。
　　　　Reckless *spending* could beggar the country. （むちゃな浪費は国を貧しくしかねない。）
　　3．目的語を直接にはとれず、of を入れる。
　　　　The *taking* of human life is not permissible in any circumstances. （人命を奪うことはいかなる事情でも許されない。）
　　　　You must go to the original for a true *understanding* of the meaning.
　　　　　（本当の意味を理解するには原文によらなければならない。）
　　4．複数形にできる。
　　5．意味上の主語は所有格で。

Ⅱ．動詞的動名詞（抽象的な性格を名詞的動名詞よりも強く残しているため、抽象名詞に似た扱いとなる。）
　　1．限定詞はとらない。
　　　　Far from *despising*, I greatly respect her. （軽蔑するどころか、私は彼女を大いに尊敬している。）
　　2．主に –ly 型の副詞によって修飾することができる。
　　　　Simply *pumping* public money into the railways is not the answer.
　　　　　（公金を鉄道にただ単につぎこむだけでは解決にならない。）
　　3．直接に目的語をとることができる。
　　　　Children learn by *imitating* **their parents**. （子供は親を手本にして学ぶ。）
　　　　Learning **the language** is key to *understanding* **the culture**. （文化を理解するためには言語の習得が不可欠である。）
　　　of を介しない。
　　　　× writing of a letter　× driving of a car
　　　補語を伴うこともある。
　　　　Just *being* **alive** is wonderful！（生きているだけで素晴らしい。）
　　4．複数形にはできない。
　　5．意味上の主語は所有格もしくは目的格。ただし文頭では所有格が普通。

Ⅲ．ⅠとⅡの混合型

　　限定詞と次のものを同時にとることができる：–ly 型の副詞・直接目的語・前置詞句・主格補語

　　　例えば There is no *denying* his capability as a physician. 「医師としての彼の能力は確かなものである」の denying は、目的語をとりつつも no によって修飾されているので両方の性質を有する。（詳しくは同書の初版255頁を参照されたい。）

　3の「限定詞＋動名詞＋of ...」と「動名詞＋目的語」の違いは重要なので念を押して述べるが、the taking of human life では human life は意味上は taking の目的語に相当するものだが、taking に the が先行していて名詞的なために of を省略することはできない。他方 taking human life は動詞的動名詞なので of を介さずに目的語を直接とり、無冠詞である。 注2・3

　　名詞的動名詞：　○ *the* taking *of* human life　× the taking human life
　　動詞的動名詞：　○ taking human life　× taking *of* human life

　また、名詞的動名詞は形容詞によって、動詞的動名詞は副詞によって修飾できることから、前者は the *cruel* taking of human life 後者は taking human life *cruelly* となる。

名詞的動名詞はさらに、①「特定の状況下で行なう個別の行為」か ②「世間一般に認識されている名詞として扱う」場合に分類される。
冠詞に話を戻して、the を先行させる例を挙げることにする。

① 「特定の状況下で行なう個別の行為」であることを強調する。

The going was very hard over the mountain pass. （山路の歩行はなかなか骨が折れた。）
The climbing was painful to us. （その登山は我々には骨が折れた。）
The meat will shrivel in *the cooking*. （そんな火の入れ方をしては肉が縮んでしまうよ。）
He explained *the reasoning* behind the decision. （彼は決定に至った論法を説明した。）
This particular occasion contributed to *the deepening* of the mutual understanding between the two countries.
　（これを機に両国間の理解が深まった。）　この例文については『特集4−2』の下を参照。

個別の行為なので、動名詞の意味上の主語（＝人称代名詞の所有格・目的格）を the に代えて用いることができる場合も多い。
　Cut *the talking*！ ＝ Cut *your talking*！（話をやめろ。）

この場合の多くは前方照応の the なのでそれなりの文脈を必要とするが、単なる強調のために置くこともある。
　It's yours for *the taking*. （手に取りさえすればご自分のものになります。）
　I do not think that any one of us suffered physically as the results of *the early rising*, and *the walking through the rain*.
　　（早起きをして雨の中を歩くことによって体力的に辛い目にあっていた仲間がいたとは私は思わない。）
　　※ この原文の文脈には the で受けるような内容はないので、前方照応的なものではない。

② 世間一般に認識されている名詞として扱う。 注4

the opening and closing of the CD disk tray （CDディスクトレイの開閉）
the first showing of a film to the public （映画の封切り）
with *the coming* of spring （春の到来とともに）
the cloning of mammals （哺乳動物のクローニング）
the taking of evidence （証拠調べ）

He lost *the hearing* in one of his ears. （彼は片方の耳が聞こえなくなった。）
I'm involved in *the buying and selling* of futures. （私は先物の売買に関わっています。）
He knows all *the comings and goings* of the inhabitants. （彼は住民のすべての動向を知っている。）
The going is good since the road has been repaired. （道路が補修されたので道の状態はよい。）
Many citizens were invited to *the opening* of the new bank. （新銀行の開店祝いに大勢の市民が招待された。）
It is *the teaching* of history. （それは歴史の教えるところである。）
A break has occurred in *the wiring*. （配線が断絶した。）

The next major step is *the building* of a gym. （次の大きな段階は体育館を建てることだ。）
The building of the castle spanned three centuries. （その城の造営には3世紀を要した。）
the building of Australia （オーストラリアの建国）

The making of dictionaries is an endless task, but it is also a rewarding one.
　（辞書作りは終りの無い仕事だが、報われる仕事でもある。）
Hardships are *the making* of a man. （苦労して人は成功する。）
The prime impulse of capitalism is *the making* of money. （資本主義の主要な推進力は金儲けである。）
the making of English （英語の成り立ち）
She has *the makings* of a great star. （彼女には大スターになる素質がある。）

辞書に記載されている動名詞由来のこのような「名詞」は無数にあり、日本語に取り入れられているものも多い。 注5
　例：feeling, meeting, shopping, cleaning, writing, opening, painting, packing, tuning, lecturing, etc.

名詞化された動名詞の前には、the の他にも a や他の限定詞（所有格・指示形容詞・数量詞など）、また形容詞を置くことができる。

 a showing of new fashions （ニューファッション展示会）
 I have *a liking* for music. ＝ I like music.
 Give me *a candid hearing*. （公平に聞いてください。）
 wrongful taking of property （財産横領）
 wasteful spending （無駄な出費）
 circular reasoning （循環論法）
 The mayor offered *an inarticulate accounting*. （市長は歯切れの悪い答弁をした。）
 Groups of academics debated *human cloning* heatedly. （複数の学者グループが人間のクローニングについて激論を交した。）
 Seventy miles an hour is *pretty good going*. （時速70マイルとはかなりのスピードだ。）

紹介的な記述では不定冠詞を用いることが多い。
 Everything has *a beginning*, a middle and an end. （ものごとには皆、始めと中間部と終りがある。）

しかし、強調して述べるのなら、紹介的な記述（＝話題や情報を新たに提示する文）でも the を置く。
 Humility is *the beginning* of wisdom. （諺：譲歩は分別の始まり。）

以下は booking「予約（を入れること）」のバリエーションである。
 Booking begins tomorrow. （予約受付は明日より。）
 Could you make *the booking* in her name？ （彼女の名前で予約してくださいますか。）
 Early booking is essential. （早めの予約が肝心である。）
 I'm holding the hall with *a provisional booking*. （会場は仮予約の形で押さえてある。）
 This double booking does lead to..... （この重複予約によって……）
 Bookings are obtainable from tourist agents. （切符は旅行代理店で求められます。）

※ arrival / arriving など、同義の名詞がある場合にどちらを優先的に使うかについては『特集5－5 動名詞と名詞の使い分け』を参照。

以下は『ベーシック英語史』（家入葉子：ひつじ書房）からの抄録である。

 文字通り、動詞の特徴と名詞の特徴を兼ね備えたものが動名詞（gerund）である。古英語では、動詞に –ing または –ung の語尾をつけて、抽象概念を表わす名詞を作った。これが、動名詞の起源である。したがって、もともとは動詞に由来する名詞であったと考えてよい。ところが、現在では、動名詞が目的語を従えたり、副詞を従えるなど、動詞的な性格を強めてきている。たとえば、freeware resources for studying speech sounds of English というときに、動名詞の studying は直接目的語として speech sounds を従えている。このほかにも、動名詞が受動態や完了形を作ることができるようになったのも、動詞的性格が強くなってきた証拠である。動名詞の歴史は、名詞的な性格から徐々に動詞的な性格を強める方向に移行してくる歴史である。
 一方、時代をさかのぼるほど、名詞的な性格の強い動名詞に遭遇する確立が高くなる。　…中略…

 動名詞の意味上の主語をどのように表わすかも興味深い。学校では、所有格で表わす方法と目的格で表わす方法を習ったはずである。いうまでもなく、所有格で表わす場合の方が、動名詞の名詞的性格が強いことになる。意味上の主語が名詞の場合には、目的格を使う用法が近代英語に入るころから一般化してきているが、意味上の主語が代名詞の場合には、動名詞の動詞的性格が強まった現代英語でも、まだ所有格と目的格の間で揺れがみられる。一般に、たとえば his arriving と him arriving では所有格を使った his arriving の方が格式ばった英語で好まれると書かれている文法書もある。しかし、最近の英語の実態を観察してみると、格式ばった文体でも、目的格が相当に使用されているようである。

注1　以下は動名詞の基本的な例文である。

Going up and down stairs is painful for me.（階段の上がり降りがつらい。）
verify a bank's financial standing before *opening* an account（口座を開設する前に銀行の財務状況を確かめる）
Comparing a novice and a veteran is unfair.（新人をベテランと比較しては可哀そうだ。）
Going to the circus with my father was a real adventure for me.（父とのサーカス見物はほんとうに胸がおどった。）
Having to work alone left her feeling even more isolated than other young farm women.
　（彼女は一人で働かなければならなかったので、他の農家の女性達よりもいっそうの孤独を感じていた。）
Crossing the tougher old breeds with commercial ones create more disease-resistant animals.
　（昔からいる種を商業的な価値が高い種と交配させることによって、病気に対する抵抗力の強い動物が生まれる。）

ば、古い英語では、この原則に反した例も「しばしば見られる」ようだ。

』（岩波新書）の中で、「the ＋ ～ing ＋ of ＋名詞」に関して次のように述べている。

学者から、"Notes on **the** Writing of Scientific English" という題名に対して、「scientific English の
ら、別に the がなくてもよいのではないか」ときかれたことがある。
+of+名詞"のパターンもよくあれば、of なしの "～ing+名詞"（たとえば、writing English）もよくあり、
が、後者は入らないというポイントである。つまり、"on **the** writing of scientific English" も、
いが、on writing of scientific English も、on **the** writing scientific English も正しくないのである。
しては教わっているはずと思うが、その理屈は特に教わっていないようである。
「文脈が the を使えるほど十分に限定している」かどうかに基づいているのである。たとえば、"He is inter-
という英語と、"He is interested in painting pictures." という英語は、意味的には多少ニュアンスの違いが
ただ、前者の場合は、of pictures の of があるから、painting と pictures の関係が修飾関係である。つまり、
f pictures である。要するに、これは house painting（家のペンキ塗り）ではなく、**picture** painting（絵
res が painting の意味の範囲を限定している。それに対して後者の場合は、pictures が painting の「目的」
な限定にならないのである。だから、"He is interested in **the** painting pictures." という言い方はありえな

のもあるが、「それらはまた別の名詞」と割り切って考えても差し支えはないだろう。

akings（利益・所得）　　savings（貯金・蓄え）　　takings, earnings（稼ぎ高・収益）
教訓）　leavings（残り物）　speakings（口伝の文学）　surroundings（取り巻き連中）

場合などは動名詞として用いられる。

t, I stopped *feeling frightened* about this disease.（医師の説明を聞いて、この病気が怖くなくなった。）
との再会を楽しみにしていた。）

正誤表　『英文法徹底詳述集　1　冠詞編』
以下の誤字・脱字につきまして深くお詫び申し上げますとともに、訂正をお願いいたします。

誤字　７９ページ　６行目　　おたつねしたところ、　→　おたずねしたところ、
脱字　９０ページ　７行目　　「歴代○○のうちのひとりしということを……
誤字　１１７ページ　下から７行目　　遭遇する確立が高くなる。　→　確率

特集 5　動名詞と名詞　その2　動名詞と名詞の使い分け

同義の名詞がある場合にどちらを優先的に使うかについては『現代英文法講義』（安藤貞雄：開拓社）に次のように著されている。

　　-ing 形と同義の名詞がある場合は、普通、名詞が優先的に使用される（Swan 1995: 279）。名詞があるのに、わざわざ動詞を名詞化する必要はないからである。

　　　(i)　We're all excited about his arrival / × arriving.　　　(Swan 1995)
　　　　　（彼がやって来たことで、みんな興奮している。）
　　　(ii)　We are hoping for the news of his success / × succeeding.
　　　　　（彼が成功したという知らせを期待している。）　　　　　（抜粋はここまで）

ただし目的語を伴えば動名詞もよく用いられる。

　Aliens register with the immigration authorities on *entering the country*.（入国の際に外国人は入国管理局に登録する。）
　　cf.　On my *entrance* he jumped back in surprise.（私が入っていくと彼は驚いて後ろに飛びのいた。）

　a penalty for *violating a traffic rule*　＝　a penalty for (*a*) *violation of a traffic rule*

　（Someone has to keep protesting against *human rights violations*.「人権侵害に対しては誰かが抗議しつづけなければならない」を
　… against violating human rights. とはできない。動名詞の意味上の主語が文の主語と一致しないためである。）

on arrival / on arriving についても、着いた場所も言う場合には on arriving の方がよく用いられる。

　On *arriving* [*his arrival*] *at the door*, he opened it soundlessly.
　On *arriving in Texas*, he spent most of his research efforts studying….

　　cf.　cash *on arrival*（到着払い）　　Please look after him *on arrival*.（着いたら彼をよろしく頼みます。）
　　　　On our arrival, we were greeted by the news that….（到着するなり、～というニュースが耳にとびこんできた。）

形容詞によって修飾するのなら普通は名詞の方を用いる。

　a flagrant violation of the law（目に余る違法行為）
　He made *a cynical reference* to the clerk's poor memory.（彼はその事務員の記憶力の無さに皮肉たっぷりに言及した。）
　make *a candid disclosure* (of …)（～を包み隠しなく明らかにする）
　　cf.　be shy about *disclosing the secret*（なかなか秘密を明かさない）

simultaneous interpreting「同時通訳」では simultaneous interpretation [translation] に代えることもできるが、このように他にも名詞があるためにその動名詞が純粋な名詞とは考えられない場合であっても、形容詞で修飾できる場合もある。

※　名詞がある場合であっても、動名詞と完全に同義であることはまれであろう。これについては次頁に例を挙げる。

※　上記の (ii) We are hoping for the news of his success / × succeeding. については、安藤氏が言われるような「名詞があるのに、わざわざ動詞を名詞化する必要はないから」という理由も然る事ながら、この場合は「成功したという（完了した行為の）知らせ」だから succeeding は（不可とまでは言わないにせよ）あまりよくはないと筆者は考える。これについては次頁の ② で述べる。
　なお、I heard about you [your] succeeding in the examination. のような「名詞（your success）があるのに、わざわざ動詞を名詞化」して用いている例も実際には散見される。

特集 5 動名詞と名詞 その3 動名詞と名詞、そのニュアンスが異なる場合

動名詞と名詞ではそのニュアンスに違いが生じる場合がある。以下に私見を述べてみたい。
① 動名詞の方は動的で、名詞の方は静的に感じられることがある。
② 動名詞は「継続中の行為」あるいは「これからの行為」を、名詞は「完了した行為」を感じさせることがある。

① simultaneous interpreting と simultaneous interpretation では、前者の方が後者よりも動詞的な性格をより強く残しているために多少とも臨場的であるように思う。「人権侵害」も、violating human rights では、行為の主体（＝人権を侵害する者）の存在を暗に感じさせるような動的な性格を有しているのに対して、human rights violation では客観的で淡々とした感じである。

Complete the exercise *without referring to* a dictionary.（辞書を調べないで課題を完成させなさい。）
He mechanically applied the theory *without reference to* the unique nature of the data.
（彼はデータの特異な性質を無視して、自動的にその理論を適用した。）

それぞれ referring と reference を入れ替えても間違いではないものの、「継続中の行為」や「これからの行為」には動的な表現の方がしっくりくるし、「過去のこと」には静的な表現の方がしっくりくる。またこれは ② とも関連することである。

「～を参照 [言及] しながら」なら次のような表現になる。
"The current state of affairs is just awful," he said, *referring to*....（～に言及して、「現状は全くひどいものだ」と彼は言った。）
In this report we study the future trend of ..., *referring to* foreign works on the subject.（海外文献を紹介しつつ…）
write a letter *while* constantly *referring to* a dictionary   make a speech *while referring to* one's notes

ちなみに、 with reference to ... は普通「～に関して (about)」の意である。

② 例えば I have some doubts about his *succeeding*.『英和活用大辞典』と、I have some doubts about his *success*.『新和英大辞典』は、実際にはその意味の違いは区別されてはいないようだが（注1）、それでも、「今のところは万事うまくいっている」ことや「これから段階的に成功を重ねていく」ことに対して疑いを持つのなら前者の方が、他方、例えば彼が成功したという（「完了した行為」）についての噂を耳にして、本当にそうかと疑いをもつ場合には後者の方が、そのニュアンスをより上手く伝えられるだろうと筆者は考える。

Mastering the unfamiliar new machinery has been a hard day-to-day struggle for me.
（慣れない新型の機械を使いこなそうと連日悪戦苦闘している。）
His *mastery* of widely different poetic styles shows his extraordinary adaptability.
（非常に異なった詩のいくつかの文体を巧みに駆使できることが、彼の並外れた柔軟性を示している。）
　　この場合 That he has mastered widely different poetic styles shows.... か
　　His [Him] having mastered widely different poetic styles shows.... に近い意味がある。

Maintaining the dams costs millions of dollars.（ダムの維持には数百万ドルかかる。）
The *maintenance* in that building is excellent.（あのビルの管理はとてもすばらしい。）
　　上段は The *maintenance* of the dams.... としてもよいが、*Maintaining* の方が「これからのこと」であることが（costs の現在形に拠るまでもなく）瞬時にわかる。You must factor insurance payments into the cost of *maintaining* a car. でも同じ。

the pleasure(s) and pain(s) of *growing up*（大人になる喜びと悲しみ）
complete one's *growth*（十分に成長する）

the *mixing* of fuel and air（燃料と空気を混合させること）
the *mixture* of Indian and China tea（インドと中国の茶を混ぜたもの）

　　このように、名詞は「行為の結果として生じたもの」のことを言うことがある。
　　　the first *edition*（初版）   a revised and enlarged *edition*（改訂増補版）
　　　cf. take on the job of *editing*（編集を引き受ける）   finish *editing*（編集を終える）

上のようなニュアンスの違いは、下に挙げる動名詞と名詞などでも生じやすい。

seeing / sight   speaking / speech   thinking / thought   flying / flight
fighting / fight   gesturing / gesture   running / run   talking / talk   neglecting / neglect

もっとも、このようなニュアンスの違いが常に生じるというわけではない。例えば give up all hope of succeeding [success] では、そもそも「いっさいの成功の見込みを捨てる」のであるから、どちらを使おうがニュアンスの違いは生じにくい。
なお、言うまでもないことではあるが、remember や forget などの他動詞の目的語となる動名詞は ② には該当しない。

注1 I have some doubts about his *succeeding*. の同辞書の訳は「彼の成功についてはいくぶん疑っている」。また I have some doubts about his *success*. の方は「彼が成功するかどうか怪しいものだ」。
また、『ランダムハウス英和大辞典』では I have no doubt of his success [of his succeeding, that he will succeed]. と、これらを同じように扱い、訳を「きっと彼は成功するだろう」としている。

特集 6　所有格と冠詞の違い

　周知のように、「彼は私の友達だ」と文脈もなく言う場合、普通は He is *my friend*. ではなく He is *a friend of mine*. だが、その理由について改めて考えてみる。

　my friend は、強いて言えば *the* friend of mine に相当する。したがって、相手にもわかる特定の友人であるのが普通である。（「強いて言えば」とした理由は、二重所有格では of の前の名詞に the を先行させることはかなり不自然だからである。また、「相手にもわかる」は、文脈などから何となくにせよそれとなくにせよ特定されるような場合までをも含む。必ずしも「よく知っている」ということではない。）

　もしそのような前提がない中で He is my friend. と言えば、「彼の他には友人がいない」かのような印象を与えることになる。この場合の my が有する「私の唯一の」といった意味合いは、主語と補語を入れ替えて My friend is he. としてみれば更にわかりやすいだろう。

　a friend of mine は、a friend と my friend を一つにまとめた表現だが、「わかりきった語は省略されやすい」という言語使用上の傾向を考えれば、そこまで正確に表現せずともよさそうなものである。しかし、a friend of mine のような表現が簡略化されることなく用いられているという事実は、日本人が考えている以上に、冠詞のみならず所有格の働きと意味するところが大きいことを示していると言えよう。

　逆に、例えば「永遠の」などの意味の強い形容詞がつけば my ... friend のかたちをとる。その理由は、そのような友人は無二であると言い切れるか、あるいはそう思われても不都合は無いからである。He is my eternal [intimate] friend.（「永遠の友」でも複数いることを正確に言うのなら、He is one of my eternal friends. 逆に「唯一の友」であることを強く言いたければ、He is my one and only friend. 強い否定なら no friend of mine など。）

　ところで、友人を誰かに紹介するときなどは、Ms. Jones, let me introduce my friend Mr. Suzuki. と言う方が、鈴木さんにとっては嬉しいだろうから、この方が礼にかなっている。逆に「あの男の人はあなたの友人ですか」と尋ねるときには、Is that man your friend ? では、「あなたには友人はあの男の人しかいないのか」という含みを感じさせかねないので、やはり Is that man a friend of yours ? と尋ねるべきである。

　これに関連する内容を、『日本人の英語』（マーク ピーターセン：岩波新書）から、例文の該当箇所と共に以下に抄録する。

　This actually happened to a Chicago woman, a friend of my mother. One day **her cat** came in out of the rain all wet, so she put it in **her microwave** to dry it off. …後略…

　（これは、私の母の友達で、シカゴに住んでいる女性に実際にあったことだ。ある日、彼女の飼っている猫がびっしょり雨に降られて家に帰ってきた。乾かしてやろうと思い、猫を電子レンジに入れて、スイッチを入れた。…後略…）

　たとえば、「うちには、小さな猫**が**いる。ある日、猫**は**……」というような日本語では、猫のことを一度「が」で紹介しておけば、次の段階で「猫**は**……」といっても自然であるが、いきなり最初に「うちには、小さな猫**は**いる。その猫**は**……」という日本語の紹介のしかたはないであろう。

　英語では、いきなり "her cat" で紹介した場合、それは her **one and only** cat という意味になる。それは、いわば上述の「は」と「が」の「段階」が二つともこの表現に入っているからである。つまり、"her cat…." という言い方は、ここで「彼女のところには、猫**が**一匹いる。その猫**は**……」という意味になる。

　それと似たような現象で、上の例文の **her microwave** という表現も、彼女は電子レンジを一台しかもっていないという意味も含んでいる。もし二台、あるいはそれ以上もっているのであれば、she put it in **one of her microwaves** あるいは she put it in **a microwave** という。

　…中略… "her" で分かるのは、彼女自身がその猫を飼っているということであり、それから、"cat" の単数形で分かるのは、雨に降られて帰ってきた猫は一匹だけだということである。しかし、"her cat" という表現には、英語にとって大事なことがもうひとつ潜んでいる。それは、彼女は猫を一匹しか飼っていないということである。もしそうでなければ、つまり、彼女の家に猫が数匹いるとすれば、猫のことを最初に言い出すとき、英語では "one of her cats" と言う。むろん、一度その猫を紹介しておけば、それ以後、「例の、その猫」という意味で her cat あるいは the cat というのもあるけれども、それは日本語の「は」と「が」の使い方と同じようなものである。

　my などの所有格と the の違いについての面白い一例も以下に同書から抜粋しておく。ただし '88 の初版なので、電子レンジ（microwave）が今のようには普及していない頃に書かれたものである。

　…前略… たとえば、もし今度、彼女が熱射病にかかった猫を冷凍庫に入れてやったとすると、

　　she put it in **her freezer** to cool it off

というのもあるが、アメリカ英語としてはそれはやや不自然で、むしろ

　　she put it in **the freezer** to cool it off の方がふつうである。なぜ microwave oven の場合は **her** microwave というのに、冷凍庫の場合は **her** ではなく、**the** freezer というかは、純然たる意識の問題である。具体的にいうと、冷凍庫というものは、どの家庭にでもあるというふうに意識されるが、電子レンジはまだそこまで普及していない。どの家でも当然電子レンジがあるという意識は、近い将来にできるかもしれないが、今はまだない。その冷凍庫との意識の違いを **her** と **the** の使い分けで表現する。**her** microwave の **her** の単なる所有関係に対して、**the** freezer の **the** は、

　　the freezer **that is the expected part of any home** (i.e. that it is normal for any person to have) という意味を与える。

それと同じ意識で、たとえば

> First I tried calling him on **the telephone**, but no one answered, so then I tried calling him on ***my walkie-talkie***.
> （まず最初に彼のところに電話をかけてみたが、だれも出ないので、次に無線で呼んでみた。）

という言い方がふつうである。英語はこのような使い分けで、表現力と正確さがでてくるので、注意する甲斐が十分あると思う。

（抜粋はここまで）

ちなみに電子レンジが普及した現在では、the microwave の例も普通に見られる。

> As I live myself, in the evening I warm up the rice I've cooked in the morning in ***the microwave***.

要するに、世間一般にはまだ普及していないものを所有している場合には、そういう特別なものを所有しているという意識や、それだけ自分にとっては大切なものという意識が働くために所有格を用いるものと思われる。

ただし、洗濯機や冷蔵庫などのごく一般的な家電製品に対しても所有格を置くことはある。「誰々の〜」という意味合いを多少とも強調しようとする意図が感じられる。

> While I am replacing ***my washing machine***, I also want a dryer.（洗濯機を買い換えるなら、ついでに乾燥機も欲しい。）
> These instructions explain the way to use ***your new washing machine***.（この説明書に新しい洗濯機の使い方が書いてある。）
> ... It's beautiful. I'll put it right up on ***my refrigerator***.（冷蔵庫に貼っておくわね。）

不定冠詞を置いた例も見られる。

> Never put antique china into ***a dishwasher***.（アンティークの磁器を食器洗い機に入れてはいけない。）

また、携帯電話については普及した現在でも所有格を置くのが普通だが、その理由は個々人の「私物」だからである。

> He's on ***his cell phone***.（彼は携帯で電話中です。）

これは、腕時計には所有格を用いるのと同じである。

> If I haven't lost ***my watch***！（しまった、時計をなくした。） 主節の I'm blessed などが省かれたものである。

ところで、the team that relies entirely [exclusively] on *the* pitcher Okamoto「岡本投手のワンマンチーム」は、『新和英大辞典 第5版』（研究社）に載せられている例だが、この例が同じ辞書の『電子増補版 2008』では … on *their* pitcher Okamoto に変更されている。その理由は、集合名詞の team のとらえかたの違い（「一団としてのチーム＝単数」であることを重視するか、あるいは「そのメンバー＝複数」を重視するか）の他に、所有格の方は「頼りにできる投手が他にはいない」（または単に「投手は他にはいない」）ことを表すことができるため、その方が言わんとする内容に、より適すると判断されたからであろう。（「一団としてのチーム」を重視したまま、その所有格 its にすることもできる。） 注1

注1 余談ながら、「ワンマンチーム」はあまり褒められた訳ではない。「ワンマン社長」からは「その社長がいなければ経営が成り立たない会社」ではなく「部下の意見を聞かない身勝手な社長」を連想するように、これでは岡本投手が身勝手に采配を振るチームと誤解されるおそれがある。（また、野球のチームの話だから「ワンマンパス」のワンマンでもない。） 正確を期したければ、「岡本投手に頼りきっているチーム」や「岡本投手に頼るしかないチーム」などとすればよい。

特集 7　序数詞と冠詞

序数詞を伴えば、She is *the* third [oldest] daughter of Mr. Yoshida. の例のように「特定」されて the を先行させることも多いが、「いくつかあるうちの一つ」という感じで、特に強く特定・限定するものではないのなら不定冠詞が置かれる。

　　a first film （封切映画）　　*a* first engineer （一等機関士）　　*a* second helping （二杯目、おかわり）
　　a first language （母語）　　*a* third party （第三者）　　This is *a* second edition. （これは第2版本である。）
　　As *a* third baseman, he is all washed-up. （彼は三塁手としてはもう駄目だ。）

the を置かないか置けない理由は、「相手に同定を求めない」か「求めることができない」からだが、特に「話題や情報を新たに提示する」状況（⇒『特集2』）にあってはそれが当然なので、不定冠詞が選択されるのが普通である。
　また例えば Habit is (*a* [*the*]) second nature. 「習慣は第二の天性だ」や She is in (*the*) first grade. で the を置けば「強調」することになるが、その選択は任意である。（He is *first* in his class. や He won [got] (*the*) *first* prize. では無冠詞が普通である。）

日本人が the を用いそうな例でネイティブスピーカーが a を選択するのも、それを強調する意識がなく、淡々と述べようとするからである。
　　Not bad for *a* first effort！（最初の作としては悪くない。）
　　She cast *a* last look at him. （彼女は最後に彼をちらりと見やった。）
　　[He tried *a third time*. 「（二度やった後で）もう一度試みた。」
　　　He tried for *the third time*. （三度目を試みた。）

　　He tried to jump up *a* third time. （彼はさらにもう一度飛び上がろうとした。）
　この文について『ランダムハウス英和大辞典』では、「三度目ということよりも、一度、また一度、さらにもう一度という含み」と述べている。つまり、この文の前には何らかの文脈はあるはずだがそれとの前方照応性は弱く、また強調することもなく、控え目にさらりと述べている。A first attempt was made. でも「とある最初の試みがなされた」といった感じである。
　　他方、The first pitch was fouled off. 「初球はファウルとなった」では前方照応も唯一性も強いので、これを a に換えることはない。

また、a second child や a third world war [a Third World War]（注1）といった例についても、日本人はついつい the を使ってしまいがちだが、現存してもいないかまだ起こってもいないことに関しては不定冠詞を置くのが普通である。
　以下は『英語冠詞講義』（石田秀雄：大修館書店）からの抜粋であるが、序数詞と冠詞の関係について極めてわかりやすく述べられている。
　　　　　　　　　　　　　　　　　　　　　　　　　　　　　　　　　　（下線は筆者による。また、例文の番号は原文とは異なる。）

　(1) Tom is *the second son* —— he has an elder brother.
　　　（トムは次男であり、兄がいる）
　(2) My wife and I decided not to have *a second child*.
　　　（妻と私は2人目の子供を作らないことに決めた）

(1) の例から見ていくと、second の前に定冠詞が用いられているのは、「トム」を「2番目の息子」すなわち「次男」として唯一的に同定することを話者が聞き手に求めているからです。その意味では、the only child の事例によく似ています。もちろん、「一人っ子」の場合と同様、「次男」もこの世には数え切れないほど存在しますが、この文は単に「トムは次男だ」ということを記述しているのではなく、ある家族における「次男」を唯一的に同定することを聞き手に求めているのです。それとは対照的に、(2) の例では、second の前に不定冠詞 a が用いられています。これは、「子供をもう1人作らない」と話者たちが決めているかぎり、「子供」の存在すら同定することができないのに、存在しない「子供」の生誕の順序をすでに確定したものとして**断定的に述べる**わけにはいかないからです。
　　このように、序数詞が使われているからといって、自動的に the が使用されるわけではありません。後方照応の the を用いるべきかどうかは、原則として、すでに問題の出来事が起こっており、順序も確定していると話者が考えているかどうかによって決まってきます。まだ起こってもいない、そして起こってほしくない「第3次世界大戦」が、通例、英語では the Third World War ではなく a Third World War と表現されるのも、同じ理由によっています。結局、(2) の a second child や a Third World War に見られる「a ＋序数詞」という形は、依然として順序が確定していないことを示すものであり、**another** という追加的な意味を表しているにすぎません。（抜粋はここまで）

またこのことは序数詞に限ったことではない。次のような例では、強調する意図がなければ a を用いることができる。
　　set *a next court date* for Sept.12. （次の公判日を9月12日に決定する）

以下の例（オバマ米大統領の演説の一部）は、序数・順序とは関係ないが、いずれも「これからのこと」を述べたものである。このような a の使用は頻繁にみられるが、『特集2』で述べる「『数』とは無関係の、話題や提示を新たに提示するための不定冠詞」とも重なる部分がある。

The rise of *a strong, prosperous China* can be a source of strength for the community of nations.
（強くて豊かな中国の台頭は、地域諸国の共同体を強める源となる。）

An escalating nuclear arms race in this region would undermine decades of growth and prosperity.
（アジアでの核兵器開発競争の拡大は、安全と繁栄を覆す。）

The US is prepared to offer North Korea *a different future*.
（北朝鮮に対して米国は異なった未来を提供する用意がある。）

A new GM will emerge that can provide a new generation of Americans with a chance to live out their dreams, that can outcompete automakers around the world, and that can once again be an integral part of America's economic future.
（GMはこれから再生し、それによってわが国の若い世代に夢を実現する機会を与え、世界の自動車メーカーに打ち勝ち、再び主要産業となるであろう。）

注1　史実は固有名詞化しているので、the First World War [World War Ⅰ] と the Second World War [World War Ⅱ] は語頭を大文字で表記する。他方、「第3次世界大戦」は a third world war と小文字で綴ることが多い。

特集 8－1

注1 ⇨ 特集8－3

特集 8 最上級と the

最上級には、「他のものと比較する」場合と「ひとつのものの中で、その状態などを比較する」場合がある。

形容詞を用いて「他のものと比較する」場合には限定用法が普通なので、原則的には the を置く。

Work is *the* best antidote to sorrow.（仕事が悲しみを癒す最良の手段である。）
This is *the* quickest way to the coast.

ただし、わかりきった名詞や代名詞の one などはよく省略され、その際 the も省略されることが多い。 注1

This dictionary is *best*.
Who is *most beautiful* ?
Which road is *quickest* to get to the zoo ?
Of all my friends, he's *nicest*.

Love is *best*.「愛は至上である」の例ともなると、何が省略されたのかを考えることは無粋であろう。
ところで、I think it *best* to start at once. の例でも the best とはしない。このような例ではもともと限定用法という意識（この場合、例えば the best choice）が無いと言えよう。つまり、I think it *the best choice* to.... ではなく、best を単独で目的格補語として用いるために the を置かない。

名詞を省略しても、「of＋名詞」や不定詞などを従える場合などは、the はふつう省略しない。

She is the best of the bunch.（彼女はその集団の中で抜きん出ている。）
Corn oil is the best to use.

most が単独で名詞を修飾する場合にも省略されることがある。（イギリス語略式）

Which of you has read (the) most books ?
Reading is one of the things that give us (the) most enjoyment.

以上の場合、省略しても意味は正確に伝わるのだから、省略することにある程度の合理性はあると言えよう。

ところで、This dictionary is (*the*) *best*. や Of all my friends, he's *nicest*. といった例に関しては、これらを文脈なしで言ったとしても、省略された名詞（dictionary, one / person, man, etc.）は言わずと知れているために唐突な感じは与えないが、名詞をこのようにいつも省略できるというわけではない。
『こんなにもある英語教科書の間違い』（ティム ワード・ジェームス スミス・治田邦宏：一光社）には、ネーティブスピーカーの意見として次の記述がある。

> The United Nations has also helped people in many parts of the world to better their way of living. Today millions of people in Africa are starving, and the United Nations is trying to help them. The United Nations is also trying to prevent war. Nuclear war is the most serious for all of us, because it means the death of the human race and this beautiful green earth. We must do everything to prevent such war. All the world must work together for peace.

×＝ Nuclear war is the most serious for all of us, ...
○＝ Nuclear War is the most serious problem [threat] for all of us, ...
○＝ Nuclear War is the most serious kind of war for all of us, ...

同じ誤りは、他の教科書にもあります。他の教科書を参照しながら、最上級とその後にくる名詞の関係について考えてみましょう。

A＝ She is the busiest in the world.
B＝ They send news the fastest of all from far countries.

'the most serious,' 'the busiest,' 'the fastest of all' は、いずれも最上級です。しかし前二つの 'the most serious' と 'the busiest' は形容詞の最上級で 'the fastest of all' は副詞の最上級です。
 1) B文の副詞の最上級の後には名詞はきません。
 2) A文の形容詞の最上級の後には、どの名詞が省略されているのか明らかな場合は名詞を必要としません。教科書のこの例では文脈から考えて、problem か threat が明確に示されていないことが問題なのです。
それなのに例文のように名詞がオミットされてしまっては、妙な感じがしてしまいます。
この問題点は、ほとんどの教科書にくり返し出てくるようですが、英語で最上級を使う時には、日本語でやるようなわけにはいかないことを忘れずに！
いわく、「核戦争は、われわれにとって最も深刻なものです」

話は変わるが、最上級で the を用いるのは、他のものと比較しての最上級であれば、例えば the prime minister のように、必然的に「ひとりの人」あるいは「一つのもの」に特定（複数のものであれば「限定」）されるからと考えることができる。 注2・3・4
これは本書では、『4.i. 他に代る存在が無いために、絶対的に唯一の存在となるもの』に該当する。
　他方、同一のものの中での比較であれば、「最上級の状態」を表していることになるため定冠詞を置かない。

- 他のものとの比較 ── The town is ***the most beautiful*** (***one***) in Kyushu.
- そのものの中での比較 ── The town is ***móst beautiful*** in autumn.

- 他のものとの比較 ── This lake is ***the deepest*** (***one***) in Kyushu.
- そのものの中での比較 ── This lake is ***deepest*** at this point.

- 他のものとの比較 ── Penicillin is ***the most effective*** for pneumococcal meningitis.
- そのものの中での比較 ── Penicillin is ***móst effective*** for pneumococcal meningitis.

Penicillin is.... の出典は『うまい英語で医学論文を書くコツ』（植村研一：医学書院）であるが、同書では上段の例を「多くの抗生剤の中で比較してペニシリンが最も有効な薬だという意味になり、比較されたのは主語」とし、下段の例を「定冠詞が付いていませんので、『最も有効である』対象が比較されたことになり、多くの感染症の中で比較して、肺炎球菌性髄膜炎に最もよく効くという意味になります」としている。（下線は筆者による。）
　それぞれの上段の例における定冠詞は、省略された名詞に本来は係るものである。（あるいは「the＋抽象名詞」と考えられる場合もある。）
　　　注5

　また、副詞の最上級には通常 the を置かない理由は、他のものとの比較ではあっても、定冠詞が係るべき名詞が存在しないためである。

　　Pollution always hits farmers ***hardest***. （汚染は常に農民にもっとも激しい打撃を与える。）
　　Let's see who can dive ***deepest***. （潜りっこをしよう。）
　　Who laughs ***last*** laughs ***best*** [***longest***]. （諺：最後に笑う者がもっともよく笑う。＝　早まってぬか喜びをするな。）

しかし米語の略式表現では the を置くことが多い。 注6

　　I like that ***the least*** of all. （それが一番きらいだ。）
　　He can run ***the fastest*** in his class. （彼はクラスで一番速く走る。）
　　He writes ***the least clearly*** of all the students. （全学生の中で彼が一番はっきりしない書き方をする。）
　　She works ***the most diligently*** of all. （彼女は皆の中で最も勤勉に働きます。）

　副詞の場合の他、先に述べた「そのものの中での比較」においても、係るべき名詞が無いにもかかわらず、くだけた米語では定冠詞を置くことがある。　例：He is (the) happiest when he is with his grandchildren.　This lake is the deepest here. 注7
最上級に限らず、イディオムなどでも米語ではイギリス語に比べて the を用いる傾向が強いが、このような例で the を用いるのは、理屈を考慮していないか無視したものである。もっとも、言語は理屈のみで成り立っているわけではないが。

注1　例えば　The last question in the exam was *the hardest*. の例では、the last question 自体の「最高に難しい状態」などあろうはずはないので、つまりは、そのものの中における比較ではないことは明らかなので、... was the hardest (question). とするまでもなく、... was hardest. でも他の question との比較であることはすぐにわかる。したがって、簡略化・省字化のために the を省くのには合理性はあるが、同じく the を置かないにしても以下の例とはその理由が全く異なる。

　　Winter is the most important time to feed birds as this is the time when the supply of natural food is *hardest* to come by.
　　　（自然界からの食料の入手が最も困難となるので…）
　　He's *nicest* when he's had a few drinks.（ちょっと飲んだときの彼は一番すてきだ。）

これらでは、その「状態」を表しているのであって hardest, nicest の後ろに名詞は無いため、理屈から言えば the を置けない。（米語では置くことがあるが。）

　　ちなみに、基本的なことだが、the longest river *of* the world は誤りで、the longest river *in* the world である。
　　　the longest river (*of* all the rivers) *in* the world

注2　例えば the barest possibility「わずかな可能性」のような抽象的な意味合いの強い名詞では「他のものとの比較」は意識されにくい。それでも the を先行させるのは、a bare possibility の意味を強めたいためである。つまり the barest possibility は a bare possibility の強意形である。

注3　言うまでもなく、最上級の形容詞によって修飾される名詞は単数のものに限らず、次のように複数形の名詞の場合もある。そして「限定」するからには、単数の場合と同様に定冠詞を先行させる。

　　one of *the hardest puzzles* about language　（言語に関しての最難解な疑問の一つ）
　　He is one of *the best writers* of today.（彼は最もすぐれた現代作家の一人です。）

注4　形容詞は形の上では必ずしも最上級ではなくとも、意味の上で最上級であればこれに該当する。

　　one of *the leading* [*top*] *firms* in this line　（この業種ではトップクラスの商社の一つ）
　　the supreme prize　（最高の賞）　　the supreme purpose of ...　（～の至上［最終］の目的）　　the bedrock price　（底値）

注5　次の例は『英文法総覧』（安井稔：開拓社）に載せられている少し特殊な例である。

　　On that day she looked the happiest that I had ever seen.
　　（その日彼女は私がこれまで見たうちで最も幸せそうであった。）

同書のこれについての解説は以下のとおり。

　　the happiest that ... 全体が名詞句表現であり、制限的関係詞節によって限定を受けていることによってそれとわかるものを指すので、the がついている、というように考えることができる。（抜粋はここまで）

この場合は先行詞としての体裁を整えるための the と言うこともできるが、彼女の名前を仮に Mary とするなら、... the happiest Mary that I had ever seen. ということであり、やはり理にかなっていることがわかる。
　　cf. He seems completely different from *the Prof. Nakamura I knew 7 years ago.*（私が7年前に知っていたあの中村先生）

注6　『教師のためのロイヤル英文法』（旺文社）では「結論として、副詞の最上級の前に、the はつけてもよいし、つけなくてもよい。the が《米》に多いことは事実であるが、今ではそれほど英米の差と考えなくてもよいという指導でよい」としている。

注7　以下は『ロイヤル英文法・改訂新版』（旺文社）からの抜粋である。

　　the の有無で意味の違う最上級
　　　Cherry blossoms are (*the*) *most beautiful* at this time of April. という文は《米》では the があってもなくても、「その桜の花は4月のこの時期が一番美しい（＝at their best）」という意味に解されることが多い。しかし、他にも果樹の花が咲いているような場合には、the があると、「4月のこの時期では、その桜の花が（すべての中で）一番美しい」という意味にとることもできる。

特集 9 相対最上級・絶対最上級と冠詞

「他のものとの比較」でもなく、また「そのものの中での比較」（⇨『特集8』）でもなく、単にその程度が非常に高いことを最上級で表現したものを「絶対最上級」と呼ぶ。強意表現であって最上級の意味は特にない。（日本語でも「最愛の娘」と言う場合、他と比較してうんぬんということではなく、愛情の深さを表現しているに過ぎない。このことと通ずるものがあろう。）

「他のものとの比較」（＝相対最上級）の場合、「話者は問題となっている対象を唯一的に同定するように聞き手に対して求めても差し支えない」（『英語冠詞講義』の表現から）ために the を用いる。これに対して「a most＋名詞」と不定冠詞を用いれば「唯一のもの・こと」に特定するものではなく、「a very＋名詞」よりも強意的な表現になるだけである。「絶対最上級」は正式な表現で、やや古風とはされるが比較的よく用いられる。（強勢は most には置かず、形容詞に置く。また、略式では really などを用いる。） 以下に例を挙げる。

 a most mystérious occurrence （世にも不思議な出来事）
 a most scándalous election （ひどく不正な選挙）
 in *a* most brótherly manner （とても親身に）
 a most frúitful discussion （成果が多かった討論）
 a most accéptable gift （たいへん喜ばれる贈り物）
 a 以外にも所有格などの限定詞を置くこともある。 his most béautiful wife （彼のとても美しい妻）
  my dearest son では比較の対象が特に無いので絶対最上級の「最愛の息子」だが、 my dearest friend なら相対最上級で「一番大切な友」を言うこともある。

例えば She asked me *a* most wórrying question.「彼女は私にひどく厄介な質問をした」では、「最も厄介な質問のうちの一つ (one of the most wórrying questions）をした」と考えるなら、「最も厄介」なのだから、very よりも強意的である理由も理解しやすいだろう。

叙述用法の形容詞では、例えば The town is most beautiful in autumn. は、会話では móst beautiful に強勢を置いて「秋に一番美しい」（＝そのものの中での比較）、most béautiful に強勢を置いて「秋にはとても美しい」と使い分ける。

ただし、the most ... でも絶対最上級を表すことがあり、その場合は a most ... よりも強意的である。
 Isn't she *the* most béautiful woman ? （世にも美しい女性じゃないか。）
 Isn't she *a* most béautiful woman ? （とても美しい女性じゃないか。）

前者の例では、常識的に考えても「世界で一番美しい女性」では子供っぽい解釈である。同じく He has *the* most béautiful of gardens. の「彼の庭」は「実に美しい」が、（童話などは別として）「世界で一番美しい」わけではない。

不可算名詞の場合には the が省略されることがある。
 a crime of *(the)* blackest [deepest] dye （極悪の罪）
 in *(the)* deepest secrecy （極秘のうちに）

集合名詞の場合の意味の違いにも注意。
 They were *most kind* people. （彼らはとても親切な人たちだった。）
 They were *the kindest* people. （彼らは最も親切な人たちだった。）
  ただし下段の例も、文脈によっては上段と同じ意になることがある。

複数形の場合、 most lovely flowers のように「とてもきれいな花」なのか「たいていのきれいな花」なのか曖昧なものもある。話し言葉では前者を most lovely | flowers と言うのに対し、後者では most | lovely flowers と、ポーズを置いて言う。

                    （『ジーニアス英和大辞典』より）

「絶対最上級」と「相対最上級」の区別を厳密には考える必要のないことも実際には多いが、the を入れた方がやはり強意的である。
 condescend to *the* meanest employment （身を落として極めて卑しい職につく）
 We owe *the* highest gratitude to.... （…に対して最大の感謝を［多いに感謝を］しなければならない。）
  cf. With deepest gratitude I thank you for your attention. （ご注意に心から感謝いたします。）

この用法における形容詞・副詞は発信者の主観を表すものである。例えば His argument was most convincing. を「彼の主張は説得力があった」とするのは、個人的な感想・評価である。
 したがって、客観的な事実を表す形容詞・副詞はこの用法にはなじまない。例えば背が高いか否かは、普通は客観的に判断されるものである。
  × She is a most tall girl. × She is most tall.
客観的な事実が普通は不変なのに対して、この用法では、一時的なことについての、その時々の主観を表すことが多い。
 また、ありふれた形容詞（例 good, big）にもこの用法を用いることはできない。

この用法においては、通常は -est によって最上級をつくる語に対しても most を用いるのが普通である。

 a most happy evening（とても幸せな夕べ）
 She was *most kind* to me.（彼女は私にとても親切にしてくれた。）

もし -est によって絶対最上級を表す場合は、『現代英文法講義』（安藤貞雄：開拓社）によると、「形容詞に強勢を置き、母音を長く引き伸ばして発音する」。次の例も同書から。

 Oh, he made *the rú-dest* remark !（いやもう、彼は無礼千万な所感を述べた。）
 At all times her dress was of *the póorest*.（彼女のドレスは、いつもひどくお粗末なものだった。）

副詞の場合、係られる名詞が無いのだから、「相対最上級」「絶対最上級」共に the を用いないのが原則である。（原則に反して the が置かれることもあるが、その the を両者を分ける判断基準にはできない。）　文脈によって判断するしかない。

 Of all those present he behaved *most carefully*.（一番慎重に）　＝相対最上級
 She behaved *most generously*.（ひどく気前よく）　＝絶対最上級

ただし副詞の場合も、「相対最上級」か「絶対最上級」かの区別を明確にする必要のないことも多い。

 First impressions last *longest*.（諺：初対面の印象はなかなか抜けない。）
 Creaking doors hang *the longest*.（諺：きしるドアほど長持ちする。＝　一病息災）

特集 10　複数形の名詞と the

（この特集は、本編『the 3-49』からの『3.iv. 全体をひとまとめにする』と関連が深いので、そちらも参照されたい。）

例えば some と others は「いくつか」と「残りのうちのいくつか」だが、some と the others なら、「いくつか」と「残りの全部」である。このように、複数形に the を先行させて「全部」「一つ残らず」とひとくくりにすることがよくある。群（グループ）としての括りを強く表すこの用法はまた、他の群との区別・対比を明示することも多い。

 These are ***the*** *pictures* she painted. （ここにあるのが、彼女が描いた絵の全てである。）
 cf. These are *pictures* she painted.　=　These are *some pictures* she painted.
 The sum total of ***the*** *moments* acting on a body is the resultant moment.
  （物体に作用している全モーメントは、合モーメントである。）

例えば Would you like to see *plays* that I told you about the other day ? では「先日話題にした複数の芝居を……」（=some plays）だが、「複数かつ全て」なら (all) ***the*** *plays* であるが all は必ずしも必要はない。the 自体に全体をひとまとめにする働きがあるのだから、多くの日本人が all the ... とするところでも、the だけでその意が伝わることも多い。注1

ところで、the によってこのように全体をひとくくりにできるのは、対象が修飾されていて限定できる場合か、文脈やその場の状況、あるいは常識などにより、限定されていることがわかる場合のいずれかである。

 the rights of the individual（個人の権利）　注2
 the rights and duties incident to an inherited estate「相続不動産に付帯する（全ての）権利義務」
 The opening and closing of ***the*** *windows of the conservatory* has been automated.
  （その温室の全ての窓の開閉は自動化されている。）

同じく「全ての窓」のことではあっても、次の例では限定されていないために the を置かない。
 The greenhouse has been equipped with *automatic windows*.
このような例で the を用いれば、「自動開閉の窓の話を以前に聞いたことがあったかな」と相手を戸惑わせることになるだろう。

ただし、その場の状況から自ずと限定される場合もある。
 Close ***the*** *windows*, if you please.（開いている窓を全て閉めてください。）

次の例でも、「それらのドア」と解釈できる文脈がない限り、常識的には「全てのドア」ということになる。
 lock ***the*** *doors* of a car（車のドアをロックする）
 The hall was jammed to ***the*** *doors*.（ホールは戸口まで満員だった。）

以下に挙げる意味の違いも、上述の内容から推して量ることができよう。

[　***a*** Stuart（スチュアート家の人［一員］）
[　***the*** Stuarts「スチュアート一家」または「スチュアート夫妻」

[　***the*** *five* of us（我々5人）
[　*five* of us（我々の中の5人）

[　That's the matter for ***the*** *two* of them.「それは彼ら（夫婦）二人の間の問題だ。」
[　Three may keep a secret if *two* of them are dead.（諺：3人のうち2人死ねば秘密は守れる。）

※　「ら抜き言葉」について
最後の例文の訳文中の「秘密は守れる」は「可能」を表し、省略された主語は「3人（Three）は」である。「守られる」とすると秘密が守られる（受け身）ということになる。意味は近いとは言え、主語が違うのだから同意ではない。「データを読み取れる」も「主導権を握れる」も「うまくやれる」も自分にとってはよいことだが、「データを読み取られる」「主導権を握られる」「うまくやられる」なら困ったことである。「頼れる男」も必ずしも「頼られる男」ではない。
「ら」が入れられる状況は、以下のように区別できよう。
① 「受け身」のみを表す場合。
② 「可能」か「受け身」かを区別しないかできない場合。つまり、そのどちらのニュアンスも含み、「受け身」であって「可能」も表す場合。
③ 「可能」のみを表す場合。
①で「ら」を入れないのは誤りだが、省く人はまずいない。（「笑われる」のように発音上「ら」が入らない例は除く。）
  「議論に上げられた格差問題」「多くを教えられる」「殴られる」「足を蹴られる」
②では、一般に「ら」が入れられる。　「彼の文章に見られる幼児性」「異状は認められない」
③では「れる」（=広義の「可能動詞」⇒次頁）が多用されるので、「ら」を入れないことが（特に日常会話では）多い。
以下、③を自動詞と他動詞に分けて考えてみる。
a．自動詞は①②には該当しないので、「ら」を入れない傾向が特に強い。
  「やっと帰れる」「速くは走れない」「まだがんばれる」「うまく踊れない」
b．他動詞でこれに該当する例を挙げれば、「苦手な納豆を食べれた」「その光景がはっきりと見れた」「組織を意のままに操れる」など。

「ら抜き言葉」は正しくない日本語とされているが、②に関するそれならば、「受け身」でもあるわけだから、筆者も特に異論を唱えるつもりはない。そもそも、ここに入るものには、例えば「現実を受け入れられない」「受けとめられない」のように、「ら」を入れないと言いづらいものが多い。

問題は、③についての「ら抜き」批判である。最初に挙げた例から明らかなように、「可能」と「受け身」の区別に「ら」は極めて有用である。不用意に「ら」を入れることによってこの区別ができなくなることもあるのだから、これは無用ばかりか有害なお節介だと筆者は考える。（お節介で終ればまだよいのだが、このルールが独り歩きして、無秩序に「ラを入れなさい」ともなりかねないことが懸念される。）

　あるいはその批判は、「受け身」との誤解が生じない場合にのみ、例えば「苦手な納豆を食べられた」「昨夜はよく眠られた」と「ら」を入れなさいということなのかも知れないが、これでは単に「ラを入れないと耳障りだから」という程度の理由にしかならない。しかし、テレビのインタビューなどでは「ら」抜きで答えている人が圧倒的に多いという事実もある。果たして、人口の一部が「耳障り」に感じるからと言って、それを批判の根拠にしてよいものであろうか。

　本多勝一氏は『何をもって「国語の乱れ」とするか』（貧困なる精神Z集）の中で、次のように述べている。

　　この「ら抜き」が「気にならない人」に地域差があって、「北海道や北陸地方で70％を超えたのに対し、関東地方では50％を切る」（『朝日新聞』）のである。

　然るに、テレビインタビューに答える人の「ら抜き」は、居住地域とは無関係の全国的な傾向のように思われるので、「ら抜きが気になる人」も、実は自身が「ら」を入れていないのかもしれない。筆者などは「納豆を食べられた」「昨夜はよく眠られた」と言うことの方にこそ、むしろ強い違和感を感じる。「私は納豆を食べれない」「その納豆は干からびていてもう食べられない」と使い分けているので、前者で「ら」を入れることはしないし、「私は納豆を食べられた」なら、他人に盗み食いをされた（＝被害を表す受け身）と解釈する。

　情報を正確に伝えるという言語本来の機能に立ち帰って考えてみたときに、重要なのは、「ら」はむしろ入れない方がよい、または入れるべきではない事例が多いという事実である。（これと対照的に、「ぜんぜん」の肯定文・平叙文での使用を問題視する声は聞こえてこない。日本語の短所のひとつに、文末まで聞いていないと肯定文か否定文かすら分からないことがあるが、「ぜんぜん」は否定文であることを、なるべく早めに言えるし明示できる数少ない副詞なのだが。）

　「れる」が「可能」を表す場合と「可能動詞」について、以下（1）は『明鏡国語辞典』からの、（2）は『大辞泉』からの抜粋である。
（1）近年は、五段動詞に「れる」を付けるよりは、「歩ける」「行ける」「眠れる」などの可能動詞が使われる。
　　　（筆者注：つまり、「歩かれる」「行かれる」「眠られる」とするよりも、上記のように言われているということである。）
「可能動詞」とは、
（1）五段（四段）活用の動詞をもととして、下一段活用で「…することができる」という可能の意味を持つようにしたもの。「読める」「書ける」「話せる」の類。五段活用以外の動詞から転じた「見れる」「着れる」「出れる」など、いわゆるラ抜きの語形も、近年広まってきている。
（2）五段（四段）活用の動詞が可能の助動詞「る（れる）」を吸収して、下一段活用に転じ、可能の意味を表すようになったもの。「書ける」「泳げる」「読める」の類。命令形はない。現在では、五段活用以外の動詞からできた「見れる」「来れる」などをも、可能動詞と認める場合がある。

ここで本題に戻るが、以下はこれまでにも各所で述べてきたことなので、簡単にまとめることにする。

複数形名詞を含む固有名詞で the を用いるのも、「全体をひとまとめにする」ためである。　注3

国家： the United States of America [the USA]　　the Netherlands （オランダ）
機関・機構： the United Nations [the UN] （国連）　※　the USA, the UN などの略称等については、本編『the 3−44』下を参照。
山脈： the Alps　　　the Himalayas　　　the Rocky Mountains
島嶼国・地域： the Philippines「フィリピン（諸島）」　the Ryukyus [the Ryukyu Islands] （琉球諸島）
　　　　　　　　the Canaries （カナリア諸島）
大陸・高原・平原： draw exhibitors from Europe and *the Americas* （ヨーロッパと全アメリカ大陸から出品者を誘致する）
　　　　　　　　the Golan Heights [the Golan] （ゴラン高原）　　the character of *the Siberian plains* （シベリア平原の地相）
　　　　　　　　the Great Plains of the West （アメリカ西部の大平原）　　the Midlands （イングランド中部地方）
地理的名詞については『the 3−49』からを参照されたい。

上記のような例を主語にした場合に単数扱いと複数扱いのどちらにすべきかについてだが、国家や機関については、一つの組織・体制としてとらえられるので単数扱いである。
　　The United States *has* assimilated people of many ethnic groups.
　　The Netherlands *was* largely insulated from the full impact of the Great War.
　　The Midlands *is* now the domain of the east, Leicester and Northampton, not the west.
　　The United Nations *is* an effective instrument for the maintenance of peace.

他方、地形・地勢に関する地理的名称は、個々の構成要素が意識されるため複数扱いが普通である。
　　The Himalayas *are* the ceiling of the world.
　　The Alps *are* very beautiful, with layer upon layer of mountains receding into the distance.
　　The Rocky Mountains *form* a majestic chain stretching from Canada through central Mexico.
　　The Philippines *offer* a fine field for botanists. （フィリピン諸島は植物学者にとって格好の植物採集の場である。）
　　　cf. The Philippines *is* an important member of ASEAN. （フィリピンは ASEAN の重要なメンバーである。）

滝については、『ジーニアス英和大辞典』によれば「個々の滝が意識されるときは複数扱い。1つにひっくるめて考える場合は単数扱い」である。　(The) Niagara Falls attract(s) a great number of visitors. （多数の観光客がナイアガラの滝を訪れる。）

The Americans are courageous. は、「アメリカ人（の国民性）は勇敢である」という場合と、「あのアメリカ人たちは勇敢だ」と、特定のアメリカ人グループについて言う場合がある。前者の意であることを明確にしたければ、(The) Americans are *a courageous people*. とすればよい。

　また、Englishman のように −man で終る語の複数形に the を先行させても国民全体についての言及とはならない。Englishman は個人を指すものである。
　　The Englishmen drink a lot of tea. （そのイングランド人たちはお茶をよく飲む。）　注4
　　The English drink a lot of tea. （イングランド人はお茶をよく飲む。）＝総称表現
国籍（個人・国民）を言う場合については、他に本編『the 3−36』下からを参照されたい。

注1　逆に all を用いるのなら、the を省略して、くどい感じになるのを避けることもある。

　　The rule is that *all students* should live in the dormitory.（生徒は全員寄宿舎に入る規定になっている。）
　　All students of this university are expected to carry on its finest traditions.
　　　（この大学の全学生は、その最高の伝統を引き継ぐことを期待されている。）

try to force *all (the) students* into the same mold「生徒を一つの鋳型にはめようとする」の例は、おそらくは「ある学校の生徒を」であることを (the) が示唆しているが、これがもし国の方針として「学生に対してあまねく」ということであれば the は置かない。
　　The assumption that *all students* should be dealt with uniformly is also questionable.（*all* は省略可能）
　　　（生徒たちを画一的に管理しようとする姿勢にも問題がある。）
　　　　※　ただしこの例もまた、「ある学校の生徒」について言ってはいるが the を省略したとも考えられる。これ以上の文脈が無いので区別はできない。

つまり、何らかの限定を含意しないのなら、all で修飾することはあっても the は置かない。
　　(*All*) Children want presents on their birthdays.（子供というものは……）＝総称表現
　　　cf. (*All*) The men here have children.（ここにいる男性には全員子供がいる。）

その文中では修飾されていなくとも、前方照応やその場の状況による「限定」があれば、基本的には the を要する。（下記の ② に該当すれば省略可。）
　　(*All*) *The* children wanted to go with us. ＝ All of *the* children....
　　He writes least clearly of all *the* students.「（ある学校の）全学生の中で彼が一番はっきりとしない書き方をする。」

まとめれば次のようになる。
　① 「the ＋複数形」を総称表現として用いることはないが、「(all ＋) 複数形」は総称的に用いられる。
　　　Books are, in one sense, the basis of all social progress.
　　　All books are divisible into two classes: the books of the hour, and the books of all time.
　　　　（すべての本は2つの種類に分けられる。1時間で読んでしまう本と、時間を超越した本である。）

　② 限定されているのであれば the を置いた方が誤解は少ないが、その恐れが無いのなら省略できる。
　　　例えば「この暑さで花はみんな生気がない」というときは、これを言う人の周囲の花々をさすのが普通だろう。したがって All *the* flowers look limp in this hot weather. では the を置いている。All documents must be accompanied by a translation of the original. の例では、話の中で前出した、当事者間では了解されている「書類」について言っているが、the は省いている。この場合は the を置く方が丁寧ではあるが、言わずとも知れているのだから、置けば多少はくどい感じを与えかねない。簡潔さを優先させるのなら省いてよい。All flowers are subtended by a bract and two bracteoles. の例でも、ある種の花に関する既述なので、限定あるいは前方照応のための the が省かれている。

ちなみに、all は次のような位置に置くこともできる。
　　The windows are *all* barred up against burglars.（全ての窓には泥棒よけの格子がはめられている。）
　　All these books are expensive. ＝ These books are *all* expensive.

注2　*the* rights of the individual は、正確に言えば「個人の有する全ての権利」である。他方、次のような例では *a right* が用いられる。
　　People have *a right to sue*.（人々には賠償訴訟を起こす権利がある。）
　　People have *a right to determine their own future*.（万人には自分の将来を決める権利がある。）

訴訟を起こすことができるのは1回限りだという意味では無論ないし、将来を自己決定するにしても様々な権利が必要なはずである。これらは *a right* によって、そのような（種類の）権利があるということを紹介する文である。　⇨『特集2』

次は *the right* を用いた例である。
　　They have *the right* to die with dignity through doctor-assisted suicide.
　　　（医師の助けを借りて安楽死する［尊厳死を選ぶ］権利が彼らにはある。）
　　All people shall have *the right* to maintain the minimum standards of wholesome and cultured living.
　　　（すべて国民は、健康で文化的な最低限度の生活を営む権利を有する。── 日本国憲法第25条の一節）

複数的な諸権利ではなく、唯一的な権利と考えるために単数の right である。そして the には、数ある権利の中でもこれだけは譲ることができないという「強調」の意も込められている。　⇨『特集3－2』
　ちなみに the minimum standards of.... は「～な生活を営むために必要なあらゆる最低基準」という意味で「the＋複数形名詞」となっている。

また、shall は法律や規則に関する文で多用される。
　　Whoever shall commit a public nuisance shall be fined.（公衆の迷惑となる行為をなすものには罰金を科す。）

注3　① この場合の the には複数形名詞を一括する働きの他に、「類似のものから区別し、ときに強く対比させる」といった別の意味合いも込められている。（それは例えば the United States of America では「他にも United States がある中での、America の United States」といった感じである。）
　また、単数形の次のような名詞に the を先行させるのも、全体をひとくくりにするためでもある。
　　the EU（欧州連合: the European Union）　　the Appalachian (mountain) range（アパラチア山脈）＝ the Appalachian Mountains

② また、advocate a United States of Europe「欧州連邦の結成を提唱する」の例では a を用いているが、これは、「現存していないかまだ起ってもいないこと」に関しては、話題や情報を新たに提示するための不定冠詞を置くのが普通であるからだ。　⇨『特集7－1』の後半

注4　英国人について『新和英大辞典』には次の記述がある。（「イギリス」の項）

　　連合王国全体の国民を指すのに English を使うのは間違いで、Scotland や Wales の出身者は English といわれるのを嫌う。British というとその問題は起こらないが、厳密には北アイルランドの出身者は含まれない。連合王国の国民すべてを含む厳密な言い方は a person from the UK, a UK citizen しかない。

特集 11 名詞の単複の選択例 その1 英単語の単複

　まずは基本的な話から始めることにする。
　例えば「シューズ」や「スラックス」は日本語化しているが、これらの語尾が英語の複数形の語尾であることを日本人は知らないか、知ってはいてもふだんは意識しない。そのため、例えば「この靴は私に小さ過ぎる」と言うときに、These shoes are too small for me. と言うべきところを、This shoes is.... と言ってしまいがちである。また、「靴3足」を three pairs of shoes とすぐに言える人も意外に少ないのではなかろうか。「ハサミはどこにあるの」も、Where *is* my scissors？ ではなく Where *are* my scissors？ である。

　同じパーツ（通常は2つ）からなる製品には次のようなものがあるが、英語では複数形で表記する。
　　靴類： shoes, boots　　　　靴下類： socks, stockings
　　ズボン類： trousers, pants, slacks, pantaloons, etc.
　　　　ジーンズは「デニム生地（jean）」の複数形から「デニム地の衣服」（*cf*. cloth「布」→ clothes「衣服」）となったようだが、扱いは上記のズボン類と同じ。　How much is this pair of jeans？ ＝ How much are these jeans？
　　　　また、スーツ（suit）・ブラウス（blouse）・スカート（skirt）など、ズボン以外の衣服は単数形である。
　　　　パジャマ（pajamas）は複数形だが、もともとはインド・ペルシアなどではかれるゆったりしたズボンのことだったからだ。しかし今では、上衣とのセットという感覚の方が強いのではなかろうか。（上を top、下を bottoms, trousers という。）
　　　　いずれにせよ扱いは同じ。　a pair [suit] of pajamas　　Put those pajamas away！（パジャマを片づけなさい。）
　　手袋： gloves, mittens　　　　耳あて： earmuffs　　　　ヘッドホン： 通例は headphones と複数形。＝ a headset
　　眼鏡： glasses　　wear (a pair of) glasses　　My glasses fogged up with steam.（眼鏡が蒸気で曇った。）
　　双眼鏡： binoculars　　binocular を形容詞として扱えば　a binocular telescope

　以下も a pair of ... とできる例だが、a pair of は省略することも多い。
　　earrings（1組のイアリング）　　beads（数珠）　　castanets（カスタネット）　　chopsticks（箸）　　scales（天秤）
　　compasses（コンパス）　　steps（脚立・段梯子）　　crutches（1組の松葉杖）　　reins（手綱）　　handcuffs（手錠）
　　cancels（切符ばさみ、パンチ）　　tweezers（ピンセット）　　nippers（ペンチ）　　hair clippers（バリカン）
　　skis　「日本語の『スキー』は『スキー用の板』のほかに雪の上を滑るスポーツもいうが、英語の ski はつねに板を指し、雪上を滑る
　　　　　スポーツは skiing という。」（『新英和大辞典』より）

※ both について
　「靴1足」は both shoes とも言えるが、「ズボン1着」を both trousers とは言わない。靴とは違い、ズボンは一体となっているからだ。足数を問題にしないときには some shoes だが、丁寧に言えば some pairs of shoes である。

※ 類語の couple について
　couple 自体は「1組」を表すが、a couple of ... は「2つ」あるいは「2、3の」「いくつかの」の意で用いることが多い。その点では a couple of girls の人数は曖昧だが、普通は two girls の意でよく用いられる。a couple of trousers も普通は「ズボン2着」なので a pair of trousers の代りにはできない。また these trousers なら、1着の場合もあれば2着以上（these pairs of trousers）の場合もある。（以上、多くは『ジーニアス英和大辞典』pair の項から）

※ a pair of bellows「両手で動かすふいご」では、pair of が省略されて blow with a bellows「ふいごで吹く」のように「不定冠詞＋複数形名詞」の a bellows でも通用する。他にも ascend a stairs「階段を上る」や an Olympics [an Olympic Games]「（ある1回の）オリンピック大会」（⇨『特集11－12』）などの例もあるが、このような例はまれである。不定冠詞と複数形名詞はなじまないので、次のような言い換えが普通である。
　　fall downstairs ＝ fall down the stairs ＝ fall down a staircase
　　have a good pair of lungs ＝ have good lungs「声が大きい、声量がある」
　　　cf. 次のような「ひとまとめ」の例であれば珍しくはない。
　　　　　an estimated 5,000 thousand students（推定5千人の学生）　　a full 80 miles（まる80マイル）
　　　　　During the last four days of the tournament, he threw *an astounding 535 pitches*.（なんと535球も）

集合名詞の扱い（⇨『特集11－6』下）を真似るとすれば、ハサミのような一体の製品については特に、近い将来には a scissors と違和感無く言われるようになるのかもしれない。しかし現時点では、言わば「おきて破り」であり認められていない。
　（–s で終る学問名などは単数扱いだが、これについては『特集11－12』の前半を参照されたい。）

※ ハイフンでつないで名詞を修飾する場合、構成要素は単数形で表記する。これは、a ten-<u>year</u>-old boy を a ten-<u>years</u>-old boy としないことと同じである。　two-wheel drive（二輪駆動）　a parent-teacher association（PTA）
　ハイフンでつながない複数形の形容詞相当名詞はそのまま。　a glasses case（眼鏡ケース）　*cf*. a glass case「ガラスケース」
　　cf. a three-mile run でも同様だが、固有名詞の Three *Mile* Island も、これに準じて単数形である。
　　　　ただし、antiques shop は antique shop と同様に普通であり、drugs problem は drug problem にとって代りつつあることを『Practical English Usage』（OXFORD）では指摘している。

注1 ⇨ 特集１１－１０

以下は pair を用いる場合について。

※ 次のように、pairs を単数形の pair にすることもある。
　　　three pair(s) of shoes　　He lives up two pair(s) of stairs.（3階に住んでいる。）

※ 『ジーニアス英和大辞典』には次の記述がある。
　　　This pair of shoes has worn out and I have to buy a new pair [× a new one].
　a pair of shoes などを one で受けることはできないとされている。日本人の感覚からすれば、単数名詞の pair を one で受けてもよさそうなものだが、英語では a new shoe と誤解されるということなのだろう。

※ a pair of ... では単数動詞をとる場合と、複数動詞をとる場合がある。
　単数扱い
　　A pair of shoes *is* set neatly on the wooden floor, ...
　　A pair of windows with wooden shutters *allows* for a good deal of incoming light.
　　A pair of glasses *costs* more than a pair of tights.
　　A good pair of binoculars *is* essential if you want to spot these birds.
　　A pair of compasses *was* adjusted to roughly the right size radius.

　複数扱い
　　I finally found a pair of work gloves that *aren't* way too big, ...
　　A pair of lines of longitude *are* parallel at the equator but converge toward the poles.
　　A pair of teenage boys *were* smoking cigarettes.
　　A pair of climbers *were* benighted in a storm at the top of Royal Arches without overnight gear.
　　A pair of golden oriole *are* nesting on the island....

　上の例から読み取れるのは次のことである。
　　一体のものとして扱うか、単純に pair の単数形に呼応させれば単数扱いである。（例えば A pair of horses *was* pulling a plough off in a field.... では、was により「2頭立て」であることが明確になっている。）
　　他方、それぞれの構成員・構成要素を個々別々に認識するのであれば複数扱いにする。

　ただしこれは発信者の判断次第と言える部分もあるので、次のような例も見られる。（これは、集合名詞、あるいは a set of ... や a group of ... の扱いと通底するものである。⇨ 『特集１１－６』下及び『特集１１－１２』）
　　A pair of entrepreneurs *is* getting an avalanche of inquisitive publicity after opening....
　　A pair of Elvis Presley's trousers *have* turned up in a bargain store.

※ pairs of は省略されることがある。「these trousers なら、1着の場合もあれば2着以上（these pairs of trousers）の場合もある」ことは既述したが、次の例でも、言わずもがなの pairs of が省かれている。
　　The slacks in this shop are a problem: those that fit me around the waist aren't long enough in the legs.
　　The sound that leaks from *people's headphones* is irritating.

　さてこれまでに挙げたのは、ある程度は定型化している例であるが、次に、ケース バイ ケースで単複の判断を求められる例について見ていきたい。
　日本語では「傘を持って行きなさい」と言うときや「皿を片づけなさい」「彼女は絵を書くのが上手い」と言うときには、普通はその単複は言わないが、英語ではそれぞれ Take *an umbrella* with you.　Remove *the dishes*.　She is good at drawing *pictures*. と単複を明示する。（最後の例のように「習慣」に類することに関わる名詞は複数形にする。⇨ 『the 3－29』の『注1』）
　店先で「どの果物が旬ですか」と聞くときも、英語では Which fruits are in season now ? か Which fruit is....? かはっきりさせなければならないが、聞かれた方も Which fruits....? に対しては相手の期待に答えて複数種の果物を勧めるだろう。（言うまでもなく日本語でも単複の正確な使い分けは可能であり、複数回答を期待するのなら例えば「旬の果物をいくつか教えてください」と言えばよいが、「どの果物が旬ですか」という言い方が許される点は英語とは大きく異なる。）
　単複が不明で、かつどちらかを期待するものではない場合の疑問文、例えば「その本の出版社はどこですか」と問う場合には、Who is the publisher of the book ? / Who are the publishers of the book ? のどちらでもよい。もともと知らないから質問するのだから、どちらかに見当をつけて聞けばよいまでのことであり、事実は決まっているのだから、質問の単複が間違っていたとしても、相手の答えに影響することはない。しかし、やはりどちらかにはしなければならない点は日本語と大きく異なる。（ちなみに、著作権が切れた書籍などは複数社から出版されることがある。）注1

特集11-3

注2 ⇨ 特集11-10

『配分単数』
　更に難しいのが、「配分単数」の扱いである。
　Kangaroos are marsupials.「カンガルーは有袋類である」は Kangaroos have *a marsupial pouch*. とすることもできる。しかし Kangaroos have *marsupial pouches*. とすれば、1頭のカンガルーが複数の育児嚢を有するかのような誤解を与えることになるため複数形にはしない。All flowers are subtended by *a bract* and *two bracteoles*.「(ある種の)花は、全てが1枚の包葉と2枚の小包葉に包まれている」でも、*a bract* and *two bracteoles* だから説明になる。(この文は All the flowers.... の the を省略したものである。⇨『特集10-3』の『注1』 また、All flowers are *each* subtended by.... と each を置いてもよい。)

　専門的・学術的な記述ではない文、例えば「彼らは高い鼻をしている」でも、They have a long nose. であって long noses とはしない。この文について『ジーニアス英和大辞典』では「この a は配分単数といい各人が1つずつの鼻をもっていることを明示的に表す。複数形にすると各人が複数個の鼻をもっている意と誤解される恐れがある」としている。
　They have long noses. と書いても、常識からして「複数個の鼻をもっている」と誤解する人はいないと筆者は考える。現に Dogs have sharp noses.「犬の鼻は鋭い」のような複数形での記述例も多くみられる。 注2 　しかし確かに、一瞬にせよ戸惑わせる(=複数個の鼻をもった人間を想像させてしまう)可能性であれば、無いとは言えない。したがってこのような「属性」を表す例では特に、相手が心に描く光景を考え、違和感を与えないように表現するのに越したことはない。

　そのような誤解や違和感を与える心配がないのなら、例えば All children want presents on their *birthdays*. では複数形である。(また presents については、「願わくば複数個を期待する」ということなら複数形だが、「1個は」ということであれば a present がよい。) All children need warmth and affection from *their families*. や Children are taught reading and writing in *their first years* at school. といった例でも複数形である。
　他方、Children may resemble both their *father* and their *mother* in different ways. や Subjects agree with their *verb*. 「動詞の単複は主語に合せる」の例では単数形である。このような例では単複どちらでも書くことができるが、All children need *a special friend*. では、「無二の親友」という意味では単数形が適切である。(もし、親友・心友はたくさんいるに越したことはないと言うのであれば special friends としてもよいかも知れないが、special という形容詞を friends という複数形名詞と共に用いることには自家撞着を感じなくもない。また、数とは無関係に、不定冠詞によって「〜の種類の…」ということを言わんとすることも多いが、それについては『特集11-8』の後半から述べる。) なお、Discourse markers usually come *at the beginning of* sentences. のような成句も複数形の beginnings にする必要はない。(discourse marker = 断定を避けるための well や「ためらい」を表す oh などの interjection)

　さて、これよりも厄介なのは「彼らは絵を描いている」のような例である。この日本文も、単数か複数かの情報伝達という点では曖昧であるにもかかわらず、日本語としては自然である。しかしこれも英語になると a picture か pictures かのどちらかにせざるを得ない。
　I'm painting *a picture*. か I'm painting *pictures*. かで迷う日本人はまずいないが、They are painting *a picture*. と They are painting *pictures*. の違いとなると、そう単純なものではない。「それぞれが一枚ずつ描いている」ことを伝えたいときは、上記の「配分単数」の例に倣うならば They are painting *a picture*. でよさそうな気もするが、この文はまた「一枚の絵を皆で仕上げている」とも解釈されてしまうことは明らかである。
　結論を言えば、They are painting *a picture*. は「配分単数」のケースとは逆に、「一枚の絵を皆で仕上げている」と解釈するのが普通である。もっと明確な例で言えば Children were flying *a kite*. なら「一枚の凧を子供たちみんなで」と迷わず理解するように。
　他方、Children were flying their *kites*. では、それぞれが一枚ずつ凧を上げていたわけであって、それぞれが複数枚の凧を上げていたという光景を思い浮かべる人はまずめったにいない。これと同じく「それぞれが一枚ずつ描いている」のなら They are painting *pictures*. が正解である。
　ところで、もし画家だったら、同時に複数の絵を製作しているのはむしろ普通だろうから、この文で「それぞれが複数枚の絵を描いている」ことを表すことも十分にあり得ることになる。また、そのような特殊な例ではなくとも、They noshed *peanuts* and *cookies* while watching television. でも、それぞれがピーナッツ1粒とクッキー1枚だけしかつままなかったと思う人の方がまれである。
　そしてまた They are painting *pictures*. では、「それぞれが」ではなく、「皆で複数枚の絵を仕上げている」ことを言うこともある。例えば、劇の書き割りなどを「彼ら」が描いていて、相手もそのことを知っているとすれば、そのように理解するはずである。
　結局のところ、これらの文意が誤解なく伝わるためには、文脈やその場の状況、あるいは会話の当事者間での以心伝心的な要素が必要である。そのような条件を満たしていないときにこれらの文を単独で用いると相手が単複を誤解する可能性がある。正確を期したいのなら、「彼らは(皆で)一枚の絵を描いている」の例では together を用いるか one large picture とするなどの配慮が必要である。あるいは、皆で複数枚の絵を仕上げているのなら They are working together to finish painting some pictures. というのもよいだろう。

　そして「それぞれが一枚ずつ絵を描いている」ことをより明確にしたいときは They are *each* painting a picture. とし、それぞれが複数枚の絵を描いていることを明確にしたいときは They are *each* painting some pictures. とすればよい。
　このように、each は文意を明確にするのに極めて有効である。以下の意味の違いに注意。

　　I sent them a present.（全員に対してまとめて1個）
　　I sent them *each* a present. = I sent *each* of them a present.（それぞれに1個ずつ）

　　They have their own room.（共同で使える部屋が1部屋）
　　They *each* have their own room. = *Each* of them has their own room.（それぞれに個室）
　　　cf. They have their own rooms. でも普通は「それぞれに個室」だが、「共同で使える部屋が数部屋」である可能性も残す。

　　Those flowers cost 500 yen.（総額で500円）
　　Those flowers cost 500 yen *each*. = *Each* of those flowers costs 500 yen.（一輪が500円）※代名詞の場合は単数扱いが普通。

以下は『理系のための英語論文執筆ガイド』（原田豊太郎：講談社）からの抜粋である。ここでも each が有効な例が挙げられている。

■「所有関係の of」に the をつけてはならないケース

次の問題も所有関係の of の場合であるが、定冠詞を用いてはならない。なぜか考えてみよう。

《問題》　平行四辺形の対角線は、平行四辺形を2つの合同な三角形に分ける。

ここでの問題は、「対角線」をどう表現するかにある。平行四辺形には対角線が2本ある。そのうちの1本を取り上げて文章を英文化する場合、その1本は特定できない。そのため、the をつけてはならないのである。

《答え》　A diagonal of a parallelogram divides the parallelogram into two congruent triangles.

この表現は1本の対角線の場合であるが、2本の対角線を主語にして書くこともできる。

The (two) diagonals of a parallelogram divide the parallelogram into two congruent triangles.

上の文章を見て何か変だなあと感じたであろうか。2本の対角線が平行四辺形を分割すると、2個の合同な三角形が2組できるはずであるが、述部の表現はそうはなっていない。主部と述部には論理的な一貫性がないのである。しかし、普通はこのように書く。気になる人は、次のように、副詞としての each を用いるとよい。

The (two) diagonals of a parallelogram **each** divide the parallelogram into two congruent triangles.

さて、ここでこれまでの話を整理すると次のようになる。

① 複数形の主語に対しては複数形の目的語（など）で呼応することが多い。

これによって、「集団に対して一部屋（a room）」があるのでも、「集団で一枚の絵（a picture）を描く」のでもないことを表すとともに、「それぞれに個室」「それぞれが一枚の絵を」の意を表す。つまり「複数対複数」で表すことが、「1対1」であることを表すことにつながる。

ところが、

② 複数形で呼応することによって、（事実は「それぞれが1つを」なのに）「それぞれが複数個を」と誤解されることがある。

その場合には「配分単数」にする。専門的・学術的な記述では特に、「配分単数」によって正確を期す必要がある。

③ 複数形で呼応すればまた、「集団に対して数部屋」「集団で数枚の絵を」の意にとられることもある。

以上の理由から、正確を期す必要がある場合には、each や together などを用いてどちらの意なのかを積極的に明確にする必要がある。

次に、少し抽象的な例について見ていくことにする。

We had *a drink* last night. は日本語と同じく「一杯やった」だが、全員で一杯を飲み回したわけでも、皆が本当に「一杯しか飲まなかった」わけでもない。a drink は抽象的、あるいは象徴的に用いられていることになる。このような例は『A(複数) = a B(単数)』として『特集11-8』から列挙するが、名詞がその文脈で意味するものをよく考えなければならないのもなかなか厄介なことである。

以下も、「具象か抽象か」、あるいは「（具象ではなくとも）具体的なことか否か」によって単複が使い分けられる例である。

『相互複数』

「飛行機［列車・バス］を乗り換える」は change *planes* [*trains, buses*] と目的語は複数形だが、それは、乗り換える前後で2つの乗り物が物理的に必要だから当然とも言える。このような複数形は「相互複数」と呼ばれるもので、『ロイヤル英文法 改訂新版』では次のような例を挙げている。

I am *friends* with him.　　She made *friends* with the little girl.　　I shook *hands* with the young man.
The house changed *hands* twice last year.　（その家は昨年二度持ち主が変わった。）
We still exchange *gifts* at Christmas.　　Would you mind changing *seats* [*places*] with me?
We took *turns* (in [at]) driving the car.　　He crossed *swords* with his political enemy.　（彼は政敵と一戦を交えた。）

しかし、次のような例では少し複雑である。

◇「転職する」では career を単数にする場合と複数にする場合がある。
　…, when he changed *career* to general practice.「開業医として独立した」では医業を変えたわけではないので単数形。
　… should be attractive to people wishing to change *career* into computing. での career はやや抽象的な感じで単数形を選択したものと思われるが、実際には、職種を変える場合には次のように複数形にすることが多い。
　He changed *careers* from a banker to a cook.
　When he changed *careers*, he worked his way up from the mail room to the boardroom.

◇ これと似た違いが、下の例でも見られる。
　We avoided this danger by changing *the route*.　（我々はルートを変えることでこの危険を回避した。）
　change bus *routes*　（バスの運転系統を変更する）

◇「転居する」は change one's *address* と単数形で、The participants exchanged *names and addresses*.「参加者たちは住所氏名をやりとりした」では複数形となる。

結局のところ、このような例では、名詞の意味の抽象性が高ければ単数形で、複数のものをある程度は具体的にイメージできるのなら複数形にするということになる。以下の例でも同じだが、日本人はその判断に戸惑うことも多いので、その都度辞書にあたるなどの対応が必要である。

 Our memory weakens as we grow older.（歳をとると記憶力が減退する。）
 We wrote compositions about *our memories* of our school trip.「私たちは修学旅行の（それぞれの）思い出を作文に書いた。」

ただし、The earthquake is still fresh in *our memory*. の例もあれば The incident is still fresh in *our momories*. の例もある。これは微妙なニュアンスの差に過ぎないのかもしれないが、筆者の考えでは、前者は史実などに対する集団的な記憶にどちらかと言えば適し、後者は個々人によってとらえかたが違う十人十色の記憶を言う場合などに適しているように思う。（ただし、抽象的か具体的かのとらえ方は人それぞれなので、これに合致しない例もある。）

 cf. dream や wish となると、具体的に列挙できることから辞書に「不可算」の表記はない。次のような単複の使い分けも容易である。
  We achieved *our dream* of a championship at Koushien.（我々は念願の甲子園優勝を果たした。）
  All *our dreams* went up in the smoke.（我々の夢はすべて煙と消えた。）

また比喩的な表現においても、「名詞の意味の抽象性が高ければ単数形」にする例は多く見られる。例えば keep one's *eyes* on ... は写実的なので普通名詞の域を出ないが、同意の keep an [one's] *eye* on ... では片目で見張るわけではないので、eye は「監視の目、注視」の意に抽象化されている。They do have *a nose* for the truth as they battle to unmask Rachel's murderer. でも、「配分単数」ではなくて、「事実を嗅ぎつける能力、嗅覚」を表している。

 cf.「the ＋普通名詞」によって抽象的な概念などを表す例 ⇨ 本編『the 3－32』

 vehicle（乗物・輸送機関）→ Language is a vehicle of human thought.（伝達手段） Air is the vehicle of sound.（媒質）
 ceiling（天井）→ set a ceiling on ...（～に上限を設ける）
 Schools are, in a certain sense, like factories turning out *a product*.
  工場で作られる製品はひとつでも一種類でもないが、ここでは「ひとつの型にはまった人間」の意を a product が象徴している。

『強意複数』
ところで、Many thanks. や Congratulations! といった複数形は、American waters「米国領海［水域］」や the starry heavens「星空」などと同じく「強意複数」に分類される。仮に具体的に枚挙できるとしても、それが理由ではない。意味を強めるための慣用である。
これについて『ロイヤル英文法 改訂新版』では、「抽象物を表す名詞の場合は、『程度』が強いことを表す」「具象物を表す名詞の場合は、『連続、広がり、集積』などを表す」として次のような例を挙げている。

 It is a thousand *pities* that you don't know it.（君がそれを知らないとは気の毒なことだ。）
 She was rooted to the spot with *terrors*.（激しい恐怖で彼女はその場に立ちすくんだ。）
 We had gray *skies* throughout our vacation.（休暇中はずっと天気が悪かった。）
 They walked on across the burning *sands* of the desert.（彼らは砂漠の焼けつく砂地を歩いていった。）
 Where are the *snows* of last year?（去年の雪はどこにいってしまったのか。）

以下、話は少し脇道に逸れるが、ここで、可算・不可算について私見を含めてもう少し論じたい。

knowledge については複数形の例文が極めて少数しか検索できない。このことは、knowledge の抽象性がそれだけ高いことを物語っている。しかし、「いくらかの（some）」という意味や、形容詞を伴って「～の種類の…」といった意味では a とともに用いられ、特に形容詞を伴った例は頻繁に目にする。そして、形容詞を伴えば示唆するところはいくらかは具体的なので、それだけ抽象性は低いと言えよう。
 have a knowledge of ...（～がいくらかわかる） a cursory knowledge（浅薄な知識）

例えばまた terror だが、『ジーニアス英和大辞典』では「恐怖、恐ろしさ」の項に不可算名詞の（U）表記をしつつも「ときに a ～」としている。また threat についても「脅迫、おどし」の項に（U）と（C）が同時に表記されているが、このような名詞は数多いし、その分類の仕方が辞書によって多少異なることも珍しくはない。
結局のところ、可算扱いにするのか不可算扱いにするのかを決めるのは文脈であることが多いので、そのような文脈も無しに可算名詞か不可算名詞かを考えること自体がナンセンスであり、不可能であることも多い。現に大型辞書では、情報量ではるかに優るにも関わらず、そのような区別をしていない。

一つの名詞が抽象性と具体性の両義性を普通に持ち得るということはつまり、そのような名詞の意味には振れ幅があって、文脈によってどちらかの側に偏るということである。したがって、抽象名詞に限定詞を先行させるということは、抽象名詞を普通名詞側に引きつけて用いるということだと理解する方が、実情をよく把握できるものと思われる。

文法書は「抽象名詞は常に単数扱いで a / an はつかない」とする。これはつまり、「不定冠詞と共に用いるのなら普通名詞に分類される」ということである。しかし例えば nuisance は可算名詞であるが、They are perfect *nuisances*. よりも They are *a perfect nuisance*. と「a＋単数形」にする方が普通である。（実際、例文検索をしてみると、a nuisance に比して nuisances の複数形の例は極めて少ない。）つまり抽象的に用いられているにもかかわらず、a が置かれていることになる。

以上のようなことから、名詞をことさらに抽象名詞や普通名詞などに分類する必要は、筆者は「ない」と考える。
（なお、物質名詞に関しては『序説1』から参照されたい。）

注4 ⇨ 特集１１-１１

ところで、information, advice, knowledge などの典型的な不可算名詞については、初学者の多くが「情報・忠告・知識が英語ではなぜ数えられないのか」と疑問に思うところであるが、実はこの疑問自体が大きな誤解である。英語でも、具体的なものを示唆したり意識したりするのなら数えることはできる。だからこそ three pieces of information といった表現があるのだ。要するに、information が意味する内容は日本語でも英語でも可算的に扱うことができるわけだが、information という英単語自体は複数形にはできない。日本語の「情報」と information とは、この点において似て非なるものである。（英和辞書にある訳語や、和英辞書にある日本語と対応する英単語は、意味が共通する部分が大きいのは確かだが、完全に等しい関係にあるものなどめったと無い。こと単語に限らず、言語が異なれば、その意味するところが、ニュアンスや抱かせるイメージも含めて完全に合致するものなど、むしろ稀である。）

では何故これらの英単語が数えられないかだが、これは語源から見当がつく。以下に語源を『ジーニアス英和大辞典』から抜粋する。

    information 「初14c; ラテン語 informatio（情報）．inform＋-ation」。また -ation は「動詞につけて『動作・状態・結果』の意の名詞を作る」。
            [筆者注：『英語語源辞典』（寺澤芳雄：研究社）によると、それはつまり「inform すること」である。]
    advice 「初15c; 中世ラテン語 ad visum より。『ad-（…を）＋-vice（見ること）＝人を見て意見を言うこと』」。
    knowledge 「初14c; 中英語 knowleche(n)（認める）「know＋-ledge（行動、過程？）＝知るように努めること」」。

これらはつまり「～すること＝行為」を表す名詞であって、その語源が尊重されているためにそのままでは数えられないと言えよう。
しかし実際のところは、もはや「行為」ではなく、その結果・果実としての「情報・忠告・知識」といった意味に転用されている。それでも可算性までは（今のところはまだ）獲得していないものと理解してよいだろう。
では行為を表す名詞なら不可算かと言えば、必ずしもそうではない。例えば mistake などは動詞と同形であって、文字通り「miss を take すること」なのだが可算名詞となっている。（中世頃には存在していたらしい名詞の mistaking に代替したものと思われる。）
このような例からすると、語源がどうであれ、個別・具体的なものとして認識されやすいものであれば、利便性のために可算名詞に転ずるのが自然と思われるのだが、information などはそうではない。この違いは、その語の出自が今なお重要視されているのか否かの違いとしか筆者には思えない。

また、a cursory knowledge のような「～の種類の…」「～のたぐいの…」といった意味の不定冠詞を伴う例では、その内容が具体的に、また容易に伝達しやすいものであればあるほど、「1個の～」という認識もされやすい。つまりその場合 a piece of … などとするまでもなく単数であることを示唆しやすいのだから、これらの名詞も、可算名詞化される過程の、初期の段階にはすでにあるように思えてならない。three pieces of information よりも three informations の方が、便利さだけを言うのなら利があるし、意味さえ誤解なく伝わるのなら、言葉は簡略化されやすいものなのだから、今後そのような言い方が出てきたとしても、それはむしろ当然の帰結と言えるだろう。これとは逆の例で言えば、本来なら複数扱いにすべきはずの data が、今日では単数扱いの方が普通となったように。
（information を可算名詞として扱えば「告訴状・訴状」の意を、同じく advice では「通知（書）」「報告・情報」の意を、wisdom では「金言・名言・深遠な思想」の意を、あるいは the wisdoms なら「諸賢人」の意を表す。このような使い分けの例は多いが、文脈の支持さえあれば、可算・不可算によるこのような区別もそれほど必要なものでもないだろう。不可算扱いに固執すべき必然性は、この点からも見い出しにくい。）
なお、I have (× the) information that....「～という知らせを受けている」では the を置かないが、これに関しては『特集4-1』を参照されたい。

この辺りで話を本題に戻そう。
集合名詞の単複の区別についてだが、いわゆる family 型の集合名詞は、米語では「一つの集団」あるいは「一つの集合体」とみて単数扱いに、イギリス語では個々の構成メンバーを意識して複数扱いにすることが多い。（ちなみに police 型の集合名詞は常に複数扱いである。構成員である「1人の警官」は a police officer [policeman, policewoman]、5人なら five police, five police officers, five policemen [policewomen] で表す。）

    The public *is* the best judge [*are* the best judges].（大衆は最良の判断者である。）
    The press *is* [*are*] waiting for the interview.（記者団が会見を待っている。）

集合名詞などを単数扱いにするか複数扱いにするかについては 注4 で詳しく述べるので参照されたい。

さて、*a* knife and fork や *a* needle and thread などの、and でつながれた一体のものを表す普通名詞の例はよく知られているが、抽象名詞や物質名詞を and でつないだ場合にも、一体としてとらえれば単数扱いになる。他方、*a* knife and *a* spoon なら複数扱いにするのと同じく、抽象名詞・物質名詞などでも別のものと意識されるなら複数扱い。⇨『特集12-1』の③、『特集12-4』の『注1』

    Law and order *is* [*are*] kept in this town.（この町では法と秩序が守られている。）

    Science and technology *is* breaking new ground every day.（科学技術は日々進んでいる。）
    Science and technology *are* auxiliary to each other.（科学と技術は相補関係にある。）

    Trial and error *is* the only method to determine....（試行錯誤が～を決定する唯一の方法だ。）
    Trial and error *are* an inseparable part of technical development.（技術的進歩には試行錯誤はつきものである。）

特集１１－７

注3・4 ⇨特集１１－１１

Standing by and doing nothing *is* the same thing as supporting it.（何もしないで傍観することは支持することに等しい。）

Time and tide *wait* for no man.（歳月人を待たず。）　「時間」と「潮の干満」なので別ものとして扱っている。
Poverty and corruption *bedevil* our nation.（貧困と腐敗が国民を苦しめている。）

 cf. Your fairness and your impartiality *have been* much appreciated.「君の公正さと公平さは高く評価されている」では
  所有格を繰り返すことによって個々の要素が強調されるため複数扱いにする。　⇨『特集１２－６』の『注２』

Bread and butter *is* enough for me.（バターを塗ったパンだけでけっこうです。）
Oil and water *separate* out.（水と油は分離する。）

 cf. There *is* no bread, no butter, no cheese, no nothing.「パンもバターもチーズも何もない」では物質名詞を並べてはいる
  が are ではなく is にしている。結局そのどれも無いのだから上の例のような区別は不要であるというのが主因であろう。
  副因としては、例えば There *are* an apple and an orange on the table. では、an orange を追加的に述べる感じで
  （または an につられて）are を is にすることもあるが、それに近い感じもあろう。　⇨『特集１２－１２』の『注１』

 cf. A hospital and a medical school *are* one integral group.「病院と医科大学とは１つの複合体である」の例では、建物も組織
  も別ものなので、やはり複数扱いが妥当である。

金額・時間［期間］・距離・量などに関する次のような例でも、ひとまとめとして扱う。

 Five miles is too far for little children to walk.（５マイルは小さい子供には遠すぎて歩けない。）
 It's been *a difficult nine years*.　　When do you intend to repay *that five dollars*?
 Fifty milliliters of rain was recorded in the period of an hour to 11 p.m.

 ※ 余談ながら、算用数字（＝アラビア数字）の表記のルールでは、「10 までの数は綴る」「10 を超える数でも、文頭にくる場合には普
  通は綴る」。ただし、単位と共に表す場合には綴らない。　to the point *9m* from the upper stream（上流から９ｍまで）
  なお、数字に関するその他の規則を 注3 に載せているので参照されたい。

  ところで、A [One] month and a half *has* passed since we last met.「前に会ってから一カ月半たった」を、同意の
  One and a half months *have* passed.... では複数動詞で受ける。これは、動詞に近いほうの名詞（この場合、前者では a half、
  後者では months）に合せる傾向が強いからである。More than one teacher *was* present.「２人以上の先生が出席した」などの
  ような例でも同じ。　⇨ 注4

また『教師のためのロイヤル英文法』では、「ひとまとめ」の例外を英米の文法書から次のように紹介している。

 ●主語が何かの一定量を表す数であるとき、動詞は単数の場合が最も多いが、複数の概念が重要な場合は複数動詞が用いられることもある。
  The first fifty years are the hardest. [Roberts 282]

以下にも、単数と複数のいずれで扱うべきかに関する例を挙げる。

What is needed ... は The thing which is needed ... のことだから、これを主部にするのなら What is needed *is* books. が正しい。
ただし、この例のように補語が複数だと What is needed *are* books. と複数扱いにすることもある。その場合は Books are what is
needed. の倒置形と考えるべきであろう。しかし What are needed を主部にするのなら The things which are needed ... のことなの
で What are needed *are* books. が正しい。これを What are needed *is* books. とすることはできない。

また例えば、What S need(s) ... の What はこれ自体では単複不明だが、集合的にひとまとめにして単数扱いにしている例が多い。
しかし、補語が複数なら are でもよい。　What they need is [are] competent managers.
補語を列挙させるのなら複数扱いである。　What we need for the present *are* ... and....（差し当たり必要なものは、〜と〜である。）

 cf. All you need is a certain amount of patience. のような例における代名詞の All は抽象的に単数扱い。
  これは All is lost.「万事休す」や All was quiet in the room.「その部屋の中は静まりかえっていた」のような例でも同じである。
  他方、「あらゆるもの［人］」の意なら複数扱い。　All were quiet in the room.（全員が静かだった）

この他、複数形で表す国家や機関などについても、一つの組織・体制と考えるので単数扱いが普通である。

 The United States *is* bounded on the north by Canada.（米国は北はカナダと接している。）
 The United Nations *was* set up after two wars involving the worst carnage imaginable to try and prevent a repeat.
 （史上最悪の大虐殺が行われた先の二大大戦の後に、二度と戦争を繰り返さないために国連が創設された。）

他方、地形・地勢に関する地理的名称で広範囲にわたるものは、その複数の構成要素を意識して複数扱いにする。山脈や島嶼群などをいう場
合がそれにあたる。⇨『特集１０－２』

 The Himalayas *inspire* awe and reverence.（ヒマラヤ山脈は畏怖と崇敬の念を起こす。）
 The Philippines *are* made up of a great number of islands, large and small.（フィリピン諸島は大小多数の島々から成る。）
  cf. The Philippines *is* one of the recipient countries of Japanese foreign aid.
   （フィリピンは日本の対外援助受け入れ国の一つである。）

次に no を用いた表現について。

　例えば No boy can answer it. では「それに答えられる少年は誰ひとりいない」、つまり Not a boy.... の意を表すために単数形が普通である。しかしこのような例を根拠に、「無いものは無いのだから、無い場合には『no ＋単数形』でよい」と割り切るのは早計に過ぎる。

　確かに He had *no wife*. や He has *no fixed address*. のように複数形 (no wives / no fixed addresses) にすると明らかに不自然な場合には迷うこともない。しかし、He has *no car*. / He has *no friends*. / He has *no children*. の例における単複の選択は、仮に有しているとして、それが単数である方が常識的か、否、複数である方が常識的かによって判断される。

　There was *no reply*.「返事はなかった」や There is *no alternative course*.「他に手段はない」といった単数形の表現に対して、There are *no legal constraints* whatsoever.「法的には何ら問題はない」や There were *no televisions* in Japan in those days. では「no ＋複数形名詞」が選択されているのは、それらが、もしあるとすれば普通は複数個は存在すると考えられるからであろう。同様に、There were no beg-pardons.「何の謝罪の言葉もなかった」や There were no volunteers for the job. といった例でも、一回きりの謝罪（あるいは一人だけからの謝罪）や一人だけのボランティアではなく、複数のそれを期待していたものと思われる。

　また、No More *War*！では少し抽象的な意味での戦争といった感じだが、No More *Wars*！では個々の戦争といった感じで、多少なりとも具体的なイメージを伴う気がする。（ちなみに、No more *Hiroshimas*！No more *Nagasakis*！でも、「あの広島・長崎のような悲劇」と具体的なことから、可算扱いである。⇒『序説－8』の『注２』）

　A＝B. のパターンの文章で B を no で否定する場合について以下に述べる。

　　Great barkers are *no biters*.（諺：吠える犬は嚙まない。）

このような単純な例では主語の単複に合せればよい。　cf. Don't call that student a fool. / Don't call those students fools.

しかし次のような場合には検討を要する。

　例えば These discrepancies are *no light matter*！「これらの食い違いはゆゆしき問題だ」は、複数の食い違いがあることが一つの問題であって、These discrepancies are *a light matter*. の否定表現なので複数形にはできない。

　しかし例えば Vitamin supplements are no *substitute* for a wholesome meal.「ビタミン補助食品は健全な食事の代りにはならない」の総称表現では、もし ... for wholesome *meals*. とするのなら、no *substitutes* と、こちらも複数にすべきであろう。

　The flowers are lovely; only, they have no *scent*.「その花は綺麗には違いないが、惜しいことに香りがない」では、花が一種類なら、香りも（もしあったとしても）一種類だが、文頭がもし Those kinds of flowers.... であれば、香りの方も数種類を想定して they have no *scents*. にする方がよいと思われる。

　次に be-動詞を用いて「A＝B」の関係を言う平叙文について。

　Bが可算名詞ならAが単数のときBも単数、Aが複数のときBも複数が基本である。しかしBには、He is *a sorrow* to his parents.「彼は両親にとって悲しみの種だ」の例のように、「一種の…、ある（種の）…」(a kind of) という意味や、あるいは形容詞を伴って「～の種類の…」といった意味を付与するために不定冠詞を先行させることも多い。Bの抽象性が強いほど「A(複数) ＝ a B(単数)」とする傾向は強い。以下にそのような例を挙げる。（この場合、Bが抽象名詞であるにもかかわらず不定冠詞を置くことが多いが、これについては『特集１１－５』の下部を参照されたい。）

　以下は「A(複数) ＝ a B(単数)」のパターンの総称表現以外の例

　　Some children are *a burden*.（中には苦労の種になる子供もいる。）
　　　cf. 次のように具象の補語では、主語や目的語の単複に合せる。
　　　　　He is a bus driver. / They are bus drivers.
　　　　　I would call them *friends* as distinct from mere acquaintances.（単なる知り合いとは区別して友人と呼びたい）

　　Those boys are *a real headache*.（あの少年たちは本当に頭痛の種だ。）
　　They are *a perfect nuisance*.（彼らにはほとほと手を焼いている。）
　　　cf. They are *perfect nuisances*. と複数形にするのは稀である。⇒『特集１１－５』の下部
　　Peaches are *a special product* of this district.（この地方の名産は桃だ。）
　　These slums are *a disgrace* to the city.（このようなスラム街は市の恥だ。）
　　Accidents like this are *a rare occurrence*.（このような事件は稀にしか起らない。）
　　Headaches are *a chronic disease* with me.（頭痛は私の持病だ。）
　　Tourists are *a familiar sight* in this part of the city.（町のこのあたりでは観光客の姿がよく見られる。）
　　Our tulips are *a picture* this year.（うちのチューリップは今年はすばらしい見ものだ。）
　　Schools should be in *a healthy physical environment* and provide *a stable emotional environment* to students.
　　　（学校は健全な物理的環境に置くべきであるし、また生徒に安定した感情的環境を与えるべきである。）
　　The Philippines offer *a fine field* for botanists.（フィリピン諸島は植物学者にとっては格好の植物採集の場である。）

　　The meals there are *A one*.（あそこの食事は最高だ。）

　ただし、抽象名詞ならすべてに a を置けるというわけではない。例えば gratitude は所有格以外の限定詞を直接には受けつけないので、a feeling [sense] of gratitude などとする。このようなことは多くの例文を検索することによって初めてわかる。

以下は「A（複数）＝ a B（単数）」のパターンの総称表現の例

 Sharks are *a terror* to swimmers.（サメは泳ぐ人たちに恐れられている。）
 Interruptions are *a hindrance* to one's work.（何度も中断していると仕事は進まない。）
 Letters are *a one-way communication*.（手紙は一方通行的な種類のコミュニケーションです。）
 Credit cards are *a convenience*.（クレジットカードは便利なものである。）
 Finances are *a constant worry*.（財務状況は恒常的な悩みの種である。）
 Pearls are *a preferred accessory* for formal wear.（礼装用のアクセサリーにはパールがよく使われる。）
 Navigation systems are *a hot option* for new cars on the market.（カーナビは売り出し中の新車に目下人気のオプションだ。）

 Weapons of mass destruction are *a threat* to the whole world.（大量破壊兵器が全世界を脅かしている。）
  cf. Weapons are still *big business*.（軍需産業はいまだ巨大産業だ。）

 Cowboy dramas are *a staple* on television.（カウボーイ劇はテレビの主要番組である。）
  cf. Cowboy movies aren't *good grossers* any more.（もうカウボーイ映画はあまりもうからなくなった。）

 Marsupials are born in *a very undeveloped condition*.（有袋類の動物の子は非常に未熟な状態で生まれる。）
 Department stores are facing *a bleak future*.（デパートは冬の時代を迎えている。）

他方、「of ～」などの後置修飾語を伴って区別・対比を強くすれば the を用いることが多い。

 These flowers are *the choice of her garden*.（これらの花は彼女の庭で咲いた逸品である。）
 Proverbs are *the wisdom of the multitude*.（ことわざは庶民の知恵である。）
 The lungs are *the seat of the disease*.（病気は肺にある。）

ただし、one の意の方を明確にしたいか含意させたいのなら a を用いる。

 Chives are *a member* of the onion family, but much milder.（チャイブはタマネギの仲間であるが、味はずっとマイルドである。）
 Traffic jams are *a characteristic* of large cities.（交通渋滞は大都会の特徴だ。）
 The newspapers are *a good source* of information about what is going on in the world.
  （新聞は世界の出来事に関するすぐれた情報源である。）

区別・対比を強調しない場合や抽象性が高い場合、あるいは同じ冠詞の繰り返しを嫌う場合などは、後置修飾語を伴っていても無冠詞にすることがある。

 The group admitted *responsibility* for the terrorist attack.（その集団はテロ攻撃の責任を認めた。）
 He put the case for *abolition* of the death sentence very simply.（彼は死刑廃止論を極めて簡潔に述べた。）

このような例は『2．ⅱ．後出する内容によって特定・限定されるもの（＝後方照応）』（the 2-6）にも載せている。

注1　これらの例では the publisher of the book や the publishers of the book の方が主語であって Who は補語である。もっと簡単な例で言えば Who are you ? がそうである。もし Who を主語とすれば Who is you ? となるはずだが、これでは「誰があなたですか」となってしまう。ちぐはぐなので認められない。
　　このような例にはあたらず、who を主語とする例では、常識的に複数人を指すことがわかっていても単数扱いにしなければならない。

　　以下は『謎解きの英文法　冠詞と名詞』（久野暲・高見健一：くろしお出版）からの抄録である。

　　　…前略…　たとえば、ある家庭で夕食にお客さんを招くことになっていて、母親がその準備をしていたとしましょう。子供がその様子に気がつき、お客さんが1人来るのか、2人以上来るかは分からない状況で、「誰が夕食にやって来るの？」と母親に尋ねる場合はどうでしょうか。あるいは、食卓に家族の食器のほかに、お客さんのための食器が4セット並べてあるのを見て、子供が母親に「誰が夕食にやって来るの？」と尋ねる場合はどうでしょうか。つまり、これら2つの状況で、次の文のどちらが用いられるでしょうか。

　　　　a. Who *is* coming to dinner tonight ?
　　　　b. Who *are* coming to dinner tonight ?

　　正解は、どちらの場合も (a) です。英語の疑問詞 who には、「単数名詞としてしか使えない」という面白い制約があります。そのため、今晩夕食に来る人がたくさんあることが分かっていても、who は、(a) のように単数動詞 is を要求し、(b) の are のような複数動詞を使うと間違いになります。

　　　…中略…　同様に、たとえば、米国上院議員100名のうちの28名が再選挙に立候補していることが分かっていても、「誰が上院選挙に立候補していますか？」という質問をするには、who を単数形主語扱いにして質問をしなければなりません。そのため、次の (a) が正しく、(b) は間違いです。

　　　　a. Who *is* running for re-election in the Senate ?
　　　　b. × Who *are* running for re-election in the Senate ?　　　　（抄録はここまで）

同書ではまた、Who *controls* the Senate, the Democrats or the Republicans ? 「民主党と共和党のどちらが上院を支配していますか」の例について次のように述べている。

　　who が複数名詞の the Democrats（「民主党員」）か the Republicans（「共和党員」）のどちらかを指し示していることが明らかですが、それでも動詞は、単数形動詞の controls が用いられ、複数形動詞の control は使えません。

また疑問代名詞の which と what に関しても同様である。以下同書の例文より。

　　Which is/×are going to win, the Democrats or the Republicans ?
　　　（民主党と共和党とで、どちらが勝つでしょうか？）
　　The Democrats are/×is.

　　Between the Smiths and the Johnsons, which is/×are friendlier to you ?
　　　（スミス家の人たちとジョンソン家の人たちでは、どちらのほうがあなたにより親しいですか？）
　　The Johnsons are/×is.

　　What is/×are troubling you ?

ただし、疑問形容詞としての which, what はこれにはあたらない。当然ながら、疑問形容詞によって修飾される名詞の方が主語である。

　　Which fruits are in season now ?（今はどんな果物が旬ですか。）
　　What measures are being taken to ensure that no viruses are passed over the Internet ?
　　　（インターネットでウイルスが伝染しないようにするためにどんな手が打たれていますか。）

注2　以下に、単数形と複数形、それぞれの例を挙げておく。
　　We have to keep our *nose(s)* to the grindstone.（せっせと働かなければならない）

　　They have a pointed *snout*, and the mouth contains teeth.
　　They have pointy *snouts*, bulbous *noses* and grizzled manes.

単数形
　　Babies will eat anything they can get into their *mouth*.
　　They tried to cover their *mouth* in sheer surprise, unable to believe their luck.
　　Politicians often talk out of both sides of their *mouth*.（よく二枚舌を使う）

　　They think that we're born with a silver spoon in our *mouth*.
　　　　be born with a silver spoon in one's mouth 「富豪の家に生まれる」は熟語である。

次の例は「手が震える」「口が乾く」という状態や症状を表す。
　　We have all had *a shaky hand* and *a dry mouth* before speaking in public.
　　…, and they say that patients usually stop using anticholinergic drugs because of *a dry mouth*.

複数形
　　They have hawkish *noses*, receding *chins*….
　　They have beady eyes, big *noses* and enormous *pot bellies*.
　　They gaped at him, their *mouths* slightly open, ….
　　People who chew food with their *mouths* open should be beaten to death with plates.
　　They smushed marshmallows in their *mouths*.

次のような例でも、複数形の方がその様子を上手く表現できる。
They stared with wide-open eyes and *mouths*.　　Our *mouths* fell open at the sight of so many precious jewels.

　　身体部位としてのそれを強調するのなら the を用いるのがふつう。⇨ 本編『the ３－３』
These animals are all protostomes — *the mouth* develops before *the anus* in the young embryo.

混在型の例をひとつ挙げておく。
When snakes flick their *tongues* in and out, they pick up chemical cues from the air, which they transfer to *a sensory organ* in the roof of *the mouth*.

　　『Practical English Usage』(OXFORD) では、Tell the kids to bring *raincoats* to school tomorrow. の方が、Tell the kids to bring *a raincoat*....
よりも自然であり好まれるとし、次のような例では、ほとんどいつも複数形が用いられるとしている。
Tell the children to blow *their noses*.　(NOT ... to blow *their nose*.)
The teacher told the children to open *their books*.　(NOT ... *their book*.)
Six people lost *their lives* in the accident.
　　他方、同書ではまた、次のような一般論や規則について述べる文では、単数も複数も可能であるとしている。
We use *a past participle* in *a perfect verb form*.　(or We use *past participles* in *perfect verb forms*.)
All documents must be accompanied by *a translation* of *the original*.
　　(or All documents must be accompanied by *translations* of *the originals*.)
　　次の例も挙げられている。　　*Subjects* agree with *their verb*.

注３　まず、単位と共に用いて綴らない例を少し挙げておく。
make up the volume to *10ml*（体積を10mlにする）　　take *1ml* of the sample solution in a test tube（試料液1mlを試験管にとる）
A typical healthy fingernail grows about *1mm* to *2mm* a week.

なお、上記のように単位の記号を用いる場合には、正式な書き方としては数字との間を空けない。×３g→3g　×25％→25%　×４℃→4℃
記号ではない場合には空ける。
The sales people who are on commission earn *6 percent* of the total amount they sell.
　　（委託販売員は彼らの全売り上げの６％を手数料として受け取る。）
His time was 25 min. 13.5 sec.（彼のタイムは25分13秒５だった。）

英語での複数は、正確には「１を超える数」であって「２以上」ではない。
One English statute mile is equal to *1.609 kilometers*.（英語の１法定マイルは 1.609 キロメートルに相当する。）

　　小数は当然ながら単数扱いである。　　In about *1/2 mile*, the route crosses a small meadow....
しかし実際には、複数扱いの例も珍しくない。　　..., the airplane was 700 ft above ground level and *0.5 miles* from the end of the runway.
次の例では混在している。　　Roll into a thin (*0.5 centimeters* / *1/4 inch*) disc, ...

マイナスの場合も絶対値が１を超えれば複数扱い。
minus 15 degrees centigrade = 15 degrees below zero =（英）15 degrees of frost（氷点下15度）
　　また zero degrees について『ランダムハウス英和大辞典』では、「degree でないことに注意。zero のあとにくる可算名詞は複数形になる。ただし、zero hour（第０時）と zero hours（０時間）は区別される」としている。

数字を横並びにするのは好ましくないとされているので片方の数を綴るが、なるべく別の表現を工夫する方がよい。
（以下の例は全て『American Medical Association MANUAL of STYLE』より）
Study participants were provided with *twenty 5-ml* syringes.
The envelope contained 3 copies of the manuscript and *one 3.5-inch* diskette.
By December *1993*, *93 282* cases of AIDS had been reported in the United States.
　　→ Better: By December *1993*, a total of *93 282* cases of AIDS ....
NASA reported that in the year *2000*, *3000* active satellites would orbit the earth.
　　→ Better: NASA reported that *3000* active satellites would orbit the earth in the year *2000*.
In the cohort of *fifteen hundred*, *690* were men.
　　→ Better: In the cohort, *690* of the *1500* subjects were men.

なお、足し算においては、単数動詞も複数動詞も用いられる。
Three plus four equals seven.　　Three and four is [makes] seven.
Three and four are [make] seven.

注４　まずはじめに、集合名詞の例を少し挙げておく。
　　米語：The audience *is* enjoying the show.　　イギリス語：The audience *are* enjoying the show.
　　米語：Where *is* your family ?　　イギリス語：Where *are* your family ?
　　　　なお、返答の They are all in Kobe. を We にはしない。

他に staff や committee でもこの傾向は見られるが、イギリス語でも、「一つの集団」「一つの集合体」であることを特に重視すれば単数動詞をとることもある。（また米語においては、主語の単数形・複数形に動詞の単複を単純に合せていると考えてもよい例が多く見られる。集合名詞の他にも、スポーツチーム・音楽バンドなどの扱いにおいてそれは顕著だが、これについてはこの注の最後に述べることにする。）

　　次に、集合名詞以外で同様な区別が見られる例を挙げていきたい。
　　言うまでもないが、A number of books.... は books が主語なので複数扱いである。これは A couple of books.... A lot of books.... でも同じである。他方、The number of.... なら number が主語で単数扱いになる。（少し迷う例を挙げれば、This kind of book [books] *is* interesting. と Books of this kind *are* interesting. は同義にもかかわらず、前者では kind が主語として認識されるために単数動詞を用いる。）

特集１１−１２

何が主語なのかが明白な例では迷うことはないが、そのような区別ができない例も意外に多い。その理由は主に次の２つである。

① 明白に複数のものを指しているにもかかわらず、主部の単数形名詞に合せて（もしくは「つられて、引かれて」）単数動詞が選択される。
  例： More than one man is against him.（彼に反対するものは一人にとどまらない［二人以上いる］。）
    Many a man serves a thankless master.（諺：恩知らずの主人に仕える者はたくさんいる。）
    One proposal after another was discussed and rejected.（次から次に議論された提案は、ことごとく否決された。）
     この例では、提案が一つずつ議論されたわけだから単数扱いでも違和感は少ないが、副詞句にすれば Proposals were discussed one after another. と複数扱いである。

    『ジーニアス英和大辞典』では、She was one of the girls who *were* late in coming. でも、「one に引かれて単数動詞のこともある。いずれも標準語法」としている。また、「単数呼応は特に先行詞が the only one の時に生じやすい」として次の例を挙げているが、この場合には英語と日本語を話せるのはビルだけなので、applicants を先行詞にするわけにはいかない。
    Bill is the only one of the applicants who *has* the ability to speak English and Japanese.
     （ビルは応募者のうちでただひとり英語と日本語が話せる。）

② 集合名詞以外でも、「一つの集団」あるいは「一つの集合体」とみなせば単数と考えられるが、構成要素・構成メンバーが複数存在することを意識すれば複数扱いが妥当と考えられる例が多い。
  例： オリンピックには様々な競技種目があるので the Olympic Games 又は the Olympics と複数形にするが、ある１回のオリンピック大会なら an Olympic Games [an Olympics] と不定冠詞を置く。
    The next Olympics *are* going to be held at....
    In the past, the Olympics *was* considered a venue for enhancing national prestige.
     （オリンピックが国威発揚の場と考えられたのは過去のことだ。）

  なお −s で終る学問名や活動・ゲーム・病気などの名称は単数扱いにすることはよく知られているが、個別の立場や状況などを言う場合には複数扱いにするものもある。
    Politics *is* an interesting subject.（政治学はおもしろい科目だ。）
    I wonder what his politics *are*.（彼はどんな政見を持っているのかしら。）

    Free-market economics *was* seen as the cure for all our ills.（自由市場経済学は私たちのすべての病弊を治すものとみなされていた。）
    The economics of the city *need* (× needs) still to be looked at carefully.（その都市の経済状態はまだ注意深く見守る必要がある。）

① のような例は米語・イギリス語ともに単数扱いだが、このような例はそれほど多くはない。
② についても、集合名詞の扱いと同じく、米語では単数扱い（例：The party *was* all rescued.）、イギリス語では複数扱い（例：The party *were* all rescued.）にする傾向が極めて強い。

参考までに、a set of ... と a group of ... について、単複の例を見てみよう。
 単数扱いの例
  This is a complete set of 12 volumes.
  A set of bay windows overlooks the Liffey Valley....
  A complete set of this author's works is now difficult to obtain.
  A concrete set of rules on which people can plan their financial future is necessary to stop....

  A group of citizens is trying to stop (the) development of the golf course.
  A small group of students meets regularly to learn Japanese.
  A group of senators plans to filibuster a measure that would permit drilling in Alaska.
  The idea is that, if a group of states wants to embark on deeper integration, others should not stop them.

 複数扱いの例
  There are a set of documents that we think are properly restricted because....
  There are a set of rules that the Congress and the department have worked out....
  A set of standard mackerel feathers, often tied using ..., are ideal.
  And there clearly are a set of views that are held by the United States government....

  A group of us were sitting on the veranda of the villa sipping beer.
  A group of young men and women were making a lot of noise.
  A strange group of people gather at that house every day.
  A group of actors are rehearsing a play about Joan of Arc.

電子辞書で検索してみたところでは、どちらの例についても複数形の例の方がやや多いようだ。（ただし、過去形では be−動詞以外では単複が区別されないため、正確なところはわからない。大まかな印象としてである。）　なお、a pair of ... の扱いについては『特集１１−２』を参照されたい。

ところで、『ジーニアス英和大辞典』では次のように述べている。
  A group of boys were [was] playing in the park.　少年のグループが公園で遊んでいた。
  《of 句の複数名詞に引かれて複数呼応するのが普通。ただし there 構文では a group に引かれてしばしば単数動詞で呼応。
   There was a group of boys playing ...》

特に会話では、単・複のいずれかをイメージする時間的余裕がないので、このようなことも多いだろう。

特集１１－１３

『謎解きの英文法　単数か複数か』（久野暲・高見健一：くろしお出版）では、スポーツチーム・音楽バンドについての英米の違いを詳述している。以下はその要約。例文も同書から。

スポーツチーム
　米語：主語の単複に合せる。
　　野球のチーム名などには複数形が多いので、それに合せて複数扱い。
　　　The Yankees **have** been without Matsui since he broke his left wrist in May.
　　　The Mariners **have** signed center fielder Ichiro Suzuki to a new five-year contact.
　　　　なお、Boston Red Sox と Chicago White Sox も複数扱いだが、これについて同書では「socks（靴下）を Sox と表記したもので、アメリカ人には複数形として意識されています」としている。
　　サッカーチーム名は単数形が多い。それに合せて単数扱い。
　　　AC Milan **has** won the Champion League.
　　　Manchester United **is** the most successful Premier League club having won the title 10 times.

　　イギリス語：主語の単複に関係なく複数動詞を用いる。

音楽バンド
　米語：主語の単複に合せる。　The Beatles **are** a rock group.　Kiss **is** a rock group.
　イギリス語：主語の単複に関係なく複数動詞を用いる。　The Beatles **are** a rock group.　Kiss **are** a rock group.

会社
　米語：主語の単複に関係なく、<u>「単一の集合体」とみて単数動詞を用いる。</u>
　　Sony **has** developed a razor-thin display that bends like paper while showing full-color video.
　　General Motors **has** announced that it will cut 30,000 jobs by 2008.

　　イギリス語：多くの場合は複数動詞を用いる。その理由を同書では、「その会社の社員や経営陣など、複数の人々が意図されているためだと考えられます」としているが、同時にまた、「会社という１つの集合体、単一体が意図されれば、イギリス英語でも＜単数呼応＞が用いられるはずです」として次の例を挙げている。　Sony **is** a big company.

　以上をまとめると、これらの場合、米語では主語の単複に動詞の単複を合せるのが基本だが、会社だけは、複数形の名詞がその名称に入っていても単数動詞をとる。他方、イギリス語では主語の単複にかかわらず複数扱いが基本である。

特集 11 名詞の単複の選択例 その2 英語と日本語の違い

　日本語では単数・複数を英語のようにははっきりとさせないことを『その1』で述べたが、単複を峻別する方が、基本的にはより合理的である。例えば「歯医者さんも勧める○○歯ブラシ」という日本のコマーシャルの場合、メーカーはたった一人の歯科医からの推薦を得ていれば偽装表示にはあたらない。しかし英語で、A dentist....「ある歯医者さんが」と言っても何の宣伝効果も上がらないので、単数であればA leading dentist.... のような形容詞が最低限必要だろう。それよりも Many dentists.... さらには Many leading dentists.... としたいところだが、その場合、歯科医らに支払う謝礼もそれなりの額になることだろう。それでも、その方が情報の正確さは増す。注1

　ところで、国語学者の金田一春彦氏によれば、日本語でも「もの」の単複を昔はもっと正確に表現していたらしい。以下は氏の著書『日本語への希望』（大修館書店）からの抜粋である。

　　…前略…　日本語で複数であることを言いたい場合にも、言えないというのは不便である。昔は、無生物に対しても「舟ども」「調度ども」のような複数を表わす言い方があったが、今ではそういうことが言えなくなった。日本語は、大体進歩の方向をたどってきた言語で、退歩の例は少いが、これだけは退歩だ。漢語の名詞には「諸制度」とか「諸要因」とかいう言い方ができていて重宝しているが、日常使う和語にもそういう言い方があったらと思う。（抜粋はここまで）

　現在でも、例えば「家々」「山々」あるいは「山並み」などでは複数であることを自然に表せるが、これも「丘々」「丘並み」「本々」と言うことはできないように、一部の表現に限って可能だけである。

　他方、日本語では、代名詞や人については「それら」「そいつら」「彼ら」「彼女たち」「子供たち」というように比較的簡単に複数を表すことができる。これに対して単複を明確にするはずの英語が、代名詞では次のような不合理性を抱えている。注2

※ you では単数と複数の区別ができない。複数の場合はまた、特定の人・集団（あなたがた）のことなのか一般的な人（people, they, one）のことなのか文脈がなければ峻別しにくいことがある。使用頻度が極めて高い代名詞がこうでは、甚だ不便である。単複同形ならば、せめて単数の場合の be-動詞だけでも You is.... とすればずっと改善されそうなものなのだが。注3・4

※ he / she もそれぞれを hes / shes とは言えないために、男女の複数を言いたければ boys / girls や gentlemen / ladies などで区別するしかないが、例えば boys と gentlemen が混ざった集団を指すとなると、boys and gentlemen と長々と言わなければならない。（males でもよいが、口語的ではない。）これもかなり不便である。（日本語では「彼ら」「彼女ら」の区別は可能。）

※ 「人」と「もの」の複数形が同じ they なのも甚だ調子が悪い。日本語では人を指して「それら」ということはないのでその区別は瞬時にできるが、英語では「人」と「もの」が前出している場合に、they がどちらを指しているのか（一瞬にせよ）戸惑うことがある。主語に用いられた場合は特に、文意を把握するまでその判断を保留せざるを得ないが、主語が「人」か「もの」かの判断すらできないのは困ったことである。そこで「もの」の複数を表す代名詞を例えば thay に変えればずっと便利になると筆者は思うのだが。（ちなみに、日本人学生の中には they を「人」と判断してしまう癖からなかなか抜け切らない生徒が多い。）

※ everyone, everybody, someone などを he で受けることは性差別的であるとして、he/she, he or she などの表現を経て、今では they で受けることが普通になっている。（性差別を嫌う他に、例えば Everyone thinks *they* have [he or she has, he has] the answer. で he has にすれば、『ジーニアス英和大辞典』によると「だれか他の『彼』を指しているような感がある」ので、これは「避けられることが多い」。）

　　とは言え、次のような例ではまだ he の方が自然であろう。
　　　No speaker can ever separate what *he* is from what *he* says.（誰でも話をすれば、自然とその人柄が表れるものだ。）
　また、For somebody who says *he*'s full, you certainly eat a lot !「満腹だと言いながらよく食べるね」では、you が女性あるいは集団なら、それに合せて she や they に換えるが、この場合は性差別を意識する必要はない。

　　しかしいずれにせよ、いろいろと気を遣わなくてもよいように、三人称単数の中性を表す代名詞が欲しいところである。（it がそれに該当するものの、人に対して用いるのは少し特殊な状況に限られている。）

　実際には、新たな語法（特に文法構造自体に関わるそれ　例：You is ... など）を行政府がもし人為的に定めて普及させようとするのなら法により制定する必要すら生じるかも知れないが、そのような語法が日常的なものとして容易に人口に膾炙するとは思えない。注5
それでも上のような例を持ち出したのは、英語においても、多くの不合理を孕んでいることを指摘したかったためである。完璧な言語など存在しえないのだ。
　ところで、「英語は論理的な言語だ」との言説をときおり聞くが、日本語の論理的な文章も数多く存在し、英語でその逆があるように、論理とは悟性のこと、すなわち物事を筋立てて思考することである。したがって、言語それ自体が思考するかのような言い方は、それこそ非論理的である。基本的には、現存する言語のほとんどで論理的に表現することは可能なはずだ。もしそうでなければ、現在の高度な文明社会ではその役割を果たせずに、より機能的な他言語の影響を大きく受けて元の形のままでは存在し得ないか、他言語にとって代わられる可能性が高いからだ。それでも英語に利があるとすれば、文法構造が日本語よりは秩序立っていて合理的な点にあるだろう。決して「論理的だから」ではない。

しかし、英語における合理性もときに厄介なことがある。単複を正確に発信すべき立場にあるのにそれが把握できない場合などがそうである。以下にそのような例を抜粋する。

『日本語の特質』（金田一春彦：NHKブックス）より

　…前略…　日本語では、たとえば「学生」という言葉ならば、一人のときは「学生」、二人以上のときは「学生たち」という区別がないことはないが、「たち」という接尾語はつけなくてもいいのです。「きょうは学生が大勢やってきた」と言って別に間違いとは言えません。つまり、日本語は単数か複数かをやかましく言わない言語だということができます。
　アメリカのブロックという言語学者が日本語のこの性質を見まして、日本人は数の観念がないのじゃないか、と言ったそうですが、日本語の場合、数の観念をいちいち言葉に表現しないだけです。
　英語などはこの点大変やっかいです。新聞などで泥棒の記事を扱うときに、ある家に泥棒が何人侵入したか不明の場合、「泥棒は……」というときに the thief or the thieves…. と書かなければならないそうです。　（抜粋はここまで）

※　余談ながら、「子ども」の「ども」は複数であることを表す接尾語である。したがって「子供たち」は厳密な意味では重言だが、現在では「子ども」が単数の意で広く用いられているので、「子供たち」に違和感を抱く人は少ないだろう。
　面白いことに、このことは英語とも共通する。以下は『ベーシック英語史』（家入葉子：ひつじ書房）からの抜粋である。

　　…前略…　また -en 語尾は、ほかの複数語尾と一緒に使われることで、いわゆる二重複数（double plural）になっていることもあり、children は一般にその例であるとされている。children の r が複数語尾の -ru に由来し、複数語尾 -en がさらに加わったという。とすれば、日本語の「子どもたち」（「ども」＋「たち」）と同じ原理である。

『日本語への希望』（金田一春彦：大修館書店）より

　日本語の名詞は数による変化をしない。英語のように、名詞を単複で一々やかましく言い分けなければいけないとなると、それはそれで大変だ。いつか楳垣実さんが京都の二条城から、進駐軍が来るから英語の掲示を出したいという相談を受けたそうだ。簡単なことと承知したところ、「松鶴図」というふすまの絵の題をどう訳すかと電話で聞かれ、日本語ならば、「松と鶴」でいいが、英語に直すとなると、「鶴」が一羽いるか二羽いるかによって語を変えなければならず、結局絵を見せてもらわなければ訳せないことになったと言う。こうなると、数の区別はない方が便利だ。

以下に『ベーシック英語史』（家入葉子：ひつじ書房）より、興味深い記述を抜粋する。

　…前略…たとえば、主語が三人称単数であれば動詞の現在形に -s をつけなければならない。しかし、歴史的な文献を見ても、あるいは現代英語の方言でも、この一致が意外に乱れていることがある。単数の主語に複数の動詞が続いたりするのである。このような一致の乱れは、文豪と呼ばれる人たち、たとえば Shakespeare においても起こる。人間の認知の問題が関連しているのかもしれない。主語と動詞が離れるとか、単数の名詞のあとに複数のものが一時的に挿入されるというようなことが一致の乱れにつながる場合が多いからである。
　確信犯的な要素が感じられる場合もある。たとえば、you was はその一例である。すでに代名詞のところで述べたように、英語の二人称代名詞では、本来は単数の thou と複数の you の区別があったのであるが、この区別が歴史的に失われた。英語学習者にとっては楽になったともいえるが、日常生活では不便になったと思えることもあるであろう。後期近代英語で流行った you was は、動詞を単数にすることで you が「あなた一人」であることを示そうとする工夫であるとも解釈できる。逆に、you の複数形として -s を追加した yous を用いることもある。いずれも方言では、まだ使用されている。そのほかにも、比較的新しい you all や you guys などに、やはり複数であることを示す工夫がみられる。

注1　英語ではまた、単複の違いを動詞・助動詞でも区別するが、この点については言語社会学者の鈴木孝夫氏がおもしろい指摘をしている。
以下は『言葉のちから』（文春文庫）からの抜粋。

　…前略…　英語が単数複数を区別するから近代的なんてとんでもない。一と二以上しか区別できないんですよ。一と二を区別するなら二と三も区別、三と四も、もう無数に区別しなければいけない。アメリカインディアンのほうがまだ合理的です。一、二、三、四と区別して、五以上をたくさんと言うのです。しかし、日本人は頭がいいから、例えば「たくさんの花が咲きました」と言う時に、「たくさん」と言っておけば、記憶力の悪い人でもこのくらいは覚えていられるなっていうことで、たくさんを一々繰り返さないのです。ところが英語、ドイツ語、フランス語、ロシア語は ── 英語は少し変わってきましたが ── たくさんと言い始めると、名詞も「花々」と華々しく言わないといけない。動詞も「咲き咲き」と複数にして「ましまし」「たたたた」と、このように言う。常に複数だぞということを忘れずに繰り返すのが、ドイツ語であり、ロシア語であり、フランス語なのです。
　…中略…　日本人は頭いいから、ものがたくさんあっても複数の概念を因数分解して、前に置く。後が複数なのは誰にだって分かるからわざわざ動詞や形容詞を複数形にしない。この点では中国語、朝鮮語、トルコ語すべてそうですよ。東洋人のほうが合理的なのです。

注2　これに関連する内容を『ホンモノの日本語を話していますか？』（金田一春彦：角川書店）から抜粋する。

　…前略…　しかし日本語でもそういう区別をちゃんとしている。ある意味では英語以上に厳密にやっているところもある。例えば私の相手をしてくれる人が一人のときは「あなたは」と言う。でも二人以上になると何と言うだろう。「あなた」とは言わずに「あなたがた」と言っている。英語ではどうか。「あなた」は you、そして「あなたがた」も you である。区別がない。日本語の方が進んでいる、と言ったらおかしいだろうか。もう一つ例を挙げれば「彼女」という言い方がある。日本人は彼女が二人以上いれば「彼女たち」と言う。しかし英語では shes とは言わない。「彼女」は複数にならないのだ。私たち日本人にとっては、コップが一つでも二つでも大して違いはない。私の話し相手や彼女が一人であるか、二人以上であるかの方がよほど大切ということである。日本人はちゃんと区別すべきところは区別する方法を持っているのだ。

注3 例えば '07 の慶応大学（法学部）の入試で、文法的な誤りを含む文を選択する次の問が出題された。

   1. Which is you ?   2. Which are you ?   3. What is you ?   4. What are you ?

　1の Which は主語で、例えば写真などで「どちらがあなた［あなたがた］ですか」と聞くときなどの言い方。2も、「あなた［あなたがた］はどちらですか」と意味にほとんど差がないが、Which が補語となっている点が異なる。
　ところで、『特集11-10』の『注1』でも述べたが、疑問代名詞はほとんどいつも単数扱いである。「1の Which は単数で、2の Which は複数」というように誤解しやすいが、Which 自体では単複の区別はできないので、「あなた」と「あなたがた」を区別することはできない。（ちなみに『大学入試 英語問題の研究2008』でも、1を「どちらがあなたですか」、2を「あなたがたはどちらですか」と誤った解説をしている。）別の例の Which *is* your book ? と Which *are* your books ? でも book か books かによって単複が区別されている。前者の Which は主語と考えても補語と考えてもよいが、後者の Which は補語である。しかし、もしこれが仮に Which を補語としてのみ扱い、you の単複を is/are で表現することが許されるのなら、「あなた」と「あなたがた」の区別も可能となるのだが。
　4の What も疑問代名詞で補語として働き、あくまでも you が主語。「あなたは何者ですか」と主に職業を聞く少しぶしつけな言い方である。1の Which は具体的に目視できるものであるが、この場合の What はそれに比べて漠然としていて抽象的なので主語にはできない。したがって3が誤り。
　しかし例えば、大勢の人の前で、誰かが What are you ? と問いかけた状況を考えてみよう。聞かれた側は、尋ねた人の表情や視線、あるいは声の大きさなどで、尋ねた人の面前にいる一個人に聞いているのか、あるいは全員に聞いているのかを判断せざるを得ないだろう。あるいはまた、一人に女性に You are beautiful. と言ったつもりなのに、周囲の女性までもが勘違いをして喜んでしまうことだってあるかもしれない。ところが、補語に可算名詞を用いれば、単複はたちどころに区別できる。 You're a liar. / You're liars. また、Please take your seat [seats]. では目的語の単複によって、言われた相手の単複がわかるわけだが、これなども、考えてもみれば本末転倒である。
　可算名詞の場合には単複が峻別されるのに、極めて使用頻度の高い代名詞の you が単複同形であるために、可算名詞と併用しない限りは単複がわからないというのは不合理この上ないことである。せめて動詞の単複によってその区別ができるように改善できないものだろうか。例えば、単数の you には、3のような表現を認めたほうがよいと筆者などは思うのだが。

　ちなみに、日本語には you や they のような汎用性の高い代名詞はないが、その分「あなた」「あなたがた」「あんた」「あんたら」「貴様」「貴様ら」などのどれを選択するかによって、単複のみならず相手に対する自分の立場・気持ちを表すことができる。この点では、日本語は妙味あふれる言語と言えよう。

注4 you が「あなた」と「あなたがた」のどちらを指しているのかがわからずに困る場合には、改善策として、例えば you guys, you boys と言ったり、次のように表現したりすることができる。

  Where are *you boy* ? Come on out.
  Don't do that, *you* naughty *girl* !
  He said, 'I'm afraid *you girls* had better move along.'
  Are *you* ready to order, *gentlemen* ?

これらの表現は単複の区別のためだけにするものではないが、その目的のために用いると有効である。

　次に、筆者がかつてNHKの番組で見た、「あなた」と「特定の集団」とをとり違えた事例を紹介しよう。
　広島に原子爆弾を投下した米軍機（エノラゲイ）の搭乗員であった人物が晩年になって初めて広島を訪れたとき、一人の被爆男性と通訳者を交えての対談を行った。会話は最初は和やかに進んだが、被爆者がその元搭乗員に「やはり謝ってほしい」と言ったときに、その場の雰囲気は一変した。元搭乗員は原爆を投下するに至った理由をまくしたて、You should apologize！ と大声をあげ、通訳者がそれを「あなたこそ謝るべきだ」と訳してしまった。被爆男性が、怪訝な、そして憮然とした表情を浮かべたのは言うまでもない。ここで言いたいのは元搭乗員の言う戦争責任の当否ではない。通訳者は「あなたがた日本人の方こそ謝るべきだ」と訳すべきであった。一人の被爆者、しかも戦争当時はまだ少年で選挙権すら持たなかった被爆者に対して「あなたこそ謝るべきだ」とは、いくら傲慢で非常識なアメリカ人でも言わないだろう。「特定の集団」である日本人を指した you を、目の前にいる個人のことと誤訳してしまったわけである。ただし、これをお粗末な誤訳と言うのはたやすいが、翻訳ならともかく、同時通訳的に訳すのであればそのような誤訳は実際どうしても避け難い。なお、この場合の「特定の集団」は、より正確に言えば、「ある国や地域に住む（話し相手を含む）人たち」のことである。

　さて、次は「一般的な人」を指す例についてであるが、実はこの意味での you をなかなか上手く使いこなせない日本人が多い。
　you は特定の「あなた、あなたがた」を指す以外に、「人は（だれでも）」と一般論を展開するときにも頻繁に用いられる。比較的くだけた口語的な感じで用いるが、文語でもその使用頻度は極めて高い。この場合、you は無理に訳さない方が自然な日本語になることが多い。

  It's embarrassing the way **you** find yourself dissolving into tears this way as **you** get older.
  　（情けないことだが、歳をとるとつい涙もろくなってねえ。）
  Some pain relievers can make **you** feel overconfident. （鎮痛剤の中には、服用すると自信過剰になるものもある。）
  You can lead a horse to water, but **you** can't make him drink. （諺：やる気のない者には、指導のしようがない。）
   Tests were devised in which *people* had to choose feminine or masculine preferences ── *you* couldn't like baking cakes *and* using tools.
   　（テストは、女性的な好みか男性的な好みのどちらかを選ぶようになっていた。例えば、「ケーキを焼くことと工具を使うことのどちらも好きだ」という選択肢はなかった。）

以下は『COLLINS COBUILD ENGLISH USAGE』から。ここでも you を主語にしている。（内容は否定文中での and と or の使い分けに関するもの）

  You do not normally use **and** to link groups of words in negative sentences. For example, *you* do not say 'She never reads and listens to stories'. *You* say 'She never reads **or** listens to stories'.

　また、The more *you* have, the more *you* want. So *you* must learn what makes you happy. のような文を、もし「あなた」で訳してしまったら、自分はそういった物欲とは無縁であるという含みから、相手に不快感を与えかねない。

「一般的な人」の意では他に、one, people, they, we あるいは he, those, a person, anyone [anybody], everyone [everybody], man なども状況に応じて用いられる。

さて、この意味の you であるが、マーク ピーターセン氏はその著書『心にとどく英語』（岩波新書）の中で、ある大リーグ選手の述懐としての次の例を挙げ、もしこの you を I と me に換えたとすると、「実にエラそうな印象を与えてしまうことになる」と述べている。

 It's important to remember that everything *you* do and say is being watched by a lot of different people. *You* have to think about what *you*'re doing, and especially how children are looking at *you*.

このような例を一人称で書くと、自分［自分たち］だけがそうであるかのようなニュアンスが生じてしまう。つまり、「あなた［あなたがた］とは違って……」という尊大で排他的な印象を与えかねない。

日本の大学で教鞭を執る氏はまた、『続 日本人の英語』（岩波新書）の中で次のようにも述べている。

 考えてみれば、帰国子女や留学してきた人を除けば、*You* have to study hard if *you* want to get into a good Japanese university. というような自然な言い方は、学生の方から聞いた覚えはないが、その代わり、硬くてやや不自然というだけでなく外国人の相手に少々疎外感さえ与えかねない "we" を使った *We* have to study hard if *we* want to get into a good Japanese university. などの表現は、常に耳にする。

同書ではまた、「日本のことをあまり知らないアメリカ人のために書かれた」、つまりは、日本にはまだ来たことがない可能性が高いアメリカ人向けに書かれたある雑誌の次の一文を挙げている。

 You don't see many handicapped people on the streets of Tokyo.

注5　ただし、新語（官製ではない）は洋の東西を問わず急速に普及することがよくある。米国におけるその例を、筑紫哲也氏は『マイ・アメリカン・ノート』（朝日新聞社）に次のように著している。

　…前略…
　男性は未婚、既婚を問わず敬称は Mr. なのに、女性は未婚だと Miss、既婚だと Mrs. だというのは男女差別ではないかと、女性の未婚、既婚を問わぬ呼称として Ms. というのを作り出したのだ。元ハリウッドのグラマー女優（ただし売れなかった）転じてリブの闘士、グロリア・スタイナムの主宰するリブ雑誌も Ms. と名付けられた。
　リブに賛成かどうか、Ms. に込められた主張に共鳴するかどうかは別として、これには実用上の利点があった。女性が未婚か既婚か（それにこんなに離婚が増えては「元既婚」も多い）をとっさに判断して、正しい敬称をつけて呼ぶというのは、かなり神経を使う作業である。これが一本化できれば、ずいぶん楽である。というわけで、アメリカでこれに一番先にとびついたのは、選挙区との手紙のやりとりが多い議員のオフィスだった。
　Ms. がこうして普及しそうな形勢だったころ、当時のニクソンがテレビ対談でこの流行をどう思うかとたずねられたことがあった。「私は古風だと思われるかもしれないが、抵抗を感じる」とニクソンは保守派らしい返事をした。ホワイトハウスは、議員たちよりもケタ外れに国民からの手紙が多いところだが、便利な Ms. を採用する気がないことを明らかにしたのである。
　ところが、それから数ヶ月も経たないうちに、大統領の記者会見があった。たまたまホワイトハウス詰めの女性記者が結婚したばかりだったのだが、ニクソンは会見の冒頭にその女性、「Ms. ヘレン・トーマス」へお祝いのことばを述べたうえ、念を押すように「私はいま Ms. と言ったのですよ」と付け加えた（Miss と Ms. とは発音が似ていてまぎらわしい。）
　アメリカという国を観察するうえで、油断がならないのは実はこういうところだと思う。初めは少数派がイキがってやっていることだ、と軽くみていると、いつの間にか火の手が広がるように全体の傾向になっていく、ということが少なくない。

　ひろがる「男狩り」
　以後、男女差別を表すことばの追放運動がいろんな形で進められたことは周知のことだ。なかでも、「人」を表すことばとして用いられてきた "man" が目の仇にされた。議長（会長）に女性がなると "chairman" ではなくて、"chairwoman" か "chairlady" でなくてはいけなくなり、さらには男女共用として chairperson とされるといった具合に。古風な人びとは「なんだか、椅子屋か家具商のような響きがする」と気味悪がったりした（いまでもそういう人はいる）が、この流行は止まらなかった。　⇒ 本編『the 3-34』の『注2』
　この「男狩り」（man-hunt?）、いったんはやり出すと想像以上にその及ぼす影響の範囲は広い。美空ひばりがいくら偉大でも、ワンマンショーはできなくなり、ワンウーマンショーでなくてはならなくなる。セールスマン、消防夫（fireman）、警官（policeman）もよろしくない。「人工」を意味する "manmade" もだめ。「米国の黒人」というつもりで "black man in America" というのもご法度。ではどう言い換えたらよいか。
　いろんな「言い換え集」が出ている。セールスマンは "sales representative"、消防夫は "firefighter"、警官は "police officer"、「人工的」は "artificial"、「黒人」は "black people" といった具合。　…後略…

特集１２－１

注1 ⇨ 特集１２－４

特集　１２　冠詞等を反復させるか否か　その１　冠詞等を反復させない例

不定冠詞・定冠詞や所有格、あるいは指示形容詞を一回だけ用いるべきか、あるいは複数回用いるべきかについて以下に述べる。なお、例文は不定冠詞を用いたものが多いが、他のものについても基本的には同様のことが言える。
（**the** first and **the** second *chapter*　=　**the** first and second *chapters*　のような、and が形容詞をつなぐパターンについては『特集１２－１０』に詳述する。）

※　冠詞等を繰り返さない場合

① **複数の修飾語がついても、修飾される名詞が一つなら冠詞等も一つ。**

　　a caring and sharing *society*　（他人を思いやり、何事も分かち合う社会）　[= *a* caring, sharing *society*]
　　a collecting and distributing *center*　（物品の集散中心地）
　　a revised and enlarged *edition*　（改訂増補版）
　　a necessary and sufficient *condition*　（必要十分条件）
　　a second- or third-rate publisher　（二流三流どころの出版社）
　　a carrot and stick [carrot-and-stick] *policy*　（あめと鞭の政策）
　　　　cf. the combined effects of *the carrot* and *the stick*　（あめと鞭の複合効果）

② **同種あるいは対等のものなどを列記する場合に、個別の要素や区別・対比を強調する意図がなく、文脈からも誤解のおそれがなければ冠詞等を反復させる必要はない。**（強調のための冠詞等の反復例は『特集１２－５』の ② を参照。）

　　I have *a cat* and *dog* at home that get along together just fine.　（私の家では犬と猫が仲良く暮らしている。）
　　I saw *a teenage boy* and *girl* wrapped in a tight embrace.　（10代の少年と少女が固く抱き合っているのが見えた。）
　　my father and (*my*) *aunt*　（私の父とおば）
　　those mountains and (*those*) *rivers*　（あの山々と川）
　　The conjunction of *the sun, moon,* and *earth* occurs at the new moon.　（太陽と月と地球の合が新月のときに起こる。）
　　The Sun, Earth and *Moon* were in alignment, which increased the gravitational pull of *the Sun* and *Moon* on the Earth.
　　　（太陽・月・地球がほぼ一直線に並んだ。そしてそのことによって、太陽・月の地球に対する引力が増した。）
　　　　cf. The sun, the moon, and *the earth* were lined up.　（太陽・月・地球がほぼ一直線に並んだ。）

③ **一体としてとらえるもの**
　　名詞の種類を問わず、and で結ばれている場合には、一体としてとらえられるのなら一つの冠詞等で括り、単数扱いとなることが多い。ただし、一つの冠詞で括られていても単数扱いにするとは限らない。注1

不定冠詞の例

　　不定冠詞が可算名詞の前に置かれている場合には、一体あるいは一組になっている場合の判断はつきやすい。典型的な例だが
a cup and saucer, **a** knife and fork　のような普通名詞には限定詞をひとつ置く。この場合の and は [ən(d)] あるいは [n(d)] と軽く発音される。

　　　　a needle and thread　（糸を通した針）　　a bow and arrow　（弓と矢）　　a coat and skirt　（女性の外出用スーツ）

例えば　The house has *a spacious kitchen and dining area.* の場合、台所と食堂がつながっていて広々とした感じが伝わるが、これが　*a spacious kitchen* and *a dining room* なら、食堂と広い台所は別になっている。
（*cf.* The house contains the following accommodation(s): 5 bedrooms, a sitting room, a dining room, and a kitchen.）

　　　The hotel has *an all-wood exterior and interior* that gives it a rustic charm.
　　　　（そのホテルの内外装はすべて木製なので、素朴な魅力がある。）　　exterior と interior が一体となってそのホテルの雰囲気を
　　　　醸し出しているので一つの不定冠詞で括られていて、that 以下の動詞も *gives* である。

抽象名詞に先行させる場合も同様に考えてよい。

　　　　Although there is a certain common bond among all Americans, *a history and tradition* in this young country
　　　that is eventually learned and shared by most immigrants, there nevertheless remains a rich cultural diversity
　　　and pluralism.
　　　　（ある共通の絆、すなわち大半の移民がゆくゆくは学び共有する、歴史の浅いこの国の歴史と伝統は、全ての米国人の間にあるけ
　　　　れども、豊かな文化的な多様性と多元性もなお残っている。）
　　　　　　この例では、history と tradition を不可分一体のものとして、that *is* で受けている。

特集１２－２

注2 ⇒ 特集１２－４

「一体としてとらえるもの」の定冠詞の例

 the bread and butter of a company（会社の主体事業） 注2
 the house and contents（家屋と家財）
 the flower and choice of the country（国の選り抜きの人々［精華］）
 the care and management of the animal（その動物の保護と取り扱い方法）
 the plants and animals indigenous to Japan（日本固有の動植物）
 the names and addresses of taxpayers（納税者の氏名と住所）
 the diseases and disasters that afflict mankind（人類を悩ます疾病と災害）
 in the infancy of *the arts and sciences*（学芸の揺らん期に）
 in the days of *the telephone and telegraph*（電話と電報の時代に）
 the nature and amount of the pollutant（汚染物質の性質と量）
 the make, model, and year of the car（その車の機種・型・製造年）
 the pain and anger he saw in the teacher's eyes（その教師の目から彼が読み取ることができた苦痛と怒り）
 the anguish and madness of the contemporary world（現代世界の苦悩と狂気）
 the pleasures and pains of growing up（大人になる喜びと悲しみ）
 the idea and practice of nonviolence with which Gandhi is most frequently associated
  （ガンジーと聞けばよく連想される非暴力の考え方とその実践）

 The editor and publisher of this magazine is my father. 「編集者兼発行人」のような例は本特集の『その３』（特集１２－７）で詳述する。

対立する概念であっても、そのことを特に明確にする気持ちがなければ and のあとの冠詞等は省略できる。

 the rise and *fall* of nations（民族の盛衰）
 the sweets and *bitters* of life（人生の苦楽）＝ *the sweet* and (*the*) *bitter* of life
  （「the＋形容詞」の場合の the の反復は『特集１２－７』の後半を参照。）
 the good points and *bad points* of a plan（計画の長所と欠点）＝ the good and bad points of a plan
 The merits and *demerits* of the policy offset each other.（その政策は功罪相半ばする。）
 They had a fight over *the rights* and *wrongs* of the matter.（彼らはそのことの善悪をめぐって論争した。）
 the rights and duties incident to a settled estate（制限付き不動産権に付帯する権利義務）
  ※ rights and duties はこのように一体のものとして扱うのが普通。

 『*the* first and *the* second *chapter* ＝ *the* first and second *chapters* のような、and が形容詞をつなぐパターンについて』は本特集の『その５』（特集１２－１０）を参照されたい。

このことは or にも言える。or の場合には冠詞を繰り返すことの方が多いが、省略することもある。

繰り返す例

 answer with *a yes* or *a no*
 Is this glove *a right* or *a left*?（この手袋は右手か左手か。）
 Are you *a man* or *a mouse*?（あなた、一人前の男なの、それともただの臆病者なの。）
 A lawyer or *a doctor* is a professional man.（法律家や医者は専門の職業人である。）
 Which came first, *the chicken* or *the egg*?（ニワトリと卵ではどちらが先か。）
 Is this plant classified as *a moss* or *a lichen*?（この植物は苔類と地衣類のどちらに分類されますか。）
 He doesn't have *a television* or *a video*.（彼はテレビもビデオも持っていない。）
 Is he playing *a clarinet* or *a trombone*?
 A diamond is 140 times as hard as *a ruby* or *a sapphire*.（ダイヤモンドはルビーやサファイアの140倍も硬い。）
 I wonder if a tomato is *a vegetable* or *a fruit*.
 There never was *a good war* or *a bad peace*.（いまだかつてよい戦争も悪い平和もなかった。）
 The question cannot be lightly dismissed as *a fad* or *a dream*.
  （この問題は気まぐれだとか空想だとか言ってあっさりと片づけるわけにはいかない。）
 Is it *a he* or *a she*?（男か女か。）
  ※ 性別が不明の場合には、人に対しても it が用いられる。
   "My sister is going to have a baby." "Congratulations. Do you know if *it* will be a boy or a girl?"

特集12-3

注3 ⇨ 次頁

以下は省略例

    the generic character of *a plant* or *animal*（ある植物ないし動物の属特有の性質）
    a political friend or foe（政治上の味方または敵）
    a work which doesn't have the feel of *an essay* or *novel*（エッセーとも小説とも肌合いの違う作品）
    methods to ascertain *the guilt* or *innocence* of a suspect（容疑者の白黒を確かめる方法）
    an excuse for not having *the will, talent,* or *nerve* for trying something new
       （何か新しいことをやってみようとする意志も才能も勇気も無いことについての言い訳）
    put one's current mistress on one's payroll as *a secretary* or *assistant*
       （現在の愛人を秘書または助手として会社の従業員にする）
    Remove the tougher peel of *a pear* or *apple*.（ナシやリンゴのような堅い皮は剥きなさい。）
    Bring me *a hammer, chisel,* or *whatever*.（ハンマーかたがねか何かを持って来てくれ。）
    Until you have published *a book* or *short story*, you can't join this organization.
       （本あるいは短編小説を出版するまで、あなたはこの組織には入れません。）

or が形容詞や形容詞相当名詞をつなぐ場合には、*a* window or aisle seat「窓側もしくは通路側の席」＝ *a* window seat or *an* aisle seat のように、前の名詞と後ろの冠詞は省略することが多い。

以下は省略例

    a fatty or *salty* meal（脂っこいまたは塩辛い食事）
    to *a greater* or *lesser* extent（多かれ少なかれ）
    a mental or *physical* handicap（精神的あるいは身体的障害）
    a screwlike or rotary motion（ら旋運動あるいは回転運動）
    a comet or *asteroid* collision with Earth（彗星か小惑星の地球との衝突）
    make *a racial* or *religious* slur（人種的あるいは宗教的な中傷をする）

繰り返す例

    follow *a screen* or *a stage* career（映画または舞台の仕事をする）
    What she said can be taken in either *a good* or *a bad* sense.（彼女の発言はよい意味にも悪い意味にも取れる。）
    Which do you prefer to play tennis on, *a grass* or *a clay* court ?
      （テニスをするとき芝生と土のコートのどちらが好きですか。）
      ※ Does this paint have *an oil* base or *a water* base ?「この塗料は油性ですか水性ですか」のように同じ名詞を繰り返すこともできる。

また、例えば the A of B のパターンで B の前に冠詞を置くか否かについては、B に何らかの意味合いを持たせる必要がなければ置く必要はない。（つまりは、前文の内容を受ける the、区別・対比を表す the、強調のための the、あるいは「ひとつの、一人の」の意を強調するための a などを置かないのなら無冠詞で構わない。）

    the eastern part of (the) town
    the remains of (the) deceased（個人の遺骸）
    the job of prime minister [captain, chairman, etc.]
      cf. He can't afford the loss of *a* day.（一日も無駄にするわけにはいかない。）

    ※ 逆に A of the B と、A を無冠詞にして B に対して冠詞を置くこともある。これについては本編『the 5−2』の中ほどの
      A group of citizens is trying to stop *(the)* development of the golf course. についての解説を参照されたい。

不用意に置くことによって余計な混乱・誤解を生むこともあるので、その場合は置いてはならない。注3

    at the time of operation（手術時に）
    at the time of the operation（その手術のときに）

『英文法詳解』（杉山忠一：学研）では、「of の次の名詞も冠詞が省略されることがときどきある」として以下の例を載せている。

    in the cold light of *morning*（朝の冷たい光の中で）   at this time of *day*（1日のうちの今ごろ）
    the soiled flap of *envelope*（封筒のよごれたたれぶた）   a stretch of *main road*（まっすぐ伸びる幹線道路）
    a long curve of *beach*（カーブをなした長い砂浜）   a cloudless dome of *sky*（雲一つない丸屋根のような空）

注1　単数扱いにするか複数扱いにするかは慣用もあるが、発信者の心象や相手に与えたいイメージを反映していることも多い。

  A blue jacket and plain tie *is* his standard outfit. （紺の背広に無地のネクタイが彼のお決まりだ。）
  A coat and tie *are* required. （上着とネクタイの着用をお願いいたします。）

  A watch and chain *was* given to Karen. （鎖のついた時計はカレンにあげました。）
  A crown and scepter *are* attributes of kings. （冠と笏とは王の表象である。）

結局のところ、上の複数扱いの例では、and の後ろにも置かれるべき a が省略されたものである。

  Even a pair of jeans and a cotton shirt looks elegant and cool if *it* is clean and well ironed.

上の例は、pair の「（対等な要素の）一対、一組」の意からすると、a pair of (jeans + a cotton shirt) ではなく、a pair of jeans + a cotton shirt と考えるべきだろうが、それを it で受けている。
 他に a home and a garden / her home and garden の例などを次頁およびその『注1』（特集12-6）でも扱っているので参照されたい。

以下は抽象的な例である。無冠詞の例もあるが、ひとまとめにして考えるか否かの参考としてもらいたい。抽象名詞を and で結ぶ場合、ひとまとめなら単数扱いが普通である。

  A bit of dash and flamboyance *is* all you need. （君にはちょっとした威勢のよさと派手さが必要だ。）
  I'm in a situation where all my time and energy *is* going into that job. （私はその仕事に掛かり切りのありさまだ。）
  A family and a full time job *is* a lot to cope with. （家庭と常勤職との両立はなかなか難しい。）

  And when the inventiveness and curiosity *were* well developed, a certain branch of the apes learned to walk upright, ...
  （そして創造性と好奇心が芽生えたとき、それらの類人猿の中の一派が直立歩行を始めた。）
  In a statesman, popularity and competence *do* not necessarily go together.
  （政治家の場合、人気と能力は必ずしも両立しない。）

複数扱いの上の例では、創造性と好奇心を別ものとして、また「人気と能力は両立しない」と言っているのだから「別もの」として、複数扱いにしている。

  Science and technology *is* breaking new ground every day. （科学技術は日々進んでいる。）
  Science and technology *are* auxiliary to each other. （科学と技術は相補関係にある。）

注2　bread and butter 「バターを塗ったパン」の発音は [brédnbʌ́tər] で単数扱いになるが、もし文脈から一体としては扱えないのなら、発音は [bréd ænd bʌ́tər] で複数扱いになる。

注3　このような例について『医学論文英訳のテクニック』（横井川泰弘：金芳堂）では次のように著している。

  最近の傾向としてはなるべく the を省略しているようであり、the を略した文献のほうが多くみられるようである。例えば at the time of operation は at the time of the operation とも書けるわけであるが、前者では「手術時に」といった具合にとりたてて強調する意図はないが、後者では「その手術をするときに」と特に「その手術」を強調している姿勢がうかがえる。
  次の例も、通常 of のあとに the をつけないが、これもやはり二つの名詞の結びつきが重要であるところからきているものである。〔the duration of illness, the rate of incidence, the rate of death, the mode of action〕このように二つの名詞を of でつなぐとき、なかでも「A（抽象名詞）of B（動作・行為を表わす名詞）」の形を論文でよく見かけるが、その場合名詞Bの前に定冠詞 the をつけるかどうかは名詞Aと名詞Bの間の関係が密接かどうかが一つの目やすとなる。
  たとえば「日本における大気汚染の問題」を英語に訳す場合 "the problem of air pollution in Japan" と "the problem of the air pollution in Japan" との二通りに表わすことができるが、普通は air の前の the を略して書く前者の表現のほうが多い。これは problem と pollution の名詞の密接度からくるもので、日本語でも「大気汚染の問題」のように「汚染」と「問題」の間に「の」を入れる表現よりも「の」を除いて「大気汚染問題」と一まとめに表わすことの方が通用していると思う。もう一つ例をあげれば日本語でも「人口の問題」というより「人口問題」と表現する方が自然であり、英語でも the problem of population と population の前に the をつけないのが普通である。さらに the population problem とさえ書くこともあるくらいである。
  一方、「かけがえのない自然環境の汚染と破壊」という表現は「かけがえのない」という「自然環境」を修飾する形容詞があり、その点からも「環境」と「汚染」との間に「の」を入れる方が自然である。従って、英語で表わす場合でも the contamination and destruction of **the** irreplaceable natural environment のように irreplaceable の前に the を入れるのがよいとされている。

本編『the 2-6』の『注1』も参照されたい。

特集 12 冠詞等を反復させるか否か　その2　冠詞等を反復させる例

※ 冠詞等を繰り返す場合

冠詞等を繰り返すのは、ほとんどの場合、大まかに言えば次の ① か ② に該当し、普通は and を強く発音する。

① 一体とは考えない別々のものを結ぶ場合、つまり列記する場合には and の後ろにも冠詞等を入れる。

　　I have *a cat* and *a dog*. （猫と犬を一匹ずつ飼っている。）
　　a roll and *a cup of coffee* （ロールパン一つとコーヒー一杯）
　　a knife and *a spoon* （ナイフとスプーン）　cf. *a* knife and fork
　　a want list and *a set of priorities* （必要な物の一覧とその優先順位）

　例えば、I had a very happy childhood. I had *a home* and *a garden* that I loved. では、home と garden を区別して a を繰り返している。 注1

　ただし3つ以上の名詞が並ぶ場合には後の冠詞等を省略できる。

　　a knife, (*a*) fork, and (*a*) spoon　　The dormitory rooms were compact, with *a desk, bed* and *closet* built in.

　種別・要素等が異なるために一つの冠詞等で括るには無理があるか、違和感がある場合も冠詞等を繰り返す。

　　An old church is a wonderful link with the past. *Its shape* and *its stones* were as familiar to people who lived long ago as they are to us today. （古い教会は過去と現在を素晴らしく結びつけてくれる。その姿と用いられている石は、今を生きる我々にとってと同様に、昔の人々にとってもなじみの深いものだった。）
　　shape と stones だから別ものとして扱っているが、もし shape が timber なら、*Its timber and stones*.... とするところだろう。

　　the war and *the ensuing famine* （戦争とそれに続いて起った飢餓）
　　the revolution and *the following economic collapse* （革命とそれに続く経済の崩壊）
　　the earthquake and *the tidal waves which thereupon surged* （地震とその結果押し寄せた津波）
　　The services and *the quality of goods* are poor. （サービスも商品の質も悪い。）

② 区別・対比を明確にしたり、個別の要素を強調したい。

　例えば、He is *a statesman and poet*.「彼は政治家であり詩人でもある」では、政治家で詩人でもある人はめったにいないことから、その点を強調して ... *a statesman* and *a poet*. としてもよい。 ⇨ 本特集『その3』（特集12-7）の冒頭
　下の例でも、the を置いた例は、区別・対比を明確にしたり個別の要素を強調している。

　　the winner and *the loser* （勝者と敗者）
　　He was exposed as *a liar* and *a cheat*. （彼は嘘つきで詐欺師であることが暴露された。）
　　He lived many lives; he was *a traveler, an explorer, a mighty hunter, a soldier,* and *a sailor*.
　　He wrote little. He was essentially *a thinker* and *a talker*.
　　　（彼はほとんど文章を書かなかった。本質的に思想家であり語り手だった。）

　　The village and *the school* are three miles apart.
　　the church and *the area round about* （教会とその周辺地域）
　　the correspondence of *the goods* and *the samples* （商品と見本の一致）
　　the perfects and *the rejects* （合格品と不良品）
　　the bar, the pulpit, and *the press* （法曹界と宗教界と言論界）
　　the pleasures and *the comforts* of civilized life （文明生活の娯楽と安楽）
　　mold *the thoughts* and *the actions* of the next generation （次代の思想ならびに行動の形成に大きな影響を与える）
　　The plan and *the drawing* of the church do not agree with each other. （その教会の設計図は、素案とは異なるものだ。）
　　The demands of *the ego* and *the superego* are in conflict. （自我と超自我の要求が対立している。）
　　The era of *the high dollar* and *the low pound* is coming to a close. （ドル高ポンド安の時代も終ろうとしている。）
　　Some adults become anxious at *the* sight of tears and *the* sound of weeping.
　　　（他人の涙を見たり泣き声を聞いたりすると不安感に襲われる大人もいる。）

　　the where and *the how* of the accident （事故がどこでどのようにして起きたのか）
　　the how, the when, and *the why* of the project （その計画の実施の方法・時期および行う理由）

　　Your fairness and *your* impartiality have been much appreciated. （君の公正さと公平さは高く評価されている。） 注2
　　our whence and *our* whither （我々の出所と行き着く所）　　He is *our* help and *our* shield. （我らの助け、我らの盾なり）

補語のそれぞれに修飾語がつけば強調したい気持ちが強まることも多くなる。そのため冠詞等を繰り返すことも多い。

He is *a good friend* and [but] *a bad enemy*.（彼は味方にすれば頼もしいが、敵に回せば恐ろしい。）
He is *an originator of freak rock,* and *a pioneer in the fusion of jazz and classical music with rock.*
（彼は風変りなロックを始めた人物で、ジャズとクラシックをロックに合体させた最初の人物でもある。）

注1．home and garden や house and garden は一つの限定詞で括ることもある。

For many Britons, middle-class life equals *a house and garden*.

Her home and garden *are* in Newtown, Connecticut.

The house and garden *were* perfection.

ただし、これらの例では一つの冠詞で括られてはいるが複数扱いになっていて、単数扱いにするほどの一体感はないことを示している。
また、それぞれに別の修飾語がつけばさらに一体感は無くなるので、冠詞等をくり返すことになる。

Eventually we came to Par fare, near Great Waltham in Essex, where I had found *a house to restore* and *a garden to make*.
For the next six years, home was 64 Mudford Road, Yeovil, *a house with plenty of trees* and *a large garden*, although not large enough for my liking.

注2　もし所有格を繰り返さずに *Your* fairness and impartiality を主語にするなら、fairness と impartiality は類義なので一体であり並べてその意味を強めているものと理解すべきである。（このように同義語・類義語を並べて意味を強める表現法はよく見られる。）　したがって単数扱いとし、... has been much appreciated. とする方がよい。
ところが *Your* fairness and *your* impartiality では、your を繰り返したことによって fairness と impartiality の微妙な差異まで強調されるため、複数扱いにする方が違和感がない。

特集 12 冠詞等を反復させるか否か その3 その他の注意点（繰り返すか否かで意味が異なる例など）

「同種あるいは対等のものなどを列記する場合に、個別の要素や区別・対比を強調する意図がなく、文脈からも誤解のおそれがなければ冠詞等を反復させる必要はない」ことはすでに『その1』で述べた。例えば He is *a statesman and poet*. では、He に対する補語となっていることが明らかなので、「詩人でもある」ことを強調する場合を除いて冠詞を繰り返す必要はない。（強調する例は前々頁の ② を参照。）

※ しかし、次のように主語にする場合には注意を要する。

A statesman and poet came to the party. （政治家でもあり詩人でもある一人の男が……）
A statesman and *a poet* came to the party. （一人の政治家と一人の詩人が……）

ただし、*A doctor* and *a nurse* tended the injured. では、*A doctor* and *nurse*.... と冠詞を省略しても、「医師兼看護師」は考えにくいため誤解は生じない。

また be−動詞を用いれば複数であることを明示できるので *A statesman* and *poet* were present at the party. も可能ではあるが、*A statesman* and *a poet* were.... や A statesman and poet were *both*.... とする方が親切な表現である。

※ また both ... and ..., between ... and ... などでは、個別の要素や区別・対比を強調すればそれぞれに冠詞を置くが、この構文ではまた、ペアとなるものを扱うことが多いために、対句における冠詞の省略（⇨『特集13−4』）がなされることも多い。

He is *both a scholar and (a) poet*. （学者であり詩人でもある）
a friendship *between a boy and a girl* （少年と少女の友情）
Nature endowed her with *both a sound mind and a sound body*. （彼女は生まれながらに健全な精神と肉体に恵まれていた。）

an exchange of rings between *bride and groom* （新郎新婦の指輪交換）
the difference between *good and evil* （善と悪との相違）
Both *mother and child* are doing well. （母子ともに健康。）
There was some soreness between *father and son*. （父子の間に感情の行き違いがあった。）

a profound difference *between the dream and reality* of American life （米国での生活の夢と現実との深い相違）

※ 名詞をつなぐ of の働きが異なる場合には、冠詞等を反復させる方がよい。

the love and *fear of* God （神を愛し恐れること）：共に「目的語関係」
the arrest and *deportation of* all its bishops （司教らの逮捕と国外追放）：共に「目的語関係」
The fear and *the* reality *of* crime constrict people's lives.
　（犯罪に対する恐怖心、また犯罪のひどい現状によって、人々の生活は萎縮してしまう。）：「目的語関係」と「同格関係」

※ 「the＋形容詞」が and で結ばれても、一つのもの［そのような人々］を表すときは the を繰り返さない。また、同類・同種のものを結ぶ場合にも the は繰り返さない傾向が強い。

the sick and *wounded* （傷病者たち）　　*the* deaf and *dumb* （聾唖者たち）　　*the* poor and *needy* （貧窮者たち）
the rich and *famous* （金持ちの名士たち）　　*the* handicapped and *housebound* （障害をもって外出できない人たち）

これに対して、区別・対比を強調する場合には the を繰り返すことが多い。これは『3.i.b. 対照的な二つのもののうちの一方であることを表す』（本編『the 3−14』）からである。

the dead and ***the*** *living* （死んだ人たちと生きている人たち）　　*the* dying and ***the*** *dead* （死にかけている人々と死んだ人々）
the affluent and ***the*** *needy* （富者と貧者）　　*the* strong and ***the*** *weak* （強者と弱者）　　*the* ideal and ***the*** *real* （理想と現実）

ただしこれも絶対的な決まりごとではなく、the を繰り返さなくとも容易に区別できる場合や、上の例のような強調をする気がない場合には後ろの the は省かれる。

the dead and (*the*) *injured* [*the* killed and *wounded*] （死傷者）
The good and *bad* are all mixed up. （玉石混淆だ。）

3つ以上のものを並べる場合には、the を繰り返さなければわかりにくい。

the true, *the* good, and *the* beautiful （真・善・美）
the sublime, *the* beautiful, and *the* good （荘厳と美と善）
the old, *the* disabled, and *the* sick （老人と身体障害者と病人）

例えば *the* killed and *wounded* では the を繰り返さなくとも「死者及び怪我をした人たち」のことであるのは明白である。また *the* sick and *wounded* 「傷病者たち」では、負傷した病人もいるだろうから、病人と怪我人とをことさらに分ける必要は普通は無いが、もしその必要があるのなら the を繰り返せばよい。*the* rich and *famous* 「金持ちの名士たち」では、本来は「金持ち」＝「名士」とは限らないので、例えば金持ちの集団が名士たちを招待するパーティーなら *the* rich and *the famous* が集うことになる。

the sick and *the* elderly （病人及び年配の人たち）　　cf. sick elderly people （病気を抱えた年配の人たち）

特集 12 冠詞等を反復させるか否か その4 and 以下の冠詞等の有無による修飾・被修飾関係の判断

これまでに述べたことを総括すると、

「一体あるいは一組になっていると判断される可算名詞には冠詞等の限定詞は一つだけでよい。あるいはまた、ひとまとめの『物質名詞＋物質名詞』や、ひとつの包括的概念としての『抽象名詞＋抽象名詞』の場合にも冠詞等は一つだけでよい。ただし、個別の要素や区別・対比を強調したい場合には、冠詞等を反復させることもできる。要は書き手の判断に委ねられる部分が大きい」ということである。

とは言え、後置修飾語が and の前の語にも係るときに and の後ろに冠詞等を置くと、つまりは「*the* A and B ＋ 修飾語」ではなく「*the* A and *the* B ＋ 修飾語」と表記すれば、後置修飾語があとの語にだけ係るものと誤解される場合がある。あるいは誤解とまでは言わなくとも、読み手を一瞬であってもまごつかせる可能性は高くなる。したがって、そのような場合の冠詞等の繰り返しは必要最小限にとどめた方がよい。

※ 冠詞等を繰り返さない方がよい例

「その1」でも挙げた次のような例では、and の後ろに the は置かない方がよいのは明らかであろう。

the nature and amount of the pollutant （汚染物質の性質と量）
the diseases and disasters that afflict mankind （人類を悩ます疾病と災害）
the air, food, and water involved in human life support （人間の生命維持に必要な空気と食料と水）
the pain and anger he saw in the teacher's eyes （その教師の目から彼が読み取ることができた苦痛と怒り）
for *the joy and excitement* of seeing and experiencing new things （新たな物事を見たり経験する喜びと興奮のために）
Who will give them *the care and love* they need？ （彼らが必要とする世話と愛情を誰が与えることができると言うの。）
This type of family employment was introduced and preserved in *the workshops and small factories* of the early stages of industrialization.
（産業革命による工業化の初期の段階の作業場や小規模な工場には、この種の家内労働が導入されて維持された。）
They were talking excitedly about *the clowns, elephants* and *other acts* they would see that night.
（その晩に観ることができるであろうピエロや象、またサーカスの演技について、彼らは興奮して話していた。）

下の例では、一体としてとらえてよさそうなものだが、個別の要素や区別・対比を強調して and の後ろにも冠詞を置いている。そのために、後置修飾語（下線部）が and の前の語にも係ることが、置かない場合と比べて明確ではない。結局のところ、このような場合に冠詞等を反復させるか否かの判断は、「個別の要素や区別・対比の強調」と「修飾・被修飾関係の明示」のどちらに重きを置くかの問題ではあるが、もし前者のつもりで置いた冠詞等が、修飾・被修飾関係を極めて曖昧なものにしてしまうのであれば、冠詞等は繰り返さない方がよいだろう。

the style and *the matter* of a book （本の文体と内容）
the faculty and *the student body* of a college （大学の教授陣と全学生）
the how(s) and *the why(s)* of the decision （その決定がどのように、また何故なされたのか）
Tell me *the when* and *the where* of the meeting. （会合の時間と場所を教えてください。）
His services earned for him *the gratitude* and *the admiration* of his fellow citizens.
（その功労によって彼は市民から感謝され賞賛された。）
There is *a danger* and indeed *a probability* that this art will disappear.
（この芸術が消滅するだろうという危険性、いやその公算さえある。）

※ 冠詞等を繰り返した方がよい例

and などの等位接続詞がつなぐものを明確にするために、冠詞等を繰り返した方がよいこともある。

the ideal of equality and *the appreciation of liberty* （平等の理想と自由の賞賛）
They are learning *the creativity of cooking* and *the joys of childrearing*. （料理の創造性と子育ての喜びを学んでいる）
my own basic beliefs concerning *the nature of man, the process of dying,* and *the practice of medicine*
（人間の本質・臨死の過程・医療行為に関して私がもともと信じていたこと）

これらの例でも、個別の要素や区別・対比を強調したい意識は働いていると思われるが、仮にそういった意識がない場合でも the を繰り返した方が、列記させている要素が一目瞭然である。試しに the の繰り返しをやめてみよう。

the ideal of equality and *appreciation of liberty*
They are learning *the creativity of cooking* and *joys of childrearing*.
my own basic beliefs concerning *the nature of man, process of dying,* and *practice of medicine*

これでは次の要素が対等かのように一瞬なりとも誤解してしまう可能性がある。
equality と appreciation of liberty　　cooking と joys of childrearing　　man と process of dying, practice of medicine
つまり *the ideal of* や *the creativity of*、また *the nature of* が後続の要素すべてに係るかのように一瞬なりとも思えて紛らわしい。意味の上からは常識的に上記の訳を導くことは容易とは言え、やはり the を置く方がより明確で親切である。

また後置修飾語が後ろの語にしか係らない場合にも、and の後ろにも the を置けるのならば、「(the) A and **the** B ＋ 修飾語」で明確に区別・分離する方がよい。

  the services and ***the*** *quality of the goods*（サービスと商品の品質）
  the universe and ***the*** *things that are therein*（宇宙とその中に存在するもの）
  the civil law and ***the*** *confusion that that created*（民法と、それによる混同［債務と債権の相殺］）

※ 「(the) A and **the** B ＋ 修飾語」とは逆に、「**the A and B** ＋ 修飾語」では、前頁の前半の例のように、「修飾語つきの（AとB）」の関係にあることが多い。したがって、and の後ろの冠詞等の有無を、後置修飾語がどこまで係るのかを見分けるため「判断の参考」にはできる。
 ただし、このような冠詞等は「修飾・被修飾関係の明示」に有効ではあるが、だからと言って絶対的なルールでもない。区別・対比を明確にするために、あるいは個別の要素を強調するためにも冠詞等は頻繁に反復されるのだから、「絶対的な判断基準・根拠」とまではできない。

  Nature is that part of the world which man did not make and which has not been fundamentally changed by him. It is ***the*** *mountains*, ***the*** *woods*, ***the*** *rivers*, ***the*** *trees*, ***the*** *plants* and ***the*** *animals* which have continued to be very much what they would have been had he never existed.
   （自然とは、この世の中で、人間がこしらえたのではなく、また人間の手によっても根本的に変えられることのなかった部分である。
    それは、人間がたとえ存在していなかったとしてもそうなっていたであろう姿を、ほとんどそのまま保ち続けている山や森や川や木や、植物、動物のことである。）

この例でも定冠詞が反復されているが、意味の上から、列記された全てに関係代名詞以下の修飾語が係るのは明らかである。

このように、修飾・被修飾の関係は「意味によって判断するしかない」場合も多いが、絶対的な判断基準にできるものには、「関係代名詞のあとに置かれた動詞の単複に拠る」ものがある。

  His paintings have ***a*** *lack of sophistication* and ***a warmth*** that make people refer to them as child art.
   （彼の絵には、人々をして童画と呼ばしめる素朴さと暖かみがある。）
    that make なので、先行詞は ***a*** *lack of sophistication* も含む。

注1 ⇒ 特集１２−１２

特集 １２ 冠詞等を反復させるか否か その５ *the* first and *the* second *chapter* = *the* first and second *chapters* のような、and が形容詞をつなぐパターンについて

冠詞を繰り返して、名詞は単数形にする例

There is *a right* and *a wrong way* of doing things. （すべて物事には正しいやり方と間違ったやり方とがある。）注1
これは There is *a right* way and *a wrong* way.... の前の方の way を省略したものなので ways と複数形にはしない。

the initial and *the final velocity* （初速と終速）
the second and *the third man* （二番目と三番目の男）
the primary and *the secondary state* of a double personality （二重人格の第一状態と第二状態）
There are *the wrong* and *the right side* to this paper. （この紙には裏と表がある。）
the disharmony of *the defendant's* and *the witness's testimony* （被告人・証人双方の証言の食い違い）
She won *the first* and then *the second game*. （彼女は第１ゲームも第２ゲームも勝った。）
His party was torn between *a liberal* and *a conservative wing*. （彼の党は、リベラル派と保守派との間で分裂した。）

これに対して、冠詞を繰り返さない場合には複数形にすることが多い。

a piece of music with a spoken section between *the first* and *second parts* （１番と２番の間に台詞の入っている歌）
the right and *wrong sides* of cloth （布の表と裏）
the upper and *under sides* of a plank （厚板の上の面と下の面）
the bright and *dark sides* of life （人生の光と影）
the private and *public sectors* of the economy （経済の民間および公共部門）
the French and *English versions* of the document （その文書のフランス語訳版と英訳版）
members of *the chemical* and *allied professions* （化学とそれに関連した職業の会員）
He is at home on *the first* and *third Mondays* of every month. （彼は毎月第一・第三月曜には家にいます。）

ただし単数で表記することもある。

There is *a right* and *wrong season* for everything. （適切な時期と不適切な時期とが何事にもある。）
There is still *a wrong* and *right side* to double-sided fleece. （リバーシブルのフリースとはいっても表と裏はあるものだ。）

つまり、次のように表記される。

the second and *the* third *edition* = *the* second and third *editions* [*edition*]
the 19th and *the* 20th *century* = *the* 19th and 20th *centuries* [*century*]

ところで、例えば *a* yellow and black sports car は「黄色と黒のツートンのスポーツカー」で *a* concrete and glass factory は「コンクリートとガラスでできた工場」である。*a* hot and cold shower も「温水も水も出るシャワー」（＝混合水栓）のことであって、温水用と冷水用のシャワーが別々にあるのではない。

a black and white dog 「白黒まだらの犬」と *a* black and *a* white dog = *a* black dog and *a* white dog は区別する必要があるが、これは一匹の犬に black と white が共存し得るからである。これが *a* black *cat* and *a* white *dog* なら、後の冠詞は省略してもよい。

I have *a* cat and *a* dog.
I have *a* cat and *dog* at home that get along together just fine. （私の家では犬と猫が仲良く暮らしている。）

まれには、形容詞の並ぶ順から見当がつくこともあるかもしれない。「大小」を表す形容詞は「色」を表す形容詞に先行することから a small and black dog は a small, black dog のことだと容易にわかるが、a black and small dog なら a black and a small dog を簡略化したものと判断できる。ただし、これは理屈の上からはそう言えるだけであって、実際には、このように紛らわしい例では冠詞を安易に省略しない方がよい。

and はまた、「〜と同時にまた〜」や「〜かつ〜」の意も表す。その場合つまり、複数のものを並列させるのではなく、あるものが同時に有している性質などを言うことになる。 environmentally friendly and resource-efficient materials は、常識的には「環境に調和し、かつ資源効率の高い複数の材料」と考えるべきである。つまり、その材料はそれぞれが２つの要件を同時に満たしているのであって、「環境に調和する材料と資源効率の高い材料」ではない。同じく *the vast* and *vacant regions* of infinite space も *the vast, vacant regions* of ... のことなので「無限の空間のごとく広がる、広大かつ空虚な地域」である。（and の「〜と同時にまた〜」や「〜かつ〜」の意味は無論、*a* black and white dog や *a* hot and cold shower のような例とも通底することである。また、これは形容詞に限ったことではない。動詞をつなぐ Don't drink and drive！でも「飲んだら乗るな」である。これは「飲むのもだめ、運転もだめ」（Don't drink *or* drive.）という完全否定ではなく、「同時に両方ともはできない」という意で部分否定である。）

「あるものが同時に有している性質などを言う」パターンと、「複数のものを並列させる」*the* first and second *chapters* のパターンは、形の上では同じなので、両者の区別は、文脈あるいは常識などに拠ってするしかないが、どちらともとれる例についてはさほど拘泥する必要もあるまい。例えば、She's *a musical* and *artistic genius*. では、*a musical genius* and *an artistic genius* と分解しようがしまいが、意味の差は生じない。It's *a social* and *political problem*. でも同じである。

さて話は変わるが、the hot and cold drinks では hot と cold それぞれの飲み物が一杯ずつなのか（= *the* hot and *the* cold *drink*）、複数杯（あるいは複数種）（= *the* hot and *the* cold *drinks*）なのかがはっきりしないので文脈に拠るしかない。（しかし、そもそもそのようなことに話の重点は置かれていないことも多い。もしかしたら hot は1杯で cold は複数杯ということだってあり得る。）

このような問題について、杉山忠一氏は『英文法詳解』（学研）のなかで次のように著している。

…前略… the を重ねなければ名詞を複数にする、とはかぎらない。cf. this first and second *evening* (Dreiser)
また *a [the]* red and white *rose* で「赤いばらと白いばら」の意味に全然使わないわけでもない。さらに、*the* red and white *roses* となれば、赤白まだらのばら数輪とも、赤ばら・白ばら各数輪ともとれる。この問題では、結局、前後関係に注意するのが最良の策である。
（抜粋はここまで）

例えばまた、The key parts of the bench are *the front* and *back legs*. では、ベンチの脚なので、前後とも2本（かそれ以上）あるのは明らかである。*the back* and *the front wheels* でも、the back *wheels* and the front *wheels* の省略形なので、前・後輪がそれぞれ複数あるのは明らかだが、*the front* and *back seats* では、前の座席と後部座席の単・複は不明である。ひょっとしたらそれは、2人乗りの戦闘機のように前後一つずつかもしれない。なお、特定や強調をしないのなら、interchange (the) front and rear tires のように the は省略可能である。

同様に *the strong* and *weak points*「その長所と短所」でも、strong point と weak point のことなのか、あるいは strong points と weak points のことなのかは区別できないが、前者の意を明確にするには *the strong* and *weak point*（= *the* strong and *the* weak point）と単数形の方がよいし、後者なら *the strong* and *the weak points* とする方がよい。注2

また比較や対比などの場合には、後の方の名詞もしくは代名詞を省略することもあれば、前の方のを省略することもある。

I like *European cars* rather than *American*. = I like *European* rather than *American cars*.
They buy *Japanese cars* rather than *foreign ones*. = They buy *Japanese* rather than *foreign cars*.
　※ この例について『ジーニアス英和大辞典』では、後者の方が前者よりも「正式」としている。
He scorned *the right way* and chose *the wrong*. （彼は正道を軽んじ邪道を取った。）
Healthy or sick, *good days* or *bad*, ... （健康なときも病める日も、良き日にもまた悪しき日にも、……）
confound *public affairs* with *private* (*ones*) （公私を混同する）
She won *the first set* but went off the boil and lost *the second*.
　（彼女は第1セットは取ったが、気力を失って第2セットを落とした。）

He shot on 35 mm color reversal film, which is like slide film ― it exposes *a positive* rather than *a negative image*.
　（彼は35ミリのリバーサルカラーフィルムで撮影した。同フィルムからは、スライドフィルムのように陰画ではなく陽画が得られる。）
deal with critical situations in *a proactive* rather than *a reactive manner*
　（後手へ後手へと回るのではなく、先手先手を打つようにして重大な局面に対処する）
an adjectival rather than *adverbial form* （副詞形ではなく形容詞形）

注1　There is ***a right*** and ***a wrong way*** of doing things. は There is a right (way) *or* a wrong way.... ではない。つまり、「正しいやり方」と「間違ったやり方」が両方あるわけだから、There was *a computer and a printer* on the table. のような、一体とも解釈できそうな例（a computer and printer とすることもできる）とは異なる。したがって本来は There ***are*** a right way *and* a wrong way.... と複数形動詞にすべきかもしれないが、実際には There ***is***.... の方が普通である。There is a time to speak and a time to be silent.「ものを言うべき時と黙っているべき時とがある」や There is a time and (a) place for everything.「何事にも時と場所というものがある」といった例でもこれは同じである。その理由としては二つ考えられる。

　第一に、この場合の a は「そういう種類のやり方」があると言っているのであって、「正しいやり方と間違ったやり方がそれぞれ一つずつある」と言っているのではない。つまり、数を問題にはしていない。「間違った方法」などはそれこそいくらでもあるわけだが ways と複数形にはしていないことから、それだけ抽象性が高いということが伺える。現に「やり方、方法」の意の way は単数形が普通なので、これは抽象名詞の前に置かれる a の用法であって one の意ではない。ここでは、a right (way) and a wrong way を抽象的にひとまとめに扱っているという見方ができる。（ただし、a right way と a wrong way を別ものとして意識するのなら、やはり複数扱いが妥当であろう。⇨『特集１１－６』の下部）

　第二には、There ***was*** *a man* and *a woman*. のように、a につられて is になってしまうことが多いからである。（『特集１１－１２』の上部にも、「つられる」例を多く挙げているので参照されたい。）
　また、『現代上級英文法』（朋友出版）には次の記述がある。
　　動詞が単数の主語に先行し、補足的に別な主語が付加されるとき　There *is* an apple and an orange on the table.（食卓にリンゴそれにオレンジがある）
　　最初から「（１つの）リンゴと（１つの）オレンジがある」ということを述べる場合には　There *are* an apple and an orange on the table. となる。
There *was* [*were*] a glass, two plates, two cups, and a teapot on the shelf. も同様の例であろう。

　このような理由からリスト文（⇨『特集２－３』）においては、複数のものを列挙しても There *is*.... にする傾向が強い。なお『ジーニアス英和大辞典』では、「略式」では「この場合必ず there's となる」として There's a book, a notebook, and a ball-point pen on the table. と There's 14 million titles to choose from. の例を挙げている。「略式」の同書の定義は「くだけた書き言葉・話し言葉」である。なお、there 構文については『特集２－３』で詳述している。

注2　ただし、この場合の意味の差は小さい。単数形だと抽象的な意味での「長所・短所」だが、複数形にすると、具体的にその内容を思い浮かべ、また数え上げることができるような感じである。要するに、抽象名詞と普通名詞の違いに等しいが、ニュアンス程度の差でしかない。
　例えば Her motherly love was ***a*** *wonderful* and ***a*** *ruinous thing*. では、「すばらしいが、その一方ではだめにして［スポイルして］しまうもの」であることを強調して対比させるために、このように冠詞を繰り返したものと考えられるが、結局は一つの性質と考えるのであれば、... was ***a*** *wonderful* and [but] *ruinous thing*. としてもよい。もっとも ... was wonderful and [but] ruinous. と形容詞を叙述用法で用いれば話は簡単だが。（なお、対照的な意味をもつ形容詞の場合、... was ***a*** *wonderful, ruinous thing*. とコンマを入れて並べるべきではない。）

特集１３−１

注1 ⇨ 特集１３−４

特集 １３ 冠詞を省略する例としない例

本特集は、次の各項目に分けて詳述する。

① 主に成句的な表現において、通常の文脈では定冠詞を省略しても差し支えはない例
② 主に成句的な表現において、定冠詞もしくは不定冠詞を通常は省略する例
③ 冠詞を省略しない例
④ 定冠詞・不定冠詞・無冠詞の違いで意味が大きく変わる例

なお、冠詞を反復させるか否か、例えば「冠詞＋(A and B)」にするか「(冠詞＋A) and (冠詞＋B)」にするかなどについては『特集１２−８』から詳しく述べているので、そちらを参照されたい。また、人名・肩書き等に関するものについては『特集１４』にまとめている。

① 主に成句的な表現において、通常の文脈では定冠詞を省略しても差し支えはない例

突飛な例だが、ダムが決壊したとしよう。河原で遊んでいる人に向かってその情報を伝えようとする場合、厳密に言おうとすれば、上流にダムが一カ所しかない（あるいは相手もそのダムを知っている）のなら The dam.... であり、複数個あるうちの一つなら A dam.... である。しかし非常事態なので Dam has broken！と大声で叫ぶ方がよい。
このような例では、冠詞によって表現される差異には大した関心が払われないので、たとえ冠詞を用いたとしてもその働きは極めて弱い。（のみならず、冠詞が邪魔な存在となることもある）。会話での冠詞の省略例は非常に多い。

例：Fact is, ...（実は……） "*Case* dismissed！" said the judge.（「訴訟は却下する」と裁判官は言った。）

また『英語の冠詞がわかる本』（正保富三：研究社）では、イギリスの特急列車の非常時の案内としての次の例を載せている。
In emergency use hammer to break windows （正確には In *an* emergency use *the* hammer to break *the* windows.）

以下に挙げる例でも、前出の内容を受けたり類似のものとの区別・対比を強調したりしない限りは、冠詞は省略されやすい。

in (the) hope(s) of = in the hope that（〜を期待して）　　by (the) use of（〜を使って）　　in (the) place of（〜に代って）
in (the) face of（〜の面前で、〜に直面して）　　get (the) credit for（〜の功を認められる）
by (the) authority of（〜の許可を得て）　　in (the) pursuance of（〜に従って、〜を履行して）
at (the) most（多くとも、せいぜい）　　at (the) best（いくらよくても、せいぜい）　　at (the) worst（最悪でも）
at (the) least（少なくとも）　　at (the) latest（遅くとも）　　at (the) earliest（早くても）
under (the) pledge of secrecy（守秘を誓って）　　under (the) cover of darkness（夜闇にまぎれて）
make (the) news（ニュースの種になる）　　in (the) execution of one's duties（義務の履行中に）
reach (the) boiling point（沸点に達する、我慢の限界に達する）　　win (the) first prize
(the) English people = the people of England　　knowledge on (the) college level（大学生程度の知識）
(the) conventional wisdom（世間一般の通念）

◎ 場所・時間など

off (the) shore（岸から離れて）　　make (the) land（陸を認める）
He eased himself out of (the) bed.（ベッドからそっと抜け出た）

in (the) spring [summer, autumn, winter]　　in (the) early [late] spring
(the) day after tomorrow　　(the) day before yesterday
at (the) close of day　　at (the) break of dawn　　this time of (the) day [year]（今時分［この季節］に）
in (the) present circumstances（現況では）　　find (the) time for a trip　　(the) next day [morning] 注1
Bring it to me (the) next time you come.　　He looked very worried (the) last time I saw him.

※ 特段の文脈がない限りは a でも the でもよい例や、そのどちら共を省略してもよい例もまた、冠詞の意味するところは弱いことが多いが、一般的に言えば the を用いた方が強意的である。

on (an, the) average（平均して）　　in a [the] spirit of（〜する気持ちで）　　a [the] world of difference（大きな違い）
take the [a] long view = take long views（長い目で見る）　　in a [the] blink of an eye = in a blink（瞬時に）
on the [a] pretense of urgent business = under (the) pretense of urgent business（急用の振りをして）
be full to (a, the) bursting point（はちきれそうである）　　turn the [a] corner（峠を越す・乗り切る）
with a [the] minimum of delay（最小の遅延で）　　have a [the] monkey on one's back（麻薬中毒である）

the [a] number ten [No. 10] *Hikari* superexpress（ひかり10号）
"Hello, is this Mr. Brown？" "I'm sorry, you have the [a] wrong number."
Take a [the] number 7 bus as far as Seventh Street.（7番のバスに乗って7番街まで行きなさい。）

特集１３－２

以下は『医学論文英訳のテクニック』（横井川泰弘：金芳堂）からの抜粋である。他に本編『the ４－５』の『注６』も参照されたい。

　　ａかtheどちらでもよい場合
　　１．～３．の例文において over a period of months, at a pH value of 3.2, during a period of weeks でもよい。どちらでもよい場合は一般的には a を使っている例が多い。

1. Regardless of the antifugal agent prescribed, repeated courses over **the** period of months are usually required to eradicate this infection.
2. The mixture of histidine HCl solution and cobalt HCl solution presents at **the** pH value of 3.2 a rose-red color which changes promptly to brown, if the pH is brought to 5.0 with sodium hydroxide.
3. The symptoms progressively worsen during **the** period of weeks.

ところで、「病院へ行く」は米語では go to *the* [a] hospital だが、イギリス語では無冠詞。（入院を暗示せずに、単に「医者にかかる」なら see [consult] a doctor などがよい。）　同様に米語では be [sit (down)] at *the* table や in *the* course of construction「建設中で、建設中の」などで the を入れることもあるが、イギリス語ではふつう無冠詞。
　また、most が単独で名詞を修飾する場合もイギリス語の略式では無冠詞。
　　Which of you has read (the) most books ?　　Reading is one of the things that give us (the) most enjoyment.
　このような例でも、米語よりもイギリス語の方が冠詞を省略する傾向が強い。　⇨ 本編『the ３－９』の『注５』

② 主に成句的な表現において、定冠詞もしくは不定冠詞を通常は省略する例

◎ 成句中で用いられる抽象名詞・物質名詞は、多くの場合、無冠詞である。

「with＋抽象名詞」

with ease [= easily]　　with difficulty　　with care　　with pleasure　　with passion
with rage　　with regularity（規則正しく）

「of＋抽象名詞」

of importance [= important]　　of courage [= courageous]　　a man *of fashion*（流行を追う男）
a man *of sincerity*（誠実な人）

「他動詞＋抽象名詞・物質名詞（＋前置詞）」（抽象的な意味で用いる普通名詞も含む）

have trouble [difficulty] (in) ... ing　　pay attention to　　give birth to　　take care of　　take pride in
take advantage of　　take place　　take part in　　find fault with　　make haste　　make allowance(s) for
catch [lose] sight of　　give way to（～に道をゆずる、屈する）　　do harm to　　make room for（～に場所をあける）
bear fruit　　hold water（筋が通る）

他方、例えば He had *the* kindness to tell me the way.「彼は親切にも道を教えてくれた」で the を用いるのは、後方照応的に、道を教えるという行為に限定される親切だからである。次の例でも同じ。
　　have *the* courage [boldness, readiness, luck, fortune, misfortune, etc.] to do ...
　　　cf. He has *courage* in his blood. = *Courage* is in his blood.（彼の勇気は親譲りである。）

◎ 以下に挙げる「前置詞＋名詞（＋前置詞）」で無冠詞にする理由も、名詞の意味が抽象的なためであることが多いが、使用頻度が高いため慣用的・便宜的に省略されたものもあろう。

in time　　on time　　on arrival　　for example [instance]　　for fear of　　on account of　　by means of
by reason of　　by accident [chance]　　by name（名前で）　　by way of（～を手段として、～の目的で）　　by mistake
in fact [effect]　　in haste　　in earnest　　of age（成年で）　cf. of an age「同じ年齢で」
in future（⇨『特集１３－７』下）　　in reality　　in accordance with　　keep in touch with
in search [pursuit] of　　in response to　　in need of　　in tune with（～と調和して）　　in view of（～を鑑みて）
in person（自ら）　　on purpose　　on board　　under way（進行中で）　　at will　　at hand（手近に）　　by hand

◎ 建物に関する名詞については、建物本体ではなく、それが担っている社会的役割を言うことも多い。その場合には、例えば school なら「授業・学業」といった抽象的な意味合いを帯び、また慣用による簡略化も手伝って無冠詞にすることが多い。
　　　　　　　　　　　　　　　　　　　　　　　　　　　　　　　　　　　　　⇨ 本編『the ３－３１』の『注４』

School is over.（学校［授業］が終った。）　　lie in prison（獄につながれている）　　appear in court（出廷する）
建物に限らず go to bed などでも同様。また town も「中心地・商業地区」の意なら多少は抽象的なので、無冠詞にするものと思われる。
commute daily to town　　go to (the) town to do some shopping
　ただし、country との対比では the を省略しない。　leave the country to work in the town（都会に出る）

　cf. with a pen では a を置くが、in pen [ink, crayon] では無冠詞。前者は「道具」であり普通名詞扱い、後者は「材料」として物質名詞扱いになるためである。ただし and による対句になると with でも無冠詞。with pen and ink「（インク）ペンで」

特集１３－３

注2 ⇨ 次頁

◎ by means of の意で by を用いる以下のような例では冠詞は省略される。

・移動手段・交通機関など　by car [bicycle]　　by bus [train, rail, plane, ship, canoe, etc.]　(by land [air, sea] などでも置き換えられる。)　cf. 受動態の行為の主を表す by 以下では省略できない。 The boy was run over by *a car*.　注2
　　ただし by 以外では　in a [my] car, in an airplane, on a bus [bicycle], on [in] a ship, in a canoe など、限定詞を用いることが多い。(ちなみに、by が手段を直截的に表すのに対して、これらの表現では、単なる手段としてではなく、「～に乗って」という感じが強くなる。したがって後置修飾語を伴う具体的な乗り物となると come *on* the plane that arrives at 6:00 p.m. と by 以外を用いる方がよいが、by the 6:30 train, by an early train 程度であれば、冠詞と共に用いてなら by でも可。)
　　他に交通機関について詳しくは本編『the ３－４』の『 交通機関 』を参照されたい。

・通信手段など　by telephone [mail, letter, post, air freight]
　　やはり on 以下では、on the phone [telephone], on the Internet など、定冠詞を用いる。
　　(また、携帯電話では I'll phone your office on *my* cell phone. や call somebody on *his* cell [cellular] phone「携帯電話にかける」などのように、普通は所有格を用いる。watch「腕時計」についても所有格を用いるのと同じように、個人の所有物としての意識が強いためである。)

　　on 以下でも無冠詞になる例外的なものに　go on hoot「歩いて行く」、go on horseback「馬で行く」や on (the) television [TV] などがある。(ただし「テレビをつける・消す」なら、テレビ本来の働きよりも、オン・オフする機械装置として単純に意識されるため、turn on [off] the [a] television (set) と冠詞を入れる。⇨ 本編『the ３－１８』の『注3』)

◎ 「譲歩」を表す倒置文では、冠詞を置いては強調の効果が薄れるために省略する。
　Woman as she was, she decided to bear up against the distress.　(女性ではあったが、彼女はその苦難に耐える決意をした。)

◎ タイトルや見出し等での省略
　新聞広告や記事・論文のタイトルなどでも冠詞はよく省略される。スペース省略の目的以外に、簡潔な表現によって注意を引くためである。
　Cook Wanted ＝ Wanted a cook. (料理人求む：後者は A cook is wanted. を倒置して is を省略したもの。 *cf.* a wanted man「お尋ね者」)　　'Doorplate mania' man arrested (『表札収集趣味の男、逮捕される』)
　Massive Nonfilarial Elephantiasis: Report of (an) Unusual Case

◎ 付帯状況に類するものでも、省略されることがある。
　The money had been stolen, *box* and all. (お金は箱ごと盗まれていた。)
　He walked around with *guidebook* in hand. (彼はガイドブックを手にしてあちこち歩き回った。)

　little by little, step by step, day by day, case by case など、同一語を反復させるときにもよく省略する。以下の例も同じ。
　Couples are walking *hand* in hand. (カップルが手をつないで歩いている。)
　Let's talk frankly, *man* to man. (男同士、素直に話し合おう。)
　この他、arm in arm「腕を組んで」　face to face「面と向かって」　shoulder to shoulder「肩を並べて」
　sit back to back with ...「～と背中合せに座る」などがある。

◎ 「時」に関して、「来る日も来る日も＝ day after day」といった対句を成すものでの省略例
　year after year　　month after month　　week after week　　day after [by] day　　hour after hour

◎ from A to B や from A till B のかたちの慣用的表現においては、省略するのが普通である。
　from beginning to end, from first to last (初めから終りまで)　　from dawn till dusk (夜明けから夕暮れまで)
　from place to place　　from cover to cover　　from door to door　　(from) day to day
　live (from) hand to mouth (その日暮しをする)　　from hand to hand (手から手へ)
　from tip to toe (頭のてっぺんからつま先まで), etc.

　成句ではない一般的なものについては冠詞を用いる。
　change from a train to a bus　　The prices range from a cent to a dollar.
　transfer a book from a table to a shelf (本をテーブルから棚へ移す)

　次の例では the を置いて隠喩とすることが多いが、省略も可能。
　from the cradle to the grave ＝ from cradle to grave ＝ from birth to [till] death　⇨『3.ⅱ.c』(the ３－３２～)

164

特集１３−４

◎ and による対句でも省略することがある。

What is this mysterious attraction that binds *man and woman* ?
an exchange of rings between *bride and bridegroom*
Mother and child form a close attachment.
(by) night and (by) day, (by) day and (by) night （昼夜兼行で）
soul and body
master and man （主人と召使）
She sat at the table with *pen and paper*.
write with *pen and ink* 「（インク）ペンで書く」 *cf.* write with *a pen*

old and young ＝ young and old （老いも若きも）　　rich and poor
このような形容詞による対句は本来は「the＋形容詞」の繰り返しなので、次のように the を残すこともできる。
the rich and the poor　　the old and the sick （老人と病人）
ただし、同一の集団などを表すのなら対比はさせないので、後ろの the は繰り返さない。　the poor and needy （貧窮民）

⇨『特集１２−７』の下部および本編『the ３−３５』の ③

◎ 列挙する場合に省略することがまれにある。

She is career woman, mother, wife, housemaid and teacher, all lumped into one.
（キャリアウーマン・母親・妻・家政婦・教師、それらすべてを彼女は一人でこなしている。）

注１　「あくる日（＝その翌日）」は (the) next day, the following day, the day following で、next を用いた場合だけ the を省略できる。その理由は、「明日」＝ tomorrow を next day と言うことはないからであろう。next day と言えば、the を置かずとも自動的に「あくる日（＝その翌日）」の意が伝わる。following については前置詞としての用法と峻別するために the を残すのではなかろうか。
　次のような例の the の要・不要は文意により自動的に決まるので任意の省略はできない。
　　He asked me to go for a ride with him on his motorcycle **the next Saturday**.
　　（次の土曜日にオートバイの合い乗りで出かけようと彼は私を誘った。）
　　The show will be open till *next Saturday*.（そのショーは今度の土曜日までやっています。）

また、the last night は「（〜の）最後の夜」。（例：the last night of the year）　the previous night [the night before] なら「その前の夜」。いずれも last night とは区別される。

その他『特集１３−８』にも、おもしろい違いを載せている。

注２　be killed *by a stone* は「直接的な原因」だが、... *with a stone* なら「手段」である。

特集１３−５

注１〜４ ⇒次頁

③ 冠詞を省略しない例

※ 定冠詞を省略しない例

　主に成句的な表現において、定冠詞を省略しても差し支えないと思われるにもかかわらず、省略した例が実際には稀にしか見られないもの（at the sight of や in the light of など）や全く見られないもの（at the thought of など）もある。その主たる理由は、have *the kindness* to do の例のように後方照応的な限定であるか、あるいは区別・対比を強調するためであろう。 注１・２

　　in the long run　　be in the right [wrong]　　on the contrary　　on the other hand　 注３
　　on the increase [decrease]　　out of the question　　to the point [purpose]　　to the minute
　　to the letter（文字通りに）　　to the life（実物通りに）

下の例のように、「前置詞＋名詞＋ of ...」のパターンの多くには the が用いられる。
　　at the age of　　at the end of　　at the bottom of　　at the risk of　　at the turn of
　　at the mercy of　　by the end of　　by the side of　　for the sake of　　for the benefit of
　　from the bottom of one's heart　　from the look of the sky　　under the influence of　　under the protection of
　　with the aim of　　with the exception of　　with the help of　　in the absence of　　in the course of
　　in the presence of　　on the point of　　on the verge of　　on the part of　　on [at] the threshold of

ただし on (the) top of ... のように、省略することの多い例も一部にある。

in を用いて「〜のところ」といった物理的環境を言う場合、「他でもなく〜の場所で」といった限定的意味合いから the を用いる。
　　in the dark [light]　　in the rain [snow]　　in the sun [shade]　　in the cold　　in the wind　　in the fog
　　They sat in the shadow of a tree.「木陰に座った」や in the distance「(はるか) 遠くに」といった表現も、この類例である。

　また、ときに語調なども関係してくる。例えば both を形容詞として用いれば Both (the, these) cups are broken. と定冠詞等をしばしば省略する（注４）が、代名詞として用いれば of 以下の冠詞を省略できない。 Both of the [these] cups are....
cf. most students「ほとんどの学生」は漠然と学生全般に関して言うときに用いるが、「ある学生集団のうちのほとんど」を言う場合には most of *the students* と the によって限定しなければならない。

※ 不定冠詞を省略しない例

次のような成句的な表現においては不定冠詞を省略しない。

「ひとつの」「ある（種の）…」といった意を表し、主に可算名詞に先行する例
　　in a word　　in a way　　in a sense　　as a rule　　at a glance　　at a blow [stroke]（一撃で、一挙に）
　　in a wink [blink]（すぐに）　　in a cluster [body]（一団となって）　　come to an end　　make it a rule [habit] to do
　　have a mind to do　　have a right to do　　have a taste for ...　　have a talent for ...
　　have an eye for ...　　have an ear for ...　左の２つの例では、普通名詞を抽象化して「眼識」「聞き分ける力」の意を表す。

「時」に関する名詞に先行し、「すぐに」「しばらく」「長い間」「一時期」「好機」など、時間を区分したり特徴づけたりする例
　　Just a moment.　　at a time　　for a time [a while]　　for a long time　　once upon a time
　　There is a time for everything.（何事にも時機がある。）　　It's been a difficult nine years.（それはつらい９年間だった。）

「ある程度の」といった意を表し、主に抽象的な意味合いの名詞に先行する例
　　at a distance（少し離れて）　　view it at a [×the] distance（少し離れてそれを見る）
　　cf. in the distance は、視覚・聴覚的に「遠く離れたところに」
　　have a knowledge of ...（〜がある程度はわかる）　　to a degree（ある程度まで、いくぶん：ただし「大いに、とても」の意もある）

上とは対象的に、「かなり良い」「かなり長い」などの意を表すこともある。
　　That's a thought.（それはかなり良い考えだ。）　　wait a while（かなり長く待つ）

その他、主に慣用によるもの
　　in a hurry　　make a living　　be at a loss　　be at a disadvantage　　all of a sudden
　　これらの例では抽象名詞のままでもよさそうで、a を置くべき理由は特にないように思われるが、「強調する」あるいは「語調を整える」などの意識も働きつつ、自然とこのかたちに落ち着いたのかもしれない。

注1　例えば from *the beginning*, in *the night* (*cf.* at *night*) や He patted me on *the shoulder*. Gasoline is sold by *the liter*. などで the が用いられるのも、それぞれを大げさに言えば、「(まさに) 最初から」「(朝でもなく昼でもなく) 夜に」「(数ある体の部位の中でも) 肩を」「(単位にもいろいろあるが) リッター単位で」と言ったように、他との区別を強調するためと考えれば理解は容易である。ここに挙げる例における the の働きも多くはそれに通底しよう。

注2　ただし例えば by *the* way や What *the* hell [in hell, in hell's name] are you doing！「君はいったい何をしているんだ」のように、大した意味はなく、ただ慣用的に置かれたものもある。また、be in *the* right「道理がある、考え方が正しい」では right と wrong の二者択一的強調のために the が置かれているが、get in right「(人に) 気に入られる」では冠詞を用いない。これは、in *the* right と区別するためというのが主たる理由かもしれないが、このように、一概に「慣用」と言っても、その中には、そうなるに至った理由の見当をつけにくいものとつけやすいものがあるものだ。

注3　on (the) one hand で the を用いるかどうかは、強調したいかどうかに拠り、任意である。ちなみに一般的には、二つのものから最初に選択される方はどちらでもよいので無冠詞の one だが、残った一つは必然的に特定されるので *the* other と定冠詞を用いる。the one, the other なら「前者」「後者」というように、最初の選択肢も特定されることになる。

注4　形容詞としての both は、the, these や所有格などと共に用いる場合はそれらの前に置く。
　　both (the) brothers　　both the girls' mother （それら2人の少女の母親）　　both the girl's parents （その少女の両親とも）
　　both these toys　　Both my sons are in the army.
これは all でも同様である。
　　all the books (that) I have　　all these books　　all his wealth

　half は不定冠詞にも先行する。　half the land　　half a dozen　　Half his work is undone.（彼の仕事は半分残っている。）
ただし half these [those] ... ではなく half of these [those] ... とする。

④ 定冠詞・不定冠詞・無冠詞の違いで意味が大きく変わる例

(in front of と in the front of の違いや in charge of と in the charge of の違いについては『3.vi.』を参照されたい。)

- in *case* of （〜に備えて、〜の場合には）　in *case* of では、of 以下の名詞はふつう無冠詞。
    Most apartments have outside staircases in case of emergency.
    （ほとんどのアパートには、緊急の場合に備えての外部階段がある。）
- in *the case* of （〜について言えば）
    In *the case* of Chinese words in Japanese it is sometimes difficult to catch the meaning from the sound alone.
    （日本語の中の漢語については、音だけでその意味を理解することはときに困難である。）

なお、どちらも「〜の場合は」という意味でも用いられるが、in *the case* of の方がどちらかと言えば個別・具体的な例が多い。
    in *case* of fire [rain, need, necessity, emergency, danger, doubt, failure, difficulty, etc.]
    in *case* of my not seeing you （お目にかかれない場合には）
    Spontaneous abortion often occurs in *the case* of an abnormal fetus.
    （自然流産は胎児に異常がある場合によく起きる。）
    Does the contract have a clause protecting you in *the case* of a natural disaster ?
    （その契約には天災の場合の保護条項がありますか。）

- (for) *a moment* （ちょっとの間）
    Wait (for) *a moment*.　Let's breathe for *a moment*. （ちょっと一息つこうじゃないか。）
- for *the moment* （さしあたり、当座は）
    I am at a loss for *the moment*. （今のところ途方に暮れている。）
    This will serve for *the moment*. （さしあたってこれで間に合う。）

ところで後者の例に通底するが、the が「現在の」「目下の」の意を表すことがある。強調して注目を引くときなどに用いる表現である。
    new books of *the* month （今月の新刊）　　CD of *the* Month （月間売り上げ1位のCD）
    the game of *the* day （今日の試合）　　He is the hero of *the* hour. （彼は時の英雄である。）

- at *a cost* of （〜の費用で）
    Public schools provide lunch to students at *a cost* of 25 cents. （公立学校は25セントの費用で生徒に給食を出す。）
- at *the cost* of （〜を犠牲にして）
    She saved the drowning child at *the cost* of her own life. （自らの命を犠牲にして、彼女は溺れている子供を救った。）

- *at a distance* (of, from ...) 「（〜から）やや離れて」
    view it *at a distance* （少し離れてそれを見る）
- *in the distance* （遠くに）
    I could see the mountain *in the distance*. （遠くにその山を認めることができた。）

- in *future*　主に「これから先、今後」という意味での「将来に」
    In future, please remember that.... （どうか〜ということを忘れないでください。）
- in *the future*　ある程度の時間をおいたのちの「やがて将来に」
    In the future people will have far more leisure than they have today.
    （将来、人々は現在よりもはるかに多くの余暇を手に入れるだろう。）
    ※　ただしこれは主にイギリス語における使い分けである。これまでにも度々述べてきたように、米語では the を置く傾向が強く、この例もそれにあたる。つまり、前者の意でも the を置くために、上の使い分けは無い。

last week [*month, year,* etc.]（先週［先月、昨年］）

　　例えば今日が17日の金曜日だとすると、今週（英国式）は13日の月曜日からになるので、last week は6日月曜日から12日日曜日までのことである。
　　week の定義だが、英国では月曜から始まって日曜まで、米国・日本では日曜から土曜までである。ということは米国で last Friday と言うときには「先週の金曜日」のことである。（土曜日にその前日の金曜日のことを言うなら yesterday か、this Friday、on Friday this week であって last Friday と言うことはない。それ以外の曜日に last Friday と言っても、週が変わっているのだから「先週の金曜日」のことになる。）注1・2・3・4

(in) *the last week* [*month, year,* etc.]（ここ1週間［1カ月間、1年間］）＝つまり、今を起点に「遡ること〜の間」

　　last week がいささか漠然と「先週」と言うのに対して、the last week では「この一週間」と、the によってその意味範囲を限定していると考えれば、この違いも理解しやすいだろう。後者は the の『全体をひとまとめにする』（⇒『3.iv.』）働きとも、ある程度は通じよう。

　　ただし、How much did your crop bring last year?「昨年の収穫で幾らの利益を上げましたか」のように、in the last year に代えても意味に大差はないこともある。強いて言えば、米の二期作や、多種類の作物を作った場合には後者の方がよいだろうが。

　　以下は、訳の仕方に注意を要する例である。

Last month was difficult.（先月は苦しかった。）／ *The last month* has been difficult.（この1カ月間は苦しかった。）
in *the last decade*（ここ10年の間に）　　for *the last few decades*（ここ二、三十年間）
for *the last three days*（この3日間）
As I have been ill in bed for *the last week*, I am behind with my work.（1週間病床にあったので、仕事が滞っている。）

next week [*month, year,* etc.]（来週［来月、来年］）注5
(in, for, over) *the next week* [*month, year,* etc.]（向う1週間［1カ月間、1年間］）＝つまり、今を起点に「これからの〜」
　　ただし、過去時制では「その翌週」または「それからの7日間」など。

　　以下も、訳の仕方に注意を要する例である。

Next year will be difficult.（来年は厳しい年になりそうだ。）　※　例えば企業の新卒採用枠が。
The next year will be difficult.（これからの1年は、厳しい年になりそうだ。）　※　例えば大学受験生にとって。

I'm going to be busy *next week*.（来週は忙しくなりそうだ。）
I'm going to be busy for *the next week*.（これからの一週間は忙しくなりそうだ。）
They're on vacation for *the next two weeks*.（彼らはこれから2週間休暇だ。）

注1 last の本来的な意味は「現在に最も近い」である。したがって、last Wednesday, on Wednesday last は、月曜日にそれを言うのであれば「先週の水曜」、土曜日に言うのなら「今週の水曜」になるが、これはそれぞれを on Wednesday last week, on Wednesday this week とすればわかりやすくなる。last spring も、冬（年初）や春に言うのなら「去年の春」、夏・秋・冬（年末）に言うのなら「今年の（すでに終った）春 = this spring」のことである。

ついでながら、this も「時間的に近い」ことを表すので、週末ごろに this Monday と言えば「こんどの［来週の］月曜日（= this coming Monday, next Monday）」のことだが、過去の時制であれば、「（過ぎた）今週の月曜日」を指す。this weekend も通常は「今週末」だが、週の頭に、過去時制の文中で用いれば「先週末」を指す。季節の場合、例えば this spring も、普通は「今年の春」だが、年末にそれを言えば「こんど［来年］の春」を指すことが多いだろう。ただし 年央の summer については、これから迎えるにせよ過ぎたにせよ、this summer は普通「今年の夏」のことで、last summer および next summer とは区別される。曜日についても、週のなかばの水曜・木曜に関しては、this Wednesday と this Thursday を、「今週の」の意で用いることが多いだろう。

ちなみに『日本語(上)』（金田一春彦：岩波新書）によると、日本語では「『先日』『先年』の方の『先』は、『少し前の』の意味であり、『先月』『先週』の『先』は『直前の』の意味である」。

注2 last night [week, month, year] のように、last のあとに「時を表す名詞」を置けば、副詞句として扱うために前置詞を置かない。ただし、タイムスパンの長い century については in the last century とするため、「前の世紀に」と「ここ百年間に」の区別ができないが、後者は during the last century でも表すことができる。

注3 last night を yesterday night とは言わないが、yesterday evening は last evening よりも普通に用いる。また last morning [afternoon] とは言わずに、yesterday morning [afternoon] と言う。
また these two weeks はやや古風に響くので、for the last [past] two weeks 「この２週にわたって」、あるいは in [during] the last [past] two weeks 「この２週の内に」と、前置詞を置く。

注4 the latest [last] thing in swimsuits 「最新型の水着」や one's latest [last] work 「最近の作品」といった例のように、last には「最新の」の意味もあるにはあるが、その意味なら latest か newest を用いる方が普通である。his last work は、亡くなる前や引退前の「最後の作品」の意味に用いる方が誤解を生じない。

注5 例えば next Sunday も、ときに曖昧である。以下は『Practical English Usage』（OXFORD）から。

> When *next* is used with the names of days or months, it is not always clear exactly what is meant.
> *See you **next Sunday**.* ~ *Do you mean this coming Sunday or the one after ?*
> To avoid misunderstanding, one can say for example (1) *on Sunday, this Sunday, the/this Sunday coming, the/this coming Sunday* or *(on) Sunday this week*, and (2) *on Sunday week, a week on Sunday* or *(on) Sunday next week*.

特集 14 人名・肩書き等と冠詞 その1 補語の例など

補語にあたる名詞で、特殊な地位・役職を表す名詞（特に団体の長を表す名詞）は普通は無冠詞で用いる。

 He was *president* of the Northern Pacific Railroads.
 Bush was elected *President*. = Bush was elected to the Presidency.
 I was elected *chairman* [*chairwoman*]. = I was elected (to the) chair. chair ⇨ 本編『the 3-34』の『注2』
 Harrington was *CEO* [*president*] of St. Anthony Community Hospital since....
 He is *Prime Minister*, and therefore has a duty to....
 Mairead's father Liam is *principal* of Rice College in Westport.
 He was *headmaster* of a public school in the West of England. ⇨ 本編『the 4-4』の『注1』
 The committee elected him *chairman*.
 The President named him *Secretary* of Defense.（大統領は彼を国防長官に任命した。）
 I became *chairperson* on the spur of the moment.（物の弾みで委員長になってしまった。）
 He was elected *governor* of the State of Alabama.（彼はアラバマ州の知事に選ばれた。）
 He became *principal private secretary* and worked on the privatisation programme.（第一秘書になり民営化に取り組んだ）

turn のような自動詞の補語となる場合も普通は無冠詞である。

 The teacher turned *politician*.（その教師は政治家になった。）
 John started out a music student before he turned *linguist*.（ジョンは最初は音楽専攻の学生だったが言語学者になった。）

この理由は形容詞的な性質が強まるためであるとする説があるが、『英語の冠詞がわかる本』（正保富三：研究社）の次の記述がより参考になろう。

 「官職・身分を表わす語が補語として使われたときは冠詞をつけない」という原則がある。　…中略…
 官職・身分を表わす語がこの用法で使われるのは、それらの語が表わす意味が「市長」とか「委員長」などという個々の人物のことではなくて、その役職を表わす抽象的な概念だからである。「市長」「委員長」は世の中に何人もいるが、その市の市長はひとりであり、その委員会の委員長はひとりである。ただ1つしかない役職を数えるということは意味をなさない。したがって、これらの語はそのコンテクストでは不可算名詞となる。

原則に反して the を置くことはあるが、その場合、the が置かれている方を主語（文型はCVS）と考えることもできる。『英語の冠詞がわかる本』では He is *president* of this company. と He is *the president* of this company. の例について、前者を「彼が何の役職についているかを述べる文」、後者を「『この会社の社長は彼だ』という言い方」としている。つまり、後者は「社長という人物」に重きを置いたものである。

ちなみに『ユースプログレッシブ英和辞典』では「補語に用いる場合はふつう無冠詞」の例として He is principal of a high school. を挙げているが、a high school と高校を不特定にすることによって、前出した内容を受けず、また強調もしにくいように配慮している。つまり、「(固有名詞の) ABC 高校の校長」なら強調して He is *the* principal of ABC High School. とすることもあるが、「とある高校の校長」を敢えて強調することは考えにくいからである。

ただし of 以下が不特定のものを表しても、例えば Kenneth Koch is ***the*** godfather of ***a*** literary movement.... ということはできる。「とある文学活動を一人で率いていた人物」と言うためである。次の例も同じ。

 The leader of ***a*** protest group.... One old man, probably ***the*** leader of ***a*** village, ...

リーダーは複数人いることもあるので、このような the の使用は唯一性を表すのに有効である。一人であることがわかりきっている「校長」の例とはその点が異なる。

また、特殊な地位・役職を表す名詞は一人しかその職に就けないものとは限らず、例えば国会議員・大臣・教授なども無冠詞で用いることはできるが、これらも大勢の人がその職に就けるわけではない特殊な職業である。ただし例えば「財務大臣」では、他の大臣との区別・対比を強く言う必要があれば the を置くし、そういう肩書きをもった一人の人物ということを重視すれば a を置くため、このような例では、無冠詞が原則というわけではない。

 be elected a Diet member ... was elected a Member of Parliament. ... was elected Member of Parliament.

 He was *Minister* of State at the Department of....
 She is *the Minister* of Education and Social Affairs.（彼女は教育および社会問題の担当大臣だ。）

 He was *professor* of painting to the Royal Academy.（彼はロイヤルアカデミーで絵画の教授をしていた。）
 He is *a professor* of economics at [of] Indiana University.（彼はインディアナ大学の経済学の教授です。）
  ※ of だと「～に所属している」という意味合いが強い。 ⇨ 本編『the 4-4』の『注2』

これまでに述べた類の名詞は、補語として用いられる場合に限らず、同格を表す場合や as の後ろで用いるときにも無冠詞にすることが多い。

John Smith, *lately President* of ABC University （最近まで ABC 大学の学長だったジョン スミス氏）
Lord Ii, *Chief Minister* of the Shogun （井伊大老）
Dr. S., (*the* [*a*]) *sometime professor* of history at Cambridge （ケンブリッジ大学の前史学教授S博士）

The committee elected him *as chairman*.
He ended up *as President* of the University. （その大学の学長として彼は務めを終えた。）
As (*a*) *minister* he is a mere figurehead. （大臣といっても彼はただの置き物だ。）
He is known variously *as professor, dean, and head librarian*. （教授・学部長・図書館長として彼はよく知られている。）
Following the scandal, it was no longer tenable for him to stay on *as CEO*.
　（そのスキャンダルの後では、もはや彼が CEO として留まるのは難しかった。）

他方、特殊な地位・役職などとは関係のない語（＝大勢の人が成り得るもの）が補語にきても、冠詞はふつう省略しない。これらの名詞に該当する人は、例えば「ABC High School の先生」と限定されたところでふつう複数人は存在するので可算名詞である。そしてその中の一人であることを言うために a を置く。

She was *a teacher* at the kindergarten.　注1

これらの語を同格に用いるか as の後ろで用いても、冠詞等の限定詞は省略しないのが普通である。

Loner Davies, *a computer science student*, was....
Mrs Weinstein, *a teacher*, was....
John, *a piano teacher*, said....
Strauss, *a Jewish refugee* from Hitler's Germany, was....

Did you learn anything in your day, *as a student*?
He was a failure *as a teacher*.
She works evenings *as a movie cashier*.
He will go down to posterity *as a traitor*. （彼は反逆者として後世まで名が残るだろう。）

As your family doctor, I advise you to eat less.
She worked *as* (*a*) *maid and cook* for him.

act as leader「指導者として行動する」や I will act as go-between.「仲人役をする」の無冠詞の例が『新英和大辞典』と『ランダムハウス英和大辞典』で紹介されている。リーダーはやや特殊な働きを（たいていの場合一人で）するものだし、仲人も特殊かつ唯一的な働きをするものだから、これらは役職名に準じた扱いを受ける。他方、ごく一般的な名詞、例えば teacher や student について検索してみると、a が省略された例は非常に稀であることがわかる。　注2

一部の名詞は、補語となる場合に形容詞的な性質を帯びる。expert を例にとると、

He is *an expert swimmer*.　=　He is *an expert in* [*at*] *swimming*.

であるが、後者の例では冠詞を省いて、He is *expert*.... とすることもでき、その場合の expert は形容詞に分類されている。
be *a* [*the*] *daughter of* ... ＝ be *daughter to* ...「〜の娘である」でも、前者では of を用いたために名詞として強く意識されるのに対し、後者では（名詞であることに変わりはないものの）それが薄れているために無冠詞となっている。

また次のような例では、冠詞を置いた方が無冠詞の例よりも、そういう肩書きをもった一人の人物であることを幾分かはイメージさせやすいように思う。

be promoted to *major* （少佐に昇進する）
rise to be *a general* （昇進して大将になる）

rise from *typist* to *vice-president* （タイピストから副社長に出世する）
He changed careers from *a banker* to *a cook*. （彼は銀行家から料理人に転職した。）

注1　例えば director のように、その語だけでは唯一の人物（所長など）か他にも同じ地位にある人物（重役など）がいるのか分かりにくい場合には、冠詞によってそのことをある程度は区別できる。

　　He is *founding director of The Conservation Foundation*.
　　He is ***a** director of a certain company*.

前者では the が省略されたものと判断し、「創設時の長」であったと見当がつくが、後者では「さる会社の重役の一人」である。下の例でも同じ。

　　He is *editor of a distinguished journal*.（ある名門雑誌の編集長をしている）
　　She is ***an** editor* at Connoisseur magazine.（『コノサー』誌の編集者である）

前者では the chief editor と判断しているわけである。ただし、そうであれば the は略さない方が強意的でわかりやすい。さらに言えば、冠詞だけに頼らずに the chief editor か be on the editorial staff of ...「～の編集部員」かにすれば明確である。（わかりやすい文は、ときに文体の個性を欠くことにはなるものの……。）

次の例の訳例ではそのあたりの判断を避けている。

　　She is (the) political editor of the leftist weekly *Le Nouvel Observateur*.
　　（左翼週刊誌『ヌーヴェル オブセルヴァトゥール』の政治面編集をしている）

この場合 the が入れてあっても、「いろいろと分野はある中で政治面担当の……」と区別・対比を強調したいだけかもしれないので「編集長」か「編集者」かの判断はできないが、もともとそのようなことに話の重点を置いてはいないからこそ、明示はしていないのだろう。

注2　例えば as a coach と as coach の違いについて『英語の冠詞がわかる本』（正保富三：研究社）では、前者を「コーチの職にある一個人としてという意味」、後者をコーチという「その職を果たすにあたって」という意味としている。また、「しかし、そのような意味での用法は結果としてよく似たような意味になる。次のように、『～を辞める』という言い方では、もはや職だけが問題なので、無冠詞である」として次の例を載せている。
　　The former tennis champion has resigned *as coach* of the national team.

特集 14　人名・肩書き等と冠詞　その2　固有名詞との併記例など

◎　呼びかけの場合には冠詞は用いない。語頭はふつう大文字で。

Officer, someone is wounded.（お巡りさん、誰かがけがをしています。）
"Jeremy!" "Coming, *Mother*!"「ジェレミー。」「今行きます、お母さん。」

◎　家族関係の他、親しみや愛情を込めて言う場合にも省略する。語頭はふつう大文字で。

Mother was eager to meet you.「（私の）母があなたに会いたがっていました。」
Father always sits at one end of the table and *Mother* at the opposite end.（父は食卓の片端に、母はその反対にいつも座る。）
Baby is crying.

例えば「船名」などに対して用いる the も同様の理由で省略することがある。以下、『現代英語冠詞事典』（樋口昌幸：大修館書店）より。

　船名に the がつくことはよく知られているが、個人的または家族・友人で私的に使用されるボートやヨットは、原則的に、無冠詞で用いられる。これは、知名度が低いことに加え、愛称扱いされているためである。

◎　称号・肩書き・血縁関係などが、固有名詞たる人名と共に用いられる場合

※　人名の前に置かれる場合

コンマを置かない場合は固有名詞と一体化する感じになるため、冠詞を省略することが多い。（逆に言えば、短くて一体化しやすい称号等は、コンマを用いずに前に置く傾向が強い。）

President Garcia　　*Prime Minister* John Major　　*first lady* Hillary Clinton
American CIA agent Jack Ryan　　*FBI Agent* Moran declined to comment.
Professor Jonathan Allen at the Massachusetts Institute of Technology
Economist Jeffrey Faux　　*Club chairman* Peter Ridsdale said....
Cookery Editor Moyra Fraser　　*HERO pilot* John Hackett
Aunt Molly　　*Brother* Thomas　　*Sister* Jane
Mother Teresa「マザーテレサ」の Mother は「母なる～」という意味。　cf. Father Thames「父なるテムズ川」

また、著名人の職業などで、形容詞を伴って限定や強調の意を強くしたければこの限りではない。注1

the late Prime Minister Indira Gandhi
the famous detective Sherlock Holmes
the former American Senator George Mitchell　　他に本編『the 3-43』の『〇〇皇帝』の例も参照されたい。

肩書き等を先行させてコンマを入れ、次に固有名詞を置く例は、その逆のパターンの「固有名詞＋コンマ＋肩書きなど」と比べるとかなり少ない。その理由は、固有名詞の方が（多くの場合は挿入された）同格の語となり、先行する肩書き等の方が主役（主語・目的語・補語）と把握されやすいそのような表現を敢えて用いるべき状況は限られているためであろうと筆者は考える。

the new head of the Russian Orthodox church, Patriarch Alexei the Second
An FBI agent, Douglas Deedrick, said....
The prime minister, Viktor Orban, often points out that....
The then prime minister, ANR Robinson, was....

先行する部分は分詞構文の Being の省略である場合もある。

A supporter of the Dalai Lama, the Prince was a noticeable absentee from....
A self-made man, Kwok-Chi Tam was the first in his family to get a university education.

※ 人名の後ろに置かれる場合

コンマを入れずに直に並べる例（定冠詞に限られるが、この用法は少々特殊であって、用例はそれほど多くない。 注2 ）
  Alfred *the Great* （アルフレッド大王）   Peter *the Great* （ピョートル大帝）
  William *the Conqueror* （征服王ウィリアム）

コンマを入れる例
  このパターンが最も一般的である。不定冠詞を入れる場合も入れない場合もあるが、大まかに言えば、肩書き自体を重視するのなら無冠詞で、そういう肩書きをもった一人の人物ということに重きを置くのなら不定冠詞を用いる傾向があるように思える。 注3

  Walter B. Pitkin, *professor in journalism at Columbia University*
  Sadegh Zibakalam, *a professor of political science at Tehran University*

  Roy Johnston, *Channel 83 news anchorman*   Martin Parry, *author of the report*, says....
  Jesse Meyers, *editor of ...*,   ... by Alan Travis, *Home Affairs Editor*.   Keith Vass, *editor*, ...
  Baroness Hayman, *an Agriculture Minister*, ...   Tony Blair, *Britain's prime minister*, ...

世間一般によく知られている場合に、定冠詞を用いることがある。 注4
  Tolstoy, *the novelist*, wrote "War and Peace."   Emily Dickinson, *the famed poet*, ...
  Karl Pribram, *the well-known neuro-scientist*, ...   Richard Wright, *the famous African-American novelist*, was....

その人物がその地位・立場にあるただ一人の人物であることを明確にしたければ定冠詞を用いる。 ⇨ 本編『the 4』
  Gatling, *the inventor of the famous gun which bears his name*
  Sean Fitzpatrick, *the great All Black rugby captain*, once said that....

上とは反対に、その地位・立場にある人が複数人いて、そのうちの一人であるのなら原則的には不定冠詞を用いる。 注5
  Dr. Stewart, *a co-author of the study*, established her reputation in the field of.... （共同執筆者の一人）

挿入された語句がその人物のことを長々と説明する類いのものであれば、分詞構文の being が省略されたものと考えてもよい。
  Hogan, *39, a married man of Ballyfermot, Dublin*, admitted....

◎ 以下は「a + 人名」及び「人名の複数形」の例である。
  He is *a (second) Newton* in his scientific genius. （科学的天分の点では彼は当代のニュートンとも言える。）
  Rentaro Taki is *a Chopin* in Japan. （滝廉太郎は日本のショパンです。）
  do *a Chaplin* （チャップリンのような仕草をする）
  He is *a Smith*. （彼はスミス家の人です。）   She was *a Smith* before her marriage. （彼女は結婚前はスミス姓だった。）
  a Mr. Smith, *a certain* Mr. Smith, *one* (Mr.) Smith （スミスさんという方）
  the Smiths （スミスさん一家）または（スミス夫妻）   the little Smiths [the Smith children] （スミス家の子供たち）
  複数の同名の人を言う場合は four Smiths, four Mr. Smiths, two Miss Smiths, two Taros などとする。
  I know *two Kings*. （キングという人を二人知っています。）
    cf. *A Mr. Sato* is here to see you. （佐藤さんという方が訪ねて来られています。）

  別名の Mr. が複数人いる場合の Mr. A and Mr. B を、Mr. の複数形 Messrs. を用いて Messrs. A and B ともできるが、これは改まった言い方で英国で社名等に用いる以外はやや古風。   Messrs. Thompson & Co. （トムソン商会）

  敬称や称号の複数形は次の通り。
  Dr. / Drs.   Mrs. / Mmes.   Ms. / Mses, Ms's   Miss / Misses
  Drs. Jones and Yamada （ジョーンズ博士と山田博士）= Dr. Jones and Dr. Yamada
  Drs. John and Mary Smith （ジョンスミス博士とメアリースミス博士）=夫婦で博士
  Dr. and Mrs. Jones （ジョーンズ博士と夫人）

◎ 製品・作品等に関して
  I hear you've got *a Toyota*. （トヨタ車を買ったそうですね。）
  The cheapest thing we have is *a Fiesta, a Nova* or *a Renault* and they're £160 a week.
    「（レンタカー会社で）最も安いのはフィエスタ、ノバあるいはルノーで、1週間160ポンドです。）
  Given such sentiments, you're not likely to find *Toyotas* or *Hondas* here.
    （そのような地域感情があることを考えれば、ここではトヨタ車もホンダ車も、見かけるのはまれでしょう。）
    cf. She stopped *the Toyota* in the middle of the street. 「（運転していた）そのトヨタ車を……」

  I saw *a Rodin* there. （私はそこでロダンの作品を見た。）   cf. *the* Mona Lisa 「モナリザ（の肖像画）」⇨ 『the 3-43』
  "Let's go to a movie." "Which ?" "*A Julia Roberts*."
    「映画を観に行こうよ。」「どの映画。」「ジュリア ロバーツが出ているやつさ。」

注1　以下は『COLLINS COBUILD ENGLISH USAGE』より

　　The is sometimes used at the beginning of a noun group in which you mention a well-known person's profession as well as their name. For example, you can talk about '**the singer** Jill Gomez'.

他に例として **the** *Russian poet* Yevtushenko を挙げている。

　また英国人には、自国内の人・ものについては無冠詞にするが、（英国から見た場合の）外国の元首などの前には the を置くという傾向がある。これについて詳しくは本編『the 3－46』の『注6』を参照されたい。

注2　『現代英語冠詞事典』（樋口昌幸：大修館書店）には次のように記されている。

　　Edward the Confessor（Edward 告解王）のような同格の名詞句に the が（コンマなしで＝著者注）つけられるのは、その名詞句を典型的代表（＝プロトタイプ）として提示するためであると解釈してさしつかえない。

大文字で表記するのもこの理由に拠るものであろう。この部分を含めての固有名詞扱いと考えてもよい。

cf. 以下は「典型的な」という意を強調した定冠詞の例（本書では本編『5．意図的に強調するためのもの』に分類）
　　Beer is *the drink* for hot weather.「暑いときはビールが一番だ。」　　play *the clown*（道化者を演じる、おどける）
　　act the lady（貴婦人ぶる）

また、中原道喜氏は『新 マスター英文法』（聖文新社）で次のように述べている。

　　Helen Bell the poet のようにコンマで区切らない場合は「他のヘレン・ベルではなく詩人のヘレン・ベル」のように他と区別する「制限的な」同格句である。

この場合は the poet と小文字で表記する点、上記のプロトタイプ的な扱いとは異なるが、このような表記はあまり一般的とは言えない。

注3　別の言い方をすれば、一部の名詞は無冠詞で用いることによって形容詞的に働くということである。例えば fall (a) victim to ...「～の犠牲となる、～のとりことなる」では、無冠詞の場合は抽象名詞的な感じを与えるが、冠詞を入れると、そのような状態にある人物の姿をいくらかイメージしやすいだろう。expert では、He is an expert swimmer. ＝ He is expert at [in] swimming. だが、後者は形容詞に分類されている。

ちなみに Are you confident that you can cope with the job of *captain* ? では、the を繰り返すのも多少くどいので無冠詞が最も自然だが、強調したければ the captain としてもよい。また、キャプテンは一人でつとめるものなので the の方が理にかなうが、そのことを強調せずに一般的に言うのなら a captain でも構わないだろう。

　　The job of *chairman* can no longer be regarded as a convenient soft option.
　　The job of *the manager*, as the person with overall responsibility, is to get all the players working together as a team.
　　The job of *a student* is to study.
　　The job of *a police detective* requires considerable legwork.

注4　このような場合に定冠詞を用いるのは、世間一般によく知られているものや、相手にもそれとわかる（あるいは、わかるだろうと発信者が期待する）ものが多いのは事実だが、必ずしもそれが全ての理由ではない。下に挙げる例のように、単なる強調や、区別・対比のために用いられることもある。

　　She's *the daughter of an Oxford professor.*
　　Douglas Bader, *the legless wartime fighter pilot*....
　　Nick Taylor, *the local hero*, ...
　　William Barnes, *the vernacular poet of Dorset*
　　Dorothy West, *the Harlem renaissance poet*

注5　ただし、原則はさておき、son の例に見られるように無冠詞の場合も多い。

　　Lord Frederick Windsor, *son of* Prince and Princess Michael of Kent
　　Timothy, *son of* Mr and Mrs Richard Bedingfield

son の場合は「家族関係」のために、親しみを込めての省略例も多いと考えられるが、それにあたらない例でも省略例はみられる。また、検索してみると、挿入された同格句に a son of という表現は少なく、elder [younger] son や only son などと詳しく入れる方が多くみられる。

　次の例のように、専門職などの肩書き自体を重視すれば無冠詞にすることは前にも述べた。
　　Michael Wilson, *professor of geosciences at Fredonia State College*, said....

特集 15 「The 比較級 ..., the 比較級....」の構文に関する注意点　注1

　この構文は比較的簡単ではあるが、いざ英訳するとなると戸惑うものである。何を比較級にし、どう用いるのかを考えることが肝要である。具体的には、「補語としての形容詞」か「形容詞＋名詞」か、それとも副詞か。そしてその役目は何か。目的語か補語か主語か、語の修飾語（形容詞）か、副詞なら文・動詞を修飾しているのか、それとも形容詞・分詞・副詞を修飾しているのか。あるいはまた、more などを代名詞として用いるのか、等々。

　大学受験生などが犯しがちなのは、「形容詞＋名詞」の場合に「比較級の形容詞＋名詞」とひとまとめにすべきところを副詞の比較級にして名詞と離してしまう誤りや、形容詞・分詞と副詞を一体とすべきところを、副詞だけを前に出すといった誤りである。⇨『特集１５－３』

　○ *The more information* you have, *the more effectively* you use the system.
　× *The more* you have *information*, ...
　○ The older he grew, *the more interested* he was in poetry.
　× ..., *the more* he was *interested* in poetry.

以下、参考のために多くの例文を載せる。（なお、未来のことを言っていても副詞節は現在時制にする。）

　The older we get, *the weaker* our memory grows. [= As we get older, ...] （年をとればとるほど、記憶力は弱まる。）
　The less you study, *the less* you('ll) learn. （勉強が少なければ身につく学問も少ない。）
　The bigger they are, *the harder* they fall. （大きければ大きいほど落ち方が激しい。）
　The nearer one is to death, *the more greedy* one becomes. （「死に欲」というものが出るものだ。）
　The harder he is pushed, *the more obstinate* he becomes. （せきたてられると彼はますます頑固になる。）
　The warmer a place is, generally speaking, *the more types of plants and animals* it will usually support.
　　（温暖な地ほど動植物の種類が増えるのがふつうである。）
　Well, *the fairer skinned* you are, *the easier* you sunburn, *the more poorly* you tan, *the higher* your risk.
　　（肌の色が白いほど日焼けしやすいし、また、日焼けをしていない人ほど日焼けしやすい。）
　The more I hear about the company, *the less* I like its articles.　（その会社の評判を聞けば聞くほど、製品も嫌いになる。）
　The more there is to do, *the smoother* things will go. = The more work, the better.
　　（多々ますます弁ず。［多々ますます善し。］）
　The more he flatters me, *the less* I like him. （彼が私にへつらえばへつらうほど嫌いになる。）
　The more serious one is, *the more liable* one is to bouts of depression. （まじめな人ほどスランプに陥りやすい。）
　The more (self-)confident one is, *the more likely* one is to make that kind of mistake.
　　（自信がある人ほどそのような間違いを犯しやすい。）
　The more she remembers, *the more bitter* she feels about what has happened.
　　（思い出せば出すほど、彼女は起きたことを辛く感じる。）
　The more lacking in substance a person is, *the more* he desires to build a facade. （中身の貧弱な人ほど体裁を飾りたがる。）
　The more conscious she is of her readers, *the more ordinary* her novels become year by year.
　　（読者を意識するあまり、彼女の小説は年々凡庸になっていく。）
　The longer you live, *the more people* you see into the grave. （長生きをすればそれだけ多くの人を見送ることになる。）
　The longer you put it off, *the less* you will want to do it [*the less inclined* you will be to do it].
　　（先に延ばせば延ばすほど、それをするのが嫌になるよ。）
　The longer a habit continues, *the more difficult* it is to change. （習慣が長く続けば続くほど、容易にはそれを変えられない。）
　　　change の後ろの目的語 it が省かれている。次の例でも同じ。
　　　　The more complex the structure, the harder it is to copy. （構造が複雑なものほどコピーするのは難しい。）

以下は主語の例
（主語の例はそう多くはない。例えば The more we talked, *the wider the gulf* opened between us. 「話し合うほどに溝は深まった」の例は ..., *the wider gulf* opened between us. と簡略化できるが、前者の書き方の方が主流である。
また例えば *The more | exercise* is taken, ... とポーズを入れるのなら前者の例と同じだが、入れなければ主語の例に該当する。）

　The more you succeed, *the more* is expected of you. （成功すればするほど、さらに多くのことを期待されるものだ。）
　The nastier criticism is, *the more readers* lap it up. （批判は辛辣であればあるほど読者受けする。）
　The more the city burned, *the more oxygen* was sucked in ── and the greater the firestorm became.
　　（その都市の火災は周辺地域の酸素を奪いながら勢いを増し、火事場嵐はさらに大きくなった。）
　The more stringent conditions are forced on you, the greater ability you can show as an architect.
　　（条件が厳しいほど建築家としての力量を発揮できる。）
　The greater the cross-sectional area of a muscle, *the more force* will be generated.
　　（筋肉は断面積が大きいほど強い。）
　The more exercise is taken, within a normal lifestyle, the greater the health benefit.
　　（日常生活では運動量が多いほど体にはよい。）

次のような例も姉妹表現である。

The danger seems to make surfing *the more exciting*. (サーフィンは危険だからこそ一層楽しいようである。)

all や so much で強調されることも多い。

I love him *all the better for* his faults. (彼は欠点があるからかえって好きだ。)
If you don't like it, *so much the worse* for you. (それが好きでないとすれば、なおさら君にとってはいけない。)
I'm worried ── (*all*) *the more so because* this is taking so much time. (こんなに時間がかかっているのでなおさら心配だ。)

※ be-動詞はよく省略される。

The greater his efforts, the greater his progress. = The harder he tried, the more he improved.
　　(努力を重ねるに従い彼は上達してきた。)
The greater the suffering, the deeper the passion. (苦しみが大きいほど情熱は深まる。)
The higher the rank, the greater the privileges. (階級が上がれば特権も増す。)
The cheaper the good, the more demand there is for it. (商品は安ければ安いほど需要は増える。)
The larger the organization, the less scope there is for decision. (組織が大きければ大きいほど、意志決定は難しくなる。)
The more extreme the income inequality, the greater the psychic distance between the have-nots and the haves.
　　(所得格差が大きいほど、貧しい人と裕福な人との心理的な距離は大きい。)
The more stressful your work, the more important it is to take breaks from time to time.
　　(ストレスの多い仕事ほど、ときどき休憩をとることが大切です。)
The more acidic a stream, the more aluminum is found dissolved in it, because acid rain can leach aluminum from the soil. (川の水の酸性度が増すほどアルミニウムが多く溶解しているのは、酸性雨が土壌からアルミニウムをこし取るからだ。)
The longer the back-swing you can make, *the greater the likelihood* that your club-shaft will naturally cross the target line. (バックスイングを大きくすれば、目標とする飛距離を出す可能性は高くなる。)
　　主部が長い場合には the greater the ... that ... のように動詞を省略することが多い。
　　　..., the greater the risk that the project turns out to be a flop.
　　　..., the greater the probability for a photon to become an exciton.

※ わかりきった「主語＋動詞」や「主語＋ be-動詞」（特に「it is」）、あるいは there is [are] もよく省略される。

The sooner(,) the better. (早ければ早いほどよい。)
The more(,) the merrier. (諺：人が多ければ多いほど楽しみが増す。)
"How do you like your coffee ?" "*The stronger the better*."
　　「コーヒーはどのようにお入れしましょうか。」「できるだけ濃くお願いします。」
I thought the less talking I did, *the better*. (口数は少ない方がよいと思った。)
The more work, the better. (多々ますます弁ず。[多々ますます善し。])
More haste, less speed. [The more haste, the less speed.] (諺：急がば回れ。) = Haste makes waste. Haste is waste.
　　このような単純例では the も省略されることがある。

※ 主節では倒置することも珍しくない。

The more excited he was, *the more beautiful was his performance*. (興奮するにつれて彼の演技はすばらしさを増した。)
The more people laughed at him, *the greater was his faith in his mission*.
　　(嘲笑する人が多いほど、その使命に対する彼の信念はいっそう高まっていった。)
The higher the Nutripoint score, *the lower in fat and the higher in calcium is the rated food*.
　　(Nutripoint が高いほど、その食物の脂肪は少なくカルシウムは多い。)
The higher the risk of lending money, *the higher is the interest rate demanded by the lenders*.
　　(貸し倒れリスクが高いほど、貸し出し利率も高い。)
The more she tergiversated, *the greater grew the ardency of the reporters for an interview*.
　　(彼女が質問をはぐらかすほど、リポーターらは執拗にインタビューを求めた。)
The more differentiated modern societies become, *the greater becomes the possible scope for expressively staging social life*. (社会が多様化する中で、自己表現的な社会生活をおくる余地が増している。)

※ -er, -est 形の規則変化をする語でも、the more ... の形にすることがある。（ただし good, bad は除く。）

The more tenderly you speak, *the more easy* it is to get children's attention.
The older [*The more old*] he grew, the more interested he was in poetry. (彼は歳をとるにつれて詩に対する興味を深めた。)
The longer [*The more long*] we waited, the more impatient we became. (我々は待たされるほどいらいらしてきた。)

※ 変則的には主節を前に置く。その場合、the はしばしば省かれる。

　　She played (*the*) *better*, the more she practiced. （彼女は練習すればするほど上手になった。）
　　We became (*the*) *more impatient*, the longer we waited. （我々は待たされるほどいらいらしてきた。）
　　You will earn (*the*) *more*, the longer you work. （長く働くほど稼ぎは多くなる。）
　　The situation got *worse and worse* the more he said. （彼が言えば言うほど事態は悪化した。）
　　　cf. More [The more] fool if you believe him. （彼の言うことを信じるのならなおさら馬鹿だ。）

　　例えば The higher the underwriting fee, the greater the risk. では、「引き受けリスクが高いほど保険料は高くなる」の方が、「保険料が高いほどその引き受けリスクも高い」よりも自然であろう。つまり主節は前にある。

※ 比較級の後ろに that を入れて従属節であることを明示することがまれにある。

　　The older *that* we get, the wiser we become. （年をとればとるほど賢くなる。）

　動詞の前に that を入れることもある。

　　The more information *that* comes in, the more confused the picture is. （情報量が増えるにつれ、ますます混乱した。）
　　The more goals *that* are scored in each match, the more likely it will be that the best team wins.
　　　「総得点が多い試合ほど、（実力の差が表れて）一番強いチームが勝ちやすくなる。」
　　The more light *that* falls on the eyes, the more the pupils contract to vertical slits.
　　　「多くの光が（ネコの）目に当たれば当たるほど、ますます瞳孔が縮まって、垂直の細長い線になってしまう。」

※ 「形容詞＋名詞」は「the＋形容詞の比較級＋名詞」にする。目的語の例が圧倒的に多いが、その場合それらをまとめて主語の前に置く。つまり、比較級の副詞を単独で置くのではなく、まとめられるものはまとめて比較級にする。（名詞の可算・不可算は問わない。したがってその場合の The more ..., の more は many か much の比較級である。）

　　○ *The more money* you earn, *the more money* you want to get. （多くの金を稼げば稼ぐほど、さらに多くのお金が欲しくなる。）
　　　× *The more* you earn *money*, ...　　× ..., *the more* you want to get *money*.
　　○ The larger the house is, *the more worth* it has. （家は広ければ広いほど価値がある。）
　　　× ..., the more it has worth.
　　○ Basically, *the more craters* a surface has, the older it is. （基本的には、表面にクレーターが多いほど古い。）
　　　× ..., *the more* a surface has *craters*, ...
　　○ *The more things* a man is ashamed of, the more respectable he is. （恥じるものが多い人ほどちゃんとした人物だ。）
　　　× *The more* a man is ashamed of *things*, ...

以下も正しい例

　　The more goals you score, *the more confidence* it breeds.
　　And of course, *the more people* you have sex with the more likely you are to have sex with an infected person.
　　The sooner you do something about cystitis *the more chance* you have of clearing it up quickly by yourself.

ただし、これにもいくらかの例外はある。例えば *The more* you use *the magic* you have, necromantic or not, the faster it will kill you. 「もし呪術を用いれば、それが黒呪術であろうがなかろうが、自らの死を早めることになる」の例は、もし上記のルールに従うなら *The more magic* you have you use, ... になるが、これでは「呪術を使うこと［頻度］が増えるほどに……」［= *The more* (*often*) you use the magic you have, ...］という上の文意は表しにくい。また *The more* you have *that kind of fluid electorate*, the more useful targeting is. の例でも無論、 The more kinds of fluid electorate you have, ... とはできない。

また、「副詞＋形容詞」の場合もまとめて前に置く。犯しがちな初歩的な誤りのパターンを以下に挙げておく。

　　○ The longer a habit continues, *the more difficult* it is to change.
　　　× ..., *the more* it is *difficult* to change.
　　○ The longer you put it off, *the less inclined* you will be to do it.
　　　× ..., *the less* you will be *inclined* to do it.
　　○ The longer we waited, *the more impatient* we became.　　× ..., *the more* we became *impatient*.
　　○ *The more excited* he was, ...　　× *The more* he was *excited*, ...

このようにはしない例として、受動態としての意味合いが強い（＝分詞が形容詞化していない）例を挙げることができる。

The harder the brake pedal is *pressed*, the greater the car's deceleration.（ブレーキペダルを強く踏むほど車はよく減速する。）
The more he was *heckled* the more worked up he got.（彼はやじられるとますますいきり立った。）

また実際には、形容詞あるいは形容詞化した分詞であっても、副詞と離して置いている例が僅かながら見られる。

As a side bonus, the more you have to cook it yourself, *the less* you'll be *tempted* to overindulge in goodies.
The wider the debates *the more* they are *likely* to harass.
The more I think about it, *the more* I'm *inclined* to believe that....

以下の違いにも注意。

The higher we climbed the mountain, *the wider view* we got. （その山に高く登れば登るほど視界がひらけた。）
The higher mountains you climb, *the more money* you will spend. （高い山に登れば登るほど費用がかかるものだ。）

以下は参考までに。
次の英文が『ジーニアス英和大辞典』に載せられている。

The more surface of a fruit you expose, *the more nutrients* will be lost to oxidation.
　（果物の表面を空気にさらせばさらすほど、酸化して栄養素は減少します。）

この英文を厳密に訳すと「空気にさらす表面積が増えれば増えるほど」である。しかし考えてもみれば、全体が空気にさらされているのが果物の常態なので、「空気にさらす表面積が増えれば増えるほど」という状況は、液体につけられている果物の一部が空気にふれたり、真空パックやラップの一部が破れるなどの特殊な状況でもない限り考えられない。（a fruit ではなく the flesh of a fruit「果肉」なら、普段は空気にさらされてはいないので、さらされる面積が増せば酸化が進むというのもよくわかるのだが。） したがってこの英文で言わんとすることは、常識的に考えると表面積のことではなく、やはり訳されている通り、「空気にさらせばさらすほど」という「（やや漠然とした）程度」のことであろう。しかし、そうであれば The more you expose the surface of a fruit, ... の方が正しい。にもかかわらずそうしてはいないのは、「表面積」に誤解される恐れも実際は少ないので、定着している「the＋形容詞の比較級＋名詞」のパターンを踏襲したからであろうか。
「空気にさらせばさらすほど」とは、すなわち「さらす時間が長くなればなるほど」ということだから、 The longer you expose *the surface* of a fruit, ... と筆者なら書きたい。
なお、主節を ..., the more the nutrients will be lost.... とすることもできるが ..., the more nutrients.... の方が簡潔である。これも主語の例（『特集15-1』下）に該当する。
「まとめられるものはまとめて比較級にする」という傾向が強いことは、以上のことからも窺える。

注1　この構文をつくる the は定冠詞でも接続詞でもなく、副詞である。そのことについて『英文法総覧』（安井稔：開拓社）では以下のように述べている。

「the＋比較級～, the＋比較級...」の構文における the は、冠詞ではなく、初めの the は関係副詞で、by how much, in whatever degree, to what extent ＜どれだけ＞ などの意味を表す。あとの the は指示副詞で、by so much, in that degree, to that extent ＜それだけ＞ などの意味をもつ。例えば、The older he grows, the more he drinks. は、概略、「どれだけより年寄りになるかに応じ、その分だけより多く酒を飲む」という関係を表していることになる。

しかし、文法上の分類がそうであれ、副詞の項目からこの構文を探そうとする人はまれだろうから、本書は冠詞編ではあるが、この際、合せて触れておくことにする。

特集 16 病名・症状名と冠詞

病名や症状名は抽象名詞に分類され、原則的には無冠詞である。 注1

- 流行性感冒　The tongue becomes furred in *influenza*. （流行性感冒では舌に苔ができる。）
- 水疱瘡　*Chicken pox* is about. （水疱瘡がはやっている。）
- 盲腸炎　The child was operated on for *appendicitis*. （その子は盲腸炎の手術を受けた。）
- 神経痛　He suffered from *neuralgia* all his life. （彼は生涯神経痛に悩みつづけた。）
- リューマチ　My joints ache with *rheumatism*. （リューマチで関節が痛む。）
- 関節炎　Her hands grew gnarled with age and *arthritis*. （年と関節炎で彼女の両手は節くれだってきた。）
- 炎症　Contact with this chemical will cause *inflammation*. （この薬品に触れると炎症がおきる。）
- コレラ　He was carried off by *cholera*. （彼はコレラで死んだ。）
- 結核　*Tuberculosis* was ravishing his body. （結核が彼の体をむしばんでいた。）
- 肥満　*Obesity* is to some extent genetically determined. （肥満はある程度は遺伝的に決定される。）
- 貧血　Lead poisoning causes *anemia*. （鉛毒は貧血を生じさせる。）
- 下痢　In summer a lot of children get *diarrhea* from drinking too many cold drinks.
    （夏は冷たい物の飲み過ぎから下痢をする子が多い。）
    - *cf.* A spoonful of this medicine three times a day should help to stop *the diarrhea*. 「この薬をスプーン1杯1日3回飲むと下痢はおさまるでしょう」では、既出の内容を受けるための（前方照応の）the が置かれている。
- 癌　I am with *cancer*. = I have (*a*) *cancer*. （私は癌にかかっている。）
    - *cf.* *The cancer* was now well advanced. 「癌はすでにかなり進行していた」でも、前方照応の the が置かれている。
- 肺癌　It is generally accepted that cigaret smoking often causes *lung cancer*.
    （タバコを吸うと肺癌になりやすいことは一般にかなり認識されている。）
- 肺炎・エイズ　*Pneumocystis pneumonia* is an opportunistic disease that often strikes victims of *AIDS*.
    （ニューモシスティス性肺炎は、エイズ患者がしばしば罹患する日和見感染性疾患である。）
- 糖尿病　She has had *diabetes* since childhood but controls it with insulin.
    （彼女は子供の頃から糖尿病を患っているが、インシュリンで抑えている。）
- ヒステリー　Don't equate enthusiasm, however with *hysteria*.
    （しかし、熱意とヒステリックな興奮とを同等に見てはいけません。）

抽象的な意味での disease「病気」も無冠詞だが、形容詞や形容詞相当名詞を伴って特定の種類を言う場合や、個別・具体的にとらえる場合には冠詞等の限定詞が置かれる。このあたりの扱い方は、抽象名詞のそれに等しい。

Disease is a frequent accompaniment of famine. （病気はしばしば飢饉に伴って発生する。）
an allergic disease （アレルギー性疾患）　　*a* mental disease （精神病）　　*a* serious disease （重病）
catch [take, contract, develop] *a* disease （病気にかかる）　　convey *a* disease to him （病気を彼にうつす）
control *a* disease （病気の広がりを食い止める）
Can nervousness develop into *a disease*? （神経過敏が高じると病気になることがありますか。）
The disease is contagious by touch. （その病気は接触によって伝染する。）

die of disease ではやや漠然と「病死する」だが、die of a disease と a を置けば「ある(種の)病気で死ぬ」といった感じになる。

次の例でも、a を置いた方は多少とも個別・具体的である。

When *tonsillitis* is caused by viruses, the length of illness depends on which virus is involved.
（ウイルス性の扁桃腺炎の場合、ウイルスの種類によって症状が治まるまでの期間が異なる。）
The doctor said that she would develop *a tonsillitis*. （医者は彼女が扁桃腺炎をおこすかもしれないと言った。）

複数種あることを言うのなら複数形にする。

Allergies to foods often cause hives. （食物アレルギーはよくじんましんを引き起こす。）
    cf. *Allergy* develops suddenly. （アレルギーは突然出る。）　　have *a* pollen allergy （花粉アレルギーである）
    なお、hives「じんましん」、measles「はしか」、mumps「おたふく風邪」、shingles「帯状疱疹、帯状ヘルペス」、rabies「狂犬病」などは、形の上では複数形だが、病名なのでやはり単数扱いであり、受ける代名詞も it や its である。
        Measles *is* infectious. （はしかは伝染する。）
        Once you have mumps, you develop immunity to *it*. （一度おたふく風邪にかかれば免疫ができます。）

特集16-2

注2・3 ⇒次頁

以下は「熱」に関する例である。

 He is poorly with *fever*.（彼は熱があって健康がすぐれない。）
 Fever indicates sickness.（熱で病気であることがわかる。）
 The patient was eaten by *a high fever*.（患者は高熱のためにやつれ果てた。）
 an inflammatory fever（炎症熱） *a* hemorrhagic fever（出血性熱） *a* masked fever（潜伏熱）
 run *a* fever [temperature]（病気で熱を出す）
 A fever of 38 to 40℃ usually appears within the first few days.（38℃から40℃の熱が通常、数日中に現れる。）
 She came down with *a fever* and stayed in bed a whole week.（彼女は熱が出て、まる1週間寝込んだ。）
 The fever didn't leave me for days.（熱は何日も下がらなかった。）
 His fever persisted for three more days.（彼の高熱はさらに3日間続いた。）

形容詞を伴っていても、例えば黄熱病（yellow fever）は無冠詞である。これは、lung cancer などと同様に、病名として抽象的に扱われているためである。

次のような例では、「a ＋単数形」でその一時的な症状を主に表す。何度もかかるような病気や何度も呈する症状にこのような例は多い。

 have a chill（寒気がする）
 I have a fever and *a cough*.（熱があって咳が出ます。）
 I've got *a hangover* to last me a lifetime.（死ぬまで続きそうな二日酔いだ。）

なお、cold「風邪」に関しては、catch (a) cold「風邪をひく」では無冠詞が普通だが、それ以外では不定冠詞が置かれるのが普通。
 I have *a cold* now. give *a cold* to a person（人に風邪をうつす） *A cold* settled in my head.（鼻風邪が抜けなかった）
ただし「風邪をひく」でも、風邪の種類を言う場合にはやはり不定冠詞を伴う。 He's caught *a head cold*.（彼は鼻風邪をひいた。）

病巣や疾患部位を表す場合には可算扱いにもなる。 注2・3

 detect (*a*) cancer（癌を発見する） remove *a* cancer（癌細胞を除去する）
 get (*a*) cancer in the throat（のどに癌ができる）
 You have developed (*a*) cancer in your left lung.（あなたの左肺に癌ができています。）
このように癌の病巣について不定冠詞を置くのは主にイギリス語の用法である。

以下は「癌」以外の例

 A blood clot formed in the brain of the patient.（患者の脳に血栓ができた。）
 The drug appears to protect against heart attack by preventing *blood clots*.
  （その薬は血栓の生成を防ぐことで心臓病を予防できるようだ。）

 The medical examination revealed *a polyp* in my stomach.（健康診断で胃にポリープが発見された。）
 Polyps were found in the bowel.（腸にポリープが見つかった。）

以下は、その発症が複数回であることを言う場合の例である。

 have *repeated attacks of diarrhea*（続けざまに下痢をする）
 He is plagued by everlasting *attacks of influenza*.（彼はしょっちゅう流感に悩まされている。）
 The patient experienced *two or more attacks of jaundice*.（患者は2回以上の黄疸にみまわれた。）

 A child who has *seizures* in the absence of fever should have a medical examination.
  （発熱もないのに発作をおこす子供は検診を受けるべきだ。）
  cf. have [suffer] a fit [stroke, seizure, paroxysm]（発作がおこる）

 Symptoms include *headaches* and vomiting.（症状としては頭痛や嘔吐があります。）
  vomiting は動詞的動名詞として不可算である。 ⇒『特集5-1』

『英語の冠詞がわかる本』（正保富三：研究社）では「アメリカ英語では –ache のつく語はすべて可算名詞として使われる」としている。
また『ジーニアス英和大辞典』では次のように記述している。
 backache C（主に米），U earache U [*or*（主に米）an ～] headache C heartache U，C
 stomachache C（主に米），U toothache U [*or*（主に米）a ～]

182

He is prone to *colds* even in summer.（彼は夏でも風邪をひきやすい。）
The patient had repeated *relapses of schizophrenia* prompted by trifling matters.
　　（その患者は、些細なことに刺激されて精神分裂病の再発をくり返した。）
　　　Furthermore, the number of *episodes of depression* a patient had suffered correlated with the amount of hippocampal shrinkage.（さらに、ある患者の鬱病の発症回数は、海馬の萎縮量と関係していた。）
　　　　cf. go through *a serious episode of depression* （深刻な鬱病の時期を経験する）

余談ながら、医学表現においては case が「患者」を表すことが多い。
　　　a hospital case （入院患者）　　a mental case （精神病患者）　　a hopeless case of cancer （回復の見込みのない癌患者）
　　　make isolation provisions for cases of contagious disease （伝染病患者の隔離規定を定める）
　　　The emergency case was attended to by an intern.（その急病人は研修医の手当てを受けた。）

注1　『英語の冠詞がわかる本』（正保富三：研究社）では、「ある種のよく知られた伝染性の病気の名前は定冠詞をつける場合もあるが、無冠詞の場合のほうが多い」「measles といえば『例の子供がかかる伝染病』といって聞く人が認識する病気、という意味で当初定冠詞がつけられたのであろう。それが次第によく使われるにつれて一般の病名と同様無冠詞で通じるようになりつつあるのではなかろうか」「the flu という言い方は、influenza を略した形として認識するために定冠詞をつけているが、これもその略した形が普及するにつれて無冠詞の形が現われていると解釈できる」としている。

　また『新英和大辞典』では、病名に先行させる the について、「一般に古風で非専門的用法；特に《口語》で複数形の名詞と共に用いられる」とし、例として以下を挙げている。
　　　the itch （皮癬）　　the smallpox （《古》天然痘）　　(the) mumps （おたふくかぜ）　　(the) measles （はしか）
　　　He's got the jitters [fidgets].（《口語》ひどくいらいら［せかせか］している。）

注2　a rash「湿疹」は、単数形であっても、一個の吹き出物というよりは、あせものような広がりのある湿疹をいうことの方が多いようである。
つまり a rash ＝ eczema という認識が普通のようである。
　　　spread like a rash （発疹のように一面に広がる）
複数形の例もあるが、その場合には湿疹が複数種あることや、複数回の発症があることを言わんとする例がほとんどのようだ。
　　　Olive oil also acts as a soothing balm for all types of *skin rashes*, ...
　　　One in five will suffer minor side-effects such as nausea, *rashes* or headaches.
　　　I come out in *rashes* after eating eggs.

このことは、a cough でも、一回の咳ではなく咳の症状を表すことができることと同じである。

注3　He was seized with (a) cramp.「彼はこむらがえりに襲われた」で a を置くのは米語である。他にも -ache の例など（本文中に記述）、意味の違いではなく、イギリス語・米語の慣用の違いによるものもある。

次頁からの、簡略化して表記している出典の正式な書名は以下の通りです。

新英和大 ⇨ 『新英和大辞典 第6版』©2002, 2008　株式会社研究社　編者代表 竹林 滋
新和英大 ⇨ 『新和英大辞典 電子増補版』©2003, 2008 株式会社研究社　渡邊 敏郎・Edmund R.・Skrzypczak・Paul Snowden 編
ジーニアス英和大 ⇨ 『ジーニアス英和大辞典』©2001-2008　大修館書店　編集主幹 小西友七・南出康世
ジーニアス英和4版 ⇨ 『ジーニアス英和辞典（第4版）』©2006　大修館書店　編集主幹 小西友七・南出康世
ランダムハウス英和大 ⇨ 『ランダムハウス英和大辞典』（第2版）©1973, 1994　株式会社小学館
ユースプログレッシブ英和 ⇨ 『ユースプログレッシブ英和辞典』©2004　株式会社小学館　編集主幹 八木克正
英和活用大 ⇨ 『新編英和活用大辞典』©1995, 2005　株式会社研究社　編集代表 市川繁治郎
プログレッシブ和英中辞典 ⇨ 『プログレッシブ和英中辞典』（第3版）©1986, 1993, 2002　株式会社小学館
　　　　　　　　　　編集主幹 近藤いね子・高野フミ
リーダーズ英和 ⇨ 『リーダーズ英和辞典（第2版）』©1999, 2007　株式会社研究社　編集代表 松田徳一郎
ビジネス技術英和大 ⇨ 『ビジネス技術 実用英和大辞典』©2002　日外アソシエーツ株式会社　編者 海野文男・海野和子
ビジネス技術和英大 ⇨ 『ビジネス技術 実用和英大辞典』©2002　日外アソシエーツ株式会社　編者 海野文男・海野和子

USAGE ⇨ Collins COBUILD English Usage for Learners 2nd edition published in 2004
　　　　© HarperCollins Publishers 1995, 2004
COB ⇨ Collins COBUILD Advanced Dictionary of English © HarperCollins Publishers 2009
IDM ⇨ Collins COBUILD Dictionary of Idioms 2nd edition published in 2002 © HarperCollins Publishers 1995, 2002
PHV ⇨ Collins COBUILD Dictionary of Phrasal Verbs 2nd edition published in 2002
　　　　© HarperCollins Publishers 1989, 2002
WB ⇨ 5-million-Wordbank from the Bank of English © HarperCollins Publishers 2001
GMAM ⇨ Collins COBUILD Intermediate English Grammar 2nd edition published in 2004
　　　　© HarperCollins Publishers 2004

OSD ⇨ Oxford Sentence Dictionary © Oxford University Press 2008
ODE ⇨ Oxford Dictionary of English, Second Edition revised © Oxford University Press 2005
OTE ⇨ Oxford Thesaurus of English, Second Edition revised © Oxford University Press 2006
OALD ⇨ Oxford Advanced Learner's Dictionary, seventh edition © Oxford University Press 2005
NOAD ⇨ New Oxford American Dictionary, Second Edition © Oxford University Press, Inc. 2005
OBED ⇨ Oxford Business English Dictionary for learners of English © Oxford University Press 2005
GRAU ⇨ Garner's Modern American Usage © Oxford University Press, Inc. 2003

なお、OXFORD の『Practical English Usage』は Third Edition を用いました。

目次-2
Did the children behave today ? 新英和大
More than 1,500 cases have been reported nationwide, and 25 persons are known to have died from the condition. +訳 ビジネス技術
"I beg your pardon, could you say that again more slowly." "Sure. I will also write the information for you." ジーニアス英和大
She didn't have the time to do it herself. +訳 ユースプログレッシブ英和   I didn't like the way he spoke to us. ジーニアス英和大

目次-4
He's the man for the job. +訳 ジーニアス英和大   This is the drink for hot weather. +訳 新英和大
He is the victim of that crime. ジーニアス英和4版   The arrogant bastard! +訳 新和英大
The impudence of the fellow! +訳 リーダーズ英和

序説-1
have a good acquaintance with French wines +訳 ランダムハウス英和大   We stock wines and beers of all descriptions. +訳 新和英大
The waitress reeled off the names of all their beers. 英和活用大   "Do you want a coffee ?" "No, I've already got one thanks." ジーニアス英和大
I want two sugars in my coffee. +訳 ランダムハウス英和大   He soften the bread with milk. +訳 ランダムハウス英和大
a pareve bread +訳 ランダムハウス英和大
What breads have you got today ? +訳 ジーニアス英和大 Starches and sugars are present in grains, fruits and vegetables. ジーニアス英和大
The diners discommended the wine. +訳 ランダムハウス英和大   Wood is used for building. ジーニアス英和大
The chair is made of wood. ジーニアス英和大   a large block of wood +訳 英和活用大
various woods = various kinds of wood ジーニアス英和大   a cut through the woods +訳 ランダムハウス英和大
Pine is a soft wood. +訳 ジーニアス英和大   Dry wood burns easily. +訳 ジーニアス英和大
He chiseled the wood into a statue. +訳 ランダムハウス英和大

序説-2
There is no love sincerer than the love for food. (G. B. Shaw) +訳 ジーニアス英和大
an article [an item, a piece] of food +訳 ジーニアス英和大   natural [organic] foods +訳 ジーニアス英和大
Tofu is a nutritious food. +訳 ユースプログレッシブ英和
Good and healthy food is available; however, our children prefer junk food. ジーニアス英和大
The food did not agree with me. +訳 ランダムハウス英和大   She kindly gave me some cake [cakes] she'd made herself. 新和英大
Pizza is usually a success with children. +訳 英和活用大   He shared a pizza with his son Laurence. COB
At the restaurant I ordered three pizzas to go. 新英和大   Two slices of pizza barely satisfied his hunger. ジーニアス英和大
If you doubt the freshness of a fish, place it in cold water, if it floats, it was recently caught.
He caught three fish. ジーニアス英和大   These fish are fresh from the sea. +訳 英和活用大
We're having fish for dinner tonight. ジーニアス英和大   In addition, some fishes are quite good at identifying other species; .... OSD
Tiny fishes are darting about in the water. +訳 新和英大

序説-3
A sponge absorbs water. +訳 ランダムハウス英和大   A strong-tasting coffee doesn't always contain more caffeine. WB
"Coffee or tea ?" "Coffee, please." "Cream or sugar ?" "No, thank you." ジーニアス英和大
I never would've dreamed I would eat lobster morning, noon, and night, for free. OSD
Denise likes lobster a lot, but it is expensive, so she seldom eats it. ジーニアス英和大
She stabbed a piece of chicken with her fork. ランダムハウス英和大   They ate all their chicken and nearly all the stewed apple. USAGE
I brought fried chicken, macaroni and cheese, ... OSD   boil [barbecue, roast] a chicken 英和活用大
Try our fried chicken. 新英和大
The types of seafood they eat include mussels, scallops, clams, crabs, lobsters, abalone, and sea urchins. OSD
Well, whatever you do, don't eat escargots or lobster there. OSD
Escargots are baked in Pernod, butter, fennel, and duxelles of mushrooms. OSD
The potatoes browned in the pan. +訳 ランダムハウス英和大   Add tomatoes and peppers; cook 5 minutes, stirring frequently. WB
I prefer it grilled or baked, preferably with something to cut the oiliness, such as cucumber and tomato or lemon. WB
roast a chicken in an oven 新英和大   Place a whole onion inside the chicken. ジーニアス英和大

序説-5
Misunderstanding can cause a great deal of relationship stress at home and at work. +訳 ジーニアス英和大
A misunderstanding about the rent was the beginning of their quarrel. +訳 ランダムハウス英和大
Misunderstanding set her apart from me. +訳 ランダムハウス英和大   Slight misunderstandings may sever lifelong friends. +訳 新和英大
The collection was put up for auction. +訳 英和活用大   I sold it at an auction at Christie's in New York. +訳 新英和大
open an auction +訳を英和活用大   a tendency to overbid at auctions +訳 ランダムハウス英和大
Every Christmas we have a collection and give the money to a charity. ジーニアス英和大
He contributes to many charities. +訳 ランダムハウス英和大
The matter is under investigation. +訳 新英和大   The FBI launched an investigation of the events. +訳 ランダムハウス英和大
Investigations yielded the conclusion that.... +訳 英和活用大   undergo an operation +訳 ランダムハウス英和大
go through a serious operation +訳 ランダムハウス英和大   His health failed after the operation. +訳 ランダムハウス英和大
do a biopsy on a lesion 新和英大   take a biopsy of marrow +訳 英和活用大   After biopsy, evidence of malignancy was found. ODE
A clear cell carcinoma in keeping with renal origin was found on biopsy. OSD
Only (an) amputation of the leg can save his life. +訳 新和英大
Three antral biopsies were obtained within 2-5cm from the pylorus. OSD
Despite all the amputations, you could dance to a rock'n'roll station. WB

序説－6

mediate a peace between ...　＋訳　新英和大　　negotiate (a) peace with ...　＋訳　新英和大
make peace between two quarrelling parties　＋訳　新和英大　　They have been confronted with a severe food shortage.　＋訳　ジーニアス英和大
suffer from food shortage　＋訳　ジーニアス英和大
The study of language and languages has been described as fundamentally democratic, ...　信州大学入試問題
It is a thousand pities (that) you cannot come.　新英和大
These incidents suggest the peace in Northern Ireland is still brittle.　COB
The peace was suddenly shattered by gunshots.　＋訳　英和活用大　　the peace of a mountain resort　＋訳　ランダムハウス英和大
the character of a justice of the peace　＋訳　ランダムハウス英和大
A weariness came over me.　＋訳　ランダムハウス英和大　　There was a silence.　＋訳　ジーニアス英和大

序説－7

A tropical cyclone is a great danger to shipping.　＋訳　ジーニアス英和大　　She stands in great danger.　＋訳　ジーニアス英和大
Accidents like this are a rare occurrence.　＋訳　英和活用大　　be in full activity　＋訳　ランダムハウス英和大
arouse a person to activity　＋訳　新英和大　　engage in an activity　＋訳　英和活用大
University students today engage in an amazingly wide range of activities.　＋訳　新和英大
receive an unfavorable report about somebody's activities　＋訳　英和活用大
This contribution is a cover for his unlawful activity.　＋訳　新英和大
The activity is on the upswing.　＋訳　ランダムハウス英和大　　as an initial step in this activity　＋訳　英和活用大
Watching TV is a passive activity.　＋訳　ジーニアス英和大　　an activity that has no social significance　＋訳　新英大
Time is not a merciful master, as we all know.　＋訳　ランダムハウス英和大
set a time for one's visit　＋訳　ランダムハウス英和大　　The time has come to act.　＋訳　ランダムハウス英和大
This is a time to force my brain to work on every cylinder.　＋訳　ランダムハウス英和大
I had never seen a rhinoceros by that time.　＋訳　ランダムハウス英和大　　a time of social storm　＋訳　ランダムハウス英和大
He will write for hours at a time.　＋訳　ランダムハウス英和大
This painting had for a time been treated as a fake.　＋訳　新和英大　　a parking space for 200 cars　ジーニアス英和大
Anecdotes are the salt of his narrative.　＋訳　ランダムハウス英和大
Would you mind keeping an eye on the baggage?　＋訳　ジーニアス英和大

序説－8

Statistics suggest (× suggests) that the population of this town will be doubled in five years.　＋訳　ジーニアス英和大
FBI statistics indicate that violent crime has been declining in the U.S. for the last three years.　ジーニアス英和大
The economics of the city need (× needs) still to be looked at carefully.　＋訳　ジーニアス英和大
I wonder what his politics are.　＋訳　ジーニアス英和大　　No more Hiroshimas! No more Nagasakis!　新和英大
Together we are safeguarding the future by working to ensure that a Hiroshima, or a Chernobyl, never happens again.　WB
Since Hiroshima and Nagasaki, historians have devoted nearly as much energy to debationg....　OSD
There have been long periods of peace....　OSD

不定冠詞－1

A high school is affiliated with that university.　新和英大　　Mr. Smith is an excellent physicist.　新英和大
Schools are, in a certain sense, like factories turning out a product.　＋訳　英和活用大
The staple food in Japan is rice.　＋訳　新英和大
Food is so abundant that obesity has become a leading cause of death.　'05 早大社会科学学部入試問題
I'll have a sleep.　＋訳　新英和大　　I'll have a swim.　＋訳　新英和大　　He has a knowledge of biology.　＋訳　ジーニアス英和大
He came back on a Christmas.　『ロイヤル英文法』
A school may not permit a high-school student to ride a motorbike even when the parents have given permission.　＋訳　新和英大
I hate a dog that snaps.　＋訳　新英和大　　I'd like a bra with more uplift.　＋訳　ランダムハウス英和大
I'd like a dress like this.　ジーニアス英和大　　A weariness came over me.　＋訳　ランダムハウス英和大
These slums are a disgrace to the city.　＋訳　ジーニアス英和大

不定冠詞－2

at one dollar a bottle　＋訳　新英和大　　We have three meals a day.　＋訳　新英和大　　It costs eight pounds an ounce.　＋訳　ジーニアス英和大
A child needs love.　＋訳　ジーニアス英和大
I found an angry Tom there.　＋訳　ジーニアス英和大　　a Japan which can say "no"　＋訳　ランダムハウス英和大
a corrupt West　＋訳　新英和大　　a sleepless George　＋訳　新英和大　　What a sky!　＋訳　ランダムハウス英和大
That's a thought.　＋訳　ジーニアス英和大　　She has a voice!　＋訳　ランダムハウス英和大　　wait a while　＋訳　ジーニアス英和大
It was a most beautiful sight.　ランダムハウス英和大　　a hell of a day　＋訳　新英和大　　men all of a mind　新英和大
These hats are much of a size.　＋訳　新英和大　　They are of an age.　＋訳　新英和大
Bill wants to marry a Japanese, but she doesn't want to marry him.　ジーニアス英和大
Bill wants to marry a Japanese if he can find one.　ジーニアス英和大　　I'll take a girl to the party. She's very pretty.　ジーニアス英和大
A new school of fiction developed in the 1940s.　＋訳　英和活用大

不定冠詞－3

He is an American in nationality, but a German in blood.　新英和大　　He is a German by race.　＋訳　英和活用大
We have two daughters and one son.　ジーニアス英和大　　There's only one (× an) apple left.　ジーニアス英和大
One (× A) teacher stayed but all the others went home.　ジーニアス英和大
Do you have any books on gardening? I'd like to borrow one (× a one).　ジーニアス英和大
The greatest mistake you can make in life is to be continuously fearing you will make a one. (E. Hubbard)　＋訳　ジーニアス英和大
Patients like a doctor to be cheerful.　＋訳　新英和大　　She hated a coward worse [more] than anything.　ジーニアス英和大
Hate a priest, and you will even hate his robe.　＋訳　新和英大　　I'm at home more often than not on a Sunday.　＋訳　ジーニアス英和大
They cased the joint and decided to pull the job on Sunday.　＋訳　ランダムハウス英和大
I don't get up early on Sunday as a general rule.　＋訳　ランダムハウス英和大

the 1-1

Captain, we have a serious problem. The anchor has come loose, and we have.... The boat has been dragging anchor.... 新英和大（2006）
The locks will open only when the case is right side up. ビジネス技術　　The wife likes this flower. ＋訳　リーダーズ英和

the 1-2

"What is that, Daddy?" "Oh, it is a lighthouse." 新英和大　　"Is this [that] Bill?" "This is he." ジーニアス英和大
One of the obvious obstacles to Henri's ambition to become.... WB　　I don't like this at all. ＋訳　新英和大
When do you intend to repay that five dollars? ＋訳　ジーニアス英和大　　That's [It's] a bargain. ＋訳　新英和大
What I want to say is this, if you neglect reality, you'll have to pay for it someday. ＋訳　ユースプログレッシブ英和
The milk quickly became sour. ＋訳　新英和大

the 2-1

His car struck a telegraph pole; you can still see the mark on the pole. ＋訳　ジーニアス英和大
The house is approached by a gravel drive. 新英和大

the 2-2

We keep a dog, and are all fond of the dog. ＋訳　リーダーズ英和
A man and a woman were struggling up the dune. The man wore shorts, a T-shirt, and basketball sneakers. The woman wore.... USAGE
When you loan money to a friend, both the money and the friendship will disappear. ＋訳　ジーニアス英和大
Giving him money is pouring money down the drain. ＋訳　新和英大
The results also show that female heart transplant patients were more likely than men to reject the organ. OSD
Life is like playing a violin solo in public and learning the instrument as one goes on. ジーニアス英和大
Inside of the cave, there were leaves and a fireplace, with a large mat in front of the hearth for sleeping. OSD
Should an insured car be written off in an accident, the insurers will usually pay the current value of the vehicle. PHV
They had opened the door of a tiger's cage, and the beast had sprung on me. PHV

the 2-3

linguistics and the adjacent disciplines ＋訳　新英和大　　a park and the adjoining area ＋訳　新英和大
The edition is a limited one and the type has been distributed. ＋訳　英和活用大
There was a slight earthquake, the vibration lasting a few seconds. 英和活用大
The musician's art lies beneath the surface. ＋訳　新英和大　　He died, leaving the wife with three children. ＋訳　新英和大
He died, leaving a wife [widow] and three children (behind). ＋訳　新英和大
A school may not permit a high-school student to ride a motorbike even when the parents have given permission. ＋訳　新和英大
Everyone in our family is healthy, we have a new house, and good jobs. The children are doing well.... I couldn't.... ジーニアス英和大（2002）
There was a phone on the desk. Eva went over and lifted the receiver and dialled. PHV
There is a price penalty on a diesel car of between 5 and 10 percent because the engine is more expensive to make. ＋訳　英和活用大
All documents must be accompanied by a translation of the original. 『Practical English Usage』（OXFORD）
There are a number of documented instances in which the presentation of a classic story or play on TV.... 東北大学入試問題
Peter is a very experienced yachtsman, and had a hand in the design himself. IDM
stand on a hill and survey the landscape ＋訳　英和活用大
Every Christmas we have a collection and give the money to a charity. ＋訳　ジーニアス英和大
This is a down flight and the jet lag is negligible. ＋訳　ジーニアス英和大
She became a pharmacist, worked in his father's pharmacy, and took over the business when her dad retired. ＋訳　ジーニアス英和大

the 2-4

His car struck a telegraph pole; you can still see the mark on the pole. ＋訳　ジーニアス英和大
She stopped and lit a match. The wind almost blew out the flame. 『Collins COBUILD English Grammar』
.... This type of family employment was introduced and preserved in the workshops and small factories of the early stages of ...,
.... A new sexual division of work gradually took over. The men were regarded as the family's main income earners and the women were consequently left with very few work opportunities. '08 早大文学部入試問題
Men are [Man is] stronger than women [woman]. 新英和大
Later, when I found I wasn't his only love, I shut like a clam and let no one close. The hurt engulfed me as love once had. IDM
If present-day children are different from those of earlier generations, different for better or worse, it is difficult to know how much of the credit or the blame to lay at the door of television, considering these many other changing conditions to which.... 東北大入試問題
The great majority of adult Americans believe that unhappy couples should not stay married for the sake of the children, which is a significant change in attitude. Until recently, most Americans believed that couples with children.... 『英文解釈 高校中級用』（日栄社）

the 2-5

The rural south and the industrial north each has its attraction for the tourist. ＋訳　ジーニアス英和大（each の『語法』）

the 2-6

The ink is so faint the letters are unreadable. ＋訳　新和英大　　The peaches are mature in our orchard. ＋訳　ジーニアス英和大
She tailed the leader through most of the marathon. ランダムハウス英和大
Always take the trouble to consult a dictionary. ＋訳　英和活用大　　Would you have the kindness to shut the window? ＋訳　英和活用大
He had the luck to catch the last train. ＋訳　ユースプログレッシブ英和　　The day will come when we can smile again. ＋訳　新和英大
It depends on the person being interviewed. 『Collins COBUILD English Grammar』
He was at present the birth of his daughter. ＋訳　新英和大　　His death was the blight upon our work. ＋訳　新英和大

Words and facts are the weapons with which business battles are fought. ＋訳　英和活用大
She gave me a lift home and saved me the trouble of calling a taxi. 英和活用大
So does that give us all excuse not to worry about the damage we are doing to the Earth？ 金沢大学入試問題
He put (the) responsibility for going bankrupt on Henry. 英和活用大　　The failure to seek peace could swing sentiment the other way. ODE
Failure to communicate had brought the two nations to the brink of war. COB
I will do it on the condition that I be paid. ＋訳　英和活用大　　I will do it on condition (that) you help me. ＋訳　新英和大

the　3－2
I tossed my shirt into the washing machine. 英和活用大　　Cook frozen vegetables straight from the freezer without thawing. ジーニアス英和大

the　3－3
be counted by the thousand [in thousands, by (the) thousands] 新和英大　　Sugar is sold by weight. ＋訳　ジーニアス英和大
A spoonful of this medicine three times a day should help to stop the diarrhea. ＋訳　ジーニアス英和大
It costs eight pounds an ounce. ＋訳　ジーニアス英和大　　These seeds germinate in the spring. ジーニアス英和大
Spring is late this year and it's still chilly. ＋訳　新和英大　　The range of the strata is east and west. ＋訳　新和英大
The river flows from north to south. ユースプログレッシブ英和

the　3－4
take the train daily to and from one's workplace [office] ＋訳　新和英大
I'll phone your office on my cell phone. ジーニアス英和大　　get information on the Internet 新英和大
learn the news from the radio ＋訳　英和活用大　　learn Korean on [from] the radio 新英和大
The announcement came over the radio. 英和活用大　　The news was transmitted by radio. ＋訳　英和活用大
When I got home the TV was still on. ＋訳　新英和大　　make an application by the Internet ＋訳　新英大
the game of the day ＋訳　ユースプログレッシブ英和 the questions of the day ＋訳　新英和大　　CD of the Month ＋訳　ユースプログレッシブ英和 He is the hero of the hour. ＋訳　新英和大　　The wife likes this flower. ＋訳　ジーニアス英和大

the　3－5
hunt in the field ＋訳　ジーニアス英和大
Most of the people in our factory work overtime more than twice a week. 新和英大
In April and May the wind blows steadily. Collins COBUILD English Grammar
the department of English [＝ the English department] ランダムハウス英和大
the Venice of story books ＋訳　ジーニアス英和大　　the physical aspect of Australia 新和英大
the structure of ethyl alcohol 『理系のための英語論文執筆ガイド』（原田豊太郎：講談社）
the issue of Nature for march 2003 ＝ the March 2003 issue of Nature ＋訳　新和英大
the Sekai for January ＝ the January number [issue] of Sekai ＝ January's Sekai ＋訳　新和英大
the Janet next door ジーニアス英和大　　the incubation period 新英和大　　the nuclear age 新英和大
the metropolitan district 英和活用大　　the Kobe I love ジーニアス英和大
He seems completely different from the Prof. Nakamura I knew seven years ago. 『日本人の英語』（マーク ピーターセン：岩波新書）
This is the Tom who I work with, not the Tom who lives near my house. ジーニアス英和4版
In 1936 there were still many people in Yasnaya Polyana who remembered the Tolstoy of his last years. 英和活用大
The movie stars Audrey Hepburn. 英和活用大
I am interested in the Germany of the 19th century. 『基礎からの新総合英語』（改訂新版：数研出版）
There is a difference between monkey and man in the anatomy of the feet. 英和活用大
What is the English (word) for (the) Japanese "hana"？ ＋訳　新英和大
English has now so many varieties that scholars talk about Englishes and even the English languages. ジーニアス英和大

the　3－6
in line with the foreign policy of the USA 新和英大
This particular occasion contributed to the deepening of the mutual understanding between the two countries. 新和英大
The police have (the) authority to maintain law and order. 新英和大

the　3－7
It is the teaching of history. ＋訳　新英和大
literature that deals with our inner life 『現在英文法講義』（安藤貞雄：開拓社）
the literature that deals with our inner life 『現在英文法講義』（安藤貞雄：開拓社）
the attachment of parents and children ＋訳　新英和大

the　3－8
Inside his leather jacket the youth had drawn a knife, and was about to sever Jim's hand at the wrist. '06 早大国際教養学部入試問題
tourists with (their) guidebooks in hand ＋訳　新和英大　　go for a walk, book in hand [with a book in (one's) hand] ＋訳　新和英大
They marched hand in hand. 英和活用大　　He is broad in the shoulder. 新英和大
tickle a person under the arm ＋訳　新英和大　　He took a bullet through the lungs. ＋訳　新英和大
She put her hair up in pins. 英和活用大　　I've caught a cold and have a frog in my throat. ＋訳　新和英大
The blood contains several electrolytes. ＋訳　『うまい英語で医学論文を書くコツ』（植村研一：医学書院）
Blood was given to the patient. ＋訳　『うまい英語で医学論文を書くコツ』（植村研一：医学書院）
The blood courses through the veins. ＋訳　新英和大　　The knife was clotted with blood. ＋訳　新英和大
Pepsin is present in the gastric mucosa as pepsinogen. 『医学論文英訳のテクニック 改訂2版』（横井川泰弘：金芳堂）
Biological rhythms are controlled by the brain. ＋訳　ジーニアス英和大　　He has a badly-diseased heart. 英和活用大

the 3-9
I object to a wet summer. ＋訳 新英和大　　We have had a very wet autumn this year. ＋訳 英和活用大
Summers I used to go to Miami. ＋訳 ジーニアス英和大　　two or three summers ago ＋訳 英和活用大
Now and again he turns up on a Sunday. ＋訳 新和英大
Take this medicine three times a day, in the morning, in the afternoon, and in the evening [at night]. ＋訳 新和英大
an abrupt sound in the night ＋訳 英和活用大
the 3-10
go (out) for a meal ＋訳 ジーニアス英和大　　pay for a meal in advance ＋訳 ランダムハウス英和大
He has only two meals a day. ＋訳 ジーニアス英和大
the 3-11
go to town by [on] the 10 o'clock bus ジーニアス英和大　　I will go by the 10:30 train. 新英和大
The bus leaves every hour on the hour. 新英和大　　How often does the bus run？ ジーニアス英和大
How often do the buses run？ リーダーズ英和　　He was knocked down by a car. 新英和大
the 3-12
I was disconcerted to see that half the seats in the theater were empty. 英和活用大
the 3-13
the today generation ジーニアス英和大　　Galileo's heretic theories 英和活用大
Japan's energy plans 英和活用大　　a Wilson seal 『科学英文技法』（兵藤申一：東京大学出版会）
They have a history of being discriminated against and being oppressed. ＋訳 新和英大
He has a history of criminal activity. ＋訳 ジーニアス英和大
the 3-14
Which is the bigger half？ 新英和大　　I gave him half. ジーニアス英和大　　the majority overrules the minority ＋訳 新英和大
A majority voted for [against] the bill. ＋訳 ジーニアス英和大
Only a minority (of people) want(s) the war to continue. ＋訳 ジーニアス英和大
In our family the males have never been as good as the females. ＋訳 新英和大
Which came first, the chicken or the egg？ ジーニアス英和大　　the excesses of the Right and the Left 英和活用大
In the heat and in the cold, I have a smaller appetite. ＋訳 新和英大
the Younger Smith = Smith the Younger ＋訳 ジーニアス英和大　　Do you prefer the country to the town？ ＋訳 ジーニアス英和大
I live in the town, but my parents live in the country. ＋訳 ジーニアス英和大
The child, again, can educate the teacher. ＋訳 ランダムハウス英和大　　differences between the East and the West 英和活用大
The polarization between the positions of the North and the South cannot be reconciled. ＋訳 英和活用大
bring East and West closer together ＋訳 英和活用大　　latent tension between North and South ＋訳 英和活用大
The larger cars hug the road better than the small cars. ＋訳 新英和大　　Is hate the antithesis or a corollary of love？ ＋訳 英和活用大
Growing up today involves considerable tension between the crowd and the person. 東北大学入試問題
More and more people are now suffering the psychological (if not the physical) pain of prolonged terminal illness. 長崎大学入試問題
A good place to start the analysis is the balance between the individual and the group. 高知大学入試問題
the 3-15
Vitamins keep their potency longer if kept in the refrigerator. ＋訳 ジーニアス英和大
I tossed my shirt into the washing machine. ＋訳 英和活用大　　Damage to this part of the brain impairs learning. ＋訳 英和活用大
the 3-16
I tossed my shirt into the washing machine. ＋訳 英和活用大
My wife plays the violin, I play the cello, and my daughter is learning the piano, so I hope we'll be able to.... ＋訳 英和活用大
Is there any beer in the refrigerator？ ジーニアス英和大　　I'll just go over your room with the vacuum cleaner. ＋訳 英和活用大
Press the clothes with an iron. ＋訳 リーダーズ英和　　Never put antique china into a dishwasher. ＵＳＡＧＥ
These instructions explain the way to use your new washing machine. 英和活用大
He is quite a performer with the knife and fork. ＋訳 新英和大　　He cracked the ice with the ice pick. ＋訳 新英和大
He was handy with the needle. ＋訳 英和活用大　　She is handy with a needle. ＋訳 新英和大
We plow the clover under in May. ＋訳 英和活用大　　Tom won't be cutting the grass. ＋訳 ジーニアス英和大
For most of us life assumes a different rhythm on the weekend; we sleep in, cut the grass, wash the car. 岡山大学入試問題
We rang for the ambulance. Collins COBUILD English Grammar　　The tail is wagging the dog. ＋訳 ユースプログレッシブ英和
A 15-year lifespan is not uncommon for a dog. ＣＯＢ
the 3-17
drink from the faucet 英和活用大　　turn a faucet [tap] tight 新和英大
He dropped a dime in a vending machine. 新英和大　　Beer is the drink for hot weather. ＋訳 ランダムハウス英和大
He won the discus at the Montreal Olympics. ＣＯＢ　　That year she won the javelin with a toss of 64 meters. ＋訳 新和英大
Davis won the 400m. hurdles in a new Olympic time of 49.3 sec. ＣＯＢ　　It fingers like a flute. ＋訳 新英和大
I have a piano because I like people playing music when they come round. ＷＢ
Somebody is playing a piano. = There is a piano playing. 新和英大　　A man was playing a guitar. ＯＤＥ
She plays a wicked guitar. = She is a wicked guitar player. ＋訳 ジーニアス英和大
Someone was playing a very bad piano. ＋訳 英和活用大　　For instance, you play a lot of guitars and drink a lot of beer. ＷＢ
the 3-19
× Asia is the home of a tiger. 『英語の冠詞がわかる本』（正保富三：研究社）
× A computer has revolutionized publishing. ジーニアス英和4版
A computer is an important research tool. / The computer is .... / Computers are ジーニアス英和4版

the 3-22

Snails move slowly. +訳 英和活用大　　Pigs like to wallow in mud. +訳 英和活用大
Dogs are more faithful animals than cats. ジーニアス英和大　　Dogs' ears are particularly sensitive to these frequencies. +訳 英和活用大
Kangaroos are marsupials. [Kangaroos have a marsupial pouch.] +訳 新和英大
Cherry trees are common in Japan. +訳 ジーニアス英和大　　Chrysanthemums have a characteristic odor. +訳 英和活用大
Thorn bushes are prickly. +訳 ジーニアス英和大　　Doctors and lawyers have a duty of confidentiality. +訳 新和英大
Teachers are the last people on earth who can believe that all men are born equal. 新英和大
Compact cars are here to stay. +訳 新英和大　　Planes are guided by radio waves sent from the ground. +訳 新和英大
Errors are sure to slip in. +訳 英和活用大　　Cowboy dramas are a staple on television. +訳 ランダムハウス英和大
Schools serve a very basic social purpose. +訳 英和活用大　　Electric trains have taken the place of steam trains. +訳 新英和大
Books rolled off the presses and cars rolled off the assembly lines. +訳 新英和大
Cars are often registered under to fictitious names and addresses. +訳 新英和大
Trained engineers leave the workforce and go abroad. +訳 英和活用大
Small prefabricated houses are crowded in on top of one another. +訳 新和英大
Accidents are, to a conspicuous degree, the result of inadequate investment. +訳 英和活用大

the 3-23

The tongue is one of the organs for pronunciation. +訳 ランダムハウス英和大　　The tongues of idle people are never idle. +訳 新英和大
Tongues are wagging. +訳 ランダムハウス英和大　　The pig is properly regarded as an ungulate. +訳 英和活用大
The domestic guinea pig was bred as food by the Incas. +訳 ジーニアス英和大
Molecular evidence now suggests that the marsupials and the monotremes branched off much earlier than the placentals did. OSD
The ume tree is always shown with a bush warbler. +訳 新和英大　　The maple sweats sap. +訳 ジーニアス英和大
The brain is an organ that does not easily lend itself to study. +訳 英和活用大
The violin is really difficult. 『Practical English Usage』(OXFORD)　　The diesel engine was invented by Rudolf Diesel. +訳 英和活用大
The computer is capable of storing millions of pieces of information. ジーニアス英和大
The dishwasher is a wonderful invention. +訳 ジーニアス英和大　　The sapphire is next in hardness to the diamond. 新英和大
The car is convenient, but takes a terrible toll of human lives. +訳 英和活用大
The automobile as a basic concept has hardly evolved at all during its first century. '94 信州大学入試問題
The magnetic needle points to the north. リーダーズ英和　　The teacher has to make out grades every semester. +訳 英和活用大
The diplomat abroad is the advance guard of commerce. +訳 英和活用大
The infant believes that he, and he alone, is the center of the world. +訳 英和活用大
The greatest possible satisfaction of the manufacturer or merchant is no more limited to profit than the greatest possible
satisfaction of the minister, teacher, or physician is limited to his payment for service. '94 新潟大学入試問題
The critic is there not to feel but to judge. +訳 新英和大　　The President always makes good copy. +訳 ランダムハウス英和大

the 3-24

Too often these writings dwell on how to protect the therapist rather than on how to cure the patient. Collins COBUILD English Grammar
The child, again, can educate the teacher. +訳 ランダムハウス英和大
The school is the prolonged arm of the family. 『英文解釈 高校中級用』(日栄社)
The French are known for their love of their language. COB　　The leaves of the pine are called needles. +訳 英和活用大
No bird can compare with the song of the bush warbler. +訳 新英和大
Vitamins keep their potency longer if kept in the refrigerator. +訳 ジーニアス英和大
Complacency is the death of the artist. +訳 新英和大
This is the age of the automobile. +訳 新和英大　　Fenders keep dirt off the car. +訳 英和活用大
photographs documenting the early history of the motor car +訳 ジーニアス英和大
The larger cars hug the road better than the small cars. +訳 新英和大
The center found that the breed was better than other chicken breeds at controlling the plum curculio, an insect.... '93 神戸大学入試問題
Of all flowers I like the rose best. 『英文法詳解』(杉山忠一：学研)
We were playing the radio. +訳 新英和大　　He can play the violin like a pro. +訳 新英和大

the 3-25

We plow the clover under in May. +訳 英和活用大　　She lay on the grass and daydreamed. +訳 ランダムハウス英和大
The police have (the) authority to maintain law and order. +訳 新英和大　　the importance of timing +訳 新英和大
Beauty fades. +訳 新英和大　　Parents want schools to concentrate on reading, writing, and arithmetic. ODE
The reading of the will was in accord with the dying wishes of Madame de la Mere. +訳 ジーニアス英和大 (2001-2002)
Life is hard for me now. +訳 新英和大　　The life of democracy depends upon freedom of speech. +訳 新英和大

the 3-26

Pork comes from pigs. +訳 英和活用大　　Is the pork cooked through? 英和活用大
The alcohol in the fermentation dissolves the pigment. +訳 ジーニアス英和大
I expect that he opposed her proposal for emotional reasons. +訳 ジーニアス英和大
Man is a social being. +訳 新英和大　　He has been working in (the) cinema for twenty years. +訳 英和活用大

the 3-27
A dog is sometimes a dangerous animal. +訳 ジーニアス英和大   A spider monkey has long limbs. +訳 新和英大
A caterpillar transfers itself into a butterfly. +訳 新英和大
A horse takes a new rider's measure by the fitness of his seat. 新英和大   An acorn grows into an oak. +訳 新和英大
A ripe peach can easily be peeled by hand. 新和英大   A dictionary gives information about words and phrases. +訳 英和活用大
An old car is liable to eat oil. +訳 新英和大   It came from the days when a motor car was a novelty. COB
A uniform may provide a sense of identification with the school community. +訳 ジーニアス英和大 (2001-2002)
A rescue team needs to be cool but quick. +訳 新和英大
A computer is intelligent to the extent that it can store and retrieve information. +訳 ジーニアス英和大
A ground station retransmits television signals that it receives from satellites. +訳 英和活用大
A cork floats on water. +訳 新英和大   Cork floats on water. +訳 英和活用大   Corks popped at the dinner. +訳 英和活用大
Potatoes were introduced by the Spaniards from America into Europe. 新英和大
× A tiger is becoming almost extinct. 『英語冠詞の世界』(織田稔：研究社)   Potatoes are native to South America. 新英和大
A school may not permit a high-school student to ride a motorbike even when the parents have given permission. +訳 新和英大
the 3-28
A television program that educates can also entertain. +訳 ランダムハウス英和大
A [Any] child needs love. +訳 ジーニアス英和大   A nurse must humor patients. +訳 新和英大
A teacher cannot give individual attention to his pupils if the class is too large. 英和活用大
A politician is the type of person who seeks fame. +訳 新和英大   A good newspaper reporter dislikes loose ends. +訳 新和英大
A buyer inspects a used car for defects. +訳 ランダムハウス英和大   He had everything a leader should have. ジーニアス英和大
Evolution has had millions of years to perfect natural enemies for any pest a farmer might encounter. 大阪市立大学入試問題
A sailor has only a plank between him and perdition. +訳 新和英大   Making a dictionary costs much time and care. 新和英大
We use a past participle in a perfect verb form. [We use past participles in perfect verb forms.] 『Practical English Usage』(OXFORD)
the 3-29
I'd like a straight answer. +訳 ランダムハウス英和大   Patients like a doctor to be cheerful. +訳 新和英大
A bicycle is cheaper than a car. ランダムハウス英和大   Boys developmore slowly than girls. 英和活用大
Fasten your seat belt when you drive a car. ランダムハウス英和大   Consult a dictionary for the meaning of a word. 新英和大
the 3-30
Some were playing piano accordions. OSD
And they sing and play oboes and clarinets and violins and cellos and recorders on through the late afternoon in a warm, ... OSD
Two thirds of the children had some musical experience and those with orchestral skills played violins, clarinets, cellos, flutes.... OSD
Twelve women played electric guitars and five sampled the sound of the guitars and transformed it on laptops. OSD
They could play the latest hit songs on the harmonica. 英和活用大   The children learned to play the harmonica. 英和活用大
They were enrolled in beginning school ensemble programs, with most of them learning the clarinet, trumpet, flute or saxophone. OSD
Children also get to learn the saxophone, clarinet, trumpet, trombone, guitar, violin, and drums, among other things. OSD
We had to learn how to dance and how to bow, to play the lute, guitar and harpsichord, ... OSD
Five learn how to use mixing desks and computers to produce music and the other five are learning how to play guitars and drums. OSD
The police are empowered to search any suspicious person. +訳 ジーニアス英和大   The police held the crowd back. +訳 新英和大
the 3-31
He plumped for a boarding school for his son. +訳 新英和大   The school has been added to recently. +訳 新英和大
Schools have been closed in localities of heavy snowfall. +訳 英和活用大   A school is society in microcosm. +訳 新英和大
Schools should be in a healthy physical environment and provide a stable emotional environment to students. +訳 英和活用大
Schools develop young people all on one pattern. +訳 英和活用大
Schools are, in a certain sense, like factories turning out a product. +訳 英和活用大
Less people go to church than to theaters nowadays. 新英和大   The Pike lives mainly in large rivers and lakes. COB
the 3-32
I was on top of the world. +訳 新英和大   The remittance is now on the way. +訳 新英和大   the dread of the grave +訳 新英和大
be afraid of the knife +訳 新英和大   He is at home in the saddle. +訳 新英和大
Stripes are the thing in this season. +訳 ランダムハウス英和大   England was the cradle of the industrial revolution. +訳 ジーニアス英和大
She is the (very) soul of honor.= She is very honorable. +訳 ジーニアス英和大   There is very little of the animal in him. +訳 新英和大
Under their protection, we can live reasonably peaceful lives and develop .... 『英文解釈 高校中級用』(日栄社)
While normally a gentle person, drinking brought out the brute in him. +訳 ランダムハウス英和大
Japan rose from the ashes of defeat. 新英和大   the thunder of an accusation ジーニアス英和大
The college has been the nurse of many famous men. +訳 新英和大   Sports are the nurse of friendship. +訳 ジーニアス英和大
His books were the children of his brain. +訳 新英和大   the mother of all slush funds +訳 ジーニアス英和大
The mother in her awoke. +訳 新英和大   All the father rose in my heart. +訳 新英和大
Ignorance is the parent of many evils. +訳 新英和大
the 3-33
They talked long over their cups. +訳 英和活用大   They talked over a cup of tea. +訳 ユースプログレッシブ英和
I've caught a cold and have a frog in my throat. +訳 新和英大   I'll take it to my grave. +訳 ジーニアス英和大
Your brother is chicken. +訳 ジーニアス英和大
the 3-34
The committee set a ceiling on working hours. +訳 英和活用大

the 3-35
The beautiful is higher than the true. = Beauty is higher than truth. ＋訳 新英和大
Politics is the art of the possible. ＋訳 新英和大　　It approaches the impossible. ＋訳 ランダムハウス英和大
develop the good that is in oneself ＋訳 英和活用大　　The good of a book lies in its being read. ＋訳 ジーニアス英和大
Our boyhood was environed with the beautiful. ＋訳 新英和大　　The unknown is always mysterious and attractive. ＋訳 新英和大
The inevitable has happened. ＋訳 英和活用大　　The grammarian deals with the general rather than the particular. 新英和大
I cannot think the unthinkable [the impossible]. ＋訳 新英和大
For 44 years he had ministered to the poor, the sick, the neglected and the deprived. ＣＯＢ
The more adventurous try to mix with British people and some even do volunteer work. '94 福井県立大学入試問題
They were the first in the field. ＋訳 英和活用大　　the most hard-working [the hardest-working] of the lexicographers ＋訳 新英和大
the 3-36
He is the ideal of the English gentleman. ＋訳 ジーニアス英和大　　The good and bad are all mixed up. ＋訳 新和英大
There are more unemployed than ever before. ジーニアス英和4版
the 3-37
I cannot think the infinite. ＋訳 新英和大　　A word is enough to the wise. ＋訳 ジーニアス英和大
the 3-39
New York harbor is one of the most beautiful of the world's great ports. 英和活用大
It was the best known and probably .... ＯＡＬＤ　　Card playing is one of the most common of family games. 英和活用大
The most common is activated sludge, a process in which microbes, also known as biomass, are allowed to feed on organic matter.... ＯＳＤ
The most common, or at least best known are lager, ale, stout and pilsner. ＯＳＤ
the 3-40
life expectancy for Japanese '95 山口大学入試問題　　Japanese enjoy a rather salty taste, Westerners .... '95 お茶の水女子大学入試問題
Japanese often have trouble making the distinction between the words "right" and "light". ジーニアス英和大
This helps explain why Americans, especially, are so fond of things that contain sugar. Unfortunately, ... '95 お茶の水女子大学入試問題
the 3-41
God is the arbiter of our fate. ＋訳 新英和大　　The Sun is a single star whereas most stars are in multiple systems. ＷＢ
Apollo 13 did not land on the Moon due to a malfunction. ジーニアス英和大
... with a bright sun and a friendly wind '93 東京工業大学入試問題　　I found an angry Tom there. ＋訳 ジーニアス英和大
the 3-42
They walked out and Brezhnev said to the sun which was already low, 'My dear Sun, good evening.' ＯＳＤ
Nurses who are careless often forget to sterilize needles. 『医学論文英訳のテクニック』（横井川泰弘：金芳堂）
Nurses, who are careless, often forget to sterilize needles. 『医学論文英訳のテクニック』（横井川泰弘：金芳堂）
People pore over the Bible. ＋訳 ジーニアス英和大　　Mary reads the Bible before going to bed. ジーニアス英和大
It is likely that many Australian homes do not .... ＯＳＤ　　A bible hung from his belt, and he wore a cross around his neck. ＯＳＤ
I bought a copy of the Bible. 新和英大　　This book has become a bible for yachtsmen. 英和活用大
the 3-44
a Ritz Hotel set in the countryside ＯＳＤ　　They're more inclined to stay in a Days Inn than a Holiday Inn. ＷＢ
the 3-45
It's a small world after all. ＋訳 英和活用大　　a universe of worlds 新英和大　　innumerable worlds in space ＋訳 新英和大
Fish abound in the ocean. 新英和大　　The ocean abounds in [with] fish. 新英和大
Heat from the sun evaporates some water from oceans. ジーニアス英和大　　It is the oceans that made it possible for life to appear. 新和英大
the 3-49
The Golan Heights look down on Syria's Damascus plain. ＋訳 新英和大　　The Netherlands has been reclaiming farmland from water. ＣＯＢ
The Philippines offer a fine field for botanists. 英和活用大　　The Philippines is one of the recipient countries .... 英和活用大
the Matterhorn and (the) adjacent mountains ＋訳 新英和大
the 3-50
the Tanakas [the Tanaka family] 新和英大　　the Tanaka girls [daughters] = the Tanakas' girls [daughters] 新和英大
the Texas Rangers 英和活用大　　The Giants are playing the Tigers. ＋訳 ジーニアス英和大
The city is dotted with small lakes, natural and artificial. ＣＯＢ　　The Pike lives mainly in large rivers and lakes. ＣＯＢ
(The) Niagara Falls attract(s) a great number of visitors. ジーニアス英和大　　The students in the room rose as one (man). ジーニアス英和大
He had the students out of the room. ジーニアス英和大　　These are the pictures she painted. ジーニアス英和大
Regular attendance at the English class is compulsory for all the students. ジーニアス英和大
She tore the wrappings from the package. ＋訳 英和活用大　　He poured the contents of his bag on (to) the table. ＋訳 新英和大
Everyone is bound to obey the laws. ＋訳 新英和大　　Keep the knives away from the children. ＋訳 新英和大
She took a blanket out of the car and covered up the windows. ＰＨＶ
She made a face at the musty smell, and hurried to open the windows. ＩＤＭ
the 3-51
That's a matter for the two of them. 新和英大　　The three of them decided to form a firm. ＋訳 英和活用大
There are a [one] hundred of them. ＋訳 新英和大　　Six of them were broken. ＋訳 リーダーズ英和
Three may keep a secret if two of them are dead. ＋訳 ランダムハウス英和大
There are five (of us) in our family. = We are a family of five. (× Our family is [are] five.) ジーニアス英和大
There were five of us in the car and we drove by turns. ＋訳 ジーニアス英和大
There were twelve of us, including me and Tom. ＋訳 ジーニアス英和大

the 3-57
the driver in the front of the car 新英和大　sit in [at] the front of the audience ＋訳 新英和大
sit in [at] the front of the church ジーニアス英和大　sit before the church ジーニアス英和大
put one's name in the front of a book ＋訳 英和活用大　a pleat in the front of a jacket 英和活用大
call a person up to the front of the hall 新英和大
One man sat in an armchair, and the other sat on the front of the desk. COB
pass in front of [behind] him ＋訳 ジーニアス英和大　camp in front of the Capitol ＋訳 新英和大
Their family life was lived in front of the fireplace. ＋訳 新英和大
His dog was in the back of his pickup. ＋訳 英和活用大　You've got a sharp-cornered tear in the back of your shirt. ＋訳 新和英大
There is a creek in back of my house. ＋訳 新和英大
the houses at the back of the church = the houses in back of the church 新英和大
There are hills at the back of the town.= There are hills in back of the town. 新和英大
They managed to avoid the larger melee at the front of the building. ＋訳 英和活用大
My bedroom is in the rear of the house. ＋訳 ユースプログレッシブ英和　The room is on the north side of the house. ＋訳 英和活用大
The car is parked in [at] the rear of my house. ＋訳 ユースプログレッシブ英和
the 3-58
a nurse in charge of a patient ＋訳 新英和大
Mother is in control of my family. = My family is in the control of Mother. ＋訳 ジーニアス英和大
a patient in (the) charge of a nurse ＋訳 新英和大
The Parliament is under (the) control of the Labour Party. ＋訳 ユースプログレッシブ英和
in the company of a person = in a person's company ＋訳 新英和大　He seemed ill at ease in the presence of woman. ＋訳 英和活用大
people in the employment of General Motors ＋訳 英和活用大
English has largely taken the place of French as a diplomatic language. ＋訳 英和活用大
The assembly of the parts takes place in Taiwan. ＋訳 英和活用大
In view of what you say, ... ＋訳 英和活用大　in the view of the doctors　=　in the doctors' view ＋訳 ジーニアス英和大
There's nobody to take care of this child. 新和英大　The children were left in the care of the housemaid. 新和英大
He made trenchant criticisms of her style of leadership. OTE　overcome the criticism of the world ＋訳 ジーニアス英和大
Her attitude invited the criticism of her colleagues. ＋訳 英和活用大
Hillary Clinton, who has led the criticism of the gaming industry in America, has recently come round to this view. '08 早大社会科学学部入試問
The physician is well trained in the care of infants. ＋訳 英和活用大　I entrust you with the care of my property. ＋訳 新英和大
the 4-1
Tokyo is the capital (city) of Japan. ジーニアス英和大　They established a new capital inland. ＋訳 英和活用大
establish a capital at Dili = make Dili the capital 新和英大　The principal of our school is Mr. Wada. ジーニアス英和大
The principal of our school, who comes from Kyushu, is Mr. Wada. ジーニアス英和大
He is a leader who commands the allegiance of many followers. ＋訳 英和活用大　We have in him a future leader of the state. 新和英大
Martin Luther King, Jr. was one of the leaders of the civil rights movement in America. ジーニアス英和大
She tailed the leader through most of the marathon. ランダムハウス英和大
This is not the /ðiː/ theory, but a /éi/ theory. ユースプログレッシブ英和　This is not the method but a method. ＋訳 ジーニアス英和大
not the original but a facsimile ＋訳 新英和大　I didn't write an answer for that question. 英和活用大
Can you guess the answer to this riddle？ ジーニアス英和大　I heard a shot and the man next to me fell in a heap. ＋訳 英和活用大
place a hit between the center and the left fielder ランダムハウス英和大
A careful driver maintains a proper interval between himself and the car ahead. ＋訳 英和活用大
the 4-2
The cause of death was listed as pneumonia. ＋訳 リーダーズプラス　Shame is a cause of irrational outburst of rage. ジーニアス英和大
the point of contact of the circle with the side AB 新和英大
She's given the same answer as [(that) she gave] last time. ＋訳 ジーニアス英和大　It will have a similar effect. ＋訳 英和活用大
It has a higher boiling point than plain water. ＋訳 英和活用大　The point of this pen is bent over. ＋訳 新英和大
Is this the right answer？ ＋訳 新英和大　Simply pumping public money into the railways is not the answer. ＋訳 ジーニアス英和大
make [give] an absentminded answer ＋訳 新英和大　tell a lie that sounds like (the) truth ＋訳 新英和大
the base of a pillar ＋訳 ジーニアス英和大　He is the center of the plot. ＋訳 新英和大
Who was the author of the joke？ ＋訳 新英和大　God is the arbiter of our fate. ＋訳 新英和大
This was the decision of the court. ＋訳 新英和大　Technology is the application of science to industry. ＋訳 新英和大
The Himalayas are the ceiling of the world. ＋訳 新英和大　The Model T is the archetype of mass-produced automobiles. ＋訳 新英和大
Rule off a few lines and leave the rest of the page blank. ＋訳 新英和大　The most effective defense is offense. ＋訳 新英和大
the 4-3
He is the main [principal] owner of this estate. ＋訳 英和活用大　He was the only child of elderly parents. 英和活用大
I am an only child. ＋訳 英和活用大　He was the only child in the room. ＋訳 ランダムハウス英和大
the 4-4
He was headmaster of a public school in the West of England. COB　She is an excellent principal in anyone's view. ＋訳 新和英大
Dr Butler was a notable headmaster. OTE　He had been President since 1971, when he succeeded Lord Kilbrandon. WB
... they went to Martha's Vineyard two times while he's been President and liked it. WB
I can tell you that since Bill Clinton has been President, the number of homeowners in America has increased 5.8 million. WB
He is president in name only. 新和英大　He is a figurehead president. 新和英大
the 4-5
It has a higher boiling point than plain water. ＋訳 英和活用大
the 4-7
I was the victim of a clever game. ＋訳 英和活用大　She was a victim of malicious gossip. ＋訳 英和活用大
She is the daughter of a retired army officer. USAGE　The United States is a daughter of Great Britain. リーダーズ英和大
The Tokyo Olympics were the event of the century. ＋訳 新和英大
I believed her boast that she was the daughter of an earl. ＋訳 英和活用大
His mother was the daughter of a distinguished diplomat. ＋訳 英和活用大

the 4-8
The dog is a friend of man. 新英和大　The dog is the friend of man. 新英和大
In this neighborhood it seems to be the accepted arrangement. ＋訳　新和英大
She is the [a] victim of her own generosity. ＋訳　ユースプログレッシブ英和　　He is the [a] ghost of his former self. ＋訳　新英和大
"Then I'll get in at the window." "That you won't. [You won't do that.]" ＋訳　ランダムハウス英和大
The thief seems to have got in through [by, at] a window. 新和英大

the 5-1
The poor devil! = Poor devil! ＋訳　英和活用大　　the ambitious Napoleon ＋訳　新英和大
You actually met the George Harrison? Collins COBUILD English Grammar
Next we encounter the heroic Dr. Pape, who struggles on despite great personal danger. WB
"He's gotten away with cheating on the exam." "The lucky dog." ＋訳　ユースプログレッシブ英和
On (the) one hand I hate liver; on the other (hand), it might be.... ジーニアス英和大　　on the basis of scientific reasoning ＋訳　英和活用大
We hereby swear to play fairly in the spirit of good sportsmanship. ＋訳　新英和大
Agreement was reached in a spirit of compromise. ＋訳　英和活用大
in the company of a person = in a person's company ＋訳　新英和大　　in (the) hope of reward 英和活用大
She gave me a lift home and saved me the trouble of calling a taxi. ＋訳　英和活用大
The association is looking for a place to house its library. ＋訳　英和活用大
This is neither the time nor the place to discuss that. ＋訳　ランダムハウス英和大
Don't buy a hard bed in the mistaken belief that it is good for you. ODE
The project is underpinned by a belief that all families need support at some time or another. OSD

the 5-2
Recent intelligence from ... reports that.... 英和活用大　　Recent economic reports give cause for worry. ＋訳　英和活用大
The recent reports in the papers of these crimes... WB
A group of citizens is trying to stop (the) development of the golf course. 英和活用大　　He is the hero of the hour. ＋訳　新英和大
He had something of the hero in his nature. ＋訳　リーダーズ英和　　He has the makings of a hero. ＋訳　英和活用大
play the soldier ＋訳　新英和大　　act the man ランダムハウス英和大　　act like a man 英和活用大
play policeman ＋訳　ジーニアス英和大　　play doctor [war, school] ＋訳　ジーニアス英和大　　play cowboys and Indians ランダムハウス英和大

the 5-3
the man [woman, person] of the moment ＋訳　英和活用大　　Beer is the drink for hot weather. ＋訳　ランダムハウス英和大
Caesar was the general of Rome. ＋訳　ランダムハウス英和大　　That woman is the person for the job. 新英和大
He looks the picture of health. ＋訳　新英和大　　The idea of such a thing! ＋訳　新英和人
The troubles I've seen in my life! ＋訳　新英和大　　This is exactly the right place to be during the summer. 新和英大
a picture starring the Hepburn ＋訳　新英和大　　Do you mean the Thomas Hardy? ＋訳　新英和大
He is said to be the Edison of Japan. ＋訳　ジーニアス英和大　　She had something of the Nightingale in her. ＋訳　ランダムハウス英和大
This is the Mr. Morita of whom I spoke (to you) the other day. ＋訳　新英和大　　He is an Edison. ＋訳　ジーニアス英和大
the Janet next door ジーニアス英和大　　A bond issue is the typical form of business loans. ＋訳　英和活用大
He is the ideal of the English gentleman. ＋訳　ジーニアス英和大　　This is the very thing for you. ＋訳　英和活用大
the perfect time to do it ＋訳　新英和大　　the perfect place to see the parade ＋訳　英和活用大
Bullying is a typical feature of boarding school life. ＋訳　英和活用大
In an ideal world there would be no need for money. ＋訳　ジーニアス英和大　　The coat is a perfect fit. 新英和大
Her abilities proved to be the perfect complement.... ＋訳　英和活用大　　Her abilities proved to be a natural complement.... ＋訳　英和活用大
He is a statesman with a capital S. ＋訳　ランダムハウス英和大　　He was romantic with a capital R. OALD

the 5-4
Massive Nonfilarial Elephantiasis: Report of (an) Unusual Case 『医学論文英訳のテクニック』（横井川泰弘：金芳堂）

the 5-5
I make a point of getting whatever I can get (for) free. ＋訳　新英和大
In point of learning he has no equal. ＋訳　新英和大　　I'm in a [the] devil of a trouble. ＋訳　新英和大

特集1-1
He is a serious man who works hard and doesn't smile. ジーニアス英和大
An orphan is a child whose parents are dead. ＋訳　『現代英文法講義』（安藤貞雄：開拓社）
A television program that educates can also entertain. ＋訳　ランダムハウス英和大
Bordeaux is a wine you can drink with many kinds of food. 新英和大
Gambling which does not conflict with state law is authorized by city ordinance. ＋訳　新英和大
She held views on sexuality that were exceptional in that era. ＋訳　英和活用大
literature that deals with our inner life 『現代英文法講義』（安藤貞雄：開拓社）
the literature that deals with our inner life 『現代英文法講義』（安藤貞雄：開拓社）
write in a diary the things that happened that day ＋訳　新和英大　　his insight into human character and the deeper ... ＋訳　英和活用大
I remembered the pain I had gone through. ＋訳　英和活用大　　Vanilla extract will relieve the pain of a grease burn. ＋訳　ジーニアス英和大

特集1-2
Please let me have (back) the book I lent you the other day. ＋訳　英和活用大
He's the man who established the foundations for a flourishing supermarket industry. ＋訳　新和英大
This is the book that first interested me in French literature. ＋訳　英和活用大
This is the house (that) he lives in. ＋訳　リーダーズ英和　　This is the night that either makes me or fordoes me quite. ＋訳　ジーニアス英和大

特集1-4
literature as distinguished from mere prose composition ＋訳　英和活用大
Language as we know it is a human invention. ＋訳　ジーニアス英和大
the English language as (it is) spoken in America ＋訳　ランダムハウス英和大

特集2-1
There is a strong likelihood of rain. ＋訳　ランダムハウス英和大　　There is a complete absence of.... ＋訳　ランダムハウス英和大
There was a great joy in the town. ＋訳　ランダムハウス英和大　　There was a chill wind blowing. ＋訳　ランダムハウス英和大
There is a strong possibility that they were left to starve. ＋訳　ジーニアス英和大　　There is a widespread belief that.... ＋訳　英和活用大

There are a few mistakes in this composition. 新和英大   There are some mistakes in the documents that we prepared. 新和英大
We cannot exclude the possibility that .... ＋訳 ジーニアス英和大   The belief that human beings are the highest of all .... ＋訳 新和英大
A remote possibility exists that the child will experience .... ＯＳＤ   A firm belief that ... exists among seamen. ＋訳 英和活用大
The project is underpinned by a belief that .... ＯＳＤ   a victim of his machinations and manipulations 英和活用大

特集２－２
a victim of his machinations and manipulations ユースプログレッシブ英和

特集２－３
× There is Lake Biwa in Shiga Prefecture. → Lake Biwa is in Shiga Prefecture. ユースプログレッシブ英和
There is the motorcycle in the garage. ＋訳 『英語冠詞講義』（石田秀雄：大修館書店）
I'm not alone. There are Barry, Bob, and Jim around me. ユースプログレッシブ英和
"What's worth visiting there ?" "Well, there's the park, the castle and the museum." ジーニアス英和大
"Who might be able to help ?" "There's Bill and John." ＋訳 ジーニアス英和４版
The time will come when he has to leave. 新英和大   There comes a time when we have to make a choice. ジーニアス英和大

特集３－１
I acted in the belief that you would approve. 英和活用大

特集３－２
He has the ability to speak ten languages. ジーニアス英和大   He has a unique ability to amuse people. ジーニアス英和大
He is the refuge of the distressed. ＋訳 新英和大   He has (the) freedom to do what he thinks right. ジーニアス英和大
The House has the right to control its own proceedings, so that it is able, for instance, to exclude a person if it wishes. ＋訳 英和活用大
People have the [a] right to pursue happiness. ＋訳 ジーニアス英和大

特集４－１
We received news that.... 英和活用大   I am looking for evidence to confute that argument. ＋訳 英和活用大
Evidence has been found that proves his innocence. ＋訳 ジーニアス英和大

特集４－２
We will soon have a second baby. ＷＢ   This particular occasion contributed to the deepening of the mutual .... ＋訳 新和英大
promote mutual understanding between Japan and America 英和活用大

特集４－３
I had the information from the horse's mouth. 新英和大   The information was new to him. ＋訳 新和英大
The evidence agrees with the facts. ＋訳 新英和大   I got that information through Tom. ジーニアス英和大
This information is confidential. ＋訳 新英和大   The rumors were supported by the information that.... ＋訳 新和英大
Look at the information that precedes the paragraph in question. ＣＯＢ   This is the evidence that finally sealed her fate. ＋訳 英和活用大
The evidence that we have so much still to do is, sadly, all around you. ＷＢ
He apologized that his information had not been accurate. ＋訳 ジーニアス英和大
Our case hinges crucially on your evidence. ＋訳 英和活用大
She elicited the information that he was seen near the scene of the crime at 9:00 pm. ＋訳 英和活用大
She elicited information from the witness that led to conviction of the defendant. ＋訳 英和活用大
The day of reckoning will come. ＋訳 新英和大   The day will come when we can smile again. ＋訳 新英大
A day may come when the courage of men fails, when we forsake our friends and break all bonds of fellowship. ＯＳＤ
My wife doesn't seem so worried about the second (child) as she was about the first. ＋訳 新英和大
She was carrying her second child at the time. ＋訳 新和英大

特集５－１
Gambling has no attraction for me. ＋訳 新英和大   Reckless spending could beggar the country. 新英和大
The taking of human life is not permissible in any circumstances. 英和活用大
You must go to the original for a true understanding of the meaning. ＋訳 新英和大
Far from despising, I greatly respect her. ＋訳 英和活用大   Simply pumping public money into the railways is not the answer. ジーニアス英和大
Children learn by imitating their parents. ＋訳 ジーニアス英和大
Learning the language is key to understanding the culture. ランダムハウス英和大
Just being alive is wonderful! 新英和大   There's no denying that mistakes have been made. ＋訳 新英和大

特集５－２
The going was very hard over the mountain pass. ＋訳 新英和大   The climbing was painful to us. ＋訳 ジーニアス英和大
The meat will shrivel in the cooking. ＋訳 新英和大   He explained the reasoning behind the decision. ＯＤＥ
This particular occasion contributed to the deepening of the mutual understanding between the two countries. ＋訳 新和英大
It's yours for the taking. ＋訳 リーダーズ英和
I do not think that any one of us suffered physically as the results of the early rising, and the walking.... 『英文解釈 高校中級用』（日栄社）
the opening and closing of the CD disk tray ＋訳 英和活用大   the first showing of a film to the public ＋訳 英和活用大
the cloning of mammals ＋訳 ビジネス技術英和   the taking of evidence ＋訳 英和活用大
He lost the hearing in one of his ears. ＋訳 ジーニアス英和大（2001－2002）   I'm involved in the buying and selling of futures. 英和活用大
He knows all the comings and goings of the inhabitants. ＋訳 ジーニアス英和大
The going is good since the road has been repaired. ＋訳 英和活用大
Many citizens were invited to the opening of the new bank. ＋訳 新英和大   It is the teaching of history. ＋訳 新英和大
The next major step is the building of a gym. ＋訳 ジーニアス英和大   The building of the castle spanned three centuries. ＋訳 新英和大
the building of Australia ＋訳 ジーニアス英和大
The making of dictionaries is an endless task, but it is also a rewarding one. ジーニアス英和大
Hardships are the making of a man. ＋訳 ジーニアス英和大   The prime impulse of capitalism is the making of money. ＋訳 ジーニアス英和大
She has the makings of a great star. ＋訳 ジーニアス英和大

特集５－３
a showing of new fashions ＋訳 新英和大   I have a liking for music. ジーニアス英和大
wrongful taking of property ＋訳 新英和大   The mayor offered an inarticulate accounting. ＋訳 新英和大（５版 2003, 2004）
Groups of academics debated human cloning heatedly. ＋訳 『ＮＨＫ出版 やさしいビジネス英語 実用フレーズ辞典』（杉田敏：日本放送出版協会）

出典－13

Seventy miles an hour is pretty good going. リーダーズ英和　　Everything has a beginning, a middle and an end. 英和活用大
Booking begins tomorrow. ＋訳　新英和大　　Could you make the booking in her name？＋訳　ジーニアス英和大
Early booking is essential. ODE　　I'm holding the hall with a provisional booking. ＋訳　新和英大
This double booking does lead to…. OSD　　Bookings are obtainable from tourist agents. ＋訳　英和活用大

特集5－4
Going up and down stairs is painful for me. ＋訳　新和英大　　verify a bank's financial standing before opening … ＋訳　ビジネス技術英和大
Comparing a novice and a veteran is unfair. ＋訳　新和英大　　Going to the circus with my father was a real adventure for me. 新和英大
Having to work alone left her feeling even more isolated than other young farm women. 『英文解釈 高校中級用』（日栄社）
Crossing the tougher old breeds with …. '93 神戸大学入試問題　　When the doctor talked to me about it, I stopped feeling …. ＋訳　新和英大
I anticipated meeting him again. ＋訳　新英和大

特集5－5
Aliens register with the immigration authorities on entering the country. 英和活用大
On my entrance he jumped back in surprise. 英和活用大　　a penalty for violating a traffic rule　英和活用大
Someone has to keep protesting against human rights violations. ＋訳　ジーニアス英和大
On arriving [his arrival] at the door, he opened it soundlessly. ジーニアス英和大
On arriving in Texas, he spent most of his research efforts studying…. OSD
Please look after him on arrival. ＋訳　英和活用大　　On our arrival, we were greeted by the news that…. ＋訳　英和活用大
a flagrant violation of the law　＋訳　新英和大　　He made a cynical reference to the clerk's poor memory. 英和活用大
make a candid disclosure (of …)　英和活用大　　be shy about disclosing the secret　＋訳　新英和大
I heard about you succeeding in the examination. 新英和大

特集5－6
Complete the exercise without referring to a dictionary. ジーニアス英和大　　He mechanically applied the theory without …. ＋訳　英和活用大
"The current state of affairs is just awful," he said, …. ＋訳　ビジネス技術英和大
In this report we study the future trend of …, referring to …. ビジネス技術英和大
write a letter while constantly referring to a dictionary　新和英大　　make a speech while referring to one's notes　新和英大
Mastering the unfamiliar new machinery has been a hard day-to-day struggle for me. ＋訳　新和英大
His mastery of widely different poetic styles shows his extraordinary adaptability. ＋訳　ジーニアス英和大
Maintaining the dams costs millions of dollars. ＋訳　英和活用大　　The maintenance in that building is excellent. ＋訳　ジーニアス英和大
You must factor insurance payments into the cost of maintaining a car. ランダムハウス英和大
the mixing of fuel and air　＋訳　ビジネス技術英和大　　the mixture of Indian and China tea　新英和大

特集6－1
Ms. Jones, let me introduce my friend Mr. Suzuki. ジーニアス英和大

特集6－2
As I live myself, in the evening I warm up the rice I've cooked in the morning in the microwave. 新和英大
While I am replacing my washing machine, I also want a dryer. ＋訳　新和英大
These instructions explain the way to use your new washing machine. ＋訳　英和活用大
… It's beautiful. I'll put it right up on my refrigerator. ＋訳　ジーニアス英和大
Never put antique china into a dishwasher. USAGE　　If I haven't lost my watch！＋訳　新和英大

特集7－1
As a third baseman, he is all washed-up. ＋訳　ランダムハウス英和大　　Not bad for a first effort！＋訳　新和英大
She cast a last look at him. ＋訳　新和英大　　He tried a third time. 新和英大　　He tried for the third time. 新和英大
The first pitch was fouled off. 新英和大　　set a next court date for Sept.12. ビジネス技術英和大

特集8－1
Work is the best antidote to sorrow. ＋訳　新英和大　　This is the quickest way to the coast. 新和英大　　This dictionary is best. ジーニアス英和大
Who is most beautiful？ランダムハウス英和大　　Which road is quickest to get to the zoo？新和英大
Of all my friends, he's nicest. 『Practical English Usage』（OXFORD）　　She is the best of the bunch. 新和英大
Corn oil is the best to use. ジーニアス英和大　　Which of you has read (the) most books？ジーニアス英和大
Reading is one of the things that give us (the) most enjoyment. ジーニアス英和大

特集8－2
Pollution always hits farmers hardest. ＋訳　英和活用大　　Let's see who can dive deepest. ＋訳　新和英大
I like that the least of all. ＋訳　新和英大　　He can run the fastest in his class. ＋訳　ジーニアス英和大
He writes the least clearly of all the students. ＋訳　新和英大　　She works the most diligently of all. ＋訳　新和英大
He is (the) happiest when he is with his grandchildren. ジーニアス英和大

特集8－3
The last question in the exam was the hardest. 英和活用大　　Winter is the most important time to feed birds as this is …. WB
He's nicest when he's had a few drinks. ＋訳　ジーニアス英和大　　one of the hardest puzzles about language　＋訳　英和活用大
He is one of the best writers of today. ＋訳　ジーニアス英和大　　one of the leading [top] firms in this line　＋訳　新和英大
He seems completely different from the Prof. Nakamura I knew seven years ago. 『日本人の英語』（マーク ピーターセン：岩波新書）

特集9－1
a most scándalous election　＋訳　新英和大　　in a most brótherly manner　＋訳　新英和大
She asked me a most wórrying question. ＋訳　新英和大　　He has the most beautiful of gardens. 『現代英文法講義』（安藤貞雄：開拓社）
a crime of (the) blackest [deepest] dye　＋訳　新英和大　　in (the) deepest secrecy　＋訳　英和活用大
They were most kind people. 『ロイヤル英文法』（初版）　　They were the kindest people. 『ロイヤル英文法』（初版）
condescend to the meanest employment　＋訳　新英和大　　We owe the highest gratitude to…. ＋訳　英和活用大
With deepest gratitude I thank you for your attention. ＋訳　『ロイヤル英文法』（改訂新版）
His argument was most convincing. ランダムハウス英和大

特集9－2
a most happy evening　＋訳　ユースプログレッシブ英和　　She was most kind to me. ＋訳　新英和大
Of all those present he behaved most carefully. 『ロイヤル英文法』（初版）
She behaved most generously. 『現代英文法講義』（安藤貞雄：開拓社）　　First impressions last longest. ＋訳　英和活用大

特集１０−１
These are the pictures she painted. ジーニアス英和大
The sum total of the moments acting on a body is the resultant moment. 『英語論文執筆ガイド』（原田豊太郎：講談社）
the rights of the individual ＋訳 ジーニアス英和大　　the rights and duties incident to an inherited estate ＋訳 新和英大
The opening and closing of the windows of the conservatory has been automated. 新和英大
The greenhouse has been equipped with automatic windows. 新和英大　　Close the windows, if you please. 新英和大
lock the doors of a car 新英和大　　The hall was jammed to the doors. ＋訳 新和英大
a Stuart ＋訳 新英和大　　the Stuarts ＋訳 新英和大　　the five of us ＋訳 リーダーズ英和　　five of us ＋訳 リーダーズ英和
That's the matter for the two of them. ＋訳 新和英大　　Three may keep a secret if two of them are dead. ＋訳 ランダムハウス英和大

特集１０−２
draw exhibitors from Europe and the Americas ＋訳 英和活用大　　The United States has assimilated people of many ethnic groups. 新英和大
The Netherlands was largely insulated from the full impact of the Great War. OTE
The Midlands is now the domain of the east, Leicester and Northampton, not the west. WB
The United Nations is an effective instrument for the maintenance of peace. 英和活用大　　The Himalayas are the ceiling of the world. 新英和大
The Alps are very beautiful, with layer upon layer of mountains receding into the distance. 新和英大
The Rocky Mountains form a majestic chain stretching from Canada through central Mexico. OSD
The Philippines offer a fine field for botanists. 英和活用大　　The Philippines is an important member of ASEAN. 英和活用大
(The) Niagara Falls attract(s) a great number of visitors. ＋訳 ジーニアス英和大
The Englishmen drink a lot of tea. ユースプログレッシブ英和　　The English drink a lot of tea. ユースプログレッシブ英和

特集１０−３
The rule is that all students should live in the dormitory. ＋訳 英和活用大
All students of this university are expected to carry on its finest traditions. 英和活用大
try to force all (the) students into the same mold ＋訳 新英和大
The assumption that all students should be dealt with uniformly is also questionable. ＋訳 新和英大
All children want presents on their birthdays. ユースプログレッシブ英和　　All the men here have children. 新英和大
He writes least clearly of all the students. ＋訳 新英和大　　Books are, in one sense, the basis of all social progress. ジーニアス英和大
All books are divisible into two classes: the books of the hour, and the books of all time. ＋訳 ジーニアス英和大
All the flowers look limp in this hot weather. ＋訳 英和活用大
All documents must be accompanied by a translation of the original. 『Practical English Usage』（OXFORD）
All flowers are subtended by a bract and two bracteoles. OSD　　The windows are all barred up against burglars. 新英和大
All these books are expensive. ＝ These books are all expensive. ユースプログレッシブ英和　　People have a right to sue. ＋訳 ジーニアス英和大
They have the right to die with dignity through doctor-assisted suicide. ジーニアス英和大
Whoever shall commit a public nuisance shall be fined. 新英和大　　advocate a United States of Europe ＋訳 リーダーズ英和

特集１１−１
These shoes are too small for me. ＋訳 英和活用大　　Where are my scissors？ 新和英大
How much is this pair of jeans？ ＝ How much are these jeans？ ジーニアス英和大
Put those pajamas away！ ＋訳 ジーニアス英和大（2002）　　blow with a bellows 新英和大　　ascend a stairs 新和英大
fall downstairs ＝ fall down the stairs ＝ fall down a staircase 新和英大
have a good pair of lungs ＝ have good lungs ランダムハウス英和大
an estimated 5,000 students ＋訳 ユースプログレッシブ英和　　a full 80 miles ＋訳 ユースプログレッシブ英和
During the last four days of the tournament, he threw an astounding 535 pitches. ジーニアス英和大

特集１１−２
A pair of shoes is set neatly on the wooden floor, ... OSD　　A pair of windows with wooden shutters allows for .... OSD
A pair of glasses costs more than a pair of tights. USAGE　　A good pair of binoculars is essential if you want to .... USAGE
A pair of compasses was adjusted to roughly .... OSD　　I finally found a pair of work gloves that aren't way too big, ... OSD
A pair of lines of longitude are parallel at the equator but converge .... ODE　　A pair of teenage boys were smoking cigarettes. COB
A pair of climbers were benighted in a storm at the top of Royal Arches without overnight gear. OSD
A pair of golden oriole are nesting on the island.... OSD　　A pair of horses was pulling a plough off in a field.... OSD
A pair of entrepreneurs is getting an avalanche of inquisitive publicity after opening.... OSD
A pair of Elvis Presley's trousers have turned up in a bargain store. WB
The slacks in this shop are a problem: those that fit me around the waist aren't long enough in the legs. 新和英大
The sound that leaks from people's headphones is irritating. 新和英大　　Which fruits are in season now？ ＋訳 新英和大
Who is the publisher of the book？ / Who are the publishers of the book？ ＋訳 新英和大

特集１１−３
Kangaroos are marsupials. 新和英大　　Kangaroos have a marsupial pouch. 新和英大
All flowers are subtended by a bract and two bracteoles. OSD
All children want presents on their birthdays. ユースプログレッシブ英和
All children need warmth and affection from their families. ランダムハウス英和大
Children are taught reading and writing in their first years at school. ジーニアス英和大
Children may resemble both their father and their mother in different ways. 『Practical English Usage』（OXFORD）
Subjects agree with their verb. 『Practical English Usage』（OXFORD）
Discourse markers usually come at the beginning of sentences. 『Practical English Usage』（OXFORD）
All children need a special friend. WB　　Children were flying their kites. 新英和大
They noshed peanuts and cookies while watching television. ランダムハウス英和大
I sent them each a present. ＝ I sent each of them a present. ジーニアス英和大
They each have their own room. ジーニアス英和大　　Each of them has their own room. ジーニアス英和大

特集11-4
..., when he changed career to general practice. OSD ... should be attractive to people wishing to change career into computing. OSD
He changed careers from a banker to a cook. 英和活用大
When he changed careers, he worked his way up from the mail room to the boardroom. OSD
We avoided this danger by changing the route. +訳 英和活用大　　change bus routes +訳 新和英大

特集11-5
The participants exchanged names and addresses. +訳 英和活用大　　Our memory weakens as we grow older. +訳 ユースプログレッシブ英和
We wrote compositions about our memories of our school trip. 新和英大
The earthquake is still fresh in our memory. ジーニアス英和大　　The incident is still fresh in our momories. 英和活用大
We achieved our dream of a championship at Koushien. 新和英大　　All our dreams went up in the smoke. +訳 ランダムハウス英和大
They do have a nose for the truth as they battle to unmask Rachel's murderer. WB
Language is a vehicle of human thought. 新英和大　　Air is the vehicle of sound. 新和英大
Schools are, in a certain sense, like factories turning out a product. 英和活用大
They are perfect nuisances. ランダムハウス英和大　　They are a perfect nuisance. 新和英大

特集11-6
The public is the best judge [are the best judges]. 新英和大　　The press is [are] waiting for the interview. +訳 新和英大
Law and order is [are] kept in this town. +訳 ジーニアス英和大　　Science and technology is breaking new ground every day. +訳 新和英大
Science and technology are auxiliary to each other. +訳 新和英大　　Trial and error is the only method to determine.... +訳 新和英大
Trial and error are an inseparable part of.... +訳 『科学技術論文、報告書その他の文書に必要な英語文型・文例辞典』（小倉一浩）

特集11-7
Standing by and doing nothing is the same thing as supporting it. +訳 新和英大
Your fairness and your impartiality have been much appreciated. ユースプログレッシブ英和
Bread and butter is enough for me. ジーニアス英和大　　Oil and water separate out. +訳 ジーニアス英和大
There is no bread, no butter, no cheese, no nothing. 新英和大
A hospital and a medical school are one integral group. +訳 新英和大　　Five miles is too far for.... +訳 ジーニアス英和大
It's been a difficult nine years. ジーニアス英和大　　When do you intend to repay that five dollars？ ジーニアス英和大
What they need is [are] competent managers. 新英和大　　Fifty milliliters of rain was recorded in the period of an hour to 11 p.m. 新英和大
to the point 9m from the upper stream　+訳 『科学技術論文、報告書その他の文書に必要な英語文型・文例辞典』（小倉一浩）
A [One] month and a half has passed since we last met. +訳 ジーニアス英和大　　More than one teacher was present. +訳 ジーニアス英和大
What we need for the present are ... and.... 『科学技術論文、報告書その他の文書に必要な英語文型・文例辞典』（小倉一浩）
All you need is a certain amount of patience. 英和活用大　　All was quiet in the room. +訳 ジーニアス英和大
All were quiet in the room. ジーニアス英和大　　The United States is bounded on the north by Canada. +訳 ランダムハウス英和大
The United Nations was set up after two wars involving the worst carnage imaginable to try and prevent a repeat. OSD
The Himalayas inspire awe and reverence. +訳 英和活用大
The Philippines are made up of a great number of islands, large and small. +訳 新和英大
The Philippines is one of the recipient countries of Japanese foreign aid. +訳 英和活用大

特集11-8
There is no alternative course. ランダムハウス英和大　　There are no legal constraints whatsoever. +訳 新和英大
There were no televisions in Japan in those days. ジーニアス英和大　　There were no beg-pardons. +訳 新英和大
There were no volunteers for the job. ジーニアス英和大　　No more Hiroshimas！ No more Nagasakis！ 新英和大
Don't call that student a fool. ジーニアス英和大　　These discrepancies are no light matter！ +訳 新英和大
Vitamin supplements are no substitute for a wholesome meal. 『NHK出版 やさしいビジネス英語 実用フレーズ辞典』（杉田敏：日本放送出版協会）
The flowers are lovely; only, they have no scent. +訳 新英和大　　He is a sorrow to his parents. +訳 新和英大
Some children are a burden. +訳 ランダムハウス英和大　　I would call them friends as distinct from mere acquaintances. 新英和大
Those boys are a real headache. +訳 ジーニアス英和大　　They are a perfect nuisance. +訳 新和英大
Peaches are a special product of this district. +訳 ユースプログレッシブ英和　　These slums are a disgrace to the city. +訳 ジーニアス英和大
Accidents like this are a rare occurrence. +訳 英和活用大　　Headaches are a chronic disease with me. +訳 英和活用大
Tourists are a familiar sight in this part of the city. +訳 ジーニアス英和大　　Our tulips are a picture this year. +訳 リーダーズ英和
Schools should be in a healthy physical environment and provide a stable emotional environment to students. +訳 英和活用大
The Philippines offer a fine field for botanists. +訳 英和活用大　　The meals there are A one. +訳 ランダムハウス英和大

特集11-9
Sharks are a terror to swimmers. +訳 ユースプログレッシブ英和　　Interruptions are a hindrance to one's work. +訳 ランダムハウス英和大
Letters are a one-way communication. +訳 ビジネス技術英和大　　Credit cards are a convenience. +訳 ビジネス技術英和大
Traffic jams are a characteristic of large cities. +訳 ジーニアス英和大
Finances are a constant worry. +訳 ビジネス技術英和大　　Pearls are a preferred accessory for formal wear. +訳 新和英大
Navigation systems are a hot option for new cars .... +訳 『NHK出版 やさしいビジネス英語 実用フレーズ辞典』（杉田敏：日本放送出版協会）
Weapons of mass destruction are a threat to the whole world. +訳 新和英大　　Weapons are still big business. WB
Cowboy dramas are a staple on television. +訳 ランダムハウス英和大
Cowboy movies aren't good grossers any more. +訳 ランダムハウス英和
Marsupials are born in a very undeveloped condition. +訳 新和英大　　Department stores are facing a bleak future. +訳 新和英大
These flowers are the choice of her garden. +訳 ジーニアス英和大　　Proverbs are the wisdom of the multitude. +訳 ランダムハウス英和大
The lungs are the seat of the disease. +訳 新英和大　　Chives are a member of the onion family, but much milder. ジーニアス英和大
Traffic jams are a characteristic of large cities. +訳 ジーニアス英和大
The newspapers are a good source of information about what is going on in the world. +訳 ジーニアス英和大
The group admitted responsibility for the terrorist attack. +訳 新英和大
He put the case for abolition of the death sentence very simply. +訳 英和活用大

特集１１－１０
Which fruits are in season now? ＋訳　新英和大　　What measures are being taken to ensure that no viruses ...? ビジネス技術英和大
We have to keep our nose(s) to the grindstone. ＋訳　新英和大　　They have a pointed snout, and the mouth contains teeth. ＯＳＤ
They have pointy snouts, bulbous noses and grizzled manes. ＯＳＤ　　Babies will eat anything they can get into their mouth. 新英和大
They tried to cover their mouth in sheer surprise, unable to believe their luck. ＯＳＤ
Politicians often talk out of both sides of their mouth. ランダムハウス英和大
They think that we're born with a silver spoon in our mouth. ＯＳＤ
We have all had a shaky hand and a dry mouth before speaking in public. ＣＯＢ
..., and they say that patients usually stop using anticholinergic drugs because of a dry mouth. ＯＳＤ
They have hawkish noses, receding chins.... ＯＳＤ　　They have beady eyes, big noses and enormous pot bellies. ＯＳＤ
They gaped at him, their mouths slightly open, ... ＯＳＤ
People who chew food with their mouths open should be beaten to death with plates. ＯＳＤ
They smushed marshmallows in their mouths. ＯＤＥ

特集１１－１１
They stared with wide-open eyes and mouths. 新英和大　　Our mouths fell open at the sight of so many precious jewels. 新和英大
These animals are all protostomes — the mouth develops before the anus in the young embryo. ＯＳＤ
When snakes flick their tongues in and out, they pick up chemical cues from the air, which they transfer to.... ＯＳＤ
make up the volume to 10ml　＋訳　『科学技術論文、報告書その他の文書に必要な英語文型・文例辞典』（小倉一浩）
take 1ml of the sample solution in a test tube　＋訳　『科学技術論文、報告書その他の文書に必要な英語文型・文例辞典』（小倉一浩）
A typical healthy fingernail grows about 1mm to 2mm a week. ＷＢ
The sales people who are on commission earn 6 percent of the total amount they sell. ＋訳　ランダムハウス英和大
His time was 25 min. 13.5 sec. ＋訳　新英和大　　One English statute mile is equal to 1.609 kilometers. 英和活用大
In about 1/2 mile, the route crosses a small meadow.... ＯＳＤ
..., the airplane was 700 ft above ground level and 0.5 miles from the end of the runway. ＯＳＤ
Roll into a thin (0.5 centimeters / 1/4 inch) disc, ... ＯＳＤ
The audience is [are] enjoying the show. 新英和大　　Where is [are] your family? They are all in Kobe. ジーニアス英和大 family の語法
This kind of book [books] is interesting. および　Books of this kind are interesiting. ジーニアス英和大 kind の語法

特集１１－１２
More than one man is against him. ＋訳　ランダムハウス英和大　　Many a man serves a thankless master. ＋訳　ランダムハウス英和大
One proposal after another was discussed and rejected. 新和英大（抄録）
The next Olympics are going to be held at.... 英和活用大
In the past, the Olympics was considered a venue for enhancing national prestige. ＋訳　新和英大　電子増補版
Politics is an interesting subject. ＋訳　ジーニアス英和大　　I wonder what his politics are. ＋訳　ジーニアス英和大
Free-market economics was seen as the cure for all our ills. ＋訳　ジーニアス英和大
The economics of the city need (×needs) still to be looked at carefully. ＋訳　ジーニアス英和大
The party was [were] all rescued. ジーニアス英和大　　This is a complete set of 12 volumes. 新英大
A set of bay windows overlooks the Liffey Valley.... ＯＳＤ　　A complete set of this author's works is now difficult to obtain. 英和活用大
A concrete set of rules on which people can plan their financial future is necessary to stop.... ＩＤＭ
A group of citizens is trying to stop (the) development of the golf course. 英和活用大
A small group of students meets regularly to learn Japanese. ＣＯＢ
A group of senators plans to filibuster a measure that would permit drilling in Alaska. ＣＯＢ
The idea is that, if a group of states wants to embark on deeper integration, others should not stop them. ＷＢ
There are a set of documents that we think are properly restricted because.... ＷＢ
There are a set of rules that the Congress and the department have worked out.... ＯＳＤ
A set of standard mackerel feathers, often tied using ..., are ideal. ＯＳＤ
And there clearly are a set of views that are held by the United States government.... ＷＢ
A group of us were sitting on the veranda of the villa sipping beer. ＷＢ
A group of young men and women were making a lot of noise. 新和英大　　A strange group of people gather at that house every day. 新和英大
A group of actors are rehearsing a play about Joan of Arc. ＣＯＢ

特集１１－１４
For somebody who says he's full, you certainly eat a lot! ＋訳　新和英大

特集１１－１６
Don't do that, you naughty girl! ジーニアス英和大　　He said, 'I'm afraid you girls had better move along.' ＰＨＶ
It's embarrassing the way you find yourself dissolving into tears this way as you get older. ＋訳　新和英大
Some pain relievers can make you feel overconfident. '94 九州大学入試問題
Tests were devised in which people had to choose feminine or masculine preferences — you couldn't like.... '93 東京都立大学入試問題

特集１２−１
a caring and sharing society ＋訳 新英和大　　a collecting and distributing center ＋訳 新英和大
a second- or third-rate publisher ＋訳 新和英大　　the combined effects of the carrot and the stick 英和活用大
I have a cat and dog at home that get along together just fine. ＋訳 新英和大
I saw a teenage boy and girl wrapped in a tight embrace. ＋訳 ジーニアス英和大
The conjunction of the sun, moon, and earth occurs at the new moon. ＋訳 英和活用大
The Sun, Earth and Moon were in alignment, which increased the gravitational pull of the Sun and Moon on the Earth. ＯＳＤ
The sun, the moon, and the earth were lined up. ＋訳 新和英大　　The house has a spacious kitchen and dining area. ＣＯＢ
The house contains the following accommodation(s): 5 bedrooms, a sitting room, a dining room, and a kitchen. 英和活用大
The hotel has an all-wood exterior and interior that gives it a rustic charm. ジーニアス英和大
Although there is a certain common bond among all Americans, a history and tradition in this young country that is.... 広島大学入試問題

特集１２−２
the bread and butter of a company ＋訳 ビジネス技術英和大　　the plants and animals indigenous to Japan ＋訳 新英和大
the diseases and disasters that afflict mankind ＋訳 英和活用大　　in the infancy of the arts and sciences 新英和大
in the days of the telephone and telegraph ＋訳 新英和大　　the nature and amount of the pollutant ＋訳 ジーニアス英和大
the anguish and madness of the contemporary world ＋訳 ジーニアス英和大　　the pleasures and pains of growing up ＋訳 新英和大
the idea and practice of nonviolence with which Gandhi is most frequently associated '07 早大文学部入試問題
The editor and publisher of this magazine is my father. 『現代上級英文法』（朋友出版）
the rise and fall of nations ＋訳 新英和大　　the good points and bad points of a plan ＋訳 新英和大
The merits and demerits of the policy offset each other. ＋訳 新和英大
They had a fight over the rights and wrongs of the matter. ＋訳 英和活用大
the rights and duties incident to a settled estate ＋訳 英和活用大
answer with a yes or a no ジーニアス英和大　　Is this glove a right or a left？ ＋訳 新英和大
Are you a man or a mouse？ ＋訳 ジーニアス英和大　　Is this plant classified as a moss or a lichen？ ＋訳 ジーニアス英和大
He doesn't have a television or a video. ＋訳 ジーニアス英和大　　A diamond is 140 times as hard as a ruby or a sapphire. ＋訳 英和活用大
I wonder if a tomato is a vegetable or a fruit. ジーニアス英和大
The question cannot be lightly dismissed as a fad or a dream. ＋訳 英和活用大
"My sister is going to have a baby." "Congratulations. Do you know if it will be a boy or a girl？" ジーニアス英和大

特集１２−３
the generic character of a plant or animal ＋訳 英和活用大　　a political friend or foe ＋訳 英和活用大
a work which doesn't have the feel of an essay or novel ＋訳 新和英大
methods to ascertain the guilt or innocence of a suspect ＋訳 ジーニアス英和大
an excuse for not having the will, talent, or nerve for trying something new 大阪女子大学入試問題
put one's current mistress on one's payroll as a secretary or assistant ＋訳 英和活用大
Remove the tougher peel of a pear or apple. ＋訳 ジーニアス英和大　　Bring me a hammer, chisel, or whatever. ＋訳 ジーニアス英和大
Until you have published a book or short story, you can't join this organization. ＋訳 ジーニアス英和大
follow a screen or a stage career ＋訳 英和活用大　　What she said can be taken in either a good or a bad sense. ＋訳 新和英大
Which do you prefer to play tennis on, a grass or a clay court？ 英和活用大
Does this paint have an oil base or a water base？ ＋訳 英和活用大　　a fatty or salty meal ＋訳 英和活用大
to a greater or lesser extent ＋訳 英和活用大　　a mental or physical handicap ＋訳 ジーニアス英和大
a screwlike or rotary motion ＋訳 英和活用大　　make a racial or religious slur ＋訳 英和活用大
the eastern part of (the) town 新英和大　　the remains of (the) deceased 新英和大
He can't afford the loss of a day. ＋訳 ランダムハウス英和大　　at the time of operation 『医学論文英訳のテクニック』（横井川泰弘：金芳堂）
at the time of the operation 『医学論文英訳のテクニック』（横井川泰弘：金芳堂）

特集１２−４
A blue jacket and plain tie is his standard outfit. ＋訳 新和英大　　A coat and tie are required. ジーニアス英和大
A watch and chain was given to Karen. ＋訳 ジーニアス英和大　　A crown and scepter are attributes of kings. ＋訳 新英和大
Even a pair of jeans and a cotton shirt looks elegant and cool if it is clean and well ironed. ＯＳＤ
A bit of dash and flamboyance is all you need. ＋訳 英和活用大
I'm in a situation where all my time and energy is going into that job. ＋訳 新和英大
A family and a full time job is a lot to cope with. ジーニアス英和大
And when the inventiveness and curiosity were well developed, a certain branch of the apes.... '94 長崎大学入試問題
In a statesman, popularity and competence do not necessarily go together. ＋訳 英和活用大
Science and technology is breaking new ground every day. ＋訳 新和英大
Science and technology are auxiliary to each other. ＋訳 新和英大

特集１２−５
I had a very happy childhood. I had a home and a garden that I loved. 『英文解釈 高校中級用』（日栄社）
The dormitory rooms were compact, with a desk, bed and closet built in. ジーニアス英和大
An old church is a wonderful link with the past. Its shape and its stones were as familiar to people.... 『英文解釈 高校中級用』（日栄社）
the war and the ensuing famine ＋訳 新英和大　　the revolution and the following economic collapse ランダムハウス英和大
the earthquake and the tidal waves which thereupon surged ＋訳 ランダムハウス英和大
The services and the quality of goods are poor. '94 福井県立大学入試問題　　He was exposed as a liar and a cheat. ジーニアス英和大
He lived many lives; he was a traveler, an explorer, a mighty hunter, a soldier, and a sailor. 英和活用大
He wrote little. He was essentially a thinker and a talker. ジーニアス英和大
The village and the school are three miles apart. 新英和大　　the church and the area round about ＋訳 ユースプログレッシブ英和
the correspondence of the goods and the samples ＋訳 ジーニアス英和大　　the perfects and the rejects ＋訳 ランダムハウス英和大
the bar, the pulpit, and the press ＋訳 新英和大　　the pleasures and the comforts of civilized life ＋訳 英和活用大
mold the thoughts and the actions of the next generation ＋訳 英和活用大
The plan and the drawing of the church do not agree with each other. ＯＴＥ
The demands of the ego and the superego are in conflict. ＋訳 英和活用大

出典－１８

The era of the high dollar and the low pound is coming to a close. ＋訳　英和活用大
Some adults become anxious at the sight of tears and the sound of weeping. '94 東北大学入試問題
the how, the when, and the why of the project　＋訳　ランダムハウス英和大
Your fairness and your impartiality have been much appreciated. ランダムハウス英和大
our whence and our whither　新英和大　　He is our help and our shield. ＋訳　新英和大

特集１２－６
He is a good friend and [but] a bad enemy. ＋訳　英和活用大
He is an originator of freak rock, and a pioneer in the fusion of jazz and classical music with rock. ＋訳　ジーニアス英和大
For many Britons, middle-class life equals a house and garden. ＷＢ　　Her home and garden are in Newtown, Connecticut. ＷＢ
The house and garden were perfection. ＣＯＢ
Eventually we came to Par fare, near Great Waltham in Essex, where I had found a house to restore and a garden to make. ＷＢ
For the next six years, home was 64 Mudford Road, Yeovil, a house with plenty of trees and a large garden, although not large .... ＷＢ

特集１２－７
He is both a scholar and (a) poet. ＋訳　新英和大　　a friendship between a boy and a girl　ＵＳＡＧＥ
Nature endowed her with both a sound mind and a sound body. ＋訳　ジーニアス英和大
an exchange of rings between bride and groom　＋訳　新英和大　　the difference between good and evil　＋訳　新英和大
There was some soreness between father and son. ＋訳　新英和大
a profound difference between the dream and reality of American life　＋訳　ジーニアス英和大
the love and fear of God　ＯＤＥ　　the arrest and deportation of all its bishops　ＯＤＥ
The fear and the reality of crime constrict people's lives. ＯＤＥ　　the dead and (the) injured　ランダムハウス英和大
the killed and wounded　新英和大　　The good and bad are all mixed up. ＋訳　新和英大
the true, the good, and the beautiful　＋訳　ランダムハウス英和大　　the sublime, the beautiful, and the good　＋訳　新英和大
the old, the disabled, and the sick　ＷＢ

特集１２－８
the nature and amount of the pollutant　＋訳　ジーニアス英和大　　the diseases and disasters that afflict mankind　＋訳　英和活用大
the air, food, and water involved in human life support　'93 京都大学入試問題
for the joy and excitement of seeing and experiencing new things　『英文解釈 高校中級用』（日栄社）
Who will give them the care and love they need？『英文解釈 高校中級用』（日栄社）
This type of family employment was introduced and preserved in.... '08 早大文学部入試問題
the style and the matter of a book　＋訳　リーダーズ英和大　　the faculty and the student body of a college　＋訳　英和活用大
the how(s) and the why(s) of the decision　ジーニアス英和大　　Tell me the when and (the) where of the meeting. ジーニアス英和大
His services earned for him the gratitude and the admiration of his fellow citizens. 英和活用大
There is a danger and indeed a probability that this art will disappear. 英和活用大
the ideal of equality and the appreciation of liberty　ＣＯＢ（2004）
They are learning the creativity of cooking and the joys of childrearing. '94 大阪大学入試問題
my own basic beliefs concerning the nature of man, the process of dying, and the practice of medicine　'95 名古屋大学入試問題

特集１２－９
the services and the quality of the goods　'94 福井県立大学入試問題　　the universe and the things that are therein　＋訳　新英和大
the civil law and the confusion that that created　ＷＢ
Nature is that part of the world which man did not make and which has not been fundamentally changed by him.
It is the mountains, the woods, the rivers, the trees, the plants and the animals which have continued to be.... 東京女子大学入試問題
His paintings have a lack of sophistication and a warmth that make people refer to them as child art. 新和英大

特集１２－１０
There is a right and a wrong way of doing things. ＋訳　新英和大　　the initial and the final velocity　＋訳　ランダムハウス英和大
the second and the third man　＋訳　ランダムハウス英和大
the primary and the secondary state of a double personality　＋訳　英和活用大
There are the wrong and the right side to this paper. ＋訳　ジーニアス英和大
the disharmony of the defendant's and the witness's testimony　英和活用大　　She won the first and then the second game. ＯＤＥ
His party was torn between a liberal and a conservative wing. ＋訳　英和活用大
a piece of music with a spoken section between the first and second parts　＋訳　新和英大
the right and wrong sides of cloth　＋訳　ユースプログレッシブ英和　　the upper and under sides of a plank　＋訳　英和活用大
the bright and dark sides of life　＋訳　新和英大　　the private and public sectors of the economy　＋訳　新和英大
the French and English versions of the document　＋訳　新英和大　　members of the chemical and allied professions　＋訳　ジーニアス英和大
He is at home on the first and third Mondays of every month. 新英和大　　There is a right and wrong season for everything. 英和活用大
There is still a wrong and right side to double-sided fleece. ＯＳＤ　　a yellow and black sports car『Practical English Usage』（OXFORD）
a concrete and glass factory『Practical English Usage』（OXFORD）　　a hot and cold shower　＋訳　新英和大
I have a cat and a dog. ジーニアス英和大　　I have a cat and dog at home that get along together just fine. ＋訳　新和英大
environmentally friendly and resource-efficient materials　＋訳　ビジネス技術英和大
the vast and vacant regions of infinite space　新英和大

特集１２－１１
The key parts of the bench are the front and back legs. ＯＳＤ　　the back [rear] and the front wheels　新英和大
He scorned the right way and chose the wrong. ＋訳　新英和大　　Healthy or sick, good days or bad, ... ＩＤＭ
confound public affairs with private (ones)　＋訳　英和活用大
She won the first set but went off the boil and lost the second. ＋訳　新英和大
He shot on 35 mm color reversal film, which is like slide film — it exposes a positive rather than a negative image. ＯＳＤ
deal with critical situations in a proactive rather than a reactive manner　＋訳　ビジネス技術英和大
an adjectival rather than adverbial form　ＮＯＡＤ　　There was a computer and a printer on the table. ＵＳＡＧＥ
There was a man and a woman. ＧＲＡＭ　　There was [were] a glass, two plates, two cups, and a teapot on the shelf. ランダムハウス英和大

特集１２－１２
Her motherly love was a wonderful and a ruinous thing. 新英和大

特集13-1

"Case dismissed !" said the judge. ＋訳 英和活用大　　knowledge on (the) college level ＋訳 新英和大
He eased himself out of (the) bed. ＋訳 新英和大　　Bring it to me (the) next time you come. 新英和大
He looked very worried (the) last time I saw him. 新英和大　　have a [the] monkey on one's back 新英和大
Take a [the] number 7 bus as far as Seventh Street. ＋訳 ジーニアス英和大

特集13-2

Which of you has read (the) most books ? ジーニアス英和大
Reading is one of the things that give us (the) most enjoyment. ジーニアス英和大
He has courage in his blood. = Courage is in his blood. 新英和大

特集13-3

Woman as she was, she decided to bear up against the distress. 新英和大　　Cook Wanted = Wanted a cook. ジーニアス英和大
'Doorplate mania' man arrested インターネットより
Massive Nonfilarial Elephantiasis: Report of (an) Unusual Case 『英語論文英訳のテクニック』（横井川泰弘：金芳堂）
The money had been stolen, box and all. ＋訳 新英和大　　He walked around with guidebook in hand. ＋訳 新和英大
Couples are walking hand in hand. ＋訳 新和英大　　Let's talk frankly, man to man. ＋訳 新和英大
The prices range from a cent to a dollar. 新英和大　　transfer a book from a table to a shelf 新英和大

特集13-4

What is this mysterious attraction that binds man and woman ? 英和活用大
an exchange of rings between bride and bridegroom 英和活用大　　Mother and child form a close attachment. ＣＯＢ
She sat at the table with pen and paper. ＣＯＢ
She is career woman, mother, wife, housemaid and teacher, all lumped into one. ＋訳 英和活用大
He asked me to go for a ride with him on his motorcycle the next Saturday. 英和活用大
The show will be open till next Saturday. ＋訳 英和活用大

特集13-5

They sat in the shadow of a tree. リーダーズ英和　　There is a time for everything. ジーニアス英和大
It's been a difficult nine years. ジーニアス英和大　　That's a thought. ＋訳 ジーニアス英和大

特集13-6

What the hell [in hell, in hell's name] are you doing ! 新英和大　　both the girls' mother ＋訳 ランダムハウス英和大
both the girl's parents ＋訳 ランダムハウス英和大　　both these toys ジーニアス英和大
Both my sons are in the army. ジーニアス英和大　　Half his work is undone. ＋訳 新英和大

特集13-7

Most apartments have outside staircases in case of emergency. ジーニアス英和大
In the case of Chinese words in Japanese it is sometimes difficult to catch the meaning from the sound alone. ＋訳 英和活用大
in case of my not seeing you ＋訳 新英和大
Spontaneous abortion often occurs in the case of an abnormal fetus. ＋訳 英和活用大
Does the contract have a clause protecting you in the case of a natural disaster ? ＋訳 英和活用大
Let's breathe for a moment. ＋訳 新英和大　　I am at a loss for the moment. ＋訳 新英和大
This will serve for the moment. 新英和大　　new books of the month ユースプログレッシブ英和
CD of the Month ユースプログレッシブ英和　　the game of the day ユースプログレッシブ英和
He is the hero of the hour. ＋訳 新英和大
Public schools provide lunch to students at a cost of 25 cents. ＋訳 英和活用大
She saved the drowning child at the cost of her own life. 英和活用大
view it at a distance ＋訳 ジーニアス英和大　　I could see the mountain in the distance. 新英和大
In future, please remember that.... ジーニアス英和大
In the future people will have far more leisure than they have today. ＋訳 ジーニアス英和大

特集13-8

How much did your crop bring last year ? ＋訳 新英和大
Last month was difficult. ＋訳 ジーニアス英和大　　The last month has been difficult. ＋訳 ジーニアス英和大
As I have been ill in bed for the last week, I am behind with my work. ＋訳 プログレッシブ和英中辞典
Next year will be difficult. 『Practical English Usage』（OXFORD）
The next year will be difficult. 『Practical English Usage』（OXFORD）
They're on vacation for the next two weeks. ＋訳 ジーニアス英和大
the latest [last] thing in swimsuits 新英和大　　one's latest [last] work 新和英大

特集14-1
He was president of the Northern Pacific Railroads. ジーニアス英和大
Bush was elected President. ＝ Bush was elected to the Presidency. ジーニアス英和大
I was elected chairman [chairwoman]. ＝ I was elected (to the) chair. 新和英大
Harrington was CEO [president] of St. Anthony Community Hospital since.... ＷＢ
He is Prime Minister, and therefore has a duty to.... ＯＳＤ　　Mairead's father Liam is principal of Rice College in Westport. ＷＢ
He was headmaster of a public school in the West of England. ＣＯＢ　　The committee elected him chairman. ジーニアス英和大
The President named him Secretary of Defense. ジーニアス英和大　　I became chairperson on the spur of the moment. 新和英大
He was elected governor of the State of Alabama. ジーニアス英和大
He became principal private secretary and worked on the privatisation programme. ＯＳＤ
The teacher turned politician. ユースプログレッシブ英和　　John started out a music student before he turned linguist. ジーニアス英和大
Kenneth Koch is the godfather of a literary movement.... ＯＳＤ　　The leader of a protest group.... ＯＤＥ
One old man, probably the leader of a village, ... ＯＳＤ
be elected a Diet member 新和英大　　... was elected a Member of Parliament. ＯＳＤ
... was elected Member of Parliament. ＯＳＤ　　He was Minister of State at the Department of.... ＯＳＤ
She is the Minister of Education and Social Affairs. 英和活用大　　He was professor of painting to the Royal Academy. 英和活用大
He is a professor of economics at [of] Indiana University. 新英和大

特集14-2
John Smith, lately President of ABC University ＋訳　ジーニアス英和大　　Lord Ii, Chief Minister of the Shogun ＋訳　新英和大
Dr. S., (the [a]) sometime professor of history at Cambridge ＋訳　新英和大　　The committee elected him as chairman. ジーニアス英和大
He ended up as President of the University. 新英和大　　As (a) minister he is a mere figurehead. ＋訳　新英和大
He is known variously as professor, dean, and head librarian. ジーニアス英和大
Following the scandal, it was no longer tenable for him to stay on as CEO. ＯＢＥＤ
Loner Davies, a computer science student, was.... ＷＢ　　Mrs Weinstein, a teacher, was.... ＷＢ
John, a piano teacher, said.... ＷＢ　　Strauss, a Jewish refugee from Hitler's Germany, was.... ＷＢ
Did you learn anything in your day, as a student？ ＣＯＢ　　He was a failure as a teacher. 新和英大
She works evenings as a movie cashier. 新英和大　　He will go down to posterity as a traitor. ＋訳　新英和大
As your family doctor, I advise you to eat less. ジーニアス英和大　　She worked as (a) maid and cook for him. ジーニアス英和大
He is an expert swimmer. ジーニアス英和大　　be a [the] daughter of ... ＝ be daughter to ... 新英和大
be promoted to major ＋訳　ジーニアス英和大　　rise to be a general ＋訳　新英大
rise from typist to vice-president ＋訳　ジーニアス英和大　　He changed careers from a banker to a cook. ＋訳　英和活用大

特集14-3
He is founding director of The Conservation Foundation. ＣＯＢ　　He is editor of a distinguished journal. ＋訳　英和活用大
She is an editor at Connoisseur magazine. ＋訳　英和活用大
She is (the) political editor of the leftist weekly Le Nouvel Observateur. ＋訳　英和活用大

特集14-4
Officer, someone is wounded. ＋訳　ジーニアス英和大　　"Jeremy！" "Coming, Mother！" ＋訳　新英和大
Mother was eager to meet you. 新英和大
Father always sits at one end of the table and Mother at the opposite end. ＋訳　英和活用大
Professor Jonathan Allen at the Massachusetts Institute of Technology ＵＳＡＧＥ　　Economist Jeffrey Faux ＣＯＢ
Club chairman Peter Ridsdale said.... ＷＢ　　Cookery Editor Moyra Fraser ＣＯＢ　　HERO pilot John Hackett ＷＢ
Aunt Molly ＣＯＢ　　Brother Thomas 新英和大　　Sister Jane 新英和大
the late Prime Minister Indira Gandhi 英和活用大　　the famous detective Sherlock Holmes 新和英大
the former American Senator George Mitchell ＷＢ
the new head of the Russian Orthodox church, Patriarch Alexei the Second ＣＯＢ（2004）
An FBI agent, Douglas Deedrick, said.... ＧＭＡＵ　　The prime minister, Viktor Orban, often points out that.... ＷＢ
The then prime minister, ANR Robinson, was.... ＷＢ　　A supporter of the Dalai Lama, the Prince was a noticeable absentee from.... ＷＢ
A self-made man, Kwok-Chi Tam was the first in his family to get a university education. 『現代英語冠詞事典』（樋口昌幸：大修館書店）

特集14-5
Walter B. Pitkin, professor in journalism at Columbia University 英和活用大
Sadegh Zibakalam, a professor of political science at Tehran University ＷＢ
Roy Johnston, Channel 83 news anchorman ランダムハウス英和大　　Martin Parry, author of the report, says.... ＣＯＢ
Jesse Meyers, editor of ..., ＣＯＢ（2004）　　... by Alan Travis, Home Affairs Editor. ＣＯＢ（2004）
Keith Vass, editor, ... ＣＯＢ（2004）　　Baroness Hayman, an Agriculture Minister, ... ＷＢ
Tony Blair, Britain's prime minister, ... ＷＢ
Tolstoy, the novelist, wrote "War and Peace." 『新 マスター 英文法』（中原道喜：聖文新社）
Emily Dickinson, the famed poet, ... 英和活用大　　Karl Pribram, the well-known neuro-scientist, ... ＣＯＢ
Richard Wright, the famous African-American novelist, was.... '08 早大文学部入試問題
Gatling, the inventor of the famous gun which bears his name 英和活用大
Sean Fitzpatrick, the great All Black rugby captain, once said that.... ＷＢ
Dr. Stewart, a co-author of the study, established her reputation in the field of.... ＧＭＡＵ
Hogan, 39, a married man of Ballyfermot, Dublin, admitted.... ＷＢ　　He is a (second) Newton in his scientific genius. 新和英大
Rentaro Taki is a Chopin in Japan. 『うまい英語で医学論文を書くコツ』（植村研一：医学書院）
do a Chaplin ＋訳　ジーニアス英和大　　He is a Smith. ＋訳　ランダムハウス英和大
She was a Smith before her marriage. ＋訳　ジーニアス英和大
I know two Kings. ＋訳 『うまい英語で医学論文を書くコツ』（植村研一：医学書院）
A Mr. Sato is here to see you. ＋訳　プログレッシブ和英中辞典　　I hear you've got a Toyota. ＋訳　ジーニアス英和大
The cheapest thing we have is a Fiesta, a Nova or a Renault and they're £160 a week. ＋訳　ジーニアス英和大
Given such sentiments, you're not likely to find Toyotas or Hondas here. ＷＢ
She stopped the Toyota in the middle of the street. ＷＢ　　I saw a Rodin there. ＋訳　新英和大

特集14-6
Beer is the drink for hot weather. +訳 ランダムハウス英和大   play the clown +訳 ジーニアス英和大
Are you confident that you can cope with the job of captain ? 新和英大
The job of chairman can no longer be regarded as a convenient soft option. COB
The job of the manager, as the person with overall responsibility, is to get all the players working together as a team. 新和英大
The job of a student is to study. 新和英大   The job of a police detective requires considerable legwork. 英和活用大
She's the daughter of an Oxford professor. OALD   Douglas Bader, the legless wartime fighter pilot.... COB (2004)
Nick Taylor, the local hero, ... WB   William Barnes, the vernacular poet of Dorset 新英和大
Dorothy West, the Harlem renaissance poet WB   Lord Frederick Windsor, son of Prince and Princess Michael of Kent WB
Timothy, son of Mr and Mrs Richard Bedingfield WB
Michael Wilson, professor of geosciences at Fredonia State College, said.... GMAU

特集15-1
The more information you have, the more effectively you use the system. WB
The less you study, the less you('ll) learn. 新英和大   The bigger they are, the harder they fall. +訳 ランダムハウス英和大
The nearer one is to death, the more greedy one becomes. +訳 新英和大
The harder he is pushed, the more obstinate he becomes. +訳 ジーニアス英和大
The warmer a place is, generally speaking, the more types of plants and animals it will usually support. COB
Well, the fairer skinned you are, the easier you sunburn, the more poorly you tan, the higher your risk. OSD
The more there is to do, the smoother things will go. = The more work, the better. +訳 新和英大
The more he flatters me, the less I like him. +訳 新英和大
The more serious one is, the more liable one is to bouts of depression. +訳 新和英大
The more (self-)confident one is, the more likely one is to make that kind of mistake. 新和英大
The more she remembers, the more bitter she feels about what has happened. COB
The more lacking in substance a person is, the more he desires to build a facade. +訳 新和英大
The more conscious she is of her readers, the more ordinary her novels become year by year. +訳 新和英大 (2004)
The longer you live, the more people you see into the grave. +訳 新和英大
The longer you put it off, the less you will want to do it [the less inclined you will be to do it]. +訳 新和英大
The longer a habit continues, the more difficult it is to change. WB   The more complex the structure, the harder it is to copy. WB
The more we talked, the wider the gulf opened between us. 新和英大   The more you succeed, the more is expected of you. WB
The nastier criticism is, the more readers lap it up. +訳 新和英大
The more the city burned, the more oxygen was sucked in — and the greater the firestorm became. OSD
The more stringent conditions are forced on you, the greater ability you can show as an architect. +訳 新和英大
The greater the cross-sectional area of a muscle, the more force will be generated. OSD
The more exercise is taken, within a normal lifestyle, the greater the health benefit. OSD

特集15-2
The danger seems to make surfing the more exciting. +訳 ジーニアス英和大
If you don't like it, so much the worse for you. +訳 新英和大
I'm worried — (all) the more so because this is taking so much time. +訳 新英和大
The greater his efforts, the greater his progress. = The harder he tried, the more he improved. +訳 新和英大
The greater the suffering, the deeper the passion. 英和活用大   The higher the rank, the greater the privileges. 英和活用大
The cheaper the good, the more demand there is for it. +訳 ジーニアス英和大
The larger the organization, the less scope there is for decision. USAGE
The more extreme the income inequality, the greater the psychic distance between the have-nots and the haves. OSD
The more stressful your work, the more important it is to take breaks from time to time. +訳 ジーニアス英和大
The more acidic a stream, the more aluminum is found dissolved in it, because acid rain can leach aluminum from the soil. 英和活用大
The longer the back-swing you can make, the greater the likelihood that your club-shaft will naturally cross the target line. WB
..., the greater the risk that the project turns out to be a flop. OSD
..., the greater the probability for a photon to become an exciton. OSD
"How do you like your coffee ?" "The stronger the better." 『Practical English Usage』 (OXFORD)
I thought the less talking I did, the better. +訳 英和活用大
The more excited he was, the more beautiful was his performance. +訳 ジーニアス英和大
The more people laughed at him, the greater was his faith in his mission. +訳 英和活用大
The higher the Nutripoint score, the lower in fat and the higher in calcium is the rated food. WB
The higher the risk of lending money, the higher is the interest rate demanded by the lenders. COB (2004)
The more she tergiversated, the greater grew the ardency of the reporters for an interview. ODE
The more differentiated modern societies become, the greater becomes the possible scope for expressively staging social life. OSD
The older [The more old] he grew, the more interested he was in poetry. ジーニアス英和大
The longer [The more long] we waited, the more impatient we became. ジーニアス英和大

特集15-3
She played (the) better, the more she practiced. +訳 ランダムハウス英和大
We became (the) more impatient, the longer we waited. ジーニアス英和大
You will earn (the) more, the longer you work. ジーニアス英和大   The situation got worse and worse the more he said. 新英和大
More [The more] fool if you believe him. 新英和大   The higher the underwriting fee, the greater the risk. OSD
The older that we get, the wiser we become. 新英和大
The more information that comes in, the more confused the picture is. 『Practical English Usage』 (OXFORD)
The more goals that are scored in each match, the more likely it will be that the best team wins. WB
The more light that falls on the eyes, the more the pupils contract to vertical slits. 『現代英文法講義』 (安藤貞雄：開拓社)
The more money you earn, the more money you want to get. ジーニアス英和大
The larger the house is, the more worth it has. +訳 ジーニアス英和大   Basically, the more craters a surface has, the older it is. USAGE

The more things a man is ashamed of, the more respectable he is. +訳 ジーニアス英和大
The more goals you score, the more confidence it breeds. WB
And of course, the more people you have sex with the more likely you are to have sex with an infected person. WB
The sooner you do something about cystitis the more chance you have of clearing it up quickly by yourself. WB
The more you use the magic you have, necromantic or not, the faster it will kill you. OSD
The more you have that kind of fluid electorate, the more useful targeting is. WB
The longer you put it off, the less inclined you will be to do it. 新和英大
The longer we waited, the more impatient we became. ジーニアス英和大

特集15－4
The harder the brake pedal is pressed, the greater the car's deceleration. COB
The more he was heckled the more worked up he got. +訳 新和英大
As a side bonus, the more you have to cook it yourself, the less you'll be tempted to overindulge in goodies. OSD
The wider the debates the more they are likely to harass. OSD
The more I think about it, the more I'm inclined to believe that.... WB

特集16－1
The tongue becomes furred in influenza. +訳 新英和大   Chicken pox is about. +訳 ランダムハウス大
The child was operated on for appendicitis. +訳 ジーニアス英和大   He suffered from neuralgia all his life. 新英和大
Her hands grew gnarled with age and arthritis. +訳 英和活用大   Contact with this chemical will cause inflammation. +訳 新英和大
He was carried off by cholera. 新英和大   Tuberculosis was ravishing his body. ランダムハウス英和大
Obesity is to some extent genetically determined. +訳 英和活用大   Lead poisoning causes anemia. +訳 英和活用大
In summer a lot of children get diarrhea from drinking too many cold drinks. 新英和大
A spoonful of this medicine three times a day should help to stop the diarrhea. +訳 ジーニアス英和大
I am with cancer. ＝ I have (a) cancer. +訳 ランダムハウス英和大   The cancer was now well advanced. +訳 ランダムハウス英和大
It is generally accepted that cigaret smoking often causes lung cancer. ランダムハウス英和大
Pneumocystis pneumonia is an opportunistic disease that often strikes victims of AIDS. +訳 ランダムハウス英和大
She has had diabetes since childhood but controls it with insulin. +訳 ジーニアス英和大
Don't equate enthusiasm, however with hysteria. +訳 ジーニアス英和大   Disease is a frequent accompaniment of famine. +訳 新英和大
catch [take, contract, develop] a disease   ランダムハウス英和大   convey a disease to him   +訳 ジーニアス英和大
control a disease   +訳 新英和大   Can nervousness develop into a disease ?   +訳 新英和大
The disease is contagious by touch. +訳 新英和大
When tonsillitis is caused by viruses, the length of illness depends on which virus is involved. OSD
The doctor said that she would develop a tonsillitis. +訳 ジーニアス英和大
Allergies to foods often cause hives. +訳 英和活用大   Allergy develops suddenly. +訳 英和活用大
have a pollen allergy   +訳 ジーニアス英和大   Measles is infectious. +訳 新英和大
Once you have mumps, you develop immunity to it. 英和活用大

特集16－2
He is poorly with fever. +訳 新英和大   Fever indicates sickness. +訳 新英和大
The patient was eaten by a high fever. +訳 新英和大
She came down with a fever and stayed in bed a whole week. +訳 ジーニアス英和大   The fever didn't leave me for days. +訳 新英和大
His fever persisted for three more days. +訳 新英和大   I have a fever and a cough. +訳 ジーニアス英和大
I've got a hangover to last me a lifetime. +訳 ランダムハウス英和大   A cold settled in my head. +訳 ランダムハウス英和大
He's caught a head cold. +訳 ランダムハウス英和大   get (a) cancer in the throat   +訳 英和活用大
You have developed (a) cancer in your left lung. +訳 英和活用大   A blood clot formed in the brain of the patient. +訳 英和活用大
The drug appears to protect against heart attack by preventing blood clots. 英和活用大
The medical examination revealed a polyp in my stomach. +訳 新和英大
Polyps were found in the bowel. +訳 新和英大   have repeated attacks of diarrhea   +訳 新和英大
He is plagued by everlasting attacks of influenza. +訳 ランダムハウス英和大
The patient experienced two or more attacks of jaundice. 『医学論文英訳のテクニック 改訂2版』（横井川泰弘：金芳堂）
A child who has seizures in the absence of fever should have a medical examination. ランダムハウス英和大
have [suffer] a fit [stroke, seizure, paroxysm]   新和英大   Symptoms include headaches and vomiting. +訳 ジーニアス英和大

特集16－3
He is prone to colds even in summer. +訳 ジーニアス英和大
The patient had repeated relapses of schizophrenia prompted by trifling matters. 『医学論文英訳のテクニック 改訂2版』（横井川泰弘：金芳堂）
Furthermore, the number of episodes of depression a patient had suffered correlated with .... WB
go through a serious episode of depression   +訳 英和活用大   a hopeless case of cancer   +訳 ランダムハウス英和大
make isolation provisions for cases of contagious disease   +訳 ランダムハウス英和大
The emergency case was attended to by an intern. +訳 新英和大
Olive oil also acts as a soothing balm for all types of skin rashes, ... OSD
One in five will suffer minor side-effects such as nausea, rashes or headaches. WB
I come out in rashes after eating eggs. ランダムハウス英和大   He was seized with (a) cramp. +訳 英和活用大

英語索引

a couple of ...　133
a pair of ...　133
a result　92
abstract noun　12〜
advice　13
at a cost of ... / at the cost of ...　168
at a distance (of, from ...) / in the distance　168
at night　36下
at present　37下
at the time of operation / at the time of the operation　152下

bay　81
beach　81
booking　117
breakfast　37上
bridge　82下

cape　81
case（患者）　183
chairperson　149
child　57下
children　57下, 147
coast　81

desert　80
dinner　37上
district　81

each　135
economics　144
evidence　122

fish　9
(for) a moment / for the moment　168
for the present　37下
from A to [till] B　164

gratitude　13
gulf　81

in case of ... / in the case of ...　168
in charge of ... / in the charge of ...　85
in control of ... / in the control of ...　85
in future / in the future　168
in pen [ink, crayon]　163
in the back of ... / in back of ...　84
in the front of ... / in front of ...　84
information　13, 112

knowledge　13

lake　81
last week [month, year] / (in) the last week [month, year]　169
lunch　37上

many a ...　144
mass noun　10
material noun　8
meal　37中
more than one ...　144

news　13, 112
next week [month, year]
 / (in, for, over) the next week [month, year]　169
ocean　80
of（目的格関係・同格関係）　156中
of＋抽象名詞　163
on Sunday　18
on television / on TV　45下
one ... after another　144
one after another　144
operation（手術）　12

peninsula　81
politics　144

river　80
rumour　112

same　88
sea　80
similar　88

television　31
the former / the latter　41上
the one / the other　41上
the result　92
there 構文　107, 109
TV　31

what（疑問代名詞・疑問形容詞）　142
which（疑問代名詞・疑問形容詞）　142
who（疑問詞）　142
with＋抽象名詞　163
with a pen　163
with pen and ink　163

you　148

日本語索引
（文法用語以外のもの）

朝・昼・晩　30
アメリカ合州国（合衆国）　79
アンテナを伸ばす　88

一家　130
一カ月半　139
一体としてとらえるもの　151
隠喩　59

腕時計　122
運河　83下

駅　71

送り仮名　2
オリンピック　44中
音楽バンド名　145

海岸　81
海峡　83下
会社名　71，145
学問名　144
風邪　182中
河川　80
家族関係　174
肩書き　171，174
楽器　43
看護　84
監督　84

教師　87
強調　96，110～

空港　71
靴下類　133
靴類　133

経済学　15
経済状態　15，144
携帯電話　122
血縁関係　174
現在・過去・未来　30

語彙数　61下
公園　71
公共建築物　71
高原　76
後者　41上
高地　76
校長　87
交通機関　31
国籍　18上，63下
国民　63下，131下
国名　76
～ごっこをする　97
子供・子供たち　147

祭日　71
作品　175下
雑誌　71

砂漠　80
山脈　76

死因　88
疾患部位　182中
支配　84
島　83下
手術　12
首都　87
春・夏・秋・冬　30
称号　174
症状名　181～
小説　99
情報機器　31
省略名の発音　75
食材　11
食事　37
書籍　71
身体部位　30
新聞　71
人名　171

数字の表記法　143
スポーツ種目名　44
スポーツチーム名　145
ズボン類　133

政権　15
政治　15
政治学　15
政治的立場　15
製品　175下
前者　41上
船名　174

双眼鏡　133

大河　80
大学名　73下～
第3次世界大戦　113，124
タイトル　164
第2次世界大戦　113，124
大洋　80
大陸　71
滝　77
濁音　79
単位　30
単数・複数（英語の）　133～
単数・複数（日本語の）　146～

地域の名称　81
抽象的概念　59

通信手段　31

手袋　133
テレビ　31
電化製品　43

同音異義語（日本語の）　61上
道具類　43
統計学　15
統計資料　15
東・西・南・北　30
島嶼（地域）　77
道路　72下，80
特殊な地位　171

日本国憲法第25条　111
熱（体温）　182
～の時が来る　109

橋　82下，97下
半島　81

一人っ子　89
病巣　182中
病名　181～
夫妻　130
付帯状況　164
～のふりをする　97

平原　76
ヘッドホン　133

ホテル名　71

祭り　71
まねをして遊ぶ　97

岬　81
湖　81
見出し　164
耳あて　133

眼鏡　133

役職　171
山　83下

呼びかけ　174

ら抜き言葉　130下
リーダー　87
略称　71

列島　77

湾　81

文法用語の索引

and による対句での省略　165
from A to [till] B　164
no を用いた表現　140
of ＋抽象名詞　163
the A and B ＋修飾語　157
the A and the B ＋修飾語　157
The 比較級 ..., the 比較級 ....　177～
the ＋形容詞　62～
there 構文　107, 109
with ＋抽象名詞　163

一体としてとらえるもの　151
隠喩　59

外界照応　19
会話での冠詞の省略例　162
学問名　144
河川　80
家族関係　174
肩書き　171, 174
関係詞節　69上, 103
疑問形容詞 which, what　142
疑問詞 who　142
疑問代名詞 which, what　142
強意複数　137
強調　96, 110～
血縁関係　174

語彙数　61下
後方照応　26

最上級　125
作品　175下

指示機能　20
質量名詞　10
称号　174
症状名　181～
省略　162～
省略名の発音　75
序数詞　123
所有格　121
人名　171
数字の表記法　143

製品　175下
接続詞 that　113
絶対最上級　128
前方照応　21～, 110
船名　174

相互複数　136
総称表現　46～
相対最上級　128
そのものの中での比較　128
存在文　109

タイトル　164
単数・複数（英語の）　133～
単数・複数（日本語の）　146～

抽象的概念　59
抽象名詞　12～
抽象名詞（shyness）　52, 106

対句における冠詞の省略　156
同音異義語（日本語の）　61上
同格関係の of　156中
動詞的動名詞　115
同定機能　20
動名詞　115
動名詞と名詞の使い分け　119
動名詞と名詞のニュアンスが異なる場合　120
特殊な地位　171

配分単数　135
ハイフンでつないだ語が名詞を修飾する場合　133
ハイフンでつながない複数形の形容詞相当名詞　133
反復　150～

病名　181～

副詞の最上級　129
複数形の名詞と the　130
付帯状況　164
物質名詞　8
不定冠詞　16～

他のものとの比較　128

見出し　164

名詞的動名詞　115

目的語関係の of　156中

役職　171

唯一性　68, 87, 110

呼びかけ　174

ら抜き言葉　130下

リスト文　109
略称　71

話題や情報を新たに提示するための不定冠詞　107

引用文献

抜粋や抄録をさせていただきました文献は以下の通りです。（例文の出典につきましては、これとは別に『出典1』に載せています。）

英語の冠詞がわかる本　正保富三　研究社　'96 初版
英語冠詞講義　石田秀雄　大修館書店　'02 初版
現代英語冠詞事典　樋口昌幸　大修館書店　'03 初版
英語冠詞の世界　織田稔　研究社　'02 初版
技術英語の冠詞活用入門　原田豊太郎　日刊工業新聞社　'00 初版
謎解きの英文法　冠詞と名詞　久野暲・高見健一　くろしお出版　'04 初版
謎解きの英文法　単数か複数か　久野暲・高見健一　くろしお出版　'09 初版
英語の冠詞　樋口昌幸　開拓社　'09 初版
a と the の底力　津守光太　プレイス　'08 初版
冠詞の使い方が100％マスターできる本　宮野晃　アスカ　'07 初版

理系のための英語論文執筆ガイド　原田豊太郎　講談社　'02 初版
うまい英語で医学論文を書くコツ　植村研一　医学書院　'91 初版
医学論文英訳のテクニック　横井川泰弘　金芳堂　'97 2版
科学英文技法　兵藤申一　東京大学出版会　'86 初版
MANUAL OF STYLE 9th edition　American Medical Association
ARTICLE AND NOUN IN ENGLISH　John Hewson　MOUTON　'72 初版

日本人の英語　マーク ピーターセン　岩波新書　'88 初版
続 日本人の英語　マーク ピーターセン　岩波新書　'90 初版
心にとどく英語　マーク ピーターセン　岩波新書　'99 初版
英語の感覚・日本語の感覚　池上嘉彦　日本放送出版協会　'06 初版
こんなにもある英語教科書の間違い 中学校編　ティム ワード・ジェームス スミス・治田邦宏　一光社　'89 初版
英文法の仕組みを解く　鈴木寛次　日本放送出版協会　'00 初版

英文法詳解　杉山忠一　学研　'98 初版
現代英文法講義　安藤貞雄　開拓社　'05 初版
英文法総覧　安井稔　開拓社　'96 改訂版
教師のためのロイヤル英文法　綿貫陽・淀縄光洋・マーク ピーターセン　旺文社　'94 初版
ロイヤル英文法 改訂新版　綿貫陽　旺文社　'00 初版
現代上級英文法　野崎晴雄・村井三千男・松ヶ枝孝之　朋友出版　'87 初版
新 マスター英文法　中原道喜　聖文新社　'08 改訂版

ベーシック英語史　家入葉子　ひつじ書房　'07 初版
英語語源辞典　寺澤芳雄　研究社　'97 初版

日本語（上）　金田一春彦　岩波新書　'88 初版
日本語への希望　金田一春彦　大修館書店　'90 新装版初版
日本語の特質　金田一春彦　日本放送出版協会　'91 初版
ホンモノの日本語を話していますか？　金田一春彦　角川書店　'01 初版
言葉のちから　鈴木孝夫　文春文庫　'06 文庫本初版

アメリカ合州国　本多勝一　朝日新聞社　'70 初版（単行本＝絶版）
貧困なる精神 Z集　本多勝一　毎日新聞社　'93 初版
マイ アメリカンノート　筑紫哲也　朝日新聞社　'84 初版

大辞泉　小学館　電子辞書用『デジタル大辞泉』より　編者および著作権年度は不明
明鏡国語辞典　北原保雄　大修館書店　©2002-2004

新英和大辞典 第6版　編者代表 竹林滋　研究社　©2002, 2008
新和英大辞典 電子増補版　渡邊 敏郎・Edmund R.・Skrzypczak・Paul Snowden 編　研究社　©2003, 2008
ジーニアス英和大辞典　編集主幹 小西友七・南出康世　大修館書店　©2001-2008
ジーニアス英和辞典（第4版）　編集主幹 小西友七・南出康世　大修館書店　©2006
ランダムハウス英和大辞典（第2版）　小学館　©1973, 1994
ユースプログレッシブ英和辞典　編集主幹 八木克正　小学館　©2004
新編英和活用大辞典　編集代表 市川繁治郎　研究社　©1995, 2005
プログレッシブ和英中辞典（第3版）　編集主幹 近藤いね子・高野フミ　小学館　©1986, 1993, 2002

COLLINS COBUILD ENGLISH USAGE　'92 初版
Collins COBUILD English Grammar　'04 版
Practical English Usage Third Edition OXFORD
Oxford Sentence Dictionary Oxford University Press　'08 版

あとがき

　本書の執筆にあたっては、多くの文献を参考にさせていただくとともに、著作権法には抵触しないかたちで、抜粋・抄録として収録させていただきました。多くの優れた見識・見解をできる限り紹介したかったからではありますが、本来は一冊の書の大きな文脈の中でこそ、その内容はよりよく理解できるものですので、読者の皆様には、ぜひ原本を手に取られて通読されることをお願いいたします。
　著者の方々には、そのお仕事に心からの敬意を払うとともに、深く感謝いたします。

　ところで、実情として、多くの日本人の英語の語学力は大学受験時をピークとして、以後は、英語を専攻とするか、特に必要とする仕事に就かない限りは、次第に（あるいは急速に）減衰していくものです。しかしながら、その大学受験においても、冠詞に注意を払うことのできるレベルに達している受験生は稀ですし、ましてや正確に使いこなせる受験生などまずいません。そもそも、冠詞に関する問題などは出題されるにしても極めて少数ですし、英訳や英作文においても、それ以外の採点基準（構文の適否・表現力・文法的誤謬の有無）などの方が大きなウエートを占めていますので、実利をとれば、冠詞の学習に多くの時間を割くわけにはいきません。その結果、大学受験期に冠詞について集中的に学習したという日本人はほとんどいませんし、大学入学以後は言わずもがなですので、結局は最後まで学習しないということになってしまっています。
　しかし、冠詞というのは文意を左右する極めて重要なものであって英文法の根幹を成すものです。確かに奥はかなり深いですが、それだけにその魅力を垣間見ることができたときから、他の文法分野よりもはるかに面白くて学習の興味も尽きないものとなるはずです。
　本書が、冠詞の重要性をよく認識されていてそれを習得しようとする強い向学心をお持ちの方々や、あるいは翻訳の（特に英訳の）仕事に四苦八苦されている方々などのお役に立てれば幸甚に思います。

　なお、本書は「詳述集」の第1集として冠詞を中心にまとめたものですが、第1集と言うからには、これ以外の分野に関する第2集も現在執筆中です。しかし、本書の執筆には気の遠くなるような時間を費やしましたし、脱稿も、当初に予定していた時期よりも延びに延びました。このような次第ですので次集の出版時期は未定と言わざるをえませんが、ご期待いただければ幸いです。

'11 初秋

著者略歴
一宅 仁 （ひやけ ひとし）
実務翻訳士。大学受験指導者。執筆業。
大学受験指導（英語・小論文）に20年間たずさわる。工学・医学分野の実務翻訳を兼業。
1965年生まれ。'88年 千葉大学建築学科卒・一級建築士。

上級者・中級者向け
英文法徹底詳述集
① 冠詞編

2011年10月5日　発行

著者　―――― 一宅　仁（ひやけ　ひとし）

発行社　――― 英文研出版
〒854-0061
長崎県諫早市宇都町19-53
TEL0957-42-3059
FAX0957-22-6720

出版協力　―― ゆるり書房
〒850-0875
長崎県長崎市栄町6-23 昭和堂ビル2F
TEL095-828-1790

印刷　―――― 株式会社　昭 和 堂

©HIYAKE Hitoshi 2011 Printed in Japan

落丁・乱丁本は送料小社負担でお取り替えいたします。
ご面倒でも小社営業部宛にお送りください。